AF285961

**Metzler**

**Soundcheck 3**

Für den Musikunterricht
an allgemein bildenden Schulen
der Klassen 9–10

**Herausgegeben von:**
Walther Engel

**unter Mitwirkung von:**
Gabriele Aust
Elisabeth Mentzel

**Erarbeitet von:**
Marcus Altmann
Claudia Antefuhr
Gabriele Aust
Walther Engel
Dorothee Graefe-Hessler
Klaus-Dieter Hermsdorff
Lutz Kannenberg
Kurt Klose
Stefan Köttgen
Wolfgang Lessing
Ekkehard Mascher
Elisabeth Mentzel

**Verwendete Symbole**

 ANALYSE = vertiefende Behandlung von Einzelaspekten

 AUFGABEN = Aufgaben

KON TEXT = Quellen und Zitate

 WORK SHOP = besonders handlungsorientierte Anleitungen

© 2001 Bildungshaus Schulbuchverlage
Westermann Schroedel Diesterweg
Schöningh Winklers GmbH, Braunschweig

Druck A⁹ / Jahr 2017
Alle Drucke der Serie A sind im Unterricht parallel verwendbar.

Umschlaggestaltung: creativ design, Hildesheim
Innenlayout: Helke Brandt, Hannover
Grafik: Eva M. Möhle-Hulvershorn, Köln
Satz und Layout: prima nota, Korbach
Lithographie: Köhler & Lippmann, Braunschweig
Druck und Bindung: westermann druck GmbH, Braunschweig

ISBN 978-3-507-02652-0

# Inhalt

Workshops und Spielsätze                                    5

**Unerhört!**                                               6
Einen Tag ohne Musik?                                       7
Funktionen von Musik                                        8
Musik beim Essen                                            9
Musik und Werbung                                          10
Musik als Mittel der Verkaufsförderung                     11
Telefon-Musik                                              12
Die Sinfonie zum Jingle                                    14
Von der Sinfonie zur Hymne                                 17
Nationalhymnen                                             18
Das Lied der Deutschen                                     19
Hymnen, Hymnen über alles …                                20
Eine Hymne auf die Firma                                   21
Triumphmärsche und Hymnen
    für die neuen Helden                                   22
Gesänge aus der Fankurve –
    Die neue Volksmusik?                                   24

**Musik-Instrumente**                                      26
Musik-Instrumente in der Anzeigenwerbung                   27
Image von Musikinstrumenten –
    Klischees und Vorurteile                               28
Die Saxofon-Familie                                        30
Das Saxofon – wechselhaftes Image                          32
Die Steeldrum – Ein Instrument der Karibik                 34
Die Mundharmonika                                          36
Die Handharmonika                                          37
Das Akkordeon                                              38
Gitarren                                                   40

**Schlag auf Schlag**                                      42
Rhythmus                                                   42
Tempo, Tempo                                               44
Zusammengesetzte Takte                                     46
›Take Five‹                                                48
Aus 2 mach 3                                               50

**Rockmusik**                                              52
Rocklegenden                                               53
Janis Joplin                                               54
Carlos Santana                                             56
Bob Marley                                                 58
Sounds                                                     62
John Lennon                                                64
Rockmusik und Politik                                      66
Politisches Engagement von Rockmusikern                    68
Rock gegen rechte Gewalt                                   70

**Neue Klänge – Andere Musik**                             72
Stimmen                                                    73
Luciano Berio: ›Sequenza III‹ –
    Für Frauenstimme                                       74
Buchstaben – Silben – Wörter                               76
Minimal Music                                              78
Komponieren mit Pattern                                    79
Unkonventionelle Musiksprachen                             80
Michael Riessler –
    Klarinettist, Saxofonist und Komponist                81

**Harmonische Zusammenhänge**                              82
Akkordsymbole –
    Dreiklänge und Septakkorde                             82
Verwandtschaften                                           84
Der Quintenzirkel                                          86
Harmonische Funktionen – Die Kadenz                        87
Spiel mit zwei Hauptfunktionen                             88
Spiel mit drei Hauptfunktionen                             90
Die Kadenz in Moll                                         91
Die erweiterte Kadenz                                      92
Gebräuchliche harmonische Folgen                           94
Unterschiedliche harmonische Gestaltung                    96

**Darstellende Musik – Filmmusik**                         98
Musik und Bilder                                           99
Vom Stummfilm zum Tonfilm                                 100
Alfred Hitchcock: ›Psycho‹                                102
Techniken der Filmmusik                                   105
George Lucas: ›Star Wars‹                                 106
Richard Strauss: ›Don Quixote‹                            108
Alexander Mossolow: ›Die Eisengießerei‹                   111

**Tanzen und Feiern**                                     112
Menschen in Bewegung                                      113
Klassisches Ballett und Revuetanz                         114
Moderner Tanz – Ausdruckstanz                             116
Karneval in Deutschland                                   118
Karneval in aller Welt                                    120
Verkleidungen – Masken                                    122
Feste feiern – Festlich feiern                            124
Eine Feier planen                                         125

**Straßenmusik**                                          126
Die Straße als Podium                                     127
Musiker aus Osteuropa                                     128
Die Vorschriften für Straßenmusik                         129
Die Spielleute im Mittelalter                             130
Politische Straßenmusik                                   132

# 4   Inhalt

Kultureller Austausch auf
    öffentlichen Plätzen   133
Projekt Straßenmusik   134

**Entwicklungen**   136
Entwicklungen auf der Spur   137
Musicus und Minnesänger   138
Renaissance – Musik und Tanz   140
Weltliche Kantate   142
Rezitativ und Arie   144
Weihnachtsoratorium   145
Alles Klassik – oder was?   146
Ludwig van Beethoven: Ein freier Bürger   148
Beethoven-Aspekte   150
Virtuosen   152
Das Publikum   154
Das Volkslied   156
Das Kunstlied   158
Salonmusik   160
Impressionismus   162
Expressionismus   164
Neue Wege   166

**Begegnungen**   168
Kulturelle Vielfalt   169
Spanien – Schmelztiegel der Kulturen   170
Die Grundelemente des Flamencos   171
Bulería, Soleá und der Flamenco nuevo   172
Samba – Power-Percussion aus Brasilien   174
Klezmer – Von der jüdischen Hochzeits-
    zur Weltmusik   176
Klezmer-Melodik   178
Populäre Klezmer-Rhythmen   180
Ausbreitung des Klezmer   182
Klezmer-Revival   183

**Harmonik und Melodik**   184
Zusammenspiel von Melodie,
    Rhythmus und Akkorden   184
Gelungene Melodien   188
Melodien und Harmonien   190
Polyphonie   192
Die Fuge   194
Der Kanon   196

**Jazz**   198
Meinungen – Aussagen – Definitionen   199
Standards – Klassiker des Jazz   200
Fachbegriffe des Jazz   201
Geschichte des Jazz:
    Die Stile eines Jahrhunderts   202
Swing als Element des Jazz   204
Swing – die Epoche   205

Jazz in Deutschland   206
Eine Jazz-Improvisation: ›So What‹   208
Jazz in der Schule   209
Der Blues   210
Instrumente des Blues   211
Country- und City-Blues   212
Bluesschema   213

**Musiktheater**   214
Opernhäuser   216
George Bizet: ›Carmen‹   218
Habanera – Carmens Auftrittsarie   220
Escamillos Auftrittsarie   222
Mord vor Zeugen – José: Täter oder Opfer?   223
George Gershwin: ›Porgy and Bess‹   224
Afroamerikanische Einflüsse   226
Andere Bühnenformen   228

**Lieder**   230
Griffbilder für Gitarre   260

**Register**   262
Copyrights   270

## Workshops und Spielsätze

| | |
|---|---|
| Ai vis lo lop | 131 |
| Ale Brider | 179 |
| Anna | 35 |
| Apokalyptische Landschaft | 117 |
| Bluesschema | 213 |
| Bransle de Champaigne | 141 |
| Bulería | 173 |
| Can't Help Falling in Love | 96 |
| Conquest of Paradise | 23 |
| Die Eisengießerei | 111 |
| Die Zeit verrinnt wie Sand in unseren Händen | 73 |
| Ein Hörexperiment | 166 |
| Eine Jazz-Improvisation: ›So What‹ | 208 |
| España | 88 |
| Evil Ways | 57 |
| Experimente mit Filmmusik | 99, 100 |
| Feste planen | 125 |
| Fuchs, du hast die Gans gestohlen | 178 |
| Give Me a Ticket | 196 |
| Habanera | 220 |
| Improvisation mit der Ganztonleiter | 162 |
| In der Halle des Bergkönigs | 45 |
| Kanon selbst gemacht | 197 |
| Klezmer-Rhythmen (Terkish, Bulgar) | 180 |
| Komponieren mit Pattern | 79 |
| Masken basteln | 123 |
| Melodie und Begleitung | 191 |
| Mund-Samba | 175 |
| Onkel Müller hat 'nen Triller | 115 |
| Projekt Straßenmusik | 134 |
| Recitation 8b | 77 |
| Rhythmic Special | 51 |
| Samba de una nota so | 187 |
| Schrei nach Liebe | 71 |
| Sinfonie Nr. 9 (Beethoven) | 16 |
| Soweto | 90 |
| Take the ›A‹-Train | 200 |
| Take Five | 48, 49 |
| Them Belly Full | 60 |
| Trotto | 138, 139 |
| Welcher Akkord zu welchem Ton? | 83 |
| Zaječarka | 39 |

## Lieder/Songs

| | |
|---|---|
| Ain't She Sweet | 233 |
| Alles ist eitel | 230 |
| Am Aschermittwoch ist alles vorbei | 119 |
| Am Brunnen vor dem Tore | 237 |
| Auf in den Kampf, Torero! | 222 |
| Autumn Leaves | 242 |
| Bonsoir | 248 |
| Can't Help Falling in Love | 96 |
| Der Mensch lebt durch den Kopf | 231 |
| Die Uhr | 256 |
| Dona, dona | 250 |
| Dona nobis pacem | 251 |
| Eine kleine Sehnsucht | 247 |
| Einigkeit und Recht und Freiheit | 19 |
| Es ist ein Schnee gefallen | 156 |
| Es saß ein klein wild Vögelein | 252 |
| Eternal Flame | 232 |
| Evil Ways | 57 |
| Freight Train | 235 |
| Go West | 25 |
| Heute hier, morgen dort | 234 |
| Hevenu shalom alejchem | 251 |
| I Like the Flowers | 95 |
| Imagine | 65 |
| Innsbruck, ich muss dich lassen | 243 |
| Ja, die Liebe hat bunte Flügel | 221 |
| Jode Naach | 249 |
| Mama look a booboo | 258 |
| Me and Bobby McGee | 258 |
| Mit der Uhr in der Hand | 254 |
| Nehmt Abschied, Brüder | 244 |
| Onkel Müller hat 'nen Triller | 115 |
| Raus mit den Männern | 252 |
| Samiotissa | 233 |
| Should auld acquaintance | 244 |
| Summertime | 236 |
| Them Belly Full | 60 |
| Über dem Berge am Horizont | 248 |
| Va, pensiero | 240 |
| We Gotta Get Out of this Place | 246 |
| Weg da, weg! | 255 |
| Wenn ich einmal soll scheiden | 245 |
| When I'm Sixty-Four | 259 |
| Where Have All the Flowers Gone? | 238 |
| Wind of Change | 241 |
| Zogen einst fünf wilde Schwäne | 239 |

## Werke/Tänze

| | |
|---|---|
| Abstraktion (WALTHER ENGEL) | 164 |
| Bagatelle, op. 9/4 (ANTON WEBERN) | 166 |
| Boscaglia (MICHAEL RIESSLER) | 81 |
| Bransle de Champaigne (PIERRE ATTAIGNANT) | 141 |
| Can't Help Falling in Love (GEORGE WEISS) | 50, 96 f. |
| Carmen (GEORGES BIZET) | 218 |
| Conquest of Paradise (VANGELIS) | 23 |
| Der Zähe (MARCUS ALTMANN) | 51 |
| Die Eisengießerei (ALEXANDER MOSSOLOW) | 111 |
| Die Forelle (FRANZ SCHUBERT) | 159 |
| Don Quixote (RICHARD STRAUSS) | 108 |
| España (EMANUEL CHABRIER) | 88 |
| Evil Ways (SANTANA) | 57 |
| Flamenco | 171 |
| Fuge IX, E-Dur (JOHANN SEBASTIAN BACH) | 194 |
| Gebet einer Jungfrau (THEKLA VON BADARCZEWSKA) | 160 |
| Goldberg-Variationen, BWV 988 (JOHANN SEBASTIAN BACH) | 196 |
| honig und asche (MICHAEL RIESSLER) | 81 |
| Imagine (JOHN LENNON) | 65 |
| In der Halle des Bergkönigs (EDVARD GRIEG) | 45 |
| Intro-Air (MICHAEL RIESSLER) | 80 |
| Inventio (JOHANN SEBASTIAN BACH) | 193 |
| Kaffeekantate, BWV 211 (JOHANN SEBASTIAN BACH) | 142 |
| Kanon D-Dur (JOHANN PACHELBEL) | 197 |
| La Cathédrale engloutie (CLAUDE DEBUSSY) | 163 |
| Le Sacre du Printemps (IGOR STRAWINSKY) | 47 |
| Love Me Tender (ELVIS PRESLEY) | 94 |
| May Be (MICHAEL RIESSLER) | 80 |
| Me and Bobby McGee (JANIS JOPLIN) | 55 |
| Music for Pieces of Wood (STEVE REICH) | 78 |
| Mut | 70 |
| Ost-West (MICHAEL RIESSLER) | 81 |
| Porgy and Bess (GEORGE GERSHWIN) | 224 |
| Präludium I, BWV 846 (JOHANN SEBASTIAN BACH) | 93 |
| Prélude Nr. 4 (FRÉDÉRIC CHOPIN) | 184 |
| Psycho (BERNARD HERRMANN) | 102 |
| Recitation 8b (GEORGES ARPHEGIS) | 77 |
| Samba | 121 |
| Samba de uma nota só (CARLOS ANTONIO JOBIM) | 186 |
| Schrei nach Liebe (DIE ÄRZTE) | 71 |
| Sequenza III, V (LUCIANO BERIO) | 74 |
| Sinfonie Nr. 9, d-Moll, op. 125 – 4. Satz (LUDWIG VAN BEETHOVEN) | 14 |
| So What (MILES DAVIS) | 208 |
| Sonate für Klavier Nr. 14, cis-Moll, op. 27/2 (LUDWIG VAN BEETHOVEN) | 150 |
| Sonate für Klavier D-Dur, KV 576 (WOLFGANG AMADEUS MOZART) | 150 |
| Soweto (ABDULLAH IBRAHIM) | 90 |
| Star Wars (JOHN WILLIAMS) | 106 f. |
| Sunday Bloody Sunday (U2) | 66 |
| Take Five (PAUL DESMOND) | 48 |
| Take the ›A‹-Train (BILLY STRAYHORN) | 200 |
| Them Belly Full (BOB MARLEY) | 60 |
| Tränen lügen nicht | 191 |
| Two Paths (SOFIA GUBAIDULINA) | 167 |
| Uf dem anger (CARL ORFF) | 47 |
| Ursonate (KURT SCHWITTERS) | 76 |
| Weihnachtsoratorium, BWV 248 (JOHANN SEBASTIAN BACH) | 145 |
| Weltende (JACOB VAN HODDIS) | 116 |
| Zombie (CRANBERRIES) | 67 |
| Zungen (MICHAEL RIESSLER) | 80 |

**Unerhört!**

# Einen Tag ohne Musik?

Was würde passieren, wenn ihr einen Tag oder gar eine Woche lang auf Musik verzichten müsstet? Viele von euch würden sicher schon nach einiger Zeit unruhig, sie hätten das Gefühl, ihnen würde etwas fehlen. Der Wunsch nach Musik stellt sich automatisch ein, vergleichbar mit dem Gefühl des Hungers und Durstes, wenn man längere Zeit nichts gegessen oder getrunken hat. Zwar ist Musik streng genommen kein Lebensmittel, für viele Menschen ist sie aber ebenso unverzichtbar und lebenswichtig.

Wir wissen aus der Biologie, dass mit der Nahrungsaufnahme die Voraussetzung für wichtige Stoffwechselvorgänge geschaffen werden. Doch was passiert mit unserem Körper, wenn wir Musik machen oder hören? Welche Gefühle werden durch Musik hervorgerufen? Warum bevorzugen Menschen unterschiedliche Musik, was bestimmt den Musikgeschmack? Wie lassen sich unterschiedliche Wirkungen von Musik erklären?

Ein wichtiger Beweggrund Musik zu hören ist, dass man sich dabei wohl fühlen und entspannen kann. Doch Musik kann auch die gegenteilige Wirkung erzielen, wenn sie aufputscht oder Spannung erzeugt. Wie die Musik wirkt, ist aber nicht nur von rein musikalischen Faktoren (Tempo/Takt/Rhythmus/Melodie/Akkorden/Lautstärke usw.) abhängig, sondern es spielt auch eine Rolle, in welcher Umgebung man sie hört, ob man sie bewusst oder nur im Hintergrund wahrnimmt, in welcher Stimmung man sich gerade befindet, ob man sie über ein Medium wie Tonträger, Rundfunk oder Fernsehen oder live im Konzert oder auf der Straße dargeboten bekommt.

Schon im Bauch der Mutter können Ungeborene Musik wahrnehmen. Das Ohr ist das erste Sinnesorgan, welches sich ab der achten Woche während der Schwangerschaft herausbildet. Säuglinge empfinden einen wiegenden Rhythmus als angenehm. Wenn die Mutter eine leise Melodie summt, fühlt sich das Kind wohl, weil es die Nähe der Mutter spürt. Freude an der Bewegung ist bei Kleinkindern fast immer mit Singen und Tanzen verbunden. Im Kindergarten werden Lieder mit einfachen Melodien gelernt. Die Musik-Erfahrungen erweitern sich mit zunehmendem Alter.

Viele Jugendliche sind in ihrem Musikgeschmack bereits relativ festgelegt. Man grenzt sich von anderen nicht nur durch Kleidung, Verhalten und Sprache ab, sondern vor allem durch Vorlieben für bestimmte Gruppen und Musikrichtungen. Alter und Zugehörigkeit zu Gruppen sind wichtige Faktoren, die den musikalischen Geschmack beeinflussen. Mit 15 Jahren ist fast jeder Jugendliche an mehr als 5000 Tagen Musik ausgesetzt gewesen. Es wird nur wenige Tage gegeben haben, die vollkommen frei von Musik waren. Oder könnt ihr euch an einen Tag ganz ohne Musik erinnern?

## AUFGABEN

- Überlegt, wann ihr das erste Mal bewusst in eurem Leben mit Musik in Verbindung gekommen seid. An welche Ereignisse könnt ihr euch dabei noch genau erinnern?
- Welches waren die ersten Lieder, die ihr gelernt habt?
- Welche Erfahrungen habt ihr mit Musikinstrumenten?
- Schreibt Stücke auf, die euch besonders gut gefallen, und nennt die Musikrichtungen, denen die Stücke zugeordnet werden können.
- Versucht Gründe zu finden, warum euch bestimmte Musik besonders gut gefällt.
- Was empfindet ihr bei den Musikausschnitten? Macht euch beim Hören Notizen. **HB 1–7**
- ›Musik gehört zum Leben wie die Luft zum Atmen.‹ Nehmt Stellung zu diesem Satz.

Daniel Hopfer: ›Das ländliche Fest‹, um 1500

# Funktionen von Musik

*Mit Musik geht alles besser* – will man diesem Schlager-Titel Glauben schenken, läuft mit der richtigen Musik alles wie von selbst. In der Tat gehen monotone Tätigkeiten, bei denen man sich nicht stark konzentrieren muss, mit Musik leichter von der Hand. Manchmal ist sie sogar zwingend erforderlich, beispielsweise beim Tanzen. Beim Marschieren erleichtert Musik den Gleichschritt und lindert Strapazen. Oft wird Musik mit einer bestimmten Absicht eingesetzt. Sie soll unterhalten, Spannung erzeugen, Aufmerksamkeit erregen, dem Genuss dienen oder in feierliche Stimmung versetzen. Wird Musik mit einer Absicht zu einem bestimmten Zweck eingesetzt, dann soll sie eine **Funktion** erfüllen.

Quantitativ der größte Teil aller Musik hat heute **unterhaltende Funktion.** Das gilt keineswegs nur für die so genannte **Unterhaltungsmusik** (z. B. Tanzmusik, Schlager, volkstümliche Musik), sondern auch für Stücke aus dem Jazz und der Rockmusik. Aber auch Musik anderer Kulturen und Kunstmusik aus vergangenen Epochen werden heute zur Unterhaltung konsumiert, selbst wenn sie ursprünglich eine andere Funktion erfüllten. Neben der Unterhaltungsfunktion hatte Musik zu allen Zeiten eine wichtige **religiös-kultische Funktion.** Gottesdienste, religiöse Feste, Kulthandlungen werden bis heute in fast allen Kulturen und Glaubensgemeinschaften mit Musik gestaltet.

Darüber hinaus kann Musik vielfältige weitere Funktionen haben: Sie dient der Ankündigung von Ereignissen, wird in der Werbung eingesetzt, soll Kunden bei Verkaufsveranstaltungen anlocken. In Kaufhäusern, Restaurants, beim Friseur, bei der Arbeit, in U-Bahnen, ja sogar auf Toiletten läuft sie im Hintergrund.

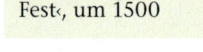

## AUFGABEN

- *Versucht herauszufinden, welche Funktion die Musik haben könnte. Begründet eure Einschätzung.* **HB 8–13**
- *Sucht nach eigenen Musikbeispielen, die nicht nur eine unterhaltende Funktion erfüllen.*
- *Was lässt sich aus den Bildern über die Funktion der Musik ableiten?*
- *Charakterisiert die Musikausschnitte. Welche lassen sich den Abbildungen zuordnen?* **HB 14–19**
- *Diskutiert darüber, ob bei der heutigen Lärmbelastung in Restaurants musikfreie Zonen eingerichtet werden sollten.*

Pieter Breughel d. Ä.: ›Bauernhochzeit‹, um 1568

Loyset Liedet: ›Ménéstrels du Roi‹ beim Hochzeitsbankett 1418

# Musik beim Essen

Heutzutage gibt es in vielen Restaurants Nichtraucher-Bereiche. Abgetrennte Zonen, in denen man nicht beim Essen einer dauerhaften Musikberieselung ausgesetzt ist, haben sich hingegen noch nicht durchgesetzt. Musik zum Essen soll eine gemütliche Atmosphäre schaffen, was allerdings nicht von allen Gästen immer so empfunden wird. Das gilt nicht nur, wenn die Musik so laut ist, dass Tischgespräche nur schwer möglich sind. Da die Menschen in der heutigen Zeit einer permanenten Lärmbelästigung ausgesetzt sind, sehnen sich immer mehr wenigstens beim Essen nach ein wenig Ruhe.

Musik zum Essen ist keine Erfindung aus den letzten Jahrzehnten. Ob im Rittersaal des Mittelalters oder an der fürstlichen Tafel in der Renaissance (Tafelmusik), ob beim Hochzeitsschmaus der Bauern, in bürgerlichen Salons und Weinstuben, im Kaffeehaus (Kaffeehausmusik), in Kneipen und Festzelten – immer spielte die Musik zum Essen. Gewandelt hat sich im Laufe der Jahrhunderte die Art und Weise, wie Musik zu Mahlzeiten erklang, und natürlich auch, welche Musik gespielt oder gehört wurde.

Kellner (im Berliner Szene-Lokal Borchardts)

LÄRM
## Krach beim Dinner

Wenn rufende oder schnalzende Gäste in Speiselokalen sich vom Ober vernachlässigt fühlen, muss das nicht an der Arroganz des Personals liegen – möglicherweise ist die Servicekraft schlicht schwerhörig. Eine Geräuschmessung, die Wissenschaftler der University of California in Restaurants in San Francisco während der Dinnerzeit durchführten, ergab Werte, die auf Dauer das Innenohr schädigen. Das Klappern von Tellern, lautstarke Gespräche und fauchende Espressomaschinen summierten sich zu einem Pegel von bis zu 105 Dezibel, vergleichbar mit dem Krach in einer Disco. Das größte Risiko für einen Gehörschaden tragen Kellner in Szene-Gaststätten: Hohe Decken, kahle Wände, karge Einrichtung und dicht gedrängtes Publikum ergeben nach den Messungen der Forscher den ohrenbetäubendsten Lärm.

*(Der Spiegel 22/2000)*

Aus einem Versandhauskatalog

Cover einer Werbe-CD für Bestecke **HB 18**

*(Hanseatisches Wein- und Sektkontor)*

# Musik und Werbung

Das Geschäft mit der Musik hat sich weltweit zu einem der umsatzstärksten Wirtschaftszweige entwickelt. In erster Linie wird Musik auf Tonträgern (CDs) verkauft. Man kann sie aber auch in gedruckter Form als Noten erwerben. Der Vertrieb von Musik über das Internet gewinnt an Bedeutung und das Angebot ist kaum zu überblicken.

Die Musikbranche produziert aber nicht nur Musik, die für den Verkauf bestimmt ist. Denn Musik ist auch ein wichtiges Mittel, das gezielt eingesetzt wird, um andere Produkte besser verkaufen zu können. Dies gilt beispielsweise für die **Werbemusik** ebenso wie für den großen Bereich der **Hintergrundmusik** in Geschäften und Kaufhäusern oder die **Musik bei Verkaufsveranstaltungen.**

Wirbt für Kaugummi: Britney Spears

Bekannte Stars stellen sich als Werbeträger zur Verfügung. Immer mehr Firmen verteilen kostenlose **CDs als Werbegeschenke**, wobei die zum Teil originellen Cover auch noch als Werbefläche genutzt werden.

Markennamen sollen sich bei den Konsumenten im Zusammenhang mit Musik einprägen. Werbebotschaften werden in Musik verpackt, damit man sie sich besser merken kann. Besonders wirkungsvoll sind kurze, einprägsame Melodien, auch **Jingles** genannt.

Ein Jingle wird im Studio produziert.

## Jingle einer Bausparkasse

"Wir geben Ihrer Zukunft ein Zuhause. LBS."

## Jingle für eine Joghurt-Werbung

(Anfang des Klavierkonzerts Nr. 1)

*Peter Tschaikowsky (1840–1893)*

# Musik als Mittel der Verkaufsförderung

Unter dem Motto ›Happy Family‹ veranstaltet die Firma REWE alljährlich ein ›Familienfest‹ unterstützt von der örtlichen Zeitung und einem privaten Rundfunksender.

Zeitungs-Ankündigung: ›Hier spielt die Musik: Bei der Mammut-Party Happy Family am 24. Juni in Hannover kriegen die erwarteten 170.000 Besucher jede Menge Bands

HB 24

von Hip-Hop bis Oldies zu sehen und zu hören.‹ Der Song *Happy Family* wurde von der Gruppe XXL eigens für den Familien-Einkaufstag produziert.

Filmverpackung mit CD

Werbe-CD in Form eines Autos **HB 23**

Parfüm-Werbung

- Welche unterschiedlichen Anforderungen muss Musik in Werbespots und Hintergrundmusik in Geschäften erfüllen?
- Untersucht die Werbemusiken. **HB 20**
- Nehmt selbst Jingles auf und untersucht sie.
- Welche Rolle spielt die Musik bei den Abbildungen?

- Sammelt Anzeigen aus Zeitungen, die auf Verkaufsveranstaltungen mit Musik hinweisen. Welche Art von Musik wird bei diesen Veranstaltungen eingesetzt?
- Vergleicht den Song Farben des Glücks eines Farbfilmherstellers (kostenlose Zugabe beim Filmkauf) mit dem Song Happy Family. **HB 21–22**

| Top10-Klingeltöne | | |
|---|---|---|
| **Platz** | **Beschreibung und Abrufnummer** | |
| 1 | Axel F. (Beverly Hills Cop) | 1020 |
| 2 | Mission Impossible | 1200 |
| 3 | Spiel mir das Lied vom Tod | 1100 |
| 4 | Das Boot | 1380 |
| 5 | James Bond | 1050 |
| 6 | Europe: Final Countdown | 4080 |
| 7 | Simpsons | 1260 |
| 8 | Titanic | 1310 |
| 9 | Star Wars Theme | 1490 |
| 10 | Pink Panther | 1220 |
| | D2-Jingle (kostenlos) | 3190 |

**D2-InfoFax 351**

## Telefon-Musik

Akustische Signale dienen der Orientierung in einer Welt, die immer stärker von Elektronik bestimmt ist. Beim Einschalten eines Elektrogerätes oder des Computers bekommt man durch einen Ton signalisiert, dass das Gerät bereit ist. Fehlermeldungen werden ebenfalls akustisch angezeigt. Computerspiele sind ohne Soundeffekte kaum vorstellbar. Ist beim Telefonieren der Anschluss besetzt, wird man durch ein akustisches Signal darauf hingewiesen. Bei Weitervermittlung ertönt Musik in der Warteschleife. Privatleute geben sich oft viel Mühe, ihren Text beim Anrufbeantworter mit Musik zu unterlegen. Firmen wählen die Musik je nach dem vermeintlichen Geschmack ihrer Käuferschichten aus. Sollen Jugendliche angesprochen werden, erklingt Rockmusik, ältere Menschen werden mit Schlagern oder Musik der Klassik und barocken Klängen bedacht.

Mobiltelefone bieten eine große Auswahl unterschiedlicher Klingeltöne, bei denen es sich zum Teil um vorprogrammierte kurze Melodien handelt, die den Charakter eines Jingles haben. Bei manchen Handys lassen sich auch eigene Melodien speichern. Über das Internet sind tausende von Jingles abzurufen. Bei den vorprogrammierten Jingles kann man fast alles von Volksliedanfängen bis hin zu Themen klassischer Sinfonien wählen. *Der Entertainer, Für Elise, Happy Birthday* und *Freude schöner Götterfunken* sind auf fast jedem Handy fest vorprogrammiert.

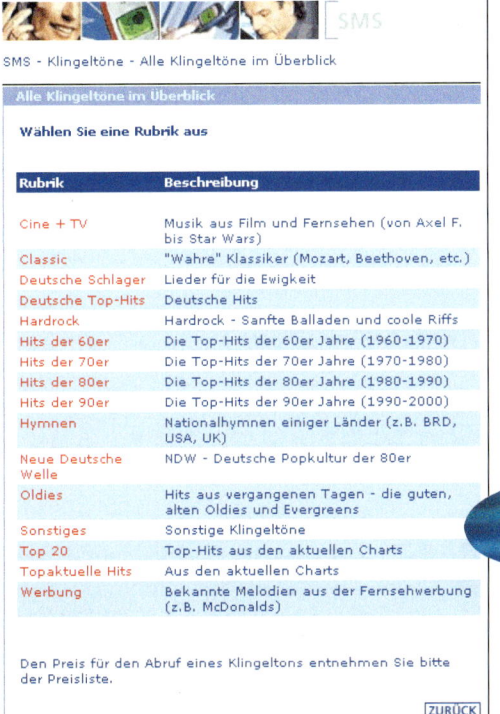

## AUFGABEN

- *Untersucht die Top-10-Klingeltöne aus dem Jahre 2001.* **HB 25**
- *Vergleicht diese ›Charts‹ mit aktuellen Hitlisten, die ihr euch aus dem Internet beschaffen könnt.*
- *Wählt einzelne Melodien aus, von denen ihr die Original-Musik auf einer CD besorgen könnt:*
  - *Ordnet das Musikbeispiel in die Kategorien ein wie sie oben vorgegeben sind.*
  - *Was unterscheidet die Handy-Melodie musikalisch von dem Original?*
  - *Sammelt Informationen über das Original (Komponist/Zeit des Entstehens/ Interpreten usw.).*
- *Die Musikausschnitte sind von unterschiedlichen Telefon-Warteschleifen aufgenommen. Charakterisiert die Beispiele und überlegt, welche Firmen sie eingesetzt haben könnten.* **HB 26**
- *Inwiefern ist der selbst gewählte Handyklingelton oder die Musik auf Anrufbeantwortern und Telefonwarteschleifen eine ›musikalische Visitenkarte‹?*
- *Überlegt, welche Musikausschnitte ihr für Handy, Anrufbeantworter oder Warteschleife selbst wählen würdet.*
- *Versucht eine eigene ›Erkennungsmelodie‹ zu komponieren.*

# Die Sinfonie zum Jingle

Es ist erstaunlich, wie häufig man glaubt, eine Melodie genau zu kennen, aber man weiß nicht, wie sie heißt, aus welchem Stück sie stammt, wann sie entstanden ist, wer sie komponiert hat. Fast jeder hat diesen ›Ohrwurm‹ schon einmal gehört und kann ihn fortsetzen, wenn er die Anfangstakte hört. **HB 27**
Nur wenige wissen, dass es sich bei dieser Melodie um das Thema des 4. Satzes aus der Sinfonie Nr. 9, d-Moll, op. 125 von Ludwig van Beethoven handelt. Die ›Neunte‹ von Beethoven ist die letzte und längste Sinfonie des Komponisten. Sie besteht insgesamt aus vier Sätzen und hat eine Aufführungsdauer von knapp über einer Stunde.

① *Thema des 4. Satzes*

**ANALYSE**
- Untersucht am Notenausschnitt (1) das Thema aus dem 4. Satz der 9. Sinfonie von Beethoven in Bezug auf den formalen Aufbau, den Rhythmus, den Tonumfang und die Intervalle.
- Welche Anhaltspunkte deuten darauf hin, dass sich die Melodie gut einprägt?
- Beschreibt vom Hören, wie der Ausschnitt auf euch wirkt. **HB 28**
- Wie oft ist das Thema in dem Ausschnitt zu hören? Welche Instrumente tragen es beim ersten Mal vor?
- Versucht die Wirkung, die ihr beim Hören festgestellt habt, mithilfe der Notenausschnitte (2 bis 4) zu erklären. Untersucht genau, welche Instrumente das Thema und was die anderen Stimmen spielen.
- Hört euch den Ausschnitt an, wo der Chor das Thema vorträgt (5). Was hat Beethoven musikalisch verändert? **HB 29**
- Welche Botschaft verkündet der Text?

Auf dem Konzertzettel wird eine ›Große Symphonie, mit im Finale eintretenden Solo- und Chor-Stimmen auf Schillers Lied, an die Freude‹ angekündigt. Welche weitere Informationen lassen sich dem Dokument entnehmen?

Freude schöner Götterfunken
Tochter aus Elysium,
wir betreten feuertrunken,
Himmlische, dein Heiligtum!
Deine Zauber binden wieder,
was die Mode streng geteilt;
alle Menschen werden Brüder,
wo dein sanfter Flügel weilt.

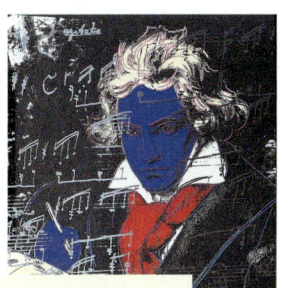

Andy Warhol:
›Ludwig van Beethoven‹, 1987

Bei dieser vereinfachten Bearbeitung können beliebige Instrumente eingesetzt werden. Für transponierende Instrumente (z. B. Klarinetten und Trompeten in B) müssen die Stimmen umgeschrieben werden. Die im Bassschlüssel notierte Stimme lässt sich auch mit Pauken in D und A spielen.

## Ludwig van Beethoven, Sinfonie Nr. 9, Thema, 4. Satz

*Satz: Walther Engel*

Daniel Barenboim dirigiert zu Beethovens Sinfonie Nr. 9 den ›Tanz der 19 Kräne‹ am 29.10.1996 auf dem Potsdamer Platz in Berlin.

# Von der Sinfonie zur Hymne

›Alle Menschen werden Brüder‹ – so lautet die Botschaft der 9. Sinfonie von BEETHOVEN. Sie ist ein Lobgesang auf Menschlichkeit und Freundschaft, ein Aufruf zum friedlichen Zusammenleben aller Menschen, ungeachtet der sozialen und nationalen Unterschiede. Der Text der *Ode an die Freude* des Dichters FRIEDRICH SCHILLER wurde von BEETHOVEN gekürzt und zum Teil verändert. BEETHOVEN hat mit dieser Sinfonie die Ideale der Französischen Revolution ›Freiheit, Gleichheit, Brüderlichkeit‹ in Musik umgesetzt.

Im Laufe von fast zwei Jahrhunderten wurde die Sinfonie immer wieder zu feierlichen Anlässen aufgeführt, teilweise auch nur der Schlusschor *Freude schöner Götterfunken.* Die monumentalste Aufführung fand 1998 zur Eröffnung der Olympischen Winterspiele in Nagano statt. Der japanische Star-Dirigent SEIJI OZAWA dirigierte sechs Chöre in Nagano, Berlin, Sydney, Kapstadt, Peking und New York in einer Satellitenschaltung. Bereits 1960 in Rom und 1964 in Tokio war die Melodie zur Hymne der gesamtdeutschen Mannschaft bei den Olympischen Spielen erwählt worden. Heute ist sie die offizielle Europa-Hymne.

Um 1900 mussten die Schülerinnen und Schüler zum Geburtstag des Kaisers die Melodie mit einem anderen Text singen: ›... Denn es blüht im Vaterlande eine schöne, bess're Zeit: Feindes ledig, frei von Schande, steht es da in Herrlichkeit (...) Gottes Segen, teurer Kaiser über dir!‹

Hymne im Liedergarten, Teil II, Sammlung älterer und neuerer Lieder für Mittel- und Oberklassen höherer Schulen, Hamburg 1900

## AUFGABE

* *Braucht Europa eine eigene Hymne? Wenn ihr der Meinung seid, haltet ihr* Freude schöner Götterfunken *für geeignet? Begründet eure Meinung.*

## Hymnen

Das griechische Wort **Hymnos** bedeutet wörtlich übersetzt **Lied.** Als Hymnen wurden in der Antike die Gesänge zu Ehren der Götter bezeichnet. Die Christen übernahmen den Begriff, um damit ihre Gesänge zum Lobe Gottes zu bezeichnen. Später wurde der Begriff auch für weltliche Lobgesänge auf Kaiser, König und Fürsten verwandt. In der Klassik erfreuten sich Hymnen als feierlich-würdevolle Gedichte weltlichen Inhalts bei den Dichtern besonderer Beliebtheit. Heute spricht man allgemein von Hymnen, wenn es um feierlich begeisterte Lobgesänge auf Personen, Länder, Institutionen oder Sachverhalte geht. Außer den Nationalhymnen der Staaten gibt es Hymnen auf Länder und Städte, Firmen- und Schulhymnen, Fanclubhymnen, Hymnen auf Politiker, Sportler und Stars aus dem Showgeschäft.

Aus einer Anzeige des weltweit agierenden Kommunikationskonzerns NTT (1998)

# Nationalhymnen

Neben Wappen und Flagge gehört die Hymne zu den wichtigsten Symbolen eines souveränen Staates. Sie umrahmt internationale Treffen, verleiht wichtigen nationalen Ereignissen Würde und ist Ausdruck des Selbstbewusstseins. Ganz gleich, in welchem Land der Erde: Wenn die Hymne erklingt, erheben sich die Menschen, hören auf zu reden, und lauschen entweder stumm der Musik oder sie singen die Hymne mit. Mancherorts ist es Sitte, dabei die rechte Hand aufs Herz zu legen, was die emotionale Geste noch verstärkt.

Die Sänger des Chors ›Petits Cantors‹ aus Andorra lauschen auf der Expo ihrer Nationalhymne.

Der Wirkung von Hymnen kann sich kaum jemand entziehen, was zum einen an den Anlässen liegt, zu denen sie gespielt werden, aber auch an der Musik und der Art und Weise, wie sie dargeboten wird.

## AUFGABEN

- *Überprüft die Wirkung der Hymnen von Deutschland, Italien, der Türkei und Jamaika. Steht dazu auf, bewegt euch möglichst nicht und beobachtet, welche Gefühle in euch entstehen. Wichtig ist, dass ihr nicht sprecht. Macht nach jedem Ausschnitt eine kurze Pause und notiert eure Beobachtungen.* **HB 30–33**
- *Hört euch danach jeden Ausschnitt noch einmal an. Was lässt sich über die Musik sagen?*

- *Untersucht die Melodieanfänge der Nationalhymnen anhand der Notenausschnitte (1–5) und vergleicht sie mit dem Anfang der deutschen Hymne und mit* Freude schöner Götterfunken.
- *Ordnet die Hörbeispiele den Ländern zu.* **HB 34–38**
- *Welche Bedeutung haben eurer Meinung nach heute die Nationalhymnen in einem immer enger zusammenwachsenden Europa?*

# Das Lied der Deutschen

Nach dem Ende des Kaiserreiches entstand auf deutschem Boden die erste Republik und 1922 wurde *Das Lied der Deutschen* offiziell zur Nationalhymne erklärt. Den Text schrieb HOFFMANN VON FALLERSLEBEN auf die Melodie der *Kaiserhymne (Gott erhalte Franz den Kaiser)* von JOSEPH HAYDN. Während der Nazi-Diktatur erhielten die Zeilen der 1. Strophe ›Deutschland, Deutschland über alles‹ eine Bedeutung, die sich der Verfasser des Textes nicht gewünscht hätte. Er wollte sein Lied als Beitrag zur Überwindung des in viele kleine Fürstentümer zerstückelten Landes verstanden wissen, als er 1841 den Text schrieb. Von einem geeinten Vaterland versprachen sich die Demokraten zu seiner Zeit Unabhängigkeit von Fürsten-Willkür. Sie forderten ein Parlament und Meinungsfreiheit. Nach dem Zweiten Weltkrieg wurde ab 1949 im Osten Deutschlands *Auferstanden aus Ruinen* zur Hymne erklärt. **HB 40** Im Westen entbrannte ein heftiger politischer Streit darüber, ob das *Lied der Deutschen* die Nationalhymne bleiben könne. Am Ende wurde festgelegt, dass künftig nur noch die 3. Strophe gesungen und abgedruckt werden durfte. Im Mai 1950 erklang *Das Lied der Deutschen* erstmals wieder nach dem Krieg bei einem Fußballländerspiel. Mit der deutschen Einigung 1991 ist die 3. Strophe wieder die offizielle deutsche Nationalhymne.

## Deutsche Nationalhymne
(›Das Lied der Deutschen‹)

*Musik: Joseph Haydn (1732–1809)*
*Text: Heinrich Hoffmann von Fallersleben (1798–1874)*

1. Deutschland, Deutschland über alles,
   über alles in der Welt,
   wenn es stets zu Schutz und Trutze
   brüderlich zusammenhält,
   von der Maas bis an die Memel,
   von der Etsch bis an den Belt –
   Deutschland, Deutschland über alles,
   über alles in der Welt.

2. Deutsche Frauen, deutsche Treue,
   deutscher Wein und deutscher Sang
   sollen in der Welt behalten
   ihren alten schönen Klang,
   uns zu edler Tat begeistern
   unser ganzes Leben lang.
   Deutsche Frauen, deutsche Treue,
   deutscher Wein und deutscher Sang.

**HB 39**

*Das Lied der Deutschen,* 1. September 1841

# Hymnen, Hymnen über alles ...

Hymnen, ursprünglich zur Ehre Gottes oder weltlicher Herrscher verfasst, finden sich heute in allen Lebensbereichen. Zu Großveranstaltungen wie Messen und Weltausstellungen, Boxkämpfen, Fußballweltmeisterschaften, Tennisturnieren und Olympischen Spielen werden Hymnen komponiert und vermarktet. Stars aus dem Showgeschäft – egal ob Oper, Schlager oder Rockmusik – verleihen den neuen Hymnen Popularität. Bahnbrechend für die Hymnenkompositionen in der Rockmusik war der Song *We Are the Champions* von FREDDY MERCURY Ende der 70er-Jahre. **HB 41**

Einen ähnlich großen Erfolg erzielten Ende der 80er-Jahre die SCORPIONS mit *Wind Of Change*. KLAUS MEINE schrieb den Song in der Zeit von Glasnost in der Sowjetunion. ›Das Lied ist meine persönliche Aufarbeitung dessen, was in den letzten Jahren in der Welt passiert ist. Diesen Wind der Veränderung, der wie ein Sturm durch Ost und West geblasen ist, haben wir ja in Moskau und Leningrad am eigenen Leibe spüren können ...‹ **HB 42**

Ende der 90er-Jahre, als Jamaika zum ersten Mal an einer Fußballweltmeisterschaft teilnahm, erschien kurz darauf eine CD, die der Fußballmannschaft, den ›Reggae Boyz‹, gewidmet war. Neben der A-cappella-Version der Nationalhymne und Reggae-Nummern von BOB MARLEY bis JIMMY CLIFF findet sich auf der CD auch eine Lobeshymne von JIMMY RILEY auf die Fußballer. Der Titel des Songs spielt auf die Landesfarben *Black Gold and Green* an. **HB 43**

## JONI MITCHELL
### WOODSTOCK

Matthews Southern Comfort, die '71 mit „Woodstock" einen mittelgroßen Hit hatten, waren nicht da. Und Joni Mitchell, die '69 diese Hymne schrieb, wollte zwar hin, versackte aber in Manhattan. Was jedoch nichts daran ändert, dass ihr Song die Aufbruchstimmung des „wahren" Woodstock präziser als jeder andere rüberbringt.
*Rolling Stone, 5/99*

**HB 44**

## Mikis Theodorakis: Ode an Zeus

Im Auftrag des Internationalen Olympischen Komitees für die Olympischen Spiele 1992 in Barcelona komponiert.
Zeus, der Vater der Olympischen Spiele der Antike, wird beschworen, den Siegerinnen und Siegern bei diesen neuen Spielen Ruhm, Bedeutung und Schönheit zu verleihen.
*(Cover-Text)*

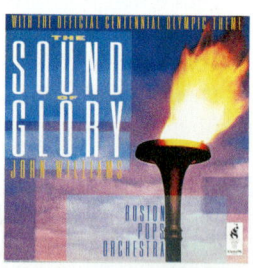

**HB 45**

# Eine Hymne auf die Firma
## Viele Japaner beginnen ihren Arbeitstag mit Chorgesang

**KON TEXT**

Jedes japanische Unternehmen, das auf sich hält, hat eine eigene Firmenhymne. Doch Matsushita, mit seinen Marken National und Panasonic größter japanischer Hersteller von Fernsehern, Radios und Hausgeräten, legt besonderen Wert auf den Gesang. »Es ist eine alte Sitte, und alle haben sich daran gewöhnt«, erläutert Unternehmenssprecher Agira Nagano. Und: »Im Übrigen nehmen viele Beschäftigte das nicht mehr so ernst. Wer schlecht singt, kann auch still bleiben.«

Für die Firmen in Japan, die sich seit jeher als Groß-familien verstehen, sind Zusammengehörigkeitsgefühl und der Glaube aller an ein gemeinsames Ziel bis heute unverzichtbar.

Die Lieder sollen den Shafu, den Firmengeist ausdrücken. Der niederländische Journalist Karel van Wolferen, Autor des Bestsellers »Das Rätsel japanischer Macht«, fühlte sich an Kirchenlieder erinnert: »Sie erwähnen die Zugehörigkeit zu einer großen Familie, Hilfe beim Aufbau der Nation und große Entschlossenheit, Ziele zu erreichen, die zumeist mehr als nur vage formuliert sind.«
*(Bremer Nachrichten vom 1.9.1992)*

---

Die zeitgenössische Kritik bezeichnete die Oper als banal und wirres Durcheinander um den Befreiungskampf der Juden. Das interessierte die Italiener wenig, sie identifizierten sich mit dem Freiheitskampf der unterdrückten Israeliten. Der Gefangenenchor galt als heimliche Nationalhymne, als Symbol für nationale Einheit gegen österreichische Fremdherrschaft. Noch heute, 150 Jahre nach der Uraufführung, singt man in Italien in der Oper den Gefangenenchor mit und erhebt sich von den Plätzen … **HB 46** (Noten s. S. 240)
*(Aus dem Begleitheft zum Chor-Programm ›Zauberschütz in der Unterwelt‹, 1994)*

---

## POSTHYMNE HB 47

*Musik und Text: W. Müller-Blattau*
*Verlag: Arabella Musikverlag*

Gesendet und empfangen schon
An jedem Ort der Welt.
Ein Brief, ein Ruf, Geld, Bild und Ton,
So wie man es gewählt.

Im Flug über Land
Die Botschaft gesandt,
Den Glückwunsch und den Trost;
Was einst Postillion, ist heut' Telefon,
Trara und ab die Post!

## Prickelwasser
## Entenwein

Alljährlich an ihrem »Kampftag«, dem 1. April, schmettern sie beim Jahreskongress dasselbe Lied: »Und lieg ich dereinst auf der Bahre/so denkt auch an meine Gui-tah-re/und legt sie mir mit in mein Grahab.«

Die Schnulze »Der rührselige Cowboy« – entnommen einem Walt-Disney-Comic – ist die »Hymne« der vermutlich kuriosesten Vereinigung in der Bundesrepublik: der Deutschen Organisation der nichtkommerziellen Anhänger des lauteren Donaldismus, kurz D.O.N.A.L.D. genannt.
*(Der Spiegel 17/2000)*

---

**AUFGABEN**

- *Fasst zusammen, welche Funktionen Nationalhymnen erfüllen.*
- *Findet heraus , welche anderen Arten von Hymnen es noch gibt und welche Funktionen sie haben können. Benutzt dazu die Texte und die Hörbeispiele.* **HB 41–47**

# Triumphmärsche und Hymnen für die neuen Helden

Als Zeichen ihres Sieges zogen Herrscher mit ihren Truppen – von Musik begleitet – an den Besiegten vorüber. Triumphmusiken, zumeist in Form von Märschen, wurden von Komponisten gerne in Opern eingebaut, denn sie kamen beim Publikum besonders gut an. Einer der berühmtesten ist der Triumphmarsch aus der Oper *Aida* des Italieners GIUSEPPE VERDI. **HB 48**

Wenn Politiker heute auf Parteitagen oder Sportler in die Arena einziehen, hat sich zwar das Umfeld geändert, die Funktion der Musik ist aber die gleiche

geblieben. Sie soll Siegesgewissheit und den Triumph über den politischen oder sportlichen Gegner signalisieren. Mit der Titelmusik aus dem Film *1492 – Conquest of Paradise,* in dem es um die Entdeckung und Eroberung Amerikas geht, zog der Boxer HENRY MASKE 1994 zu einem Weltmeisterschaftskampf in den Ring. **HB 49**

Der Komponist dieser Filmmusik, der Grieche VANGELIS, greift Elemente alter Musik aus Spanien und Portugal auf. Unverkennbar sind Anklänge an die *Folia* und die *Sarabande,* einen höfischen Schreittanz aus dem 17./18. Jahrhundert. **HB 50**

## AUFGABEN

- *Welche musikalischen Faktoren sind ausschlaggebend, dass* Conquest of Paradise *besonders gut als Einzugsmusik geeignet ist?*
- *Versetzt euch in die Rolle eines Managers, der den Auftritt einer Politikerin bzw. eines Politikers oder den Einzug einer Sportmannschaft zu inszenieren hat. Welche Musik würdet ihr auswählen, welche haltet ihr für ungeeignet?* **HB 51–53**
- *Welche Verhaltensweisen finden sich gleichermaßen bei Stars aus dem Rockbusiness*

und bei Sportlern? Worin unterscheidet sich das Fanverhalten?
- *Welches Bild vom Rennfahrer und Menschen* MICHAEL SCHUMACHER *soll in dem Song* Der Champ *vermittelt werden? Welche Rolle spielen die Fans?*
- *Untersucht die musikalische Gestaltung des Songs.* **HB 54**
- *Vergleicht die Funktion und die musikalische Gestaltung des Songs* Der Champ *mit* Conquest of Paradise.

(Stern-Magazin 31/98;
Angaben damals in DM)

Der offizielle MICHAEL-SCHUMACHER-Weltmeisterschafts-Titel:

Musik und Text: Dion Dimucci
Verlag: Sony Music Media

### Der Champ

Schumi, Schumi,
    du bist ein Teufelskerl,
    du rast mit dem Ferrari,
    das Ziel ist nicht mehr fern.
    Du fährst die schnellste Runde
    und keiner holt mehr auf.
    Das Rennen ist gewonnen,
    wir alle atmen auf.

Wo andre bremsen, gibst du Gas,
die Strecke trocken oder nass.
…
Die Spannung steigt, du bleibst
ganz cool.

Dann der Start, die Ampeln aus.
Alle wollen heute siegen.

Dann seh'n sie dich ganz vorne liegen.

Refrain
Das schönste Rot der ganzen Welt.
Du bist der schnellste deutsche Held.
Es sind nur noch ein paar Runden,
alle zählen die Sekunden.

Dann im Ziel – die Faust gestreckt.
Fans im roten Fahnenmeer.
Du bist der Champ im Punktemeer.

Refrain
Instrumental
Refrain (Rückung, fadeout).

Sportler als wandelnde
Litfaß-Säule

WORK
SHOP

Versucht durch den Einsatz verschiedener Instrumente für den A-Teil und den B-Teil eine unterschiedliche Wirkung zu erzielen. Spielt den Rhythmus der Bassstimme des A-Teils mit einer dumpf klingenden Trommel.

Der Tenor José Carreras singt in der Box-Arena vor dem Kampf Maske gegen Williams.

*Musik: Vangelis Papathanassiu*
*Satz: Walther Engel*

## Conquest of Paradise

# Gesänge aus der Fankurve – Die neue Volksmusik?

Berührungspunkte zwischen Sport und Musik hat es schon immer gegeben. Für bestimmte Sportarten wie z. B. Eiskunstlaufen, Aerobic oder Tanzen ist Musik eine unabdingbare Voraussetzung.

Seit Sport und Musik immer mehr den Gesetzen des Showgeschäfts unterliegen, gibt es kaum noch eine Sportveranstaltung, die ganz ohne Musik auskommt. Vor Veranstaltungen und in den Pausen treten Cheer-Leaders, Kapellen und Stars aus der Musik- und Unterhaltungsbranche auf. Die aufwändig inszenierten Events müssen die Massen unterhalten, damit Besucherzahlen und Einschaltquoten stimmen. Stars des Showbusiness nutzen sportliche Großereignisse mit spektakulären Auftritten als Eigenwerbung. Die großen Sportarenen bieten sich darüber hinaus auch als Podien für Rockkonzerte an.

Aber dem Publikum wird nicht nur etwas geboten. Die Fans treten auch selbst mit Musik in Erscheinung mit rhythmischem Klatschen, rhythmischen Sprüchen (Parolen), Kurzgesängen, umgetexteten Liedern, Schlagern oder Songs. Fangemeinden feuern ihre Vereine lautstark mit den **Vereinshymnen** an. Unterstützt von Trommlern und Bläsern werden Fankurven zu regelrechten Schlachtgesängen animiert. Auf CDs, die in Fanshops angeboten werden, sind neben den gängigen ›Fankurven-Hits‹ auch Sportler als Sänger oder Instrumentalisten zu hören.

## Fußballfan-Gesänge

### Jetzt singen sie wieder
#### Von Michael Horst

**J**etzt spielen sie wieder. Oder besser gesagt: Jetzt singen sie auch wieder. Denn zum Fußball gehören die Fangesänge wie Strafstoß und Ersatzbank. Denn Singen ist in der Masse erst richtig schön. Dann haben die Stimmbänder ihren großen Einsatz, um die eigene Mannschaft nach vorn zu pushen und dem Gegner wie einst zu Zeiten der Neandertaler mit Geschrei gehörig Angst einzujagen.

Nichts ist vor den Jägern und Sammlern aus der Südkurve sicher. Volkslieder und Beatles, Geistliches und Weltliches, Tote Hosen, Aida oder Schneewalzer – alles wird unbarmherzig zerstückelt und je nach Sympathie für Hertha, den BVB oder für ganz Deutschland neu zusammengeflickt.

Sie werden noch lange das hohe Lied auf die Fußball-Weltmeisterschaften singen. O-lé! *(Berliner Morgenpost vom 14.6.1998)*

### Geheimnis von
### Olé, olé, olé, olé

*BM* Berlin – Fußballfans sind wie Bastler: Sie nehmen sich alt-bekannte Lieder, um durch »Zersingen« und »Umsingen« ihre neuen Schlachtgesänge daraus zu machen. Für die Fußballgötter auf dem heiligen Rasen ist den Fans kein Stück zu schade, wie die beiden Musikwissenschaftler Reinhard Kopiez und Guido Brink festgestellt haben. Einzige Bedingung: Das neue Lied muss südkurventauglich sein.

*(Berliner Morgenpost vom 14.6.1998)*

## AUFGABEN

- *Beschreibt die Abbildungen. Welche Funktion erfüllt die Musik?*
- *Berichtet von eigenen Erfahrungen mit Musik beim Sport.*
- *Was könnt ihr aus dem Zusammenschnitt aus Fußballstadien heraushören? Charakterisiert die unterschiedlichen musikalischen Äußerungen.* **HB 55**
- *Von welchen Ausschnitten der Songs aus Fan-CDs oder der Gesänge aus Stadien kennt ihr die musikalischen Originale?* **HB 56–62**
- *Nehmt Stellung zu dem Kommentar von* Michael Horst.
- *Inwiefern ist es berechtigt, davon zu sprechen, dass die Rituale bei Sportveranstaltungen vergleichbar sind mit religiösen Ritualen bei Gottesdiensten? Vergleicht auch die Rolle, die der Gesang dabei spielt.*

**ANALYSE** Der Titel *Go West* der Gruppe VILLAGE PEOPLE (1979) ist seit der erfolgreichen Cover-Version durch die PET SHOP BOYS im Jahre 1993 zu einem Klassiker des Fangesangs geworden. **HB 61**

Die Dortmunder Fans erkannten die Wirksamkeit als Erste und unterlegten die Melodie mit dem sich immer wiederholenden Text ›Olé, hier kommt der BVB‹. Weitere Varianten vieler Vereine: ›Steht auf, wenn ihr (Vereinsname) seid!‹, wobei statt des Namens auch die Farbe des Vereins eingesetzt wird. **HB 62**

- Findet durch eine Untersuchung der Melodie und der Akkordfolge heraus, warum sich diese Vorlage besonders gut für den Fangesang eignet. Vergleicht die Melodie mit der Nationalhymne der früheren Sowjetunion und die Akkordfolge mit dem Kanon von PACHELBEL (siehe S. 197). **HB 63**

## Go West

*Musik: Jacques Morali/Henri Belolo*
*Text: Victor Edward Willis*

Go West, life is peace-ful there, go West, in the o-pen air, go

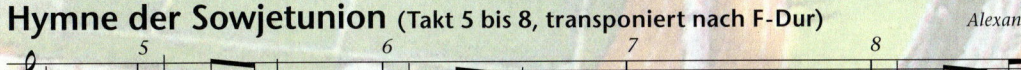

West, where the skies are blue, go West, this is what we're gon-na do. Go

## Hymne der Sowjetunion (Takt 5 bis 8, transponiert nach F-Dur)

*Alexander Alexandrow*

# Musik-Instrumente

# Musik-Instrumente in der Anzeigenwerbung

Keine einzige der abgebildeten Anzeigen wirbt für ein Produkt, das etwas mit Musik zu tun hat. Dennoch ist auf jeder Abbildung mindestens ein Musikinstrument zu sehen. Da mit jeder Anzeige eine bestimmte Absicht verfolgt wird und in der Werbung nur wenig dem Zufall überlassen bleibt, stellt sich die Frage, wofür die Musikinstrumente stehen und warum sie so häufig in Anzeigen auftauchen.

**10**

**11**

**13**

**12**

**14**

## AUFGABEN

- Schreibt zunächst die Namen der abgebildeten Instrumente in der Reihenfolge der Anzeigen (Nr. 1–14) untereinander auf.
- Schließt das Buch und notiert zu jedem Instrument Wörter, die euch spontan dazu einfallen (Assoziationen). Entscheidend ist, dass ihr alles aufschreibt, was euch durch den Kopf geht, auch wenn es scheinbar ›keinen Sinn‹ ergibt.
- Sammelt die Begriffe, die zu einem Musikinstrument am häufigsten genannt wurden und haltet sie an der Tafel fest.
- Schlagt danach das Buch wieder auf und schreibt zu jedem Instrument die Produktgruppe (z. B. Möbel – nicht den Firmennamen), für die geworben wird.
- Versucht für jede Abbildung zu klären, welche Funktion das jeweilige Musikinstrument im Rahmen der Anzeige hat. Bezieht in die Überlegungen die Begriffe ein, die ihr an der Tafel gesammelt habt.

# Image von Musikinstrumenten –
# Klischees und Vorurteile

Das **Image** (engl. = Bild) vieler Stars aus dem Showgeschäft wird vom Management der Unterhaltungsindustrie entworfen und in Werbefeldzügen an die Konsumenten herangetragen. Durch Verträge werden Künstler verpflichtet, in der Öffentlichkeit so aufzutreten, dass es ihrem Image nicht schadet. Auch Musikinstrumente haben ein bestimmtes Image, das aber in der Regel nicht entworfen und durchgesetzt wird, sondern sich im Laufe der Zeit herausgebildet hat und vielen Veränderungen unterliegt. Mit diesem verbreiteten Erscheinungsbild von Instrumenten wird in der Anzeigenwerbung gearbeitet, was wiederum das Image des Musikinstrumentes verfestigt. Der Flügel gilt als edles, hochwertiges, exklusives Instrument, das Akkordeon steht für Geselligkeit und Lebensfreude, die Blockflöte wird im Zusammenhang mit Kindern und Weihnachten abgebildet. Es handelt sich bei diesen stereotypen Bildern oft um **Klischees** und **Vorurteile,** die das Instrument auf einen oder wenige Aspekte einengen.

In den Anzeigen, auf denen ein Dudelsack abgebildet ist, wird zusätzlich mit dem weiteren Klischee gearbeitet, dass Schotten sparsam und geizig sind. Da sich diese Ansicht durch keine wissenschaftliche Untersuchung belegen lässt, handelt es sich um ein Vorurteil. Die beabsichtigte Assoziationskette soll so ablaufen: Dudelsack – Schotten – Sparsamkeit – günstiges Angebot.

Wie mit Klischees gearbeitet wird, lässt sich am Beispiel des **Dudelsacks** zeigen, den jeder sofort mit Schottland in Verbindung bringt. Zwar gibt es heute in Schottland auch Dudelsack-Kapellen, aber ursprünglich ist der Dudelsack ein altes asiatisches Volksmusikinstrument, das eine lange Tradition in vielen europäischen Ländern (Balkan, Italien, Spanien, Irland und Deutschland) hat. In der deutschen Volksmusik spielte der Dudelsack (Sackpfeife) im Mittelalter und der Renaissance lange Zeit eine wichtige Rolle.

Stern 9/1973

›So groß müsste sie schon sein, wenn wir unseren Nachbarn mit seiner Stereoanlage übertönen wollen.‹

## Sozialstatus von Instrumenten

**KONTEXT** Selbst die demokratischste Gesellschaft hat ihre Klassen oder sozialen Schichten oder zumindest doch ihre mehr oder aber weniger mächtigen Individuen und Gruppen. Auch Instrumente haben einen sozialen Status. Und im Laufe der Zeiten lässt sich eine beträchtliche soziale Mobilität der Instrumente beobachten – aufwärts oder abwärts. Zum Beispiel erfreute sich der Dudelsack nach 1500 mehrerer Perioden, während derer er beim kontinentaleuropäischen Adel zumindest als ausgesprochen schick galt – um danach abermals auf seinen bäuerlichen Status herabzusinken. *(David Reck, ›Musik der Welt‹, Rogner & Bernhardt, Hamburg 1991, S. 39)*

Zampogna-Spieler aus Kalabrien

## Bericht eines Straßenmusikanten

**KONTEXT** In Bologna wollten wir auf der Piazza Maggiore spielen. Es war gar nicht so leicht, einen geeigneten Platz zu finden, denn wir waren keineswegs die Einzigen, die sich ein paar Euro verdienen wollten. Anfangs verteilten sich die Zuhörer noch relativ gleichmäßig auf die fiedelnden und blasenden ›Kollegen‹, doch mit der Zeit geschah eine merkwürdige Publikumswanderung, sodass wir resigniert Geige und Gitarre wieder einpackten. Wir schlossen uns der Völkerwanderung an und stellten erstaunt fest, dass auch die anderen Musiker eingepackt hatten. Nur ein einziger Blockflötenspieler hatte durchgehalten. Er saß, umringt von einer Menschentraube, auf den Stufen vor dem Palazzo und spielte virtuos auf seiner kleinen Sopranino-Blockflöte. **HB 67**

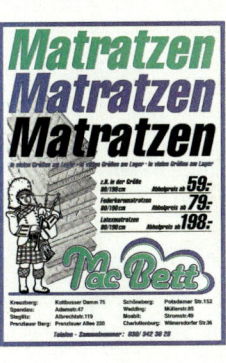

## AUFGABEN

- Erklärt, welche Rolle der Dudelsack in den abgebildeten Anzeigen spielt.
- Warum passt das Bild auf Seite 28 oben rechts nicht ins Klischee?
- Beschreibt die Unterschiede im Klang zwischen dem italienischen Dudelsack (Zampogna), der deutschen Sackpfeife und den schottischen Great Highland Pipes. **HB 64–66**
- Setzt euch mit der oft zu hörenden Ansicht auseinander, die Blockflöte sei ein Kinderinstrument. Bezieht in eure Überlegungen die Hörbeispiele und den Bericht des Straßenmusikanten ein. **HB 67–69**
- Ordnet die Ausschnitte, in denen immer Geigen zu hören sind, folgenden Sparten zu: Jazz/Folklore/Country-Music/Filmmusik/Konzertmusik der Klassik/Schlager/... **HB 70–77**
- Überlegt, welches Image die Geige hat und setzt euch kritisch damit auseinander.

# Die Saxofon-Familie

Auf der Skala der angesehendsten Musikinstrumente rangiert heutzutage das Saxofon ganz weit oben. Politiker nutzen die Popularität und lassen sich gerne mit diesem Instrument abbilden, um jugendlichen Schwung und Weltoffenheit zu dokumentieren. Das war keineswegs immer so. Das Saxofon, ein relativ junges Instrument, war in seiner nicht einmal 200-jährigen Geschichte auch zeitweise heftigen Anfeindungen ausgesetzt. Als der belgische Instrumentenbauer ADOLPHE SAX um 1840 ein Musikinstrument konstruierte, mit dem er eine Verbindung von Holz- und Blechblasinstrumenten schaffen wollte, konnte er nicht ahnen, dass sich Saxofone einmal zu den führenden Instrumenten des Jazz entwickeln würden. 1846 ließ er sich seine Erfindung patentieren: eine Familie aus sieben Instrumenten (Sopranino-, Sopran-, Alt-, Tenor-, Bariton-, Bass- und Kontrabass-Saxofon), deren Körper zwar aus Metall bestehen, die aber wegen des Mundstücks zu den Holzblasinstrumenten gezählt werden.

Candy Dulfer

Zunächst wurden Saxofone in der Militär- und der Tanzmusik eingesetzt. Als Orchesterinstrument im Sinfonieorchester haben sie sich kaum durchsetzen können. Zwar schrieben einige Komponisten wie HECTOR BERLIOZ, GEORGE BIZET oder MAURICE RAVEL auch für Saxofon, dies blieben aber Ausnahmen. Obwohl es zahlreiche Kompositionen für Saxofonquartett gibt, sind diese der breiten Öffentlichkeit weitgehend unbekannt. Im Jazz setzte sich das Saxofon erst Ende der 20er-Jahre des letzten Jahrhunderts durch. Arrangeure schrieben für Bigbands in der Swing-Ära meist in der Besetzung für zwei Altsaxofone, zwei Tenorsaxofone und Baritonsaxofon. Stars wie SYDNEY BECHET, COLEMAN HAWKINS, LESTER YOUNG, CHARLIE PARKER und JOHN COLTRANE haben mit dem Saxofon Jazzgeschichte geschrieben.

Gerry Mulligan

Holzinstrumentenmacherin mit ihren Kollegen beim Ausprobieren fertig gestellter Instrumente

Anblasen: Das Messgerät zeigt an, ob der Ton getroffen ist.

a Sopransaxofon (ss)
b Altsaxofon (as)
c Tenorsaxofon (ts)
d Baritonsaxofon (bs)

**9**

## MY MELANCHOLY BABY

**George Norton, Ernie Burnett**
© 1911 Shapiro / Bernstein & Co. New York
arranged by Nathan Van Cleave, January, 1939

1st alto, clarinet, and alto cadenza:
**Ronald Jansen Heijtmajer**
2nd alto, clarinet + clarinet solo: **Robert Veen**
tenor, clarinet + tenor solo: **Allard Buwalda**
baritone, baritone solo: **Sebastian Ohm**
altos: **Michiel van Dijk, David Kweksilber**
tenor, clarinet: **Leo van Oostrom**
tenors: **Frank Timpe, Hans Bosch**
solo guitar: **Cornell van Vuuren**
rhythm guitar: **Ton van Bergeijk**
string bass: **Gert-Jan Blom**
drums: **Hans Dekker**

**HB 84**

## AUFGABEN

- *Vergleicht die Ausschnitte von* SIDNEY BECHET *(ss),* COLEMAN HAWKINS *(ts),* GERRY MULLIGAN *(bs) und* CHARLIE PARKER *(as).* **HB 78–81**
- *Die Komposition* Le petit nègre *wurde von* CLAUDE DEBUSSY *für Klavier geschrieben. Vergleicht das Original mit einer Bearbeitung für Saxofonquartett.* **HB 82–83**
- *Die Gruppe* THE BEAU HUNKS *spielt Arrangements aus den 30er-Jahren. Seht euch die Besetzung an und versucht einzelne Instrumente herauszuhören.* **HB 84–85**

**15**

## SOLILOQUY: A MUSICAL THOUGHT

**Rube Bloom**
© June 21, 1926 Triangle Music Publishing Co.
arranged by Ronald Jansen Heijtmajer 1997

1st alto + cadenza: **David Kweksilber**
1st soprano: **Leo van Oostrom**
2nd soprano, alto: **Robert Veen**
alto: **Hans Bosch**
tenor: **Frank Timpe**
baritone: **Sebastian Ohm**
bass: **Ronald Jansen Heijtmajer**

**HB 85**

Endmontage: Lederpolster auf die Klappen, Federn einziehen

Die Klappenmechanik montieren: diffizile Arbeit

# Das Saxofon – wechselhaftes Image

### um 1840
ADOLPHE SAX entwickelt das Saxofon
(…) bald ernst und ruhig, bald leidenschaftlich oder melancholisch oder auch sich ganz verflüchtigend wie das abgeschwächte Echo eines Echos, wie die unbestimmten Klagen des Windes im Walde oder besser noch, wie die geheimnisvollen Schwingungen einer Glocke, lange nachdem sie zum letzten Male angeschlagen wurde. Kein anderes Instrument, das ich kenne, besitzt diesen ganz seltsamen Klang, der an der Grenze des Schweigens steht (…)
*(Hector Berlioz in ›Journal des Débats‹, Juni 1842)*

### 1843
Es ist von Kupfer, gegen acht Fuß lang, kegelförmig, hat 19 Klappen (…). Der Umfang ist drei Oktaven. Der Ton ist sonor und kräftig, zart und edel.
*(Anzeige in der Allgemeinen Musikzeitung, Mainz)*

### 1857
JEAN BAPTISTE SINGELÉE, ein Studienkollege von SAX, komponiert das erste Saxofonquartett. **HB 86**

### 1894
ADOLPHE SAX stirbt in Paris in Armut, ruiniert durch Prozesse um seine Erfindungen.

### um 1917
Saxofon vereinzelt in New-Orleans-Jazz-Bands

### 1927/28
Otto Dix:
›Großstadt‹

### 1930
Weltweit werden über 820.000 Saxofone gebaut, eine Rekordzahl im Instrumentenbau.

### ab 1930
Das Saxofon gehört zum festen Bestandteil der Bigbands und Tanzorchester. **HB 87**

### 1935
Die Saxofone wurden in Deutschland im Lauf der vergangenen beiden Jahrzehnte im Gefolge der Jazzmusik eingeführt und verbreitet. (…) In der Jazzmusik haben sich die Musiker ein Ziehen, Schleifen und Schmieren der Töne angewöhnt, was durch die dem Instrument eigene Spiel- und Anblastechnik gefördert zu werden scheint. Für jede ernste Musik, die wagt und beansprucht, sich als Fortsetzung der großen Vergangenheit der deutschen Musik zu fühlen, dürfte diese Manier unerträglich sein. (…) Musik deutscher Prägung ist nur denkbar auf der Grundlage einer klaren, festen, eindeutigen Tonbildung.
*(Hohe Schule der Musik, Bd. 2, Potsdam, 1935)*

### 1935
Ganz unter uns: Was gibt es Schöneres als Tanzmusik!?
Ganz unter uns: Es reizt mich schon der erste Ton vom Saxofon.
Das ist für mich der schönste Augenblick, da bin ich stets dabei.
*(Schlagertext)*

### 1938
Plakat zur Ausstellung ›Entartete Musik‹

**1939**
Coleman Hawkins (Tenorsax.): *Body and Soul* **HB 88**

**1943**
(...) das einen Teil der heutigen Tanz- und Unterhaltungsmusik beherrschende Instrument verleiht in seiner nicht selten geübten reichlichen Anwendung einem Musikstück meist einen weichlichen, qualligen, zuweilen ungesunden, schwülen Klang, der von sehr vielen Freunden der Musik gänzlich abgelehnt wird.
*(Alfred Weidemann: ›Musik im Kriege‹)*

**1975**
Das Saxofon taucht in der Plakatwerbung auf.

**AUFGABE**

- *Was lässt sich aus den einzelnen Aussagen und Abbildungen über das Image des Saxofons ableiten?*

**1993**

## Clinton verstärkt Sax-Welle
**Instrument des Präsidenten in den USA immer beliebter**

Washington (ap)
Kein Musikinstrument ist in Amerika derzeit so aktuell wie das Saxofon. Seit der neue Präsident Bill Clinton fernsehwirksam ins goldene Blech bläst, verzeichnen Musikgeschäfte einen regelrechten Run auf das vor 153 Jahren von dem Belgier Adolphe Sax erfundene Instrument. Clintons Hobby scheint eine Welle zu verstärken, die vor etwa zwei Jahren ins Rollen gekommen ist. Einer der größten Saxofonhersteller in den USA, Boosey und Hawks, meldete eine Umsatzsteigerung um 15 bis 20 Prozent in den vergangenen Wochen.
*(Hannoversche Allgemeine Zeitung vom 2.2.1993)*

**1993**
Irgendetwas, so viel ist mal sicher, hat dieses Saxofon, was andere Blasinstrumente nicht haben. Weshalb bekommt der Trompete spielende Straßenmusikant höflichen Applaus, während, ein paar Meter weiter in der Fußgängerzone, dem Saxofon-Amateur die Herzen der stolzesten Frauen zufliegen? Woran mag es liegen, dass ein biederer Dreiklang sich auf der Klarinette kalt, auf der Posaune schroff, auf dem Saxofon aber zärtlich anhört?
*Andreas Odenwald, in der Zeitschrift ›Die Wochenpost‹ vom 16.12.1993*

**1994**
Der amerikanische Präsident Bill Clinton mit Saxofon

# Die Steeldrum – Ein Instrument der Karibik

**Steeldrums** (engl. = Stahltrommeln) gibt es seit etwa 70 Jahren. Ihre Erfindung geht auf einen eher ungewöhnlichen Hintergrund zurück: Für eines der wichtigsten Feste auf Trinidad und Tobago, dem Karneval, brauchte man laute Instrumente, um die Umzüge zu begleiten, bei denen Calypso bis zur Ekstase gespielt und getanzt wurde. Da kein Geld für Instrumente vorhanden war, kam man aus der Not heraus auf eine billige Lösung: die Instrumente aus Abfall, nämlich aus alten Ölfässern herzustellen. Aus diesen Fässern entfernte man die Böden, in die Deckel wurden Dellen geschlagen, die unterschiedliche Tonhöhen ermöglichten. **HB 89**

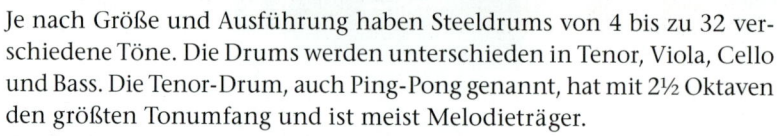

Je nach Größe und Ausführung haben Steeldrums von 4 bis zu 32 verschiedene Töne. Die Drums werden unterschieden in Tenor, Viola, Cello und Bass. Die Tenor-Drum, auch Ping-Pong genannt, hat mit 2½ Oktaven den größten Tonumfang und ist meist Melodieträger.

Große Steelbands haben bis zu 30 Steeldrums, dazu auch Maracas, Tambourins und eine Trillerpfeife für den Leiter, der mit schrillen Pfiffen z. B. Änderungen im Rhythmus angibt.

# AUFGABEN

- *Warum haben Steeldrums auf den Karibik-Inseln eine hohe kulturelle Bedeutung?*
- *Informiert euch – z. B. per Internet – über verschiedene Steelbands, über ihre Größe, ihre Auftrittsmöglichkeiten, ihre Musik.*

- *Beschreibt die Hörbeispiele.* **HB 90–93**
- *Findet heraus, nach welchem Prinzip Musik für Steeldrums notiert wird.*
- *Übertragt – falls euch Steeldrums zur Verfügung stehen – die Stimmen des Begleitungspattern in die Steeldrum-Notation.*

**Steeldrum-Notation**

**herkömmliche Notation**

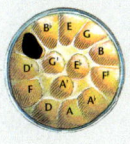 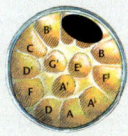 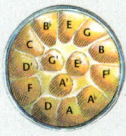 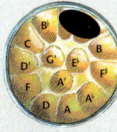 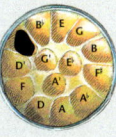 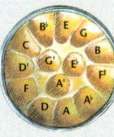  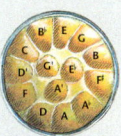

Möglicherweise verfügen nicht viele Schulen über Steeldrums. Stehen keine Instrumente zur Verfügung, sollte man versuchen den Klang mit anderen Instrumenten zu imitieren. Die Melodie könnte von einer Steeldrum-Klangfarbe auf einem Keyboard übernommen werden, die Begleitstimmen von Metallophonen. Wichtig ist, dass man Klangfarben und Instrumente auswählt, die nachhallen. Der Song *Anna*, ursprünglich eine Melodie aus einem italienischen Film von 1952, wurde bald zu einem Standardstück vieler Steelbands.

*Roman Vatro*
*Satz: Elisabeth Mentzel*

## Anna (Steeldrum Song)

**Begleitungspattern**

**Rhythmuspattern**

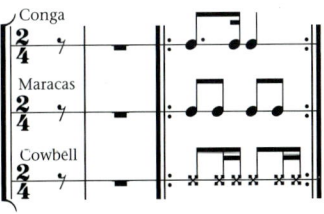

# Die Mundharmonika

Die Bezeichnung Harmonika ist ein allgemeiner Sammelbegriff für Instrumente mit aufeinander abgestimmten Stäben, Röhren, Platten oder Zungen, auf denen mehrstimmig gespielt werden kann. Im engeren Sinne bezeichnet er Instrumente mit durchschlagenden Zungen, wobei die Tonhöhe von der Länge und Stärke der Zunge abhängt. Die beiden bekanntesten Instrumente der Harmonika-Familie sind die **Mundharmonika** und das **Akkordeon.**

Die **Zunge** ist ein biegsames Blatt aus Schilfrohr oder Metall, das durch strömende Luft in Schwingung versetzt wird. Je nachdem, ob die Zunge durch einen Rahmen, an dem sie an einer Seite befestigt ist, durchschwingt oder ob sie gegen einen Widerstand schlägt, spricht man von **durchschlagenden** oder **aufschlagenden** Zungen. Rohrblatt-Blasinstrumente haben aufschlagende Zungen, Harmonium, Mundharmonika, Akkordeon durchschlagende Zungen.

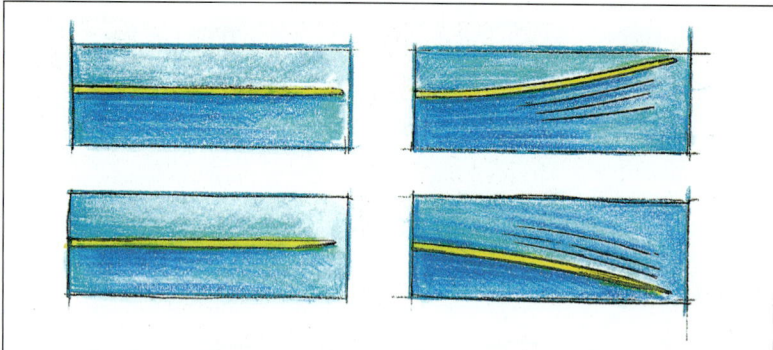

Die 4 Phasen einer durchschlagenden Zunge

Zungen der Mundharmonika

Der Grundtyp der Mundharmonika wurde bereits um 1820 entwickelt und ab etwa 1855 in den Werken des Instrumentenfabrikanten MATTHIAS HOHNER (1833–1902) hergestellt. Als leicht zu spielendes Instrument erfreute sie sich rasch großer Beliebtheit und fand Eingang in die unterschiedlichsten Musikstile. **HB 94–99.** Dem 1914 geborenen Virtuosen LARRY ADLER gelang es durch etliche für ihn komponierte Werke für Mundharmonika und Sinfonieorchester, die Mundharmonika auch in Konzertsälen zu einem anerkannten Instrument zu machen. **HB 100–101**

Wenn ihr auf einer Mundharmonika spielt, nehmt sie so in eure Hände, wie die Abbildung es zeigt. Damit habt ihr das Instrument auch für schnelle Passagen oder große Tonsprünge fest im Griff.

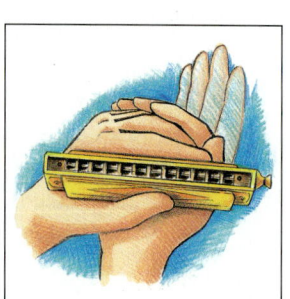

Akkordeon-Produktion

# Die Handharmonika

Die erste Handharmonika war das **Akkordeon,** es wurde 1829 in Wien erfunden. Zur Verbreitung der Handharmonika trugen Vereine bei, die sich vor allem mit der **Konzertina,** einem kleinen Knopfakkordeon beschäftigten. Eine besondere Form der Konzertina ist das **Bandoneon.** Es umfasst 88 Töne und trägt den Namen nach seinem Erfinder HEINRICH BAND (1821–1860), der das Instrument ab etwa 1845 herstellen ließ.

Bandoneon-Orchester

## Zur Geschichte der Konzertina- und Bandoneon-Vereine

- 1874 erster Konzertina- und Geselligkeitsverein in Chemnitz
- ab 1874 viele Vereinsgründungen in Sachsen und im Ruhrgebiet, den Ballungszentren der Industrie
- Vereine verstanden sich als Geselligkeitsvereine von Arbeitern für Arbeiter
- Mitglieder brachten sich ihr Spielen selbst oder gegenseitig bei, spielten die Melodien meist nach Gehör
- Spieler konnten meist keine Noten lesen, daher setzt sich auch keine Notationsform oder spezielle Notenschrift für das Instrument durch
- 1927 gab es 1038 Vereine mit 27.000 Mitgliedern
- mit dem Zweiten Weltkrieg kam das Ende der Bandoneonbewegung

Lydie Auvray

Das größte Akkordeon der Welt

Das Akkordeon steht in den Verkaufszahlen und in der Anmeldung bei den Musikschulen mit an oberster Stelle. Diese Information gaben Musikalienhändler 1999. Verschiedene Musikschulen bestätigten die Aussage. Daraus kann man Schlüsse ziehen über die Beliebtheit des Instrumentes; dem steht jedoch gegenüber, dass es eher ungewöhnlich ist, virtuose Akkordeonmusik in Konzertsälen zu hören.

## AUFGABEN

- *Worin besteht der Unterschied zwischen einer Mundharmonika und einer Handharmonika?*
- *Probiert aus: Welchen Einfluss hat es auf den Ton einer Mundharmonika, wenn man hineinbläst oder an gleicher Position die Luft ansaugt? Wie reagiert ein Akkordeon, wenn man bei einer gedrückten Taste den Balg zusammendrückt oder auseinander zieht?*
- *Vergleicht die Hörbeispiele miteinander und ordnet die Stücke ihren Stilrichtungen zu.* **HB 94–101**
- *Welche Musik wurde vermutlich in den Bandoneon-Vereinen gespielt?*
- *Welche Informationen könnt ihr der abgebildeten Titelseite eines Notenheftes für Bandoneon entnehmen?*

# Das Akkordeon

## Interview mit der Akkordeonistin Elsbeth Moser

*Wann hatten Sie begonnen, Akkordeon zu spielen?*

Kurz vor meinem 5. Geburtstag bekam ich ein kleines Knopfakkordeon. Mit sechs Jahren habe ich mein erstes Konzert gespielt, war früh auf Wettbewerben erfolgreich. Später habe ich Klavier dazugelernt, weil die Gesellschaft es so wollte: Das Akkordeon galt als minderwertig, als Subkultur, als dritte Kategorie. Fünf Jahre lang habe ich beide Instrumente gepflegt. Ich bin damals immer früh aufgestanden, hab die Hausaufgaben vor der Schule gemacht, um nachmittags ins Konservatorium zu gehen. Ich musste viel arbeiten, aber ich wollte Musikerin werden. Es war eine Berufung. Ich liebte das Akkordeon immer viel mehr als das Klavier.

*Was hat Sie an dem Instrument gereizt?*

Ich hatte es immer bei mir, wie ein Schmuckkästchen. Das ist der Vorteil des Akkordeons gegenüber dem Klavier. – Das Akkordeon, mit dem ich begonnen habe, war ganz klein, drei Kilo schwer, hatte links und rechts Knöpfe. Bei uns in der Schweiz spielt man nur Knopfakkordeon, wie in Frankreich, Skandinavien oder Russland. Doch in Ländern wie Deutschland und Italien wurden Tastenakkordeons produziert. Im 19. Jahrhundert, in der Zeit der Salonmusik, sah die Industrie ihre Chance: Man stellte eine Art tragbares Klavier her, ordnete die Tasten am Blasebalg im Quintenzirkel an, belegte sie mit Akkorden – so entstand das Tastenakkordeon und es kam zur Bezeichnung ›Schifferklavier‹. In einigen Ländern hat sich aber die Tradition des Knopfakkordeons erhalten, z. B. mit dem Schwyzerörgeli oder dem Bajan in Russland.

*Warum spielen Sie Knopfakkordeon?*

Die Knöpfe sind ganz logisch angeordnet und es hat einen Tonumfang von fast sechs Oktaven, das Tastenakkordeon ist um mindestens eine Oktave reduziert und nicht so handlich. Letzteres ist immer noch mit negativen Klischees belegt: Seemannsschnulzen, Um-Ta-Ta-Volksmusik. Z. B. auf dem Balkan oder in Russland wird mit großer Virtuosität Volksmusik gespielt – mit dem Knopfakkordeon. Die kleinen Skalen dieser Musik liegen dort ideal, weil die Knöpfe so geschickt angeordnet sind; die komplizierten, rasend schnellen Verzierungen sind auf dem Tastenakkordeon nicht spielbar.

*Sie haben einmal gesagt, Ihre Absicht sei ›ein verkanntes Instrument salonfähig zu machen‹. Was meinen Sie damit?*

Nach meinem Studium wusste ich: Meine Liebe gilt dem Akkordeon. Ich wollte es in den Konzertsaal bringen und ›salonfähig‹ machen. Es sollte gleichwertig neben allen anderen Instrumenten stehen. Das war meine Lebensaufgabe.

*Seit 1975 unterrichten Sie an der Musikhochschule Hannover, seit 1983 als Professorin. Welches Ansehen hat das Akkordeon an der Hochschule?*

Am Anfang war es schwer, doch heute ist es vollkommen anerkannt. Das erste Jahrzehnt war schwierig, das zweite viel leichter, das dritte ist fast ein Spiel! Ich musste viele Konzerte spielen und das Akkordeon präsentieren, um dem Publikum den Klang nahe zu bringen.

*Sie musizieren mit vielen bekannten Künstlern. Was bewegt Instrumentalisten, sich mit Akkordeonmusik zu beschäftigen?*

1984 lernte ich in Moskau die Komponistin SOFIA GUBAIDULINA und u. A. ihr Stück ›Sieben Worte‹ für Bajan, Cello und Streicher kennen. 1986 durfte sie mit 55 Jahren zum ersten Mal in ihrem Leben ausreisen. Durch ihre Werke hat sich die Meinung über den Bajan – so heißt das Knopfakkordeon im Russischen – sehr geändert. Bajan passt besser als Akkordeon, wir wollen ja gerade vom Image diese Akkorde wegkommen. Auch viele Cellisten haben ihre Literatur für sich entdeckt.

*Viele Musiker unserer Zeit haben für Sie und damit für das Akkordeon komponiert. Worin liegt der Reiz, für Ihr Instrument zu schreiben?*

Viele komponieren für das Knopfakkordeon, weil sie von einem bestimmten Künstler inspiriert werden. Es ist ein multifunktionales Instrument: Es hat eine unglaubliche Bandbreite an Dynamik und es kann polyphon und homophon spielen. Die Komponisten haben erkannt, was man mit diesem Instrument machen kann, wenn man es hochkultiviert und mit großem künstlerischem Ansatz spielt; auch die Logik des Instruments ist reizvoll.

*Welchen Beruf kann man ergreifen, wenn man Akkordeon studiert hat?*

Viele Leute spielen Akkordeon, weil sie Fans des Instruments sind und es zum Beruf machen möchten. Ich versuche, den Studenten ein großes Feld von der Barockmusik bis zur Avantgarde zu öffnen. Inzwischen ist das Akkordeon in der Solistenklasse. Die meisten Studenten werden Lehrer, studieren Musikerziehung oder musikalische Grundausbildung, um das Akkordeon in die Arbeit mit Kindern einzubeziehen. Viele machen Kammermusik oder studieren Musiktheorie. Einige bekommen Konzert-, Opern- oder Operettenauftritte, z. B. ›Im weißen Rössl‹ oder in ›Fiddler on the Roof‹. Wie jeder andere Musiker muss man kämpfen, aber es ist absolut denkbar, mit dem Akkordeon so zu überleben, wie mit jedem anderen Instrument.

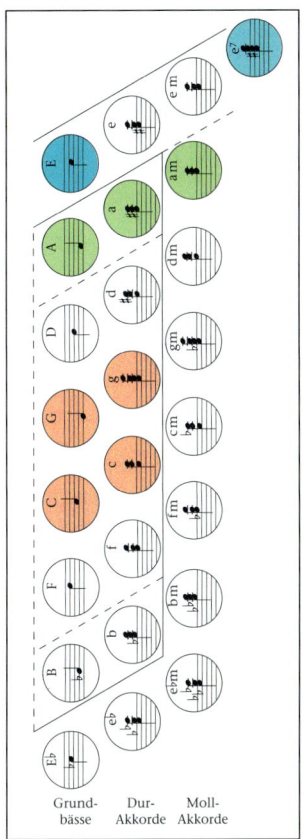

Der Tanz *Zaječarka* gehört zur serbischen Folklore. In dieser Musik findet das Akkordeon häufig Verwendung. **HB 102**

*Satz: Elisabeth Mentzel*

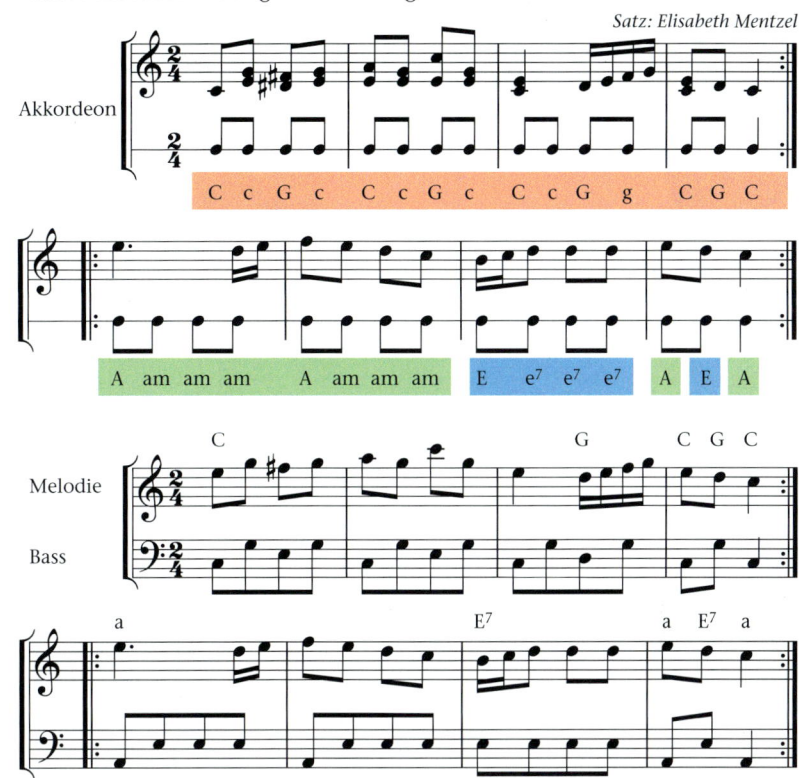

Akkordeon

C c G c C c G c C c G g C G C

A am am am A am am am E e⁷ e⁷ e⁷ A E A

Melodie

Bass

**Griffbilder Ukulele**

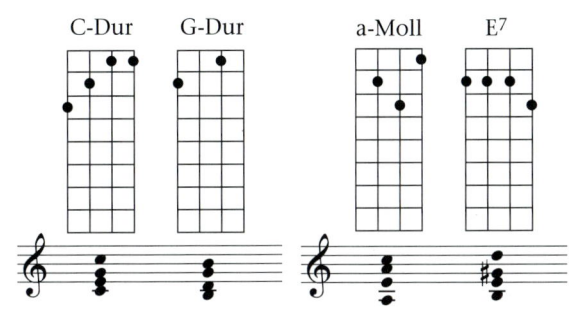

C-Dur   G-Dur   a-Moll   E⁷

**AUFGABEN**

- *Notiert, was euch zum Stichwort ›Akkordeon‹ einfällt.*
- *Was lässt sich aus dem Interview über das Image des Akkordeons ableiten?*
- *Welche Vorstellungen habt ihr von Akkordeonmusik? Auf welche Hörbeispiele treffen sie zu?*
**HB 103–109**

Als weitere Bassstimme lassen sich die Grundtöne der angegebenen Akkorde auf Cello oder Kontrabass spielen. Um die acht Durchgänge des Tanzes unterschiedlich zu gestalten, können anstelle oder zur vorgegebenen Melodie auch folgende Stimmen gespielt werden:

Flamenco-
Gitarre/
Konzert-Gitarre

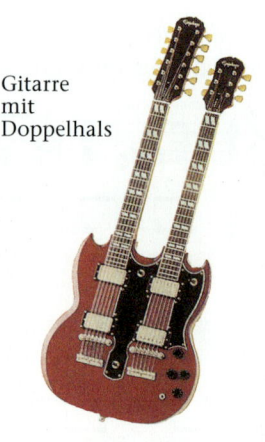

Gitarre
mit
Doppelhals

Laute

# Gitarren

Bei dem Wort **Gitarre** stellen sich ganz unterschiedliche Assoziationen ein. Einige denken sofort an Rockmusik und E-Gitarre, andere an Lagerfeuer und Wandergitarre oder Spanien und Flamenco. Bereits hier wird deutlich, dass es unterschiedliche Gitarren gibt und dass auch Gitarrenmusik sehr vielfältig sein kann.

In verschiedenen Musikrichtungen spielt die Gitarre eine wichtige Rolle (Rockmusik, Jazz, Schlager, Folklore, Konzertmusik) und sie ist heute auf der ganzen Welt verbreitet.

Gitarren zählen zu den Lauteninstrumenten, die aus einem Resonanzkörper und einem Hals bestehen und mit Saiten bespannt sind. Im Unterschied zu Gitarren haben **Lauten** einen bauchigen, birnenförmigen Korpus. Bereits in der Antike gab es lautenähnliche Musikinstrumente. Im Mittelalter brachten die Araber mit der **Ud** einen Vorläufer der Laute mit nach Spanien. Die Kurzhalslaute Ud ist noch heute in der arabischen Welt und in der Türkei verbreitet.

Die ersten Lauten im 13. Jahrhundert hatten nur vier Saiten. Es gab zu dieser Zeit auch schon vereinzelt viersaitige Gitarren mit flachem Boden. Im 17. Jahrhundert, als die Gitarre vor allem in Frankreich und Italien ein Modeinstrument war, hatte sie fünf Saiten. Erst im 18. Jahrhundert entwickelte sich das Instrument in seiner 6-saitigen Form, wie wir es heute kennen.

Nachdem die Gitarre fast zwei Jahrhunderte an Bedeutung verloren hatte, erlebte sie erst wieder zu Beginn des 20. Jahrhunderts einen Aufschwung als Begleitinstrument von Liedern.

Ab 1932 wurden die ersten **Elektrogitarren** (so genannte Brettgitarren ohne Resonanzkörper) in Serie hergestellt. Doch die große Zeit der E-Gitarren brach erst mit dem Rhythm 'n' Blues, dem Rock 'n' Roll und dann vor allem mit der Beat-Musik in den 60er-Jahren an. In der Rockmusik wird die E-Gitarre als Melodie führende Lead-, akkordisch begleitende Rhythmus- und als Bassgitarre eingesetzt.

## AUFGABEN

- *Beschreibt die Unterschiede der abgebildeten Lauten und Gitarren.*
- *Die Bourrée von J.S. BACH wird auf einer Barock-laute und einer Konzertgitarre gespielt. Vergleicht den Klang.* **HB 110–111**
- *Welche unterschiedlichen musikalischen Funktionen erfüllen die Gitarren in den Beispielen?*

*Charakterisiert die Art, wie die Gitarre gespielt wird und versucht die Ausschnitte Musikrichtungen bzw. Musikstilen zuzuordnen.* **HB 112–123**

- *Versucht vom Hören zu beschreiben, worin sich die drei Spieltechniken ›Finger-Picking‹, ›Tapping‹ und ›Slide‹ unterscheiden.* **124–126**

arabische
Ud

E-Gitarre

Western-
Gitarre

E-Bass

Basslaute

Die drei Gitarristen JOHN MC-LAUGHLIN, AL DI MEOLA und PACO DE LUCIA trafen sich 1982 in London zur Aufnahme von *Sichia*. Auf dem linken Kanal ist DI MEOLA mit einer akustischen Ovation-Gitarre (Stahlsaiten) zu hören, rechts DE LUCIA auf einer spanischen Flamencogitarre. MCLAUGHLIN spielt ebenfalls eine Flamenco-Gitarre, die in Spanien hergestellt wurde. **HB 127**

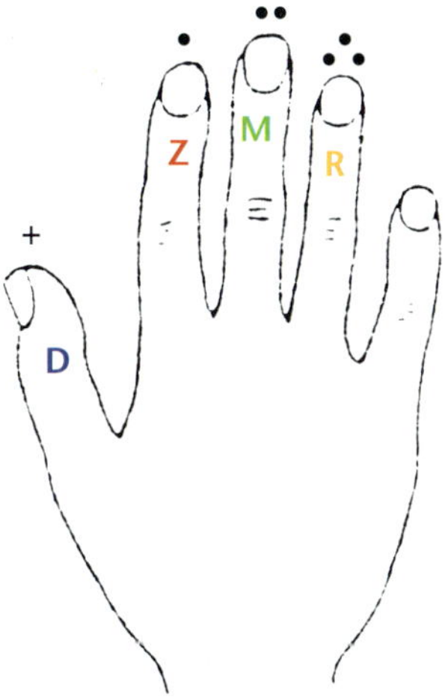

Daumen = +
Zeigefinger = •
Mittelfinger = ••
Ringfinger = •••
(Der **kleine** Finger der rechten Hand wird für den Anschlag **niemals** benötigt.)

Dobro
(Gitarre mit Blechkorpus, s. S. 211)

Oft sind über Liedern und Songs für das Begleitinstrument Gitarre nur Akkordsymbole notiert (s. S. 260). In welcher Lage und in welchem Rhythmus die Akkorde gespielt werden, bleibt dem Spieler überlassen. Mit der herkömmlichen Notenschrift wird die Musik für die so genannte ›**klassische**‹ **Gitarre** notiert. Häufig finden sich in diesen Notenausgaben auch Angaben für den Fingersatz.

Der Spanier FERNANDO SOR (1778–1839) gilt als bedeutendster Gitarrist der Romantik. Er schrieb nicht nur viele Etüden für sein Instrument, sondern bearbeitete auch Stücke anderer Komponisten für die Gitarre, was zu seiner Zeit einer weit verbreiteten Praxis entsprach. Zu einem Thema aus MOZARTS *Zauberflöte* schrieb er sechs Variationen. **HB 128–130**

# Schlag auf Schlag

## Rhythmus

Überprüfen Sie sich einmal selbst, beobachten Sie sich, während Sie Musik hören, achten Sie auf Ihre körperlichen Reaktionen, auf Ihre innere Stimmung. Sie wippen eventuell mit den Beinen, trommeln mit den Fingern auf die Tischplatte, bewegen rhythmisch Ihren Körper. Vielleicht wiegt Ihr Kopf im Takt oder Sie schlagen mit den Handflächen auf die Oberschenkel. Und Sie stellen plötzlich verwundert fest, dass Sie all diese Bewegungen überhaupt nicht bewusst vollziehen, sondern dass sich der Körper von ganz allein dem Rhythmus anpasst, dass die Musik Ihren Körper in Bewegung setzt, dass es äußere Reize sind, die Sie schwingen lassen.

*(aus: R. Liedke, Die Vertreibung der Stille, München 1996, S. 43)*

**AUFGABE**

- *Überprüft die Aussagen, indem ihr euch beim Musikhören beobachtet.*

**5 Tonfolgen**

**4 Rhythmen**

**AUFGABEN**

- *Welcher Rhythmus gehört zu welcher Tonfolge? Spielt die einzelnen Tonfolgen und Rhythmen, bevor ihr Kombinationen ausprobiert.*
- *Wie wirkt der Rhythmus ohne die Melodietöne?*
- *Wie wirken die Melodien ohne den Rhythmus?*

## Rhythmus hören und aufschreiben

Beim Aufschreiben von Rhythmen ist es hilfreich, folgendermaßen vorzugehen:

1. Grundschlag mitklopfen – Taktart bestimmen – Takte zählen;
2. die Takte mit Taktstrichen und kleinen, regelmäßigen Strichen für die Grundschläge andeuten;
3. nach und nach markieren, *auf* welchen Grundschlägen und

4. *zwischen* welchen Grundschlägen der Rhythmus zu hören ist (auf evtl. Pausen achten!);
5. Umwandeln der Markierungen in Noten- und Pausenwerte entsprechend der gewählten Taktart.

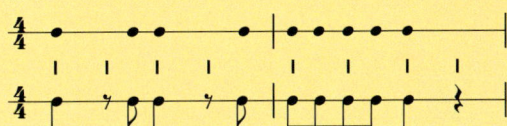

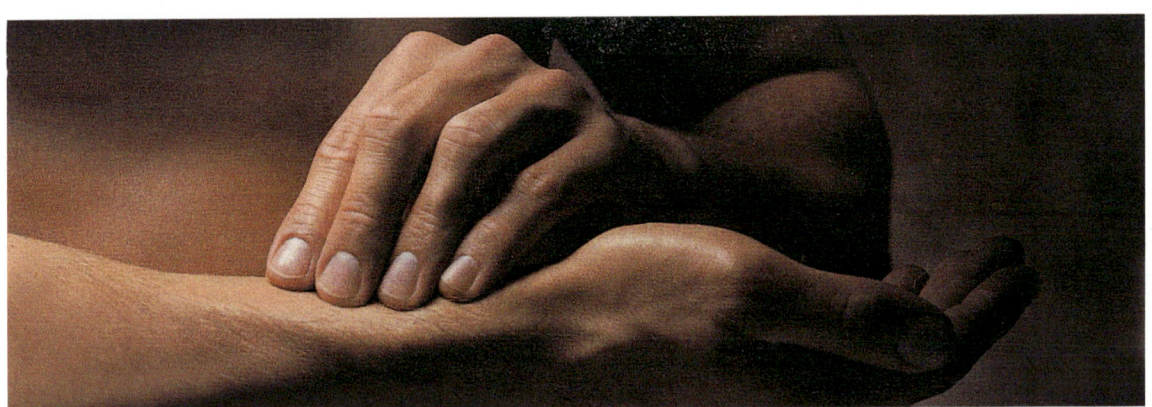

## AUFGABEN

- *Bildet Gruppen. Jede Gruppe erfindet einfache, über zwei 4/4-Takte gehende Rhythmen aus Viertel- und Achtelnoten bzw. -pausen und spielt sie mehrfach vor. Alle anderen klopfen zunächst leise den Grundschlag mit und wiederholen den Rhythmus. Zusätzlich werden die herausgehörten Rhythmen notiert.*
- *Steigert den Schwierigkeitsgrad beim Hören und Notieren von Rhythmen, indem ihr weitere Notenwerte hinzunehmt bzw. die Länge auf vier Takte ausdehnt.*
- *Spielt euch gegenseitig bekannte musikalische Motive (z. B. aus der Werbung) vor, indem ihr nur den Rhythmus produziert. Die anderen sollen den Rhythmus wiederholen, erraten und evtl. mit dazugehörigen Tönen spielen.*
- *Welche Lieder verbergen sich hinter den Rhythmen a–f?*
- *Überprüft eure Vermutungen anhand der Hörbeispiele.* **HB 131**

### Welche Lieder sind es?

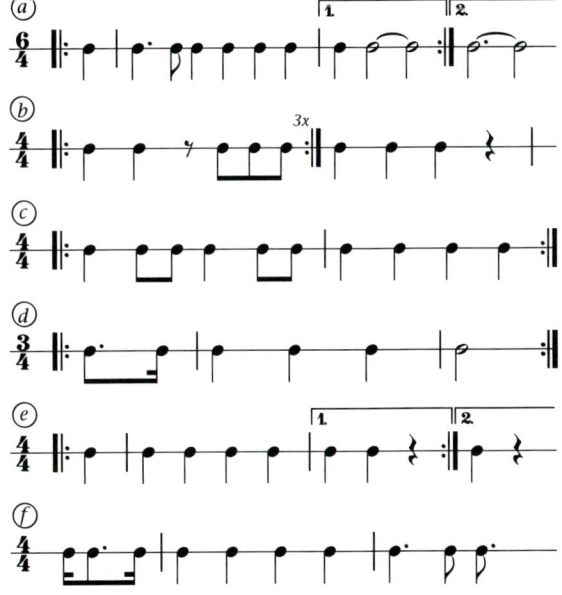

# Tempo, Tempo

**KON TEXT**

Das auffälligste akustische Merkmal eines Techno-Tracks ist seine panische Geschwindigkeit. Die Melodie tritt hinter dem hektischen Wummern der Bassdrum zurück, die den Tanzenden bis zu 200, oder neuerdings mitunter bis zu 300 Schläge pro Minute verpasst. (…)
Wenn die Techno-Tänzer (…) ihren Herzschlag auf den rasenden Beat synchronisieren, wird aus hektischer Hetze ein rasantes Gemeinschaftserlebnis, (…) dann – so behaupten Techno-›Philosophen‹ – werde sogar die natürliche Harmonie zwischen Mensch und Maschine zelebriert.
*(F. Blask / M. Fuchs-Gamböck: ›Techno – Eine Generation in Ekstase‹, Lübbe Verlag, Berg. Gladbach 1995)*

Das Tempo hat einen großen Einfluss auf die Wirkung eines Musikstückes. Spielt man ein schnelles Stück langsam, erkennt man es oft kaum wieder – und umgekehrt. **HB 132** Mit Tempo meint man in der Musik die Geschwindigkeit der Grundschläge, also des meist gut wahrnehmbaren ›Pulses‹ eines Stückes. Legt der Komponist Wert auf ein ganz bestimmtes Tempo, schreibt er es vor (z. B. ♩ = 120, das heißt 120 Viertel-Grundschläge pro Minute/beats per minute/bpm).
Die Notenwerte haben eine **relative Länge:** Achtel sind zwar doppelt so schnell wie Viertel, ob sie aber tatsächlich ›schnell‹ sind, hängt vom Grundschlag und dessen Tempo ab.
Tänze haben ihr charakteristisches Tempo. Ein Langsamer Walzer liegt bei ca. 80 bpm, Rock ’n’ Roll bei ca. 140 bpm, Techno z. T. bei über 200 bpm.

## AUFGABEN

- *Messt euren Ruhe-Puls. Hört ein Musikstück mit geschlossenen Augen. Versucht euch darauf zu konzentrieren. Messt unmittelbar nach Ende des Stückes euren Puls erneut.* **HB 133**
- *Bestimmt mithilfe des Metronoms das Tempo des Stückes.*
- *Verfahrt ebenso mit einem zweiten Stück.* **HB 134**
- *Interpretiert eure Untersuchungsergebnisse.*
- *Nehmt zu den Ausführungen von* BLASK/FUCHS *Stellung. Berichtet über eigene Erfahrungen mit Techno oder ähnlicher Musik.*

Innerhalb eines Musikstücks bleibt das Tempo meistens konstant, es kann aber auch verändert werden, z. B. um eine **Steigerung** zu erreichen. Dies geschieht weniger über abrupte Tempowechsel als über allmähliche Tempoveränderungen. Sie heißen **ritardando** (ital. = langsamer werden) und **accelerando** (ital. = schneller werden). Außer dem Parameter Tondauer können auch andere Parameter verändert werden, um eine Steigerung zu erreichen oder sie noch intensiver zu gestalten.

### AUFGABEN

- *Mit welchen musikalischen Mitteln wird eine Steigerung erreicht?* **HB 135–137**
- *Hört* In der Halle des Bergkönigs *aus der* Peer-Gynt-Suite *von* EDVARD GRIEG *(1843–1907). Beschreibt den Ablauf.* **HB 138**
- *Übt den Spielsatz ein (Ablauf: A–B–A–B…). Überlegt euch Möglichkeiten der Steigerung. Wie könnte man den Schluss gestalten?*

## In der Halle des Bergkönigs

Musik: Edvard Grieg (1843–1907)
Satz: Walther Engel

# Zusammengesetzte Takte

Neben dem Vierertakt (und dem selteneren Zweier-, Dreier- und Sechsertakt) gibt es weitere, **zusammengesetzte Taktarten.** Diese sind häufiger in anderen Kulturen, zunehmend aber auch bei uns zu finden. Seit einiger Zeit wird traditionelle Musik aus Afrika, Lateinamerika, Osteuropa oder Asien bei uns immer populärer. Einige ihrer Elemente werden teilweise in westliche Musik integriert. So kann man Fünfer-, Siebener-, Achtertakte etc. immer häufiger hören und ihre besondere Wirkung beobachten. Manchmal sorgt auch die Gleichzeitigkeit verschiedener Taktarten **(Polymetrik)** für die spezielle Wirkung eines Stückes.

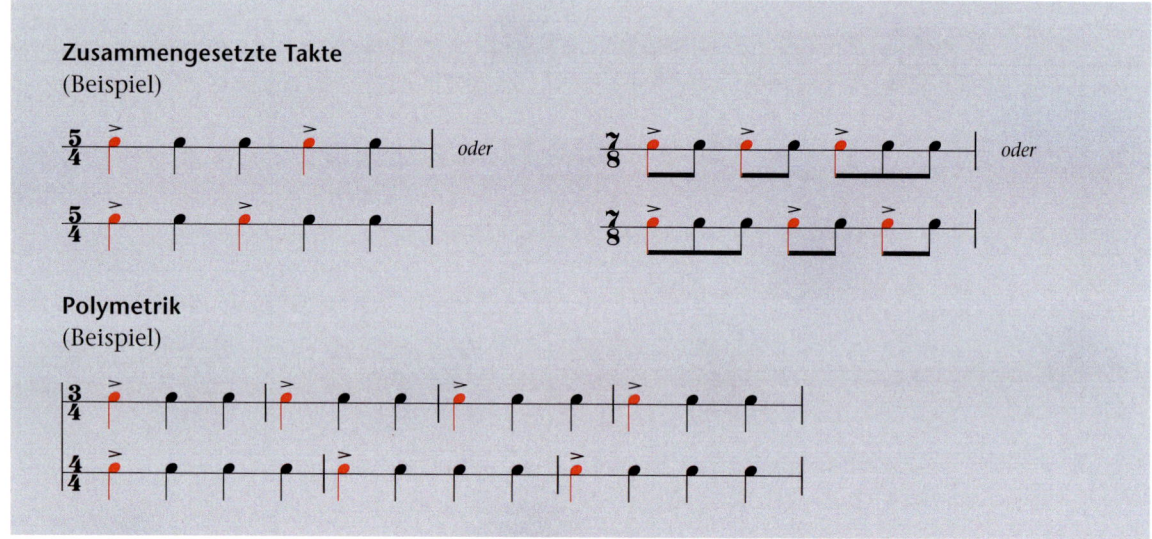

**Zusammengesetzte Takte**
(Beispiel)

oder

oder

**Polymetrik**
(Beispiel)

## AUFGABEN

- Bestimmt die Taktarten der Hörbeispiele, indem ihr den Grundschlag leise und die Betonung lauter mitvollzieht. Benennt Unterschiede in der Wirkung der Stücke im Vergleich zu Musik, die euch rhythmisch vertrauter ist. **HB 139–141**
- Spielt die zusammengesetzten Taktarten (s. o.). Alle klatschen die Grundschläge leise und die

Betonung laut. Überlegt weitere Spielmöglichkeiten, auch mit Instrumenten.
- Verfahrt ebenso mit dem Beispiel für Polymetrik. Findet weitere Kombinationen von Taktarten.
- Schreibt 8/8-, 9/8- und 11/8-Takte mit ihren möglichen Betonungen auf und spielt sie.

## ›Le Sacre du Printemps‹ (Ziffer 190–192)

*Igor Strawinsky (1882–1971)*

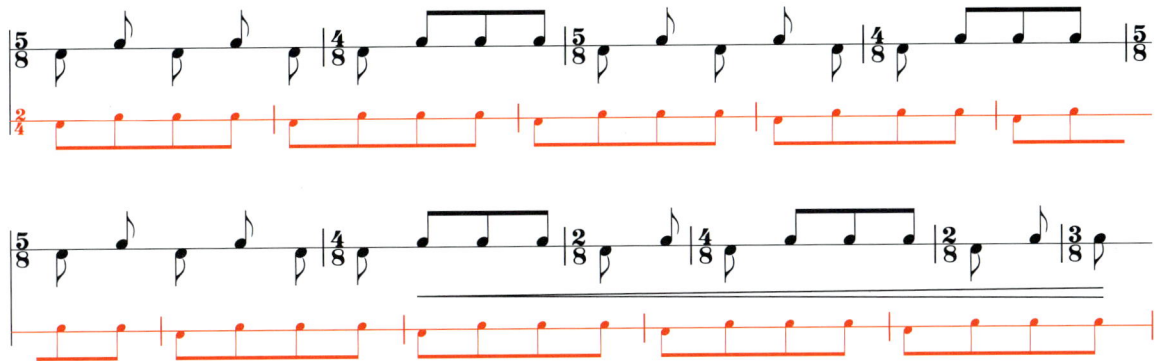

Komponistinnen und Komponisten des 20. Jahrhunderts haben in der Musik anderer oder früherer Kulturen nicht nur ungewöhnliche Taktarten entdeckt. Sie ließen sich auch zu Taktwechseln inspirieren, um bestimmte Wirkungen zu erzielen, etwa IGOR STRAWINSKY in *Le Sacre du Printemps* (Das Frühlingsopfer). In diesem Ballett geht es um Fruchtbarkeitsrituale und Menschenopfer im heidnischen Russland. Ein anderes Beispiel sind die *Carmina burana* von CARL ORFF, in denen er auf mittelalterliche Texte zurückgreift, um etwas vom Lebensgefühl dieser Zeit wiederzugeben.

## AUFGABEN

- *Verfolgt die rhythmische Struktur (erstes System) aus* STRAWINSKYS Le Sacre du Printemps. **HB 142** *Beschreibt sie. Welche Wirkung wird erzielt?*
- *Spielt* STRAWINSKYS *Rhythmus, auch zur Originalmusik. Erweitert ihn polymetrisch, indem ihr das zweite System hinzunehmt. Wiederholt diesen Rhythmus mehrfach ohne Unterbrechnung.* **HB 143**
- *Hört* Uf dem anger *aus* ORFFS Carmina burana *und gebt euren Höreindruck wieder.* **HB 144**
- *Übertragt die Melodie des wiederkehrenden Hauptteils auf ein Notenblatt, zieht die richtigen Taktstriche und benennt bei jedem Taktwechsel die Taktart. (Es kommen vor: 4/4-, 3/8- sowie 2/4- und 2/8-Takt). Analysiert die Rhythmik dieses Teils.*
- *Welche Taktwechsel benutzt* LEONARD BERNSTEIN *in* America *aus der* West Side Story? *Klopft die betonten Taktzeiten leise mit.* **HB 145**

### ›Uf dem anger‹ (aus ›Carmina burana‹)
### (Ausschnitt/ohne Takte)

*Carl Orff (1895–1982)*

## Take Five

Paul Desmond

(Gesangsstimme)

* Zum Singen: B-Teil 1 Oktave tiefer

# ›Take Five‹

WORK SHOP

(Instrumentalstimmen)

*Satz: Walther Engel*

Der amerikanische Jazz-Pianist DAVE BRUBECK wurde in den 50-er Jahren bekannt durch sein Quartett, das zu einem Markenzeichen des Cool Jazz wurde. Hier spielte er mit dem Altsaxofonisten PAUL DESMOND zusammen, dessen *Take Five* zum bekanntesten Stück der Gruppe wurde. Es gelangte 1959 sogar in die Charts und wurde als erster Jazztitel über eine Million Mal verkauft. Ursprünglich war *Take Five* als eine Art Bonbon für den Schlagzeuger gedacht, der sich über den immer gleichen 4/4-Takt aller Stücke mokiert hatte. Der Titel ist auch eine Anspielung auf die Fünf-Minuten-Pause bei Musikern. Im berühmt gewordenen Album *Time Out* experimentiert das BRUBECK-QUARTETT auch mit anderen Taktarten (7/4, 9/8).

Dave Brubeck

## AUFGABEN

- Erarbeitet das Lied und den Begleitsatz. Zur rhythmischen Vereinfachung können die kleiner gesetzten Noten zunächst mitgespielt werden. Ihr könnt auch eine reine Instrumentalversion versuchen und evtl. in der von euch gewählten Form Solo-Durchgänge einfügen.
- Hört eine Aufnahme mit DAVE BRUBECK. Beschreibt die Wirkung der Rhythmik und den formalen Aufbau. **HB 146**

# Aus 2 mach 3

## Triolen

a) Achtel-Triolen

b) Achtel

c) Viertel-Triolen

d) Viertel

e) Halbe

## AUFGABEN

- Übt anhand des Schaubilds Triolen zu spielen: Wählt ein mittleres Tempo (♩ = 90 bpm) und spielt die Halben mit einem Fuß. Mit den Händen klatscht ihr zwei Takte Viertel und zwei Takte Viertel-Triolen im Wechsel. Entsprechend könnt ihr mit Vierteln, Achteln und Achtel-Triolen verfahren.

- Teilt die Klasse in zwei oder drei Gruppen und entwerft ein kleines Percussion-Stück aus den vorgegebenen Rhythmen. Folgende Systeme können kombiniert werden:
  c/d/e      b/d/e
  a/d/e      a/b/d

- Erarbeitet den Sprechkanon auf den Text von ROBERT GERNHARDT.
  Teilt euch dazu in vier Gruppen mit unterschiedlich hohen Sprechstimmen auf. Überlegt euch eine effektvolle Gestaltung (Betonung, Lautstärke, Tempo).

- Hört, lest und singt den Anfang des Songs Can't Help Falling in Love. Wo muss der Rhythmus durch Triolenangaben ergänzt werden? **HB 233** (Der gesamte Song ist auf Seite 96 zu finden.)

## *Can't Help Falling in Love* HB 147

*George Weiss*

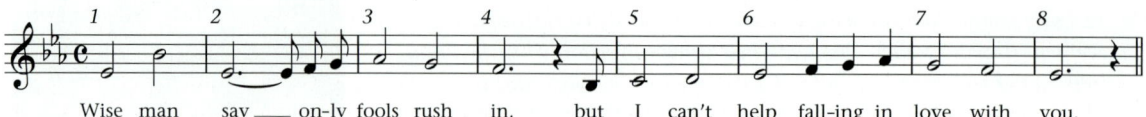

Wise man say — on-ly fools rush in, but I can't help fall-ing in love with you.

# Der Zähe

*Musik: Marcus Altmann*
*Text: Robert Gernhardt*

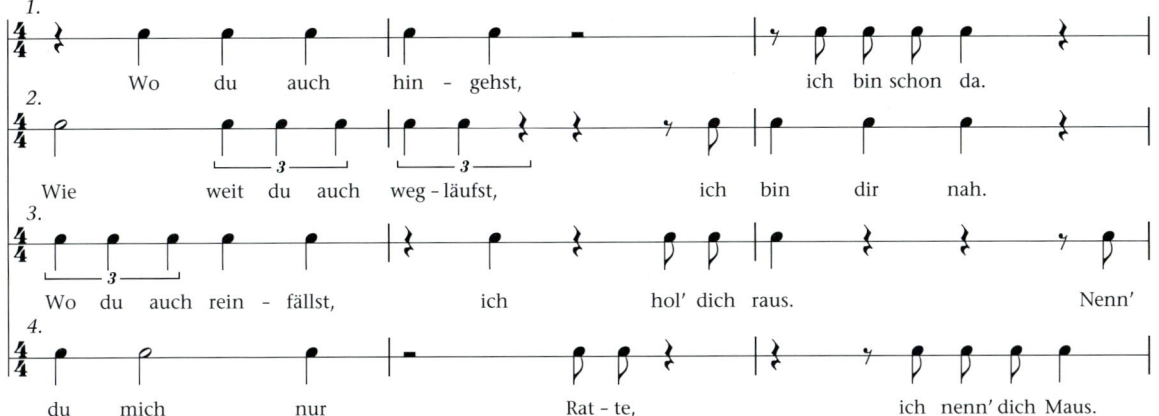

Folgende rhythmische Besonderheiten habt ihr bis jetzt kennen gelernt:
Punktierung – Triolen – Accelerando/Ritardando – zusammengesetzte Takte – Taktwechsel – Polymetrik und Polyrhythmik, aber auch Fermate und Generalpause. In eigenen Stücken oder Arrangements könnt ihr diese musikalischen Mittel – je nach erwünschter Wirkung – einsetzen.

## Rhythmic Special

**WORK SHOP**

- Übt die nebenstehende Akkordfolge mit Instrumenten.
- Verändert den Parameter Rhythmus im Verlaufe des Stückes so, dass eine Steigerung entsteht, u. a. auch durch den Einsatz von Triolen.
- Die Veränderung könnt ihr für eine, mehrere oder alle Stimmen vornehmen, am besten für jeweils einen Formteil. Probiert aus, wie die erwünschte Wirkung erreicht wird.
- Vorschlag für die Form: A A B A. Dieser Ablauf kann sich mehrfach wiederholen. Der B-Teil sollte sich rhythmisch hörbar vom A-Teil unterscheiden.

- Ihr könnt folgendes Schlagzeug-Pattern einsetzen:

- Zur Wiederholung:
  Analysiert die Akkorde und ergänzt die fehlenden Akkord-Symbole.
- Einzelne können eine Melodie zu der Akkordfolge improvisieren, evtl. nach je einem Formteil wechselnd. Hilfen für die Improvisation: Es genügen die Stammtöne; Anfangs- und Endton des A-Teils sollten c, e oder g sein; mehr lange als kurze Notenwerte; mehr Schritte als Sprünge.

# Rockmusik

# Rocklegenden

Rockmusik hat ihren Ursprung in dem Zusammentreffen der Musik der Schwarzen (Rhythm 'n' Blues) und der Country-Musik der europäischen Einwanderer in Amerika. Daraus hat sich in den 50er-Jahren der Rock 'n' Roll entwickelt, der – zunächst von Schwarzen gespielt – mit weißen Musikern durch amerikanische Radiostationen populär gemacht wurde. Der berühmteste Rock-'n'-Roll-Sänger war ELVIS PRESLEY, der als der erste ›Superstar‹ der Rockmusik gilt. **HB 148**

In den 50er- und 60er-Jahren entstanden unzählige Bands, die zuerst den Rock 'n' Roll nachspielten, aber dann allmählich einen eigenen Stil entwickelten. Besonders die BEATLES und die ROLLING STONES prägten den Stil der Rockmusik dieser Zeit. **HB 149–150** Es entstand eine spezielle Jugendkultur, die sich über ihre Musik, ihre eigene Mode und Sprache von Eltern, Schule und Staat abgrenzte. In der ›Hippiegeneration‹ war der Konsum von Drogen wie z. B. Haschisch oder LSD als eine Art Protest gegen die ›konservative und erstarrte‹ Gesellschaft weit verbreitet. Auch für etliche Musiker spielte die ›Bewusstseinserweiterung‹ durch Rauschmittel eine große Rolle. Unter Drogeneinfluss verfassten sie ihre Songs (Psychedelic Rock) oder gerieten während ihrer Auftritte in Ekstase. **HB 151** Einige Stars wie JIMI HENDRIX, JANIS JOPLIN oder JIM MORRISON wurden durch in Überdosis eingenommene Drogen frühzeitig zerstört. **HB 152–153** U. a. der frühe tragische Tod führte dazu, dass sie bis heute fast wie Heilige verehrt werden, was die Bezeichnung ›Rocklegende‹ deutlich macht. Aber es sind noch weitere Attribute, wie z. B. exzentrisches Verhalten, auffälliges Aussehen und nicht zuletzt eine besondere Art und Weise, Musik zu machen, die eine ›Rocklegende‹ oder einen ›Superstar‹ kennzeichnen.

Als ›legendär‹ ist auch das Woodstock-Festival im August 1969 in die Rockgeschichte eingegangen, wo ca. 400.000 Jugendliche drei Tage lang im Freien kampierten, um 32 Bands und Interpreten wie SANTANA oder JOE COCKER zu hören. **HB 154**

Janis Joplin

Jim Morrison

## LEXIKON TEXT

### Der Club der toten Popstars

**Schonungslos verdammen die Plattenfirmen dahingeschiedene Popstars zur Unsterblichkeit.**

Leb schnell, stirb jung und gib eine schöne Leiche ab. Der kürzeste Weg vom Popstar zur Legende führt schnurstracks ins Jenseits. Die Liste der verunglückten, verstorbenen oder ermordeten Ikonen liest sich wie ein Querschnitt durch 40 Jahre Rock 'n' Roll: ROBERT JOHNSON, BUDDY HOLLY, ELVIS PRESLEY, JIMI HENDRIX, JIM MORRISON, JANIS JOPLIN, JOHN LENNON, KURT COBAIN – viele von ihnen wurden bereits zu Lebzeiten vergöttert, einige wurden erst nach ihrem Tod oder durch die Umstände ihres Ablebens unsterblich. Hilfreich bei der Bildung der Popstar-Legende sind stets jene posthum veröffentlichten Songs, die der so plötzlich aus dem Leben Gerissene nicht mehr verwenden konnte oder wollte. (*Spiegel vom 13. 12. 1999*)

## AUFGABEN

- *Arbeitet Kriterien heraus, die zur Legendenbildung bei Rockstars beitragen.*
- *Nennt weitere Rockmusikerinnen und -musiker, die als ›Rocklegende‹ bezeichnet werden können. Begründet eure Auswahl.*

# Janis Joplin

JANIS JOPLIN: ›Lieber habe ich zehn hyperdufte Jahre, als dass ich siebzig werde, nur um von einem gottverdammten Lehnstuhl aus in die Mattscheibe zu glotzen!‹

Zwei Jahre nach dieser Erklärung vor Reportern, im Oktober 1970, wird JANIS JOPLIN mit 14 Einstichstellen am Arm in ihrem Hotelzimmer aufgefunden – gestorben an einer Überdosis Heroin. Geboren 1943 in Texas und aufgewachsen in gutbürgerlichen Verhältnissen bricht sie als Studentin aus der ihrer Ansicht nach spießigen Umgebung aus und landet schließlich in San Francisco, dem Zentrum der Flower-Power-Bewegung. Zunächst singt sie mit rauer und ausdrucksstarker Stimme Folk Songs und Bluesnummern von BESSIE SMITH, später wird sie populär mit eigenen Songs wie *Move Over* und Coverversionen wie der von *Me and Bobby Mc Gee* oder z. B. einer ungewöhnlichen Interpretation des Wiegenliedes *Summertime* aus der Oper *Porgy and Bess.* **HB 155–156** Aber JANIS hat Mühe, das anstrengende, ihrem Image als Star entsprechende Leben zu verkraften. Sie verschreibt sich ganz einem wilden und rastlosen Dasein voller Exzesse, gerät in die Abhängigkeit von Tabletten, Alkohol und anderen Drogen.

Wie ein Lebensmotto klingt der Satz ›Freedom's just another word for nothing left to loose‹ aus dem nebenstehenden Song, den sie für ihr letztes Album *Pearl* aufnimmt, dessen Veröffentlichung sie allerdings nicht mehr erlebt.

**KONTEXT** Sie beherrscht jedes Publikum mit ihrer Stimme, die hilflos klagend wie die eines Kindes oder aggressiv verdorben wie die einer Hure sein kann. Aber keiner der Leute im Saal muss erleben, wie sie nach dem Konzert schweißgebadet hinter der Bühne zusammenbricht. Keiner muss das von unflätigsten Flüchen unterbrochene Schluchzen mit anhören, das sich erst gibt, wenn Janis eine halbe Flasche ›Southern Comfort‹ intus hat. *(David Dalton: ›Janis‹, Simon & Schuster, New York, S. 106 f.)*

## AUFGABEN

- *Was vermitteln die drei Fotos über die Persönlichkeit von Janis Joplin?*
- *Welches Lebensgefühl kommt in dem Text des Songs* Me and Bobby McGee *zum Ausdruck?*
- *Untersucht Aufbau, Melodie, Rhythmus und Harmonik des Songs.*
- *Hört die Aufnahme von* KRIS KRISTOFFERSON. *Inwiefern weicht sie vom Notenbild ab?* **HB 157**
- *Vergleicht diese Fassung mit der Coverversion von* JANIS JOPLIN. *Welche Interpretation wird eurer Meinung nach dem Text eher gerecht?* **HB 158**

# Me and Bobby Mc Gee

Kris Kristofferson / Fred Foster

1. hier: ohne Geld   2. per Anhalter fahren   3. hier: Mundharmonika   4. Stirnband   5. Scheibenwischer

# Carlos Santana

Der technisch hochversierte Gitarrist CARLOS SANTANA steht – mit seiner gleichnamigen Band – für den **Latin Rock.**

1947 als Sohn eines mexikanischen Straßenmusikers geboren, lernte CARLOS zunächst Geige spielen. Mit elf Jahren entdeckte er seine Liebe zur Gitarre und trat bereits drei Jahre später in verschiedenen Nachtclubs auf. Nach dem Umzug der Familie nach San Francisco lernte er den Blues kennen und fühlte sich besonders von ihm berührt. Seine erste Band, gegründet 1967, nannte sich SANTANA-BLUES-BAND.

Schon bald holte sich CARLOS SANTANA lateinamerikanische Perkussionisten dazu und begann seinen eigenen Stil zu entwickeln. Mit der Mischung aus afro-kubanischen Rhythmen und rockigen Grooves von Orgel und E-Gitarre feierte die Band einen sensationellen Erfolg auf dem legendären *Woodstock-Festival* 1969. **HB 159**

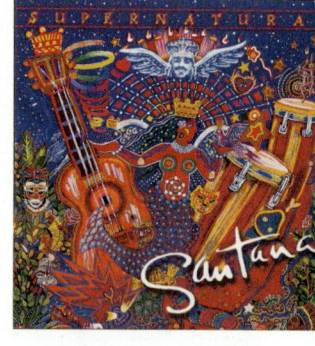

Sein zweites Album *Abraxas* erspielte fünf Platin-Auszeichnungen. Es enthält Titel wie *Black Magic Woman*, *Oye Como Va* oder *Samba Pa Ti*, die man immer wieder auf späteren Best-Of-Sammlungen findet, so auch auf einer 3-CD-Sammlung zum 30-jährigen Bandjubiläum. Im Verlauf seiner Karriere spielte CARLOS SANTANA in unterschiedlichen Formationen und wandte sich zeitweise auch anderen Musikrichtungen zu, z. B. dem Jazz. Nach einer wechselvollen Geschichte der Band ist der Erfolg SANTANAS ungebrochen. Das Album *Supernatural* aus dem Jahre 2000 erhielt neun Grammys in verschiedenen Kategorien. **HB 160**

**WORKSHOP**

- Mit dem Stück *Evil Ways* wurde SANTANA in Woodstock berühmt. Der Harmoniewechsel $Dm^7/G$ wird nur an einer Stelle unterbrochen (T. 14 und 15), wo die entsprechenden Instrumente vier Viertelnoten $A^{sus4}$ spielen und nach dem A-Dur-Akkord in T. 14 auf der ›1‹ pausieren. Diese Pause kann von Bongos oder Schlagzeug gefüllt werden. **HB 161**
- Es empfiehlt sich, die Gitarrenfigur gezielt zur Steigerung einzusetzen, z. B. immer nur im 2. Teil einer Strophe.
- Im Original wird nach den beiden Strophen eine Improvisationsphase eingelegt, bevor die 2. Strophe wiederholt wird.

# Evil Ways

*Sonny Henry*
*Arrangement: Gabriele Aust*

1. You've got to change your e-vil[1] ways, Ba-by,
   home, Ba-by,

be-fore __ I stop __ lov-in' __ you, you've got to change, Ba-
my house is dark and my pots are __ cold, you're hang-in' round, Ba-

- by, and ev'-ry word that I say is __ true. You've got me
- by, with Jean and Joan and a who knows who I'm get-tin'

run-nin' and hid-in' all __ o-ver town, you've got me sneak-in'[2] and a-peep-in'[3] and
tired __ of wait-in' and fool-in' a-round, I'll find some-bod-y who won't make me

run-nin' you down this can't go on. Lord knows you've got to
feel like a clown this can't go on. Lord knows you've got to

**1.**
change, ba-by. 2. When I come
**2.**
change.

[1] übel, böse  [2] kriechen, schleichen  [3] hier: nachspionieren

Synth./Org.

Klav., Xyl. o.ä.

(E-)Git.

Bass

Guiro

abgedämpfte Cowbell

Bongos

Hi-Hat
Snare
Bassdrum

# Bob Marley

Get up, stand up, stand up for your rights, get up, stand up – don't give up the fight. (BOB MARLEY) **HB 162**

Death is not pain. Rastas sterben nicht. Ich erinnere mich an all die Jahre, die ich mit Bob auf derselben Straße verbracht habe. Er lebt. (PETER TOSH)

Seht nach Afrika, wenn ein schwarzer König gekrönt wird! (MARCUS GARVEY)

Die Platte *Exodus* von BOB MARLEY und den WAILERS ist von ansteckender Zuversicht geprägt, (…) sie ist überdies nämlich von Aussage und Inhalt her bemerkenswert; engagiert und sozialkritisch einerseits, von naiver Schönheit andererseits. Zwei Seiten von BOB MARLEY auf einer Platte: erhobene Faust und streichelnde Hand – Rebell und Liebhaber. – (…) Klagend und selbstsicher, besessen und abgeklärt, rebellisch und tröstlich zugleich.
*(Begründung der Jury zum Deutschen Schallplattenpreis 1977 für das Album ›Exodus‹)*

Bob Marley mit den für die Rastafaris typischen Dreadlocks, der kunstvoll verfilzten langen Haartracht.

BOB MARLEY aus Jamaika war der unbestrittene ›König des Reggae‹. Er gilt als Symbol für den erfolgreichen Kampf gegen Unterdrückung in der gesamten Karibik. Mit großer Empfindsamkeit spiegelte er die Ängste und Hoffnungen des Gettos in seinen Liedern wider und gab den Menschen so Kraft und Zuversicht. Neben dem Protest war sein wichtigstes Anliegen die Religiosität, die Sache der Rastafaris.

### Rastafari

Als 1930 in Äthiopien ein Mann mit dem Namen RAS TAFARI zum Kaiser Haile Selassie I. gekrönt wurde, glaubten viele Anhänger des schwarzen Predigers MARCUS GARVEY (s. o.), er wäre ›der König, der seine Hand nach Gott ausstrecken solle‹ und sahen in Äthiopien ihr gelobtes Land, in das sie endlich zurückkehren könnten. Die schwarzen Jamaikaner hatten sich immer als Afrikaner gefühlt, die aus ihrer Heimat vertrieben und wie der verlorene Stamm Israels in die westliche Unfreiheit nach Amerika (Babylon) verkauft worden waren. Haile Selassie und Äthiopien wurden für die Rastafaris zum Symbol für ganz Afrika – für ihre Wurzeln (roots).

BOB MARLEY war kein Revolutionär, er kämpfte nicht auf den Straßen. Als poetischer Rebell aber entwickelten sich unter seinem Einfluss der Reggae und die Rastafaris zu einer wichtigen sozialen Kraft in Jamaika.

MARLEY wurde am 6. Februar 1945 als Sohn eines britischen Hauptmanns und einer einheimischen Kolonialwarenhändlerin geboren. Bereits als 16-Jähriger nahm er seine erste Schallplatte auf. Das Stück wurde ein Flop, MARLEY kehrte der Musik zunächst den Rücken.

1964 gründete er mit PETER TOSH und BUNNY WAILER die WAILING WAILERS. Doch es dauerte sieben Jahre, bis das Gesangstrio, das zunächst **Ska** spielte, den Durchbruch schaffte.

1974 stiegen die Ur-Wailers PETER TOSH und BUNNY WAILER aus, die Band wurde neu formiert. Mit dem Album *Natty Dread* (von dem auch *Them Belly Full* stammt) hatten BOB MARLEY & THE WAILERS ihren internationalen Durchbruch und mit *No Woman No Cry* ihren ersten großen weltweiten Erfolg. **HB 163**
Sieben Jahre blieben BOB MARLEY noch für Konzerte, Tourneen und weitere Aufnahmen. Bei einem wahrscheinlich politisch motivierten Attentat wurde er 1976 angeschossen. Er zog sich während massiver politischer Unruhen 14 Monate ins Ausland zurück, kam aber dann zu einem großen Friedenskonzert, dem One-Love-Konzert wieder zurück.

Am 11. Mai 1981 starb er in Miami an Krebs, eine große Tournee durch Nordamerika hatte er kurz vorher abbrechen müssen. Sein Tod wurde zu einem nationalen Trauerereignis.

## Reggae

Was für die Afroamerikaner in den USA der Blues, ist der Reggae für die farbigen Jamaikaner. Gleichermaßen einfach, aber charakteristisch in seinen musikalischen Mitteln ist er bei BOB MARLEY von ›raffinierter Simplizität‹ (Rocklexikon). Die Texte erzählen vom Alltag der Schwarzen in den Gettos, von Kriminalität und Arbeitslosigkeit, von Revolution und auch von JAH, dem Gott der Rastafaris.

Vorformen des Reggae entwickelten sich in den 50er-Jahren besonders in Kingston durch den Einfluss des Rhythm & Blues (R&B) auf die jungen Jamaikaner. Zunächst betätigten diese sich als DJs, indem sie mit großen selbst gebastelten Sound-Systems die Straßen beschallten. Anfang der 60er-Jahre gründeten sich die ersten Bands. Sie spielten R&B nach und entwickelten ihren eigenen Stil, in dem besonders der Bass intensiver wurde und die Gitarre im Shuffle-Rhythmus mit regelmäßigen Off-Beat-Schlägen spielte. Dieser neue Musikstil wurde **Ska** genannt. **HB 164**

Mitte der 60er-Jahre wurde die Musik dichter, das Tempo verlangsamte sich, der Bass wurde immer selbstständiger und die Bläser wurden sparsamer eingesetzt. An die Stelle des ständig treibenden Off-Beats traten Gitarre und Keyboard mit ihrem gleichmäßigen Backbeat (Afterbeat).

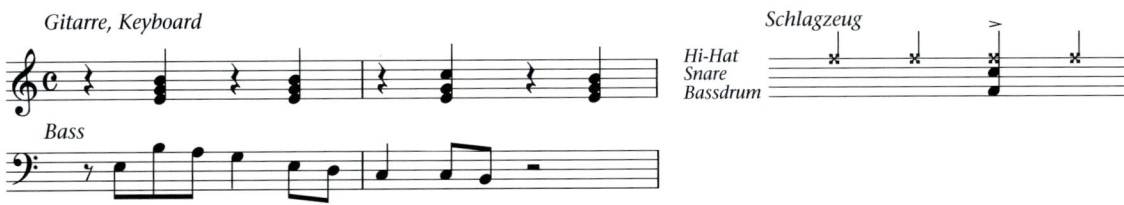

**Beispiele für den Einfluss des Reggae auf die Rockmusik**

1975 ERIC CLAPTON, *Knockin on Heaven's Door* (von BOB DYLAN) **HB 165**

1979 POLICE, *Walking on the Moon* (von STING) **HB 166**

1999 EISSFELD, ABSOLUTE BEGINNER, Irgendwie, irgendwo, irgendwann (von NENA) **HB 167**

## AUFGABEN

- *Beschreibt die sozialen, politischen und religiösen Hintergründe des Reggae.*
- *Benennt die charakteristischen musikalischen Elemente des Reggae und probiert sie auf Instrumenten aus.*
- *Welche Melodie verbirgt sich hinter diesem ›Reggae‹?* **HB 168**
- *Versucht selbst eine Melodie im Reggae-Stil zu spielen.*
- *Welche typischen Merkmale für* BOB MARLEYS *Haltung findet ihr im Text von* Them Belly Full? *Vergleicht den Inhalt auch mit afroamerikanischer Musik in den USA (Blues und Gospel).*
- *Vergleicht die verschiedenen Reggae-Versionen.* **HB 164–167**

## Jamaika

Jamaika wurde 1494 von KOLUMBUS entdeckt. Die einheimischen ARUAK-Indianer wurden unter der spanischen Herrschaft ausgerottet. Nach der Eroberung durch die Engländer (1655) wurde die Insel gegen Ende des 17. Jahrhunderts zu einem der größten Umschlagplätze des Sklavenhandels. Auch nach der formalen Aufhebung der Sklaverei um 1836 verbesserten sich die Lebensbedingungen der Schwarzen kaum. Seit 1962 besitzt Jamaika die volle Unabhängigkeit. Die Mehrheit der Einwohner gehört christlichen Glaubensgemeinschaften an, die Gemeinschaft der RASTAFARIS gewann zuletzt immer mehr an Bedeutung.

Bevölkerung: Schwarze (ca. 75 %) Mulatten (ca. 13 %) Inder, Europäer und Chinesen (ca. 12 %).

# 60

## Them Belly Full

*Lecon Cogill/Carleton Barrett*
*Arr.: Lutz Kannenberg*

**Intro**

Background-Chor

Na - na - na - na - na - na - na - na - na    na - na - na - na - na - na - na - na - na

**A**

Background-Chor

Voc                hun - gry                              an - gry mob.

Them bel - ly full but we're hun - gry.          A hun - gry mob is a    an - gry mob.
A rain a fall but the dirt   is tough[1]?          A pot   a  cook but no

**B1**

food no' - nough          dance    to Jah[2] mu - sic,   dance

food no' - nough. You're gon - na   dance    to Jah mu - sic,   dance          (we're gon - na)

**B2**

*22* *4x*

*2. D.S. al* ⊕

and dance

trou - bles
For - get your sor - rows and dance
sick - ness
weak - ness

Em | D | Em | Em

**C**

*26*

doo doo - doop                   doo doo-

Cost of liv - in' gets __ so high          rich and poor they start to cry

Em | C | Hm | Em | C | Hm

*30*

*D.S. al* 𝄋 *al* ⊕          ⊕

doop                they say   Oh,     what a tri - bu - la - tion[3].

now the weak must get strong they say Oh,     what a tri - bu - la - tion.

Em | C | Hm | Em | C | Hm

---

[1] hart, fest   [2] Gott   [3] Leiden, Qual

Them belly full …
We're gonna chuck to Jah music, chuckin'
We're gonna chuckin' to Jah music, chuckin'

Them belly full …

**Ablauf: A–B1–B2–C–A–B1–B2 (Soli)–A–Coda**

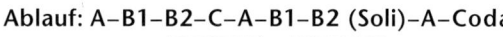

Drums

Hi-Hat variiert: Fills in Gesangspausen und am Ende
der einzelnen Teile; dazu sparsame Percussion (Shaker,
Congas/Bongos, Timbales)

- *Hört die Original-Version des Stückes und lest Text und Noten mit.* **HB 169**
- *Beginnt mit dem B-Teil. Spielt zunächst solange nur auf Gitarre/Keyboard, Bass und Schlagzeug, bis ihr in den Rhythmus hineingefunden habt.*

- *Erarbeitet das ganze Stück.*
- *Hört die Live-Version des Stückes.* **HB 170** *Vergleicht sie mit dem Original. – Das Keyboard spielt im Ska-Stil. Versucht das auch in eurer Fassung.*

# Sounds

Die Geschichte des Rock ist eine Geschichte von unterschiedlichen, wechselnden Stilen. Die Entstehung und Wandlung der Stile ist eng verknüpft mit der Entwicklung neuer Instrumente und neuer Aufnahmetechniken.

Die technische und klangliche Entwicklung der Rockmusik in der zweiten Hälfte des 20. Jahrhunderts wird im Folgenden chronologisch dargestellt.

In den 50er-Jahren werden Bands in der Regel **mono** aufgenommen. Mit wenigen Mikrofonen werden alle Instrumente und Sänger gleichzeitig erfasst. Besonders impulsstarke Instrumente wie das drumset müssen weiter entfernt von den Mikros aufgestellt werden. Die Bassdrum des Drumsets ist dadurch oft gar nicht zu hören, weil die tiefen Töne vom Kontrabass oder dem E-Bass überdeckt werden. Möglich sind aber schon erste elektrische Effekte, z. B. ein Echo, das mithilfe eines Tonbandes und mehreren Tonköpfen erzeugt wird. Hall entsteht ebenfalls, indem die Musiker bei der Aufnahme in einem halligen Raum spielen. **HB 171**

In den 60er-Jahren sind es vor allem die BEATLES, die viele technische Neuerungen bei Plattenaufnahmen einführen. Durch die neue Stereotonbandtechnik ist es jetzt möglich, das so genannte **Playback** zu nutzen. Die Band muss nicht mehr alles auf einmal einspielen, sondern kann die beiden Tonbandspuren nacheinander bespielen. Hörbar wird das durch eine strenge Kanaltrennung bei der Stereowiedergabe: In einem Lautsprecher der Stereoanlage sind die zuerst eingespielten Instrumente zu hören, im anderen die später aufgenommenen Gesangsstimmen. Heute sind alte BEATLES-Songs auf CD erhältlich und man hat diese frühe Aufnahmetechnik dem Zeitgeschmack späterer Rockproduktionen an-

geglichen und die Kanaltrennung aufgehoben. Alle Klangereignisse sind jetzt in der Mitte zusammengefügt.

Die BEATLES experimentieren auch mit Schlagzeugklängen. In einem ihrer Hits aus dem Jahr 1966 wird erstmals ein Mikrofon direkt vor die Bassdrum gestellt: Man fürchtet allerdings, dass die Membran des teuren Mikros zerstört werden könnte. **HB 172** Nachdem schon die BEATLES in ihren späten Jahren Vierspur-Bandmaschinen zur Verfügung hatten, dauert es nicht lange, bis 16 oder **32 Spuren** in den 70er-Jahren als Studiostandard etabliert werden. Jetzt kann jedes Instrument einzeln aufgenommen werden. Die Becken und Trommeln des Drumsets erhalten alle ein eigenes Mikrofon. Im Studio kann ein perfekter Klang erzeugt werden, der live nicht produzierbar ist. Der Gesamtklang der Aufnahmen dieser Jahre ist dadurch sehr kompakt und direkt. Hall wird vorwiegend für Gesangsstimmen künstlich hinzugemischt. Besonders das Schlagzeug klingt durch direkte Abnahme kräftig und trocken, da kein Hall zugemischt wird. **HB 173**

In den 80er-Jahren entsteht durch die Verbreitung der **Synthesizer** und **digitaler Effektgeräte** ein neues Klangideal.

16-Spur-Mischpult

32-Spur-Mischpult

Moog-Synthesizer

Modernes Mischpult

der normale Wohnraum kann so zu einem Studio werden. Durch die Euphorie, die der neuen Technik entgegengebracht wird, treten traditionelle Instrumente zunächst in den Hintergrund.

Die neuen Effektgeräte ermöglichen es, jedes Instrument mit einem eigenen Hall oder Echo zu versehen. Die Instrumente klingen dadurch, als ob jedes in einem anderen Raum stünde. Besonders extrem hat die Band YES diese Möglichkeiten in dem Song *Owner of a Lonely Heart* genutzt. In fast allen Aufnahmen hat man dem Drumset, besonders der Snare, viel Hall hinzugemischt.

Synthesizer sind jetzt mehrstimmig spielbar und werden in großen Stückzahlen hergestellt. Die Herstellerfirmen einigen sich auf die gemeinsame elektrische Standardverbindung **MIDI** (**M**usical **I**nstrument **D**igital **I**nterface) zwischen unterschiedlichen Synthesizern und Computern. Dadurch ist es möglich, Instrumente verschiedener Hersteller miteinander zu verbinden und sie an einen Computer anzuschließen, der diese Synthesizer ansteuert. Je-

Das Ideal künstlicher Klangerzeugung wird in den 90er-Jahren noch erweitert. Der Computer steuert jetzt nicht nur Synthesizer, sondern ersetzt die Bandmaschine. Seine Festplatte dient als Speichermaterial für die Aufnahmen. Audio- und MIDI-Signale (Klänge akustischer und elektronischer Tonerzeuger) werden im Computer gleichermaßen bearbeitet.

Die Schlagzeug-Sounds werden mit Computer synthetisch hergestellt **(Drum Computer, Sampling)**. Häufig wird bei den Kompositionen versucht Klänge zu erzeugen, die live wegen ihres schnellen Tempos nicht spielbar sind oder (Schlagzeug-)Klänge bieten, die von akustischen Instrumenten nicht reproduziert werden können. **HB 174**

Digitale Soundbearbeitung

**AUFGABEN**

- *Das Schlagzeug hat immer eine besondere Rolle im Rock gespielt. An welchen Merkmalen des Schlagzeug-Sounds der vier folgenden Ausschnitte lässt sich die Zugehörigkeit zu einem bestimmten Jahrzehnt belegen?* **HB175–178**
- *Beschreibt die vier unterschiedlichen Hallräume und Echoarten.* **HB 179–181**
- *Versucht die unterschiedlichen Hallräume und Effekte in* Owner of a Lonely Heart *von* YES *zu erfassen.* **HB 182**

DX7 Synthesizer

# John Lennon

Die Stimme sagte: ›Tu es! Tu es! Tu es!‹ Ich zielte auf seinen Rücken. Ich drückte fünfmal auf den Abzug. Die Explosionen betäubten mich. Nach dem ersten Schuss duckte sich Yoko und rannte um die Ecke in den Hof. Dann war das Magazin leer und John Lennon war verschwunden. Innerhalb des Dakota, hinter der Tür, schrien einige Leute. Irgendjemand weinte. Der Portier, José, stand vor mir mit Tränen in den Augen. ›Weißt du, was du getan hast?‹, fragte er mich. *(Mark Chapman)*

Er bewies, dass man seiner Vision folgen, seine Talente entfalten, frei seine Meinung sagen kann – dass man alles vermag, wenn man es nur wagt. In einer Zeit der Angepasstheit lehnte es John Lennon ab, nach irgendetwas anderem als nach seiner eigenen Fasson zu leben. Er sang und schrieb, was er glaubte, und er vertraute darauf, dass wir zuhörten. *(Rolling Stone, amerikanische Musikzeitung)*

Der **Vietnamkrieg** war ein Auslöser für die in den 60er-Jahren in aller Welt entstehenden Studentenunruhen und die Friedensbewegungen. Ursprünglich ein Bürgerkrieg zwischen der kommunistischen Guerillabewegung Vietcong und dem diktatorischen Regime von Ng Dinh Dim in Südvietnam, entwickelte er sich zwischen 1964 und 1973 immer mehr zu einer Auseinandersetzung zwischen den USA und Nordvietnam. Die US-Regierung befürchtete, dass nach der Domino-Theorie ein Staat nach dem anderen unter kommunistische Herrschaft fallen würde. Der Vietnamkrieg wurde so als Stellvertreterkrieg für den Kalten Krieg zwischen den USA und der UdSSR (1947–1990) und ihren jeweiligen Blocksystemen gesehen. Die Kriegsführung durch die USA führte zu massiven inneren Unruhen, die schließlich zu Rückzug und Frieden (1975) beitrugen. Die Kugeln des psychopathischen Fans Mark Chapman setzten dem Leben John Lennons am 8. Dezember 1980 ein gewaltsames Ende, das weltweit große Betroffenheit auslöste.

John Lennon, 1940 in Liverpool geboren, war das Mitglied der legendären Beatles, das den zunächst naiven und konventionellen Texten der Gruppe zunehmend fantastische, ironische und sozialkritische Töne gab *(Lucy In The Sky With Diamonds, A Day in the life)*. Nicht nur in seinen Songs, sondern auch in Büchern und Theaterstücken setzte er sich u. a. mit dem frustrierenden Alltag in den Arbeitervierteln (Penny Lane) auseinander und protestierte gegen soziale Ungerechtigkeit und Krieg (Vietnam).

Nach der Scheidung von seiner ersten Frau Cynthia heiratete er 1969 die japanische Performance-Künstlerin Yoko Ono, mit der er Schallplatten produzierte, Konzerte gab und *Happenings* durchführte. (z. B. die *bed-ins*).

Gemeinsam erklärten sie das Jahr 1970 zum ›Friedensjahr eins‹, in dessen Folge 1971 auch der Song *Imagine* entstand.

John Lennon und Yoko Ono bei einem ›bed in‹ im New Yorker Hilton, 1969 kurz vor ihrer Heirat.

# *Imagine*

*John Lennon (1940–1980)*

1. I - ma - gine there's no hea - ven,[1] it's ea - sy if you try. —
No — hell — be - low us, a - bove us on - ly sky.[2]
I - ma - gine all the peo - ple, — liv - ing for to - day. — (A - ha - -
- ) You may say I'm a drea - mer, but I'm not the on - ly one.
I hope some day you'll join us, and the world will be as one.

2. Imagine there's no countries, it is'nt hard to do.
Nothin' to kill or die for, and no religion too.
Imagine all the people, living life in peace.

3. Imagine no possessions[3], I wonder if you can.
No need for greed[4] or hunger, a brotherhood[5] of man.
Imagine all the people sharing all the world.

[1] Himmel (im religiösen Sinn)
[2] Himmel
[3] Besitz
[4] Neid
[5] Bruderschaft

**Klavierbegleitung:**

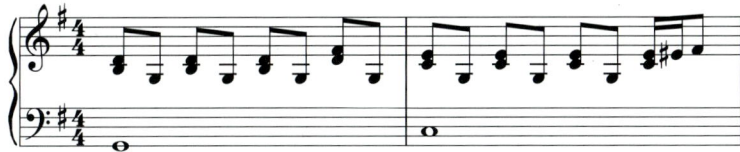

(Die Verzierung fällt ab T. 9 weg.)
Der Bass spielt die Grundtöne der Akkorde (bzw. die angegebenen Basstöne).

Drums (ab 2. Strophe)

Hi-Hat
Snare
Bassdrum

**AUFGABEN**

- *Setzt euch mit dem Text von* LENNONS *Imagine auseinander. Welche Sichtweise von Religion, Besitz und politischen Grenzen wird hier deutlich?*
- *Wie setzt* JOHN LENNON *den Text musikalisch um (z. B. Instrumentation, Aufnahmetechnik, Tempo, Gesangsstil)?*
**HB 183**
- *Welche Nachteile entstehen Stars der Rockmusik durch ihre große Popularität?*

# Rockmusik und Politik

Von Anfang an haben sich Rockmusiker in die Politik eingemischt, indem sie z. B. die gesellschaftlichen oder politischen Zustände in einem Staat oder einer Region zum Gegenstand ihrer Songtexte gemacht haben.

So bildet beispielsweise der Nordirland-Konflikt den Hintergrund für die Songs *Sunday Bloody Sunday* der Gruppe U2 und *Zombie* von den CRANBERRIES.

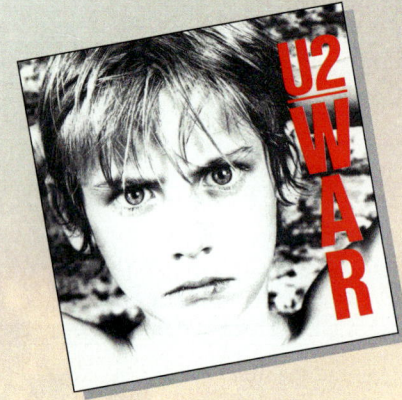

### Bloody Sunday wird erneut untersucht

London (AFP) – Mehr als 26 Jahre nach dem so genannten Bloody Sunday in Nordirland hat eine neue Untersuchung zu dem Vorfall begonnen. Am Freitag besuchten drei Richter aus Großbritannien, Neuseeland und Kanada symbolisch Derry. Dort hatten britische Fallschirmjäger am 30. Januar 1972 das Feuer auf katholische Demonstranten eröffnet und 14 Menschen getötet. Die Anhörungen sollen erst im Herbst stattfinden, doch der Auftaktbesuch am Ort des Geschehens war als Signal an die derzeit laufenden Friedensgespräche gedacht. Der britische Premierminister Tony Blair hatte im Januar die erneute Untersuchung des Vorfalls zugesagt. *(Die Tageszeitung vom 4.4.1998)*

**Sunday Bloody Sunday   HB 184**
(U2)

*Paul Davis Hewson/
David Evans/
Adam Clayton/
Larry Mullen*

I can't believe the news today,
I can't close my eyes and make it go away.

How long, how long must we sing this song?
How long, how long? Tonight we can be as one,
   tonight.

Broken bottles under children's feet,
Bodies strewn[1] across a dead end street,
But I won't heed[2] the battle call,
It puts my back up, puts my back up against the
   wall.

Sunday, bloody Sunday.
Sunday, bloody Sunday.

And the battle's just begun,
There's many lost, but tell me who has won?
The trenches[3] dug[4] within our hearts,
And mothers children, brothers, sisters torn apart.

Sunday, bloody Sunday …

How long …

Wipe your tears from your eyes, wipe your tears
   away,
Wipe your bloodshot eyes.

Sunday, bloody Sunday …

And it's true we are immune,
When fact is fiction and T.V. is reality,
And today the millions cry,
We eat and drink while tomorrow they die.
The real battle's just begun
To claim[5] the victory Jesus won
On a Sunday, Sunday, bloody Sunday,
Sunday, bloody Sunday.

| | |
|---|---|
| [1] verstreut | [4] gegraben |
| [2] folgen, sich anschließen | [5] beanspruchen |
| [3] Graben | |

**Zombie HB 185**
(Cranberries)

*Mary Dolores O' Riordan/*
*Anthony Noel Hogan*

Another head hangs lowly
Child is slowly tiring
And the violence caused such silence
Who are we mistaken

But you see it's not me, it's not my family
In your head, in your head they are fighting
With their tanks and with their bombs
And their bombs and their guns
In your head, in your head they are crying
In your head, zombie

Another mother's breakin' heart is taking over
When the violence causes silence
We must be mistaken
It's the same old theme since 1916
In your head, in your head they are fighting
With their tanks in your head they are dying
In your head, in your head – zombie
What's in your head, in your head – zombie

### Zur Geschichte des Nordirlandkonfliktes

Im 12. Jahrhundert war Irland von den Engländern besetzt worden. Unter HEINRICH VIII. (1509–1547) hatte England den Protestantismus eingeführt und versuchte diesen auch den Iren aufzuzwingen, was aber nur ansatzweise gelang. Seit der Ansiedlung von rund 100.000 Schotten in Nordirland Anfang des 17. Jahrhunderts bildeten die Protestanten in dieser Region die Mehrheit. Es kam immer wieder zu Unruhen und Demonstrationen der katholischen Iren gegen die sozialen und politischen Vorrechte der Protestanten und für die Unabhängigkeit ganz Irlands. Als der Osteraufstand 1916 von britischen Soldaten niedergeschlagen wurde, gewann die Irisch-Republikanische Armee (IRA) großen Zulauf. Die folgenden Jahre waren gekennzeichnet von Gräueltaten auf beiden Seiten. Der Bürgerkrieg endete 1922 mit der Gründung eines Freistaates Irland. Allerdings verblieb Nordirland bei Großbritannien bzw. wurde autonom. In den 60er-Jahren des 20. Jahrhunderts flammten die Unruhen wieder auf, als gewaltfreie Demonstrationen für eine Gleichstellung von Katholiken und Protestanten in Nordirland von der Polizei brutal niedergeschlagen wurden. In der Folgezeit starben viele Menschen durch Bomben der IRA oder wurden von britischen Soldaten erschossen. Ende des Jahrhunderts wurden verstärkt Friedensverhandlungen zwischen der IRA und der britischen Regierung aufgenommen.

### AUFGABEN

- *Vergleicht die Songs* Sunday Bloody Sunday *und* Zombie:
  - *Worum geht es in den Texten?*
  - *Inwiefern passt jeweils die Musik zum Text?*
- *Diskutiert die Gründe, die* U2 *und die* CRANBERRIES *zu ihren Songs motiviert haben könnten.*

# Politisches Engagement von Rockmusikern

Ricky Martin mit George W. Busch bei dessen Amtsantritt am 19.1.2001 in Washington

**KONTEXT**

## ❶ Dat jute Mensch von Kölle

… BAP – das sind 20 Jahre eines Phänomens. Anfangs rockte BAP für einen Kasten Bier in Schulen und Kneipen. Dann kam die Zeit des Waldsterbens und der Pershing-II-Raketen, des Machtwechsels von Schmidt zu Kohl. Die Zeit der Friedensdemos und der Anti-AKW-Bewegung. Und plötzlich lieferte BAP die Musik für eine neue Protestgeneration. Ihre Texte über Zukunftsängste und Menschenfreundlichkeit trafen ins Herz der Jugend …
*(Stern vom 11.2.1999)*

## ❷ Ich bin überbezahlt

… Bei einem Besuch mit seiner Gruppe U2 in Rio de Janeiro bezeichnete sich Bono als verdorbenen Rockstar. »Ich bin überbezahlt, überernährt und zu gut angezogen.« Der Einsatz für Amnesty International und das Dritte-Welt-Projekt Jubilee 2000 rühre von einer Art katholischem Schuldgefühl her, bekannte er. »Aber es funktioniert, und deshalb machen wir weiter.«
*(Hannoversche Allgemeine Zeitung vom 24.2.2001)*

## ❸ Im Dienst von Amnesty

Sting (49), politisch engagierter Popstar, glaubt nicht, dass Künstler die Meinung von Diktatoren ändern können. »Es interessiert sie nicht, was wir sagen – aber vielleicht ihre Kinder oder Enkelkinder«, sagte Sting der Filmzeitschrift »Cinema.« Der Musiker, der sich seit mehr als 20 Jahren für Amnesty International einsetzt, glaubt dennoch, in jungen Menschen »etwas bewegen zu können«. Wenn es Künstlern gelinge, ein Gefühl zu vermitteln, »dass es so etwas wie Menschenrechte gibt, dann haben wir getan, was wir tun konnten«, meint er.
*(dpa vom 24.2.2001)*

## ❹ Birma verbietet U2-Album

Das neue U2-Album darf in Birma nicht mehr verkauft werden. Einem Bericht des Online-Dienstes »Wall of Sound« zufolge ist das Album »All that you can leave behind« wegen des Liedes »Walk on« verboten worden. Das Stück hatte U2 Aung San Suu Kyi gewidmet, der Friedensnobelpreisträgerin und Führerin der demokratischen Bewegung in Birma. Jedem, der trotz des Verbotes U2-Alben importiert, drohen nun 20 Jahre Haft. *(dpa vom 1.12.2000)*

**HipHop für Afghanistan**

*(Stern 54/01, S. 256)*

**6**

Es gab eine Zeit, da war Aids schwer angesagt, jeder hat sein Solidaritätsschleifchen angeheftet und seine kleine Charity-Nummer abgezogen. Danach zog die Karawane weiter, zu einem neuen, hipperen Problem, dem Regenwald, dem Kosovo, dem Rechtsradikalismus. Obwohl das alte Problem mitnichten aus der Welt war. (Tennant)

Das ist das Gefährliche und Unverantwortliche an diesem ganzen Betroffenheits-Hippstertum. Sowie die Sache nicht mehr für Medienpräsenz und Plattenverkäufe bürgt, ist sie vergessen. (Chris Lowe)

*(Stern-Interview vom 7.10.1999)*

## Jesus der Hitparaden **7**

Nun, da er seine spirituellen Botschaften zu Geld gemacht hat, verkündet Naidoo, er werde mit dem Erlös auf Erden Gutes tun: Arbeitsplätze wolle er schaffen in seiner verarmten Heimatstadt und hat mit Freunden den Plattenvertrieb »Die Söhne Mannheims« gegründet. Wie viele Jobs es sind, will er nicht sagen: »Wir sind noch am Anfang«. Außerdem möchte er, dass es in Mannheim keine Obdachlosen mehr gibt und kein Kind mehr hungrig zur Schule gehen muss – wenn sonst schon niemand die Mannheimer Hungersnot bemerkt hat. Vom Elend der Welt schirmt der Popstar sich ansonsten meist mit sonniggelben Brillengläsern ab.

*(Der Spiegel vom 22.11.1999)*

## Sting zieht vor Gericht **8**

Sting (49, Bild) will gegen den Ausbau eines Luftwaffenstützpunktes in der Nähe seiner Luxusvilla in Südengland klagen. Wie in London berichtet wurde, schließt sich der Prominente damit dem Begehren einheimischer Bürger des Städtchens Amesbury (Grafschaft Wiltshire) an. Gemeinsam wollen sie vorbringen, dass die zusätzliche Lärmbelastung durch noch mehr Militärflüge gegen die Menschenrechte verstoße. Prozesse dieser Art sind in Großbritannien erst seit Oktober möglich, als die Regierung der Europäischen Menschenrechtskonvention beitrat.

*(dpa vom 17.2.2000)*

## Ein Ständchen für Bill **9**

... Wenn der US-Präsident geschmacklose Cowboy-Boots und ein lässiges Sakko trägt, liegt was in der Luft – Musik. Bill Clinton, erklärter Liebhaber von Blasinstrumenten, versammelte kürzlich Rock- und Bluesgrößen im Weißen Haus zur kleinen Nachtmusik. Unter dem Motto »Save The Music« traten unter anderem B. B. King, Eric Clapton, Sheryl Crow und Lenny Kravitz auf, um Geld für den Kauf von Musikinstrumenten zu sammeln. Die vom Sender VH1 initiierte Stiftung will die chronisch klammen US-Schulen unterstützen ...

*(Stern vom 11.11.1999)*

**10** Lexikon-Auszug

Überall rief Springsteen zu Sozialarbeit für die Arbeitslosen, Obdachlosen und Unterprivilegierten auf. Das Angebot von 12 Millionen Dollar zur Chrysler-Automobilwerbung lehnte er ab. Schon 1979 hatte er sich für das Benefizkonzert »Musicians United for Safe Energy (MUSE)« im New Yorker Madison Square Garden maßgeblich engagiert und dafür gesorgt, dass kein Politiker diese Initiative für sich verbuchte.

*(Das neue Rocklexikon, rororo)*

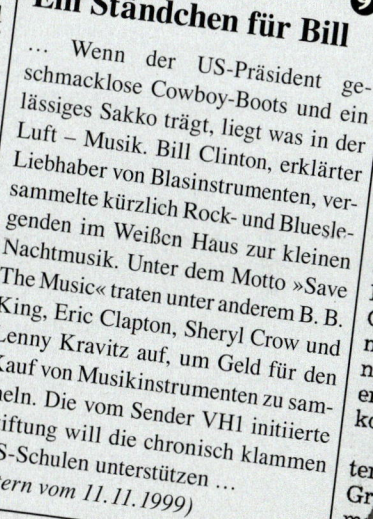

## AUFGABEN

- *Tragt zusammen, auf welche Weise sich Rockmusiker und Rockmusikerinnen engagieren und nennt weitere euch bekannte Beispiele.*
- *Überlegt, welche Motive dabei eine Rolle spielen könnten und beurteilt ihre Glaubwürdigkeit.*
- *Wie schätzt ihr die Wirkung dieses Engagements auf Fans und Öffentlichkeit ein?*

# Rock gegen rechte Gewalt

Immer wieder begegnet man in den Medien Berichten von Übergriffen rechtsextremer Jugendlicher gegen Ausländer. Die Verherrlichung von Gewalt findet auch in der Musik ihren Ausdruck, z. B. bei Gruppen wie STÖRKRAFT oder teilweise auch BÖHSE ONKELZ, die durch die Texte etlicher Songs eine nationalistische und rassistische Weltanschauung verbreiten. Dagegen haben sich in den letzten Jahren zunehmend Musiker gewandt und ihren Protest in verschiedensten Aktionen demonstriert. Im Rahmen eines Festivals *Rock gegen rechte Gewalt* Anfang des Jahres 2001 fanden Konzerte in mehreren deutschen Städten statt. Der Erlös ging u. a. an eine Stiftung, die Hilfe für die Opfer rechtsradikaler Angriffe organisiert.

Vom Erlös dieser CD gehen 5 DM an die Stern-Aktion ›Mut gegen rechte Gewalt‹. (www.stern.de/politik/spezial)

### ›Mut‹ HB 186

*Jan Plüger/Wolfgang Timpe/David Fascher/Tomislav Kulis*

**Chorus**
Für das Leben, das Du führst, benötigst Du viel Kraft.
Für die Wege, die Du gehst, halt Dir Deine Sinne wach.
Denn das Leben, das wir führen, erfordert sehr viel Mut.
Nimm die Dinge nicht so wie sie sind, und sei auf der Hut.

**Break**
Das Leben, das wir führen, erfordert viel Mut.
Nimm die Dinge nicht so wie sie sind, und sei auf der Hut.

Ja! Wenn die Wut in Dir brodelt, setz' Dich nicht einfach hin,
spring' über Deinen Schatten, gib Deinem Leben einen Sinn,
behalt' Dein Ziel im Auge, lass' Dich nicht ablenken.
Hilf da, wo man Dich braucht, ohne die Arme zu verschränken
denn heutzutage im Leben bleibt einem viel zu wenig Zeit.
Man nimmt sich jede Menge vor,
doch der Weg wirkt meilenweit.
Hindernisse und Barrieren legen sich wie Steine in den Weg.
Zeig' ein wenig Mut, und der Weg wird freigelegt.
Lass' Dich nicht anstecken von Gewalt und Giftspritzen,
bewahr' Dir Deine Meinung, lass Dich nicht zurechtschnitzen.
Weggesehen wird ja gern aus Angst vor Konfrontation,
der Bogen spannt sich weiter, wächst wie eine Mutation.

**Bridge**
Alles, was Du brauchst, ist nur ein bisschen Mut,
um wieder aufzustehen und nicht einfach wegzusehen.

**KONTEXT**

Hört ihr's dunkeln, die Nacht bricht heran,
leinen wir das Seil dem Kampfhund an.
Gemeinsam gehen wir auf die Jagd,
vernichten zusammen die dunkle Gefahr.
*(Titel ›Kampfhund‹ der Gruppe Störkraft)*

In mir drin, da tut es weh, wenn ich heut so um mich seh.
Ausländer, Aussiedler und Asylanten,
selten sieht man noch einen Bekannten.
*(Titel ›Volk steh auf‹ der Gruppe Werwolf)*

Wir müssen kämpfen für unsere Rasse,
deutsches Volk, beweise deine Klasse.
*(Titel ›Volk steh auf‹ der Gruppe Störkraft)*

Udo Lindenberg, Xavier Naidoo u. A.
bei der Aktion ›Rock gegen Rechts‹

## Die Ärzte: ›Schrei nach Liebe‹ HB 187

*Jan Vetter/
Dirk Felsenheimer*

Du bist wirklich saudumm, darum geht's dir gut
Hass ist deine Attitüde, ständig kocht dein Blut
Alles muss man dir erklären, weil du wirklich gar nichts weißt;
Höchstwahrscheinlich nicht einmal, was Attitüde heißt.

**Refrain**
Deine Gewalt ist nur ein stummer Schrei nach
Liebe
Deine Springerstiefel sehnen sich nach
Zärtlichkeit
Denn du hast nie gelernt dich zu artikulieren
Und deine Eltern hatten niemals für dich Zeit.

Arschloch!

Die Ärzte

**WORK SHOP**

- Macht euch Stichworte (Brainstorming) zum Thema ›Gewalt‹, z. B. konkret auf die Situation in eurer Schule oder an eurem Wohnort bezogen.
- Sucht einen prägnanten Text, zwei oder vier Zeilen lang, für den Chorus (Refrain). Legt einen Zwei- oder Viervierteltakt zugrunde.
- Spielt den Schlagzeugrhythmus und probiert eine eingängige Melodie für den Refrain dazu aus.

Hilfreich dabei kann eine Basslinie sein (s. Vorschlag unten). **HB 188**
- Harmonisiert die Basslinie und sucht geeignete Begleitinstrumente aus (Gitarre, Synthesizer).
- Legt die Anzahl der Takte für eine Rap-Strophe fest (z. B. 8 oder 12) und textet evtl. gruppenweise Strophen.
- Fügt nach Belieben noch weitere Formteile wie Bridge oder Solo ein und legt den Gesamtablauf fest.

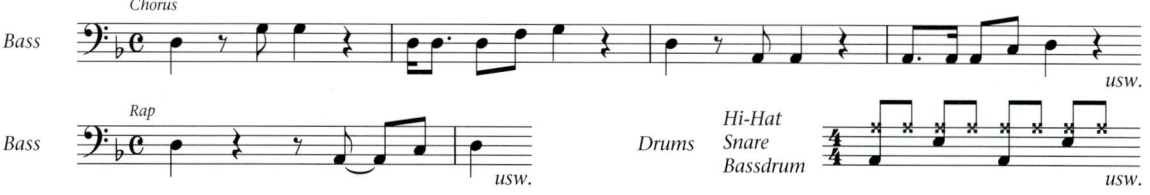

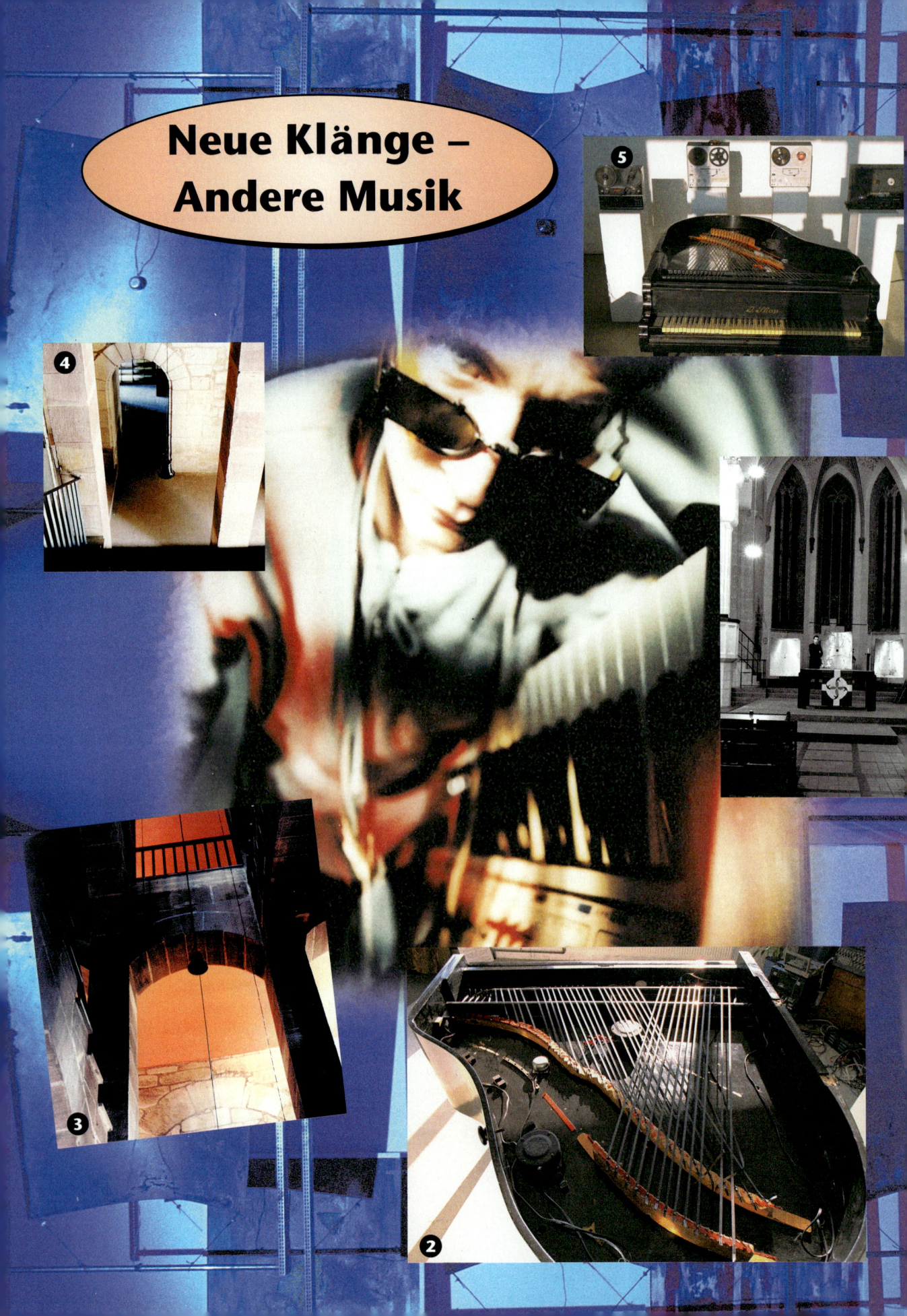

# Neue Klänge – Andere Musik

# Stimmen

Es gibt viele Möglichkeiten, die manchen ungewohnt oder sogar ›verrückt‹ erscheinen, um Klänge mit Instrumenten und Stimmen herzustellen: Biergläser oder Tischtennisbälle, die auf den Saiten eines Flügels rollen bzw. hüpfen, Laute, die beim Ein- statt Ausatmen produziert werden …
Mit dem eigenen Instrument, der Stimme, hat man viel mehr Möglichkeiten, als man ahnt. Sie kann flüstern und schreien, sprechen und singen, weinen und lachen, jammern und jubeln. Wie beschreibt man den Klang einer Stimme? Musikkritiker haben im Laufe der Jahrzehnte eine Menge Metaphern gefunden, um Stimmen zu charakterisieren: ›Silberne Trompete‹, ›Flüssiges Gold‹, ›Metallisches Gebelle‹, ›Gehauchte Erotik‹, ›Eis im Glas‹, ›Klangliches Hackfleisch‹, ›Samtgurgel‹, ›Reibeisen auf Steinen‹. Aber selbst die stärksten Ausdrücke erzeugen noch keinen Klang im Ohr oder können den Eindruck erklären, den außergewöhnliche Stimmen bei den Zuhörern hinterlassen.

Tina Turner

**groß**
**rau**
**abgründig**

Frank Sinatra

Samt
Swing
Melan-
cholie

Mick Jagger

**obszön**
**cool**
**absolut sexy**

## WORK SHOP

›Die Zeit verrinnt wie Sand in unseren Händen‹

- Dieser Satz kann mit ganz unterschiedlichen Gefühlen ausgesprochen werden, z. B. wütend, traurig, aufgeregt … Entscheidet euch für eine Version und stellt sie den anderen vor, die versuchen herauszufinden, welches Gefühl charakterisiert worden ist.
- Überlegt euch gemeinsam weitere Gestaltungsmöglichkeiten zu Tempo, Lautstärke und Tonhöhen. Verwendet Atemgeräusche, einzelne Konsonanten und Vokale des Satzes, wiederholt Silben und Wörter, flüstert, sprecht, ruft, schreit und singt.
- Unterlegt diesen Satz mit instrumentalen Klängen, die durch den außergewöhnlichen Einsatz und ungewohnte Spielweisen von Instrumenten entstehen.

## AUFGABEN

- *Ordnet die drei Ausschnitte mit ungewöhnlichen Klängen den Fotos (s. Seite 72) zu.* **HB 189–191**
- *Was unterscheiden diese Beispiele von der Musik, die ihr normalerweise hört?*
- *Überprüft, ob die Charakterisierungen der Stimmen von* SINATRA, TURNER *und* JAGGER *durch eine Journalistin zutreffen.* **HB 192–194**
- *Hört fünf andere Stimmen und charakterisiert sie mit drei Wörtern (wie bei den abgebildeten Stars).* **HB 195–199**
- *Beschreibt, wie die Sängerin* HILDE KAPPES *immer wieder neue Ausdrucksformen für ihre Stimme findet.* **HB 200–205**

# Luciano Berio: ›Sequenza III‹ – Für Frauenstimme

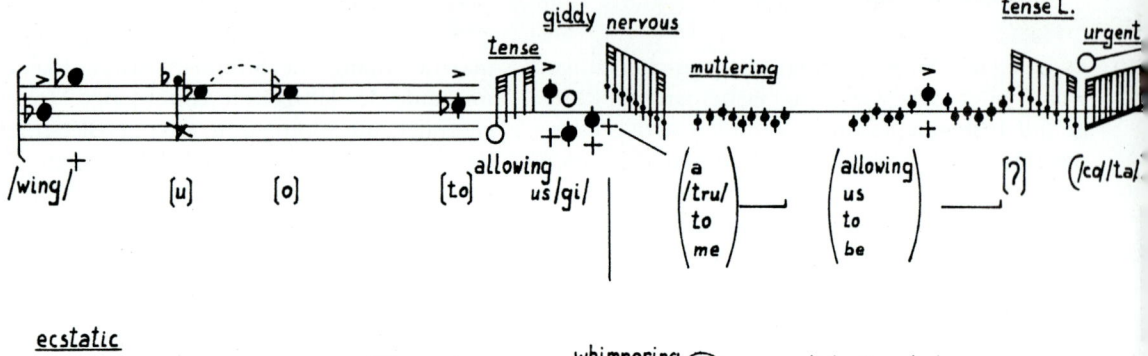

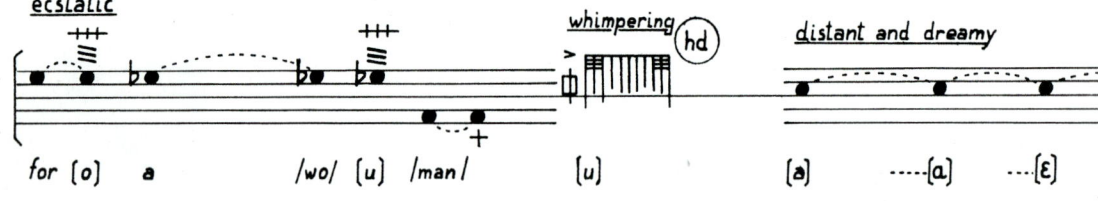

Mit seiner Komposition *Sequenza III – Für Frauenstimme* (1966) eröffnet Luciano Berio der Interpretin alle Ausdrucksmöglichkeiten, die vom Atem abhängig sind. Von den sechs vorgesehenen **Artikulationsmöglichkeiten** sind hier die vier hörbaren aufgeführt:

- Das übliche Singen mit Gesangstechnik und normaler Artikulation des Textes,
- Veränderungen im stimmlichen Verhalten (Summen, Flüstern, Schreien …),
- Geräusche, die ohne Stimme verursacht werden (Atmen, Fingerschnalzen, Klatschen …),
- stimmliche Äußerungen (Lachen, Keuchen, Husten, Singen wie im Jazz …).

## ANALYSE

- Beschreibt den Partiturausschnitt. Was unterscheidet diese Notation vom herkömmlichen Notenbild?
- Hört T. 9–16 von *Sequenza III* mehrmals an und versucht dabei den Partiturausschnitt mitzuverfolgen. Dieser ist in 10-Sekunden-Einheiten unterteilt und besteht aus zwei Systemen mit insgesamt acht Einheiten, dauert also 1 Minute und 20 Sekunden. **HB 206**
- Die Sängerin kann vier verschiedenen Möglichkeiten des stimmlichen Verhaltens einsetzen (s. l.). Findet Beispiele für die verschiedenen Stimmeinsätze heraus.
- Stellt aus dem Partiturausschnitt die englischen Begriffe zusammen, die von der Interpretin die Darstellung von Gefühlen verlangt.
- Welche Wörter dieses Abschnitts sind deutlich herauszuhören?
- Hört das erste Drittel der Komposition. Was geht in euch vor, wenn ihr euch ganz auf die Stimme der Sängerin konzentriert? **HB 207**
- Luciano Berio hat insgesamt fünf ›Sequenza‹ für verschiedene Solisten komponiert, u. a. *Sequenza V – Für Posaune solo.* Welche Gemeinsamkeiten findet ihr mit *Sequenza III?* **HB 208**

Cathy Berberian, die Interpretin der Uraufführung, der Berio seine ›Sequenza III‹ widmete.

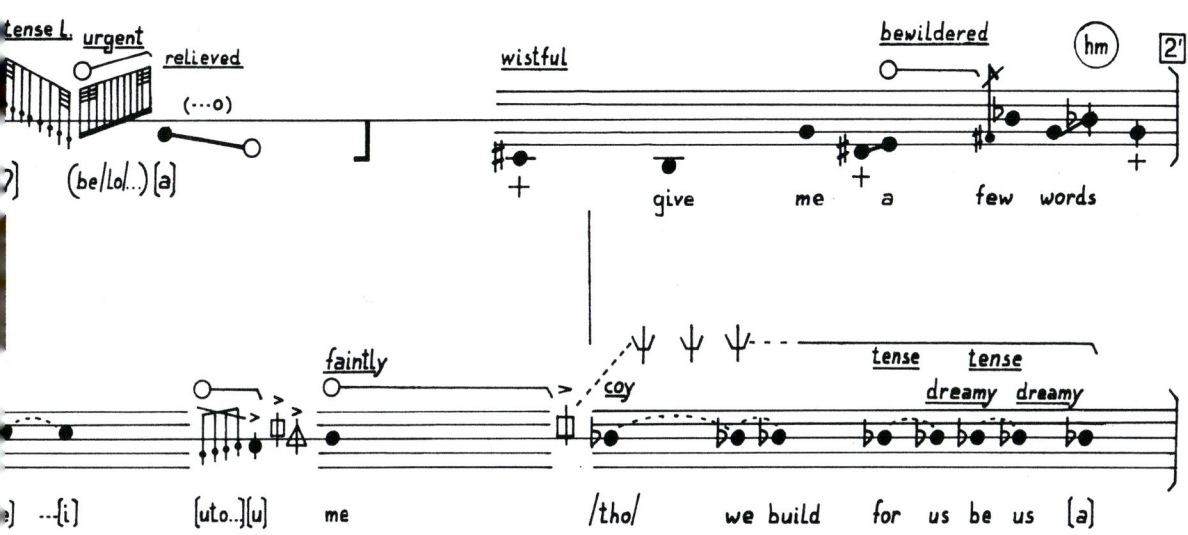

Der italienische Komponist Luciano Berio (*1925) gehört zu den europäischen Musikern, die nach 1950 die Entwicklung der neuen Musikszene vorangetrieben haben. Als Musikstudent in Mailand hat er nach dem Zweiten Weltkrieg versucht, alle Musikbereiche kennen und verstehen zu lernen. Um sein Studium zu finanzieren, arbeitete er u. a. als

Pianist und Dirigent am Opernhaus, als Lektor bei einem Musikverlag und als Schlagzeuger bei einer Musikrevue. Anfang der 50er-Jahre begann er Musik für Theater und Rundfunk zu komponieren, später auch für das Fernsehen und setzte sich gleichzeitig mit den wegweisenden Strömungen der bildenden Kunst und der Musik des 20. Jahrhunderts auseinander. In seinen Werken arbeitet er oft mit Sprache, Atem und Stimme. Auch mit der Rockmusik hat er sich auseinander gesetzt und hält sie für ›eine großartige Erfindung‹, aber auch für ›eine typische Gebrauchsmusik‹.

### KON TEXT
### Viele Musiker und Komponisten möchten von Berio lernen

Berio: Weißt du, einmal sprach ich auf einer Konferenz in London über *Laborintus II*. Auch Paul McCartney war da. Ich fragte ihn: ›Warum bist du gekommen?‹ ›To get ideas‹, antwortete er mir. Dann gab er mir ein Autogramm für meine Tochter: ›From a fan of your father.‹

Auf die Frage nach den neueren Musikrichtungen Crossover und Worldmusic antwortete Luciano Berio:
›Meiner Meinung nach entstehen diese Phänomene aus kommerziellen Gründen.‹
*(Neue Musikzeitung 10/2000, S. 3, aus dem Interview zu Berios 75. Geburtstag)*

# Buchstaben – Silben – Wörter

Komponieren heißt zusammensetzen, aus einzelnen erfundenen oder gefundenen Bestandteilen ein Ganzes formen. Es ist durchaus möglich mit einzelnen Buchstaben, Silben oder Wörtern ein Stück zu komponieren, wenn man vom Klang der einzelnen Vokale und Konsonanten ausgeht. Wichtig dabei ist, dass man nicht unbedingt einen Sinn in den Buchstabenkombinationen sucht, sondern dass die Wahl der Buchstaben und Silben vom Klang bestimmt wird.

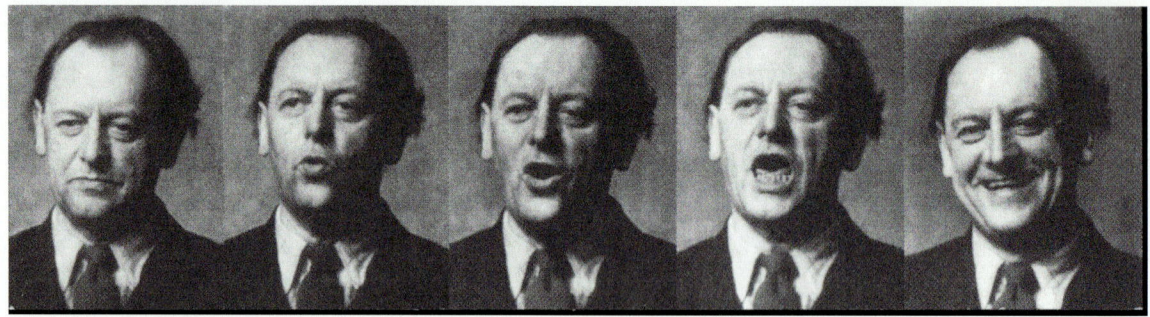

KURT SCHWITTERS (1887–1948) war Grafiker, Maler, Bildhauer, Bühnenkünstler, Dichter und, wie er selbst sagte, ›verhinderter Komponist‹. Manche nannten ihn auch ›Lumpensammler‹ und ›Kleber‹, da er mit allen möglichen und unmöglichen Materialien arbeitete und oft die Form der Collage wählte. Er gehörte zu den Dadaisten, die durch scheinbar unsinnige Werke die bisherigen Kunstideale in Frage stellten. SCHWITTERS zog keine Grenze zwischen Sinn und Unsinn.

›Mir tut der Unsinn leid, dass er bislang so selten künstlerisch geformt wurde, deshalb liebe ich Unsinn.‹ *(Kurt Schwitters)*

## AUFGABEN

- *Hört euch einen Ausschnitt von* SCHWITTERS *SprachMusik* Ursonate *an. Schreibt alle Silben und Wörter auf, die ihr verstehen könnt.* **HB 209**
- *Sammelt beim zweiten Hören die musikalischen Gestaltungsmittel, mit denen die Silben und Wörter zur SprachMusik werden.*

›Alles stimmt, aber auch das Gegenteil.‹
*(Kurt Schwitters)*

### Spiel

Wählt euch ein kurzes Gedicht aus. Tauscht zwei Vokale miteinander aus. Lest euch gegenseitig das Ergebnis vor.

Collage über Postkarte mit Fotografie von Schwitters, 1922

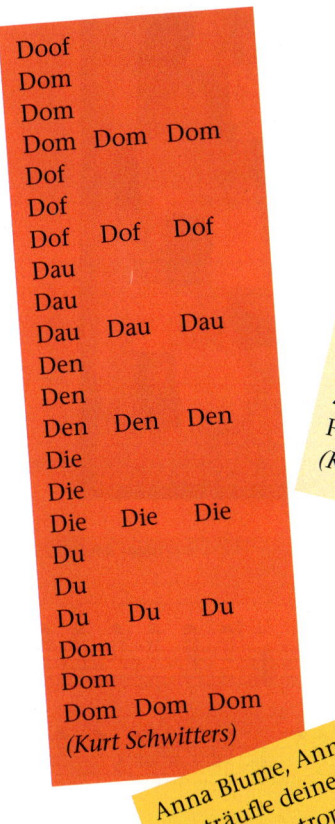

Doof
Dom
Dom
Dom Dom Dom
Dof
Dof
Dof Dof Dof
Dau
Dau
Dau Dau Dau
Den
Den
Den Den Den
Die
Die
Die Die Die
Du
Du
Du Du Du
Dom
Dom
Dom Dom Dom
*(Kurt Schwitters)*

Zwölf
Eins Zwei Drei Vier Fünf
Fünf Vier Drei Zwei Eins
Zwei Drei Vier Fünf Sechs
Sechs Fünf Vier Drei Zwei
Sieben Sieben Sieben Sieben Sieben
Acht Eins
Neun Eins
Zehn Eins
Elf Eins
Zehn Neun Acht Sieben Sechs
Fünf Vier Drei Zwei Eins.
*(Kurt Schwitters)*

Anna Blume, Anna, A---- N ---- N ---- A!
Ich träufle deinen Namen.
Dein Name tropft wie weiches Rindertalg.
*(Kurt Schwitters)*

**Gebrauchsanweisung**

Nehmt eine Zeitung.
Nehmt Scheren.
Wählt in dieser Zeitung einen Artikel von der Länge aus, die ihr eurem Gedicht zu geben beabsichtigt.
Schneidet den Artikel aus.
Schneidet dann sorgfältig jedes Wort dieses Artikels aus und gebt sie in eine Tüte.
Schüttelt leicht.
Nehmt dann einen Schnipsel nach dem anderen heraus.
Schreibt gewissenhaft ab in der Reihenfolge, in der sie aus der Tüte gekommen sind. Das Gedicht wird euch ähneln.
Und damit seid ihr ein unendlich origineller Schriftsteller mit einer charmanten, wenn auch von den Leuten unverstandenen Sensibilität.
*(Tristan Tzara: ›Um ein daduistisches Gedicht zu machen‹, 1920)*

In der 1978 entstandenen *Recitation 8b für Stimme solo* des griechischen Komponisten GEORGES ARPHEGIS werden verschieden artikulierte Einzelsilben bei ständiger Wiederholung aneinander gereiht und durch Addition eine französische Wortkette aufgebaut.

## AUFGABEN

- *Hört euch mehrmals die Sängerin* MARTINE VIARD *mit der* Recitation 8b *an. Versucht gemeinsam, die wiederholten Silben zu sammeln.* **HB 210**

- *Versucht die Silben zu dem Satz zusammenzustellen, der am Ende der Komposition erklingt und überprüft Eure Ergebnisse mit der Aufnahme.*

**WORK SHOP**

- Nehmt ein allen bekanntes Sprichwort. Jede Silbe des Satzes bildet einen Baustein eurer Sprechkomposition. Verteilt auf jeden Sprecher eine Silbe. Jede Silbe soll unterschiedlich klingen, z. B. laut und scharf oder geflüstert, hysterisch und hoch oder halblaut fragend in der Mittellage …
- Überlegt euch nun ein Bauprinzip für eure Silbenkomposition.

Vorschlag: Beginnt mit der letzten Silbe und nehmt nach einer Wiederholung die vorletzte dazu, wiederholt beide zweimal, nehmt die vorletzte dazu, wiederholt die drei Silben dreimal u.s.w. Wenn das ganze Sprichwort zusammengesetzt erklingt, kann eine Wiederholung des Satzes von allen Sprechern gemeinsam (tutti) eine gelungene Schlusswirkung bringen.

# Minimal Music

In den 60er-Jahren entwickelten Musiker und Komponisten wie TERRY RILEY, LaMONTE YOUNG, PHIL GLASS und STEVE REICH in den USA, hauptsächlich in New York, einen Musikstil, der für die damaligen Hörer völlig neu war. Sie orientierten sich dabei an neuen Bildern und Objekten von Malern und Bildhauern wie SOL LEWITT oder DONALD JUDD.

Paul Klee:
›Rhythmisches‹, 1930

## Music for Pieces of Wood

Steve Reich (*1936)

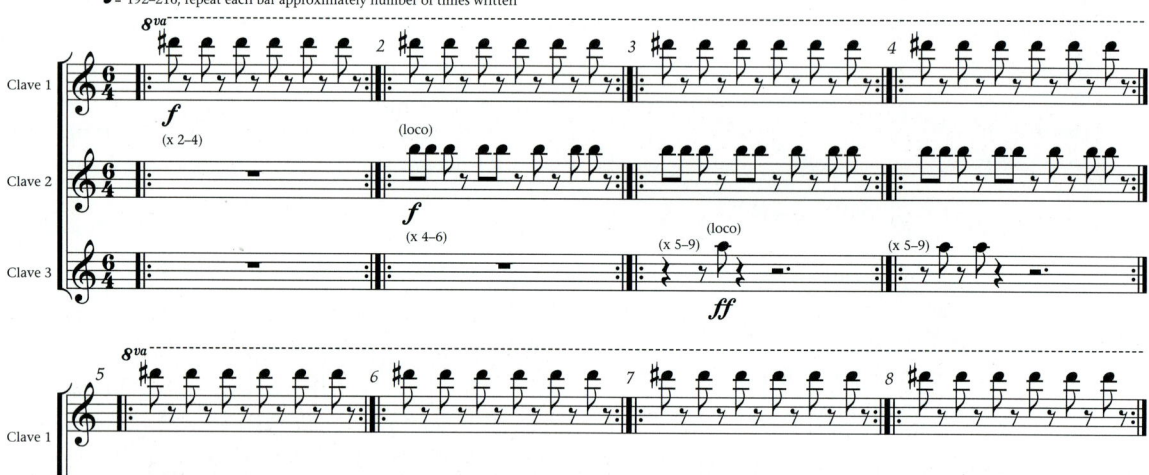

Musikalische Strukturen sollten wieder für alle Hörer nachvollziehbar und erlebbar werden. Deshalb verwenden die minimalistischen Komponisten einfache Pattern (Rhythmus- und Melodiemuster) für ihre Werke.

## AUFGABEN

- Sammelt die Bausteine, mit denen die drei Ausschnitte komponiert sind. **HB 211–213**
- Überprüft eure Ergebnisse an der Komposition Music for Pieces of Wood von STEVE REICH, indem ihr für jeden gefundenen Baustein mehrere Beispiele sucht und vorstellt. **HB 214**

- Das Bild von PAUL KLEE stammt aus dem Jahr 1930. Es ist kein minimalistisches Werk, nimmt aber schon wesentliche Elemente der Minimal Music auf der Ebene der bildenden Kunst vorweg. Beschreibt die Wirkung des Bildes. Welche Elemente der Minimal Music könnt ihr entdecken?

# Komponieren mit Pattern

**Minimal Music** besteht aus kleinen, sich ständig wiederholenden Pattern, die bewusst einfach und leicht spielbar gestaltet sind. Diese werden ständig von mehreren gleichartigen Klangquellen vorgetragen, wobei minimale Verschiebungen des jeweiligen Patternbeginns vorgenommen werden. Durch dieses von STEVE REICH ›phase shifting‹ genannte Verfahren entstehen Musterkombinationen, die nur minimale Veränderungen enthalten. Langsame, genau berechnete Veränderungen der Einsatzabstände erreichen allmähliche Betonungsverschiebungen (Graduationsprozesse). Diese Prozesse gelingen nur, wenn die Musiker mit äußerster Genauigkeit arbeiten, jegliche Improvisation ist unmöglich. Mithilfe von Bandschleifen (tapeloops) lassen sich im Tonstudio die Patternwiederholungen und -verschiebungen besonders präzise herstellen.

**WORK SHOP** Dieser Workshop kann in zwei Teilen durchgeführt werden:

### Teil 1

- Bildet Gruppen von fünf bis sechs Teilnehmern.
- Erfindet jeweils in den Gruppen über einem durchgehenden Metrum innerhalb eines 4/4-Taktes einen sich aufbauenden Rhythmus von vier bzw. fünf Schlägen. (Grundlage ist die Achtelunterteilung des Taktes.)
- Beschränkt euch dabei auf ein Klangmaterial (Holz, Hände, Metall …).
- Notiert die gefundenen Pattern in fünf bzw. sechs verschiedenen Notenzeilen.
- Erfindet danach einen sich aufbauenden Rhythmus aus drei Schlägen innerhalb von zwei 4/4-Takten über dem durchgehenden Metrum und notiert ihn ebenfalls in getrennten Stimmen.

### Teil 2

- Spielt euch die Gruppenergebnisse gegenseitig vor.
- Schreibt alle Pattern mit vier bzw. fünf Schlägen nebeneinander und nennt sie A, B, C, D usw.
- Nennt die Pattern mit drei Schlägen P 1, P 2, P 3 usw.
  Verbindet alle entstandenen Pattern zu einer Gesamtkomposition.
- Jedes Pattern wird dabei mindestens achtmal wiederholt.

# Unkonventionelle Musiksprachen

Es gibt Komponisten mit einer ganz individuellen Musiksprache, die sich wehren, in bestimmte ›Schubladen‹ wie Jazz, Neue Musik oder Weltmusik gesteckt zu werden.

›Crossover und Worldmusic? – Meiner Meinung nach entstehen diese Phänomene aus kommerziellen Gründen.‹ (LUCIANO BERIO)

Versetzt euch in die Lage eines Werbetexters einer CD-Firma, die ein Porträt des Komponisten MICHAEL RIESSLER für einen Sampler ›The best of Riessler‹ herausbringen will.

## AUFGABEN

- *Schreibt in drei Sätzen zu den Kompositionen den Covertext für den Sampler:*
  - *– May Be* **HB 215**
  - *– Intro-Air* **HB 216**
  - *– Zungen* **HB 217**
- *Welche Informationen könnten in den Covertext aufgenommen werden?*
- *Wie könnte ein Cover zum Sampler aussehen?*
- *Welche verschiedenen Sparten des Musiklebens sind in der Biografie von* MICHAEL RIESSLER *berührt?*

# Michael Riessler –
# Klarinettist, Saxofonist und Komponist

MICHAEL RIESSLER wurde 1957 in Ulm geboren. Mit fünf Jahren war er begeistert vom Klavierspiel eines Nachbarjungen und schaffte es, seine Eltern zu überreden, ein Klavier zu kaufen. Sein Versprechen, ausdauernd zu üben und nicht schnell aufzugeben, hielt er und begann zusätzlich mit elf Jahren, als er im Orchester seines Gymnasiums mitspielen wollte, Klarinette zu lernen. Außerdem sang er zu dieser Zeit in einer katholischen Schola und im Kinderchor des Ulmer Opernhauses.

Bis zum Abitur 1975 blieb er dem Musiktheater treu und so gab es für ihn nur das Ziel, Berufsmusiker zu werden. Er studierte Klarinette bis zum Diplom an den Musikhochschulen von Köln und Hannover.

Erste professionelle Erfahrungen sammelte er von 1978 an im Ensemble MUSIQUE VIVANTE in Paris. Er selbst bezeichnet diese Jahre in der freien Musikszene der französischen Hauptstadt mit ihren multikulturellen Musikstilen und -spielstätten als die wichtigsten für die Entwicklung seiner persönlichen Musiksprache. Die Zusammenarbeit mit Freelance-Musikern[1], Avantgardisten wie VINKO GLOBOKAR und PIERRE BOULEZ, aber auch Auftritte in unterschiedlichen Nachtlokalen wie dem *Moulin Rouge* und kleinen Jazzkneipen haben seine Ohren geöffnet und seinen Blick für alle Varianten kreativen Ausdrucks geschärft.

Seitdem er 1982 für seinen ehemaligen Klarinettenprofessor HANS DEINZER einsprang, begann für ihn auch eine internationale Karriere als Musiker der Avantgardeszene. Er spielte und arbeitete seitdem u. a. zusammen mit MAURICIO KAGEL, STEVE REICH, JOHN CAGE, HELMUT LACHENMANN, DIETER SCHNEBEL, KARLHEINZ STOCKHAUSEN, CARLA BLEY, DAVID BYRNE (TALKING HEADS), SARAH VAUGHN und dem ENSEMBLE MODERN.

Aber er spielte auch weiter in verschiedenen improvisierenden Gruppen wie der KÖLNER SAXOPHON MAFIA, mit der er 1988 auf großer Afrikatournee war, oder dem ORCHESTRE NATIONAL DE JAZZ, für das er auch 1989–1991 Kompositionen schrieb. 1990 unternahm er eine Solotournee durch die Sowjetunion mit Werken von KARLHEINZ STOCKHAUSEN.

Seitdem experimentiert und arbeitet MICHAEL RIESSLER mit den Grenzen der Strukturen von Klang, Musik und Sprache in Hörspielproduktionen (*Herr der Ringe*, 1990, *BOSCO*, 1992) und Radiokompositionen (*Champs magnetique*, 1996). 1992 erhielt er den Jazzpreis des Südwestfunks, 1997 war er der ›Jazzmusiker des Jahres‹; für die Produktion *Heloise* erhielt er den Preis der deutschen Schallplattenkritik. Er arbeitet mit größeren Formationen wie auch mit extrem reduzierten Ensembles von zwei bis vier Musikern. Im Jahr 2000 erschienen seine Vertonung von THOMAS MANNS *Der Zauberberg*, die Produktionen *Looseshoes* und *Zwei Tische*.

---

[1] Musiker, die zu Studioaufnahmen oder Auftritten engagiert werden.

## AUFGABEN

- *Vergleicht die Ausschnitte der Kompositionen von* MICHAEL RIESSLER:
  *– Ost-West* **HB 218**
  *– honig und asche* **HB 219**
  *– Boscaglia* **HB 220**
- *Für welche Formation wurden diese Werke jeweils komponiert?*
- *Welches Stück enthält besonders ungewöhnliche Experimente? Begründet eure Entscheidung.*
- *Welche Gedanken und Ideen verbindet ihr beim Hören mit dem jeweiligen Titel?*
  *Schreibt sie beim zweiten Hördurchgang auf.*

# Harmonische Zusammenhänge

## Akkordsymbole – Dreiklänge und Septakkorde

Für die Begleitung von Melodien werden in Liederbüchern oder Songbooks über den Noten **Akkordsymbole** angegeben. Prägt man sich einige wenige Grundsätze ein, so ist diese Schreibweise leicht verständlich. Große Buchstaben (z. B. E, F, G ...) stehen für Dur-Dreiklänge. Für Moll-Dreiklänge finden sich entweder kleine Buchstaben oder ein Großbuchstabe mit einem kleinen m (**d** bzw. **Dm**; **e** bzw. **Em** ...). Der Buchstabe steht für den Grundton, über den zwei weitere Töne geschichtet werden müssen. Handelt es sich bei dem Grundton nicht um einen Stammton, also einen Ton ohne Vorzeichen, so finden sich zwei unterschiedliche Schreibweisen: **Cis** bzw. **C♯**; **Es** bzw. **E♭**.

Jeder Dur- oder Moll-Dreiklang lässt sich leicht aufschreiben, wenn man sich an folgende Reihenfolge hält:

1. Grundton notieren (1. Stammton),
2. darüber den 3. und den 5. Stammton schichten[1],
3. Halbtonschritte überprüfen: große Terz = 4 Halbtonschritte und kleine Terz = 3 Halbtonschritte,
4. eventuell durch Setzen von Vorzeichen den richtigen Abstand herstellen.

[1] Liegt der Grundton auf einer Linie, müssen die beiden weiteren Töne auch auf einer Linie liegen. Liegt der Grundton zwischen zwei Linien, so gilt das auch für die beiden weiteren Töne.

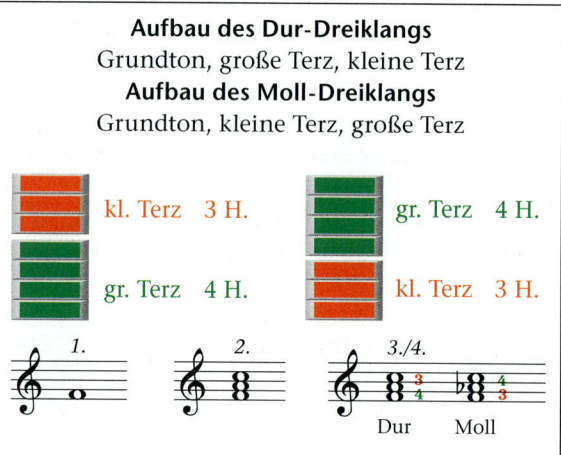

**Aufbau des Dur-Dreiklangs**
Grundton, große Terz, kleine Terz
**Aufbau des Moll-Dreiklangs**
Grundton, kleine Terz, große Terz

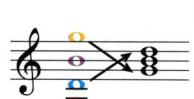

h  liegt auf der Linie
g  wird umgeschichtet (um eine Oktave nach unten)
d  wird umgeschichtet (um eine Oktave nach oben)
g  ist bereits vorhanden, kann also unberücksichtigt bleiben

Zur Bestimmung aufgeschriebener Dreiklänge untersucht man die direkt übereinander liegenden Terzen. Sollten Dreiklangstöne in einem Akkord mehrfach auftreten oder liegen die Töne nicht im Abstand einer Terz über dem Grundton, kann man so vorgehen:

1. einen beliebigen Ton aussuchen,
2. die anderen Töne über bzw. unter diesen Ton im Abstand einer Terz schichten, sodass alle Töne entweder auf einer Linie oder zwischen den Linien liegen.

## AUFGABEN

- *Klärt die Begriffe Stammton und Grundton.*
- *Schreibt über den Grundton je einen Dur- und einen Moll-Dreiklang auf: C / E♭ / G / F♯.*
- *Erläutert den Aufbau der drei am häufigsten verwendeten Septakkorde.*
- *Schreibt jeweils über dem Grundton D (F / A / B♭) alle drei dieser Septakkord-Typen auf.*

- *Spielt vom Beispiel auf Seite 83 unten zuerst nur die Akkorde und dann die Melodie dazu. Teilt die Akkordtöne auf mehrere Spielerinnen und Spieler auf.*
- *Bestimmt die Akkorde. Stellt zusammen, welche unterschiedlichen Akkordtypen in den acht Takten vorkommen.*

Wird auf einen Dreiklang ein weiterer Ton geschichtet, so erhält man einen Vierklang, den man Septakkord nennt. Die drei in der Praxis häufig verwendeten Septakkorde sind folgendermaßen aufgebaut:

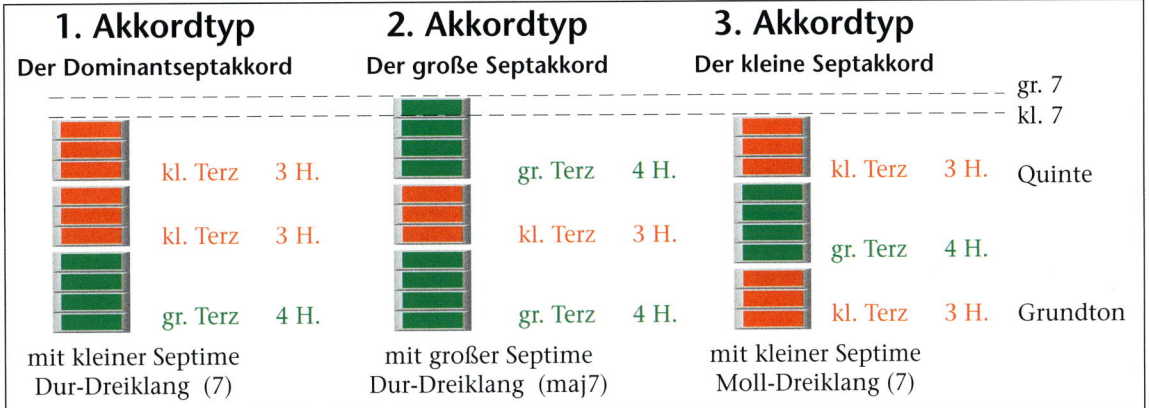

| 1. Akkordtyp | 2. Akkordtyp | 3. Akkordtyp |
|---|---|---|
| **Der Dominantseptakkord** | **Der große Septakkord** | **Der kleine Septakkord** |

mit kleiner Septime — Dur-Dreiklang (7)  |  mit großer Septime — Dur-Dreiklang (maj7)  |  mit kleiner Septime — Moll-Dreiklang (7)

Ein Ton ist in drei verschiedenen Dur-Dreiklängen und in drei verschiedenen Moll-Dreiklängen enthalten. Zum Beispiel ist der Ton A Grundton von A-Dur und von a-Moll, er ist als Terz in F-Dur und in fis-Moll enthalten und taucht als Quinte sowohl in D-Dur als auch in d-Moll auf.

Die vier Töne (d, e, g, h) einer Melodie sollen mit Dreiklängen unterlegt werden. Bedingung: Der Melodieton soll in einem der sechs möglichen Dreiklänge enthalten sein.

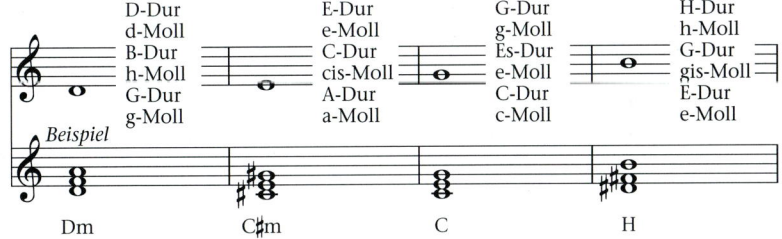

- Probiert das vorgegebene Beispiel aus. Überlegt andere Möglichkeiten und überprüft sie, indem ihr sie spielt.

## Beispiel

# Verwandtschaften

Um eine Akkordfolge zusammenzustellen – vielleicht als Grundlage für einen Song oder ein Instrumentalstück – hat man allein mit Dur- und Moll-Dreiklängen viele Möglichkeiten. Nimmt man noch Septakkorde hinzu, erhöhen sich die theoretischen Möglichkeiten um ein Vielfaches.

Damit ihr euch in dieser Vielfalt orientieren könnt und nicht alles dem Zufall überlassen bleibt, solltet ihr euch zunächst mit den Verwandtschaftsverhältnissen von Akkorden befassen. Denn in der Musik gibt es – wie im wirklichen Leben – Verwandtschaften und Beziehungen zwischen einzelnen Tönen, Tonleitern, Akkorden und Tonarten. Die Verwandtschaften können eng oder entfernt, die Beziehungen konfliktreich oder ›harmonisch‹ sein.

Ebenso wie enge Verwandte viele Gemeinsamkeiten im Aussehen und in den Eigenschaften haben, so findet man zum Beispiel Dur- und Moll-Tonleitern oder Akkorde, die mehrere gemeinsame Töne haben und eng miteinander verwandt sind. Andere haben nur wenige Gemeinsamkeiten. Die Töne einer G-Dur-Tonleiter (g-a-h-c-d-e-fis-g) kommen bis auf den Ton *fis* alle auch in einer C-Dur-Tonleiter (c-d-e-f-g-a-h-c) vor. Sie unterscheiden sich also nur in einem einzigen Ton (f bzw. fis). Zwischen diesen beiden Leitern besteht eine enge Verwandtschaft.

Ein A-Dur-Dreiklang (a-cis-e) und ein Es-Dur-Dreiklang (es-g-b) haben keinen einzigen gemeinsamen Ton, hingegen sind der A-Dur-Dreiklang (a-cis-e) und der fis-Moll-Dreiklang (fis-a-cis) eng miteinander verwandt, da sie zwei gemeinsame Töne haben.

### Verwandte Leitern und Dreiklänge

Die C-Dur-Tonleiter und die natürliche a-Moll-Tonleiter bestehen aus den gleichen Tönen. Sie unterscheiden sich lediglich dadurch, dass sie mit einem anderen Ton beginnen.

Zu jeder Dur-Tonleiter gehört eine **parallele Moll-Tonleiter,** die aus den gleichen Tönen gebildet wird. Umgekehrt gibt es zu jeder Moll-Tonleiter eine **parallele Dur-Tonleiter.** Das Verwandtschaftsverhältnis zwischen parallelen Tonleitern ist sehr eng. Die Dreiklänge auf den Grundtönen dieser parallelen Tonleitern haben zwei gemeinsame Dreiklangstöne.

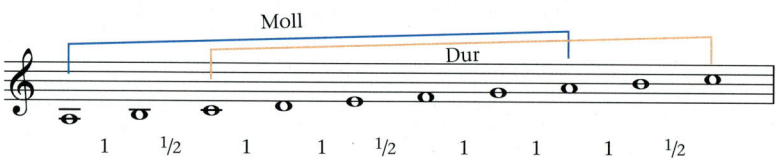

Ein anderes, auch sehr enges Verwandtschaftsverhältnis besteht zwischen Dur-Tonleitern, deren Grundtöne eine Quinte (5 Stammtöne/7 Halbtonschritte) auseinander liegen. Sie unterscheiden sich jeweils nur in einem Ton. Ihr Verwandtschaftsverhältnis bezeichnet man auch als **Quintverwandtschaft.**

Eine Dur-Tonleiter besteht aus sieben verschiedenen Tönen. Wenn man aus diesen leitereigenen Tönen Dreiklänge bildet, entstehen auf allen Stufen Dur- oder Moll-Dreiklänge (Ausnahme: VII. Stufe), die entweder quint- oder terzverwandt sind.

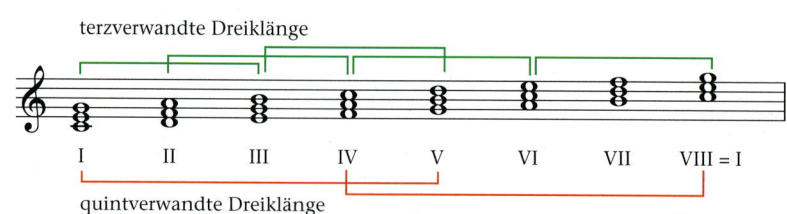

## AUFGABEN

- *In welchem Abstand vom Grundton einer Dur-Tonleiter steht der Grundton der parallelen Moll-Tonleiter?*
- *Nennt die parallelen Dur-Tonleitern zu d-Moll, fis-Moll, h-Moll und f-Moll.*

- *In wie vielen Tönen unterscheiden sich eine Dur- und eine natürliche Moll-Tonleiter, die vom gleichen Grundton ausgehen, sich also im Tongeschlecht unterscheiden?*
- *Auf welcher Stufe entstehen beim zweiten Beispiel Dur-Dreiklänge, auf welchen Moll-Dreiklänge? Beschreibt die Verwandtschaftsverhältnisse.*

## Quintverwandte Dur-Tonleitern

Jede Dur-Tonleiter hat das Bauprinzip
1, 1, ½, 1, 1, 1, ½.
Sie besteht also aus zwei gleichen
Viertongruppen (Tetrachorden),
die durch einen Ganzton-
schritt getrennt
sind.

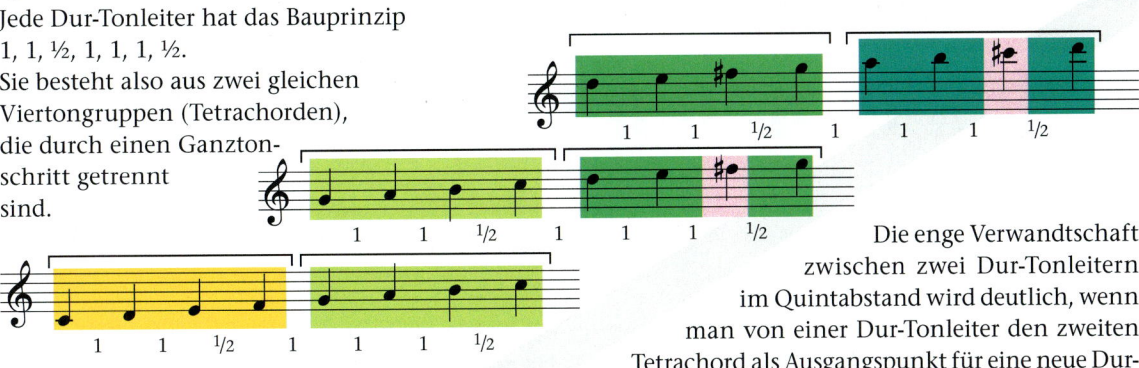

Die enge Verwandtschaft
zwischen zwei Dur-Tonleitern
im Quintabstand wird deutlich, wenn
man von einer Dur-Tonleiter den zweiten
Tetrachord als Ausgangspunkt für eine neue Dur-
Tonleiter nimmt. Beim zweiten Tetrachord der neuen Dur-Tonleiter muss man den vorletzten Ton um einen
Halbtonschritt erhöhen, damit das Bauprinzip 1, 1, ½ erreicht wird. Der 5. Ton der Ausgangs-Leiter ist
also immer der Grundton einer neuen Leiter. In jeder neu gewonnenen Dur-Tonleiter kommt ein weiterer
erhöhter Ton hinzu, wenn man eine Quinte nach oben geht:

| | | | |
|---|---|---|---|
| Aus C-Dur | → | wird G-Dur mit einem erhöhten Ton: | fis |
| Aus G-Dur | → | wird D-Dur mit zwei erhöhten Tönen: | fis/cis |
| Aus D-Dur | → | wird A-Dur mit drei erhöhten Tönen: | fis/cis/gis |
| Aus A-Dur | → | wird E-Dur mit vier erhöhten Tönen: | fis/cis/gis/dis |
| Aus E-Dur | → | wird H-Dur mit fünf erhöhten Tönen: | fis/cis/gis/dis/ ais |
| Aus H-Dur | → | wird Fis-Dur mit sechs erhöhten Tönen: | fis/cis/gis/dis/ ais/eis |

Nach dem gleichen Prinzip kann man auch in die andere Richtung, also eine Quinte abwärts gehen, um
jeweils eine neue Dur-Tonleiter zu erhalten. Da der Abstand zwischen den beiden Tetrachorden immer
ein Ganzton sein muss, ist beim Abwärtsgehen
der Anfangston des 2. Tetrachordes um einen Halbtonschritt zu erniedrigen.
Aus der C-Dur-Tonleiter entsteht
F-Dur, aus F-Dur wird
B-Dur, usw.

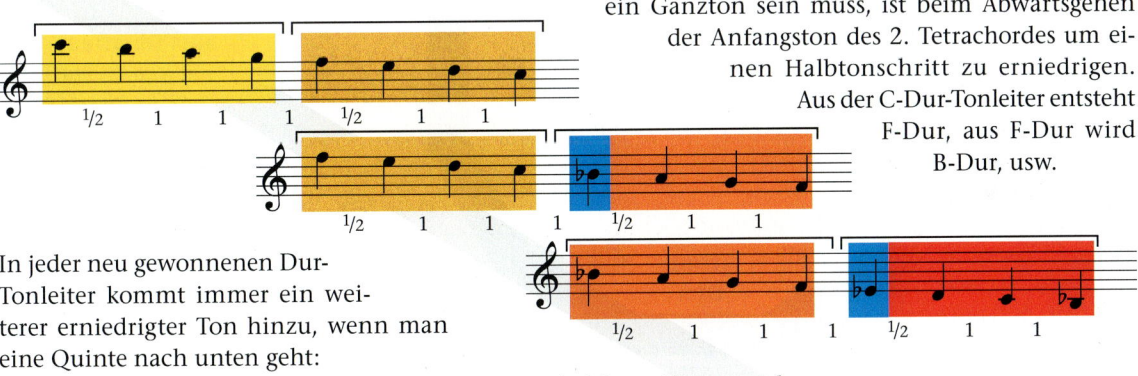

In jeder neu gewonnenen Dur-
Tonleiter kommt immer ein weiterer erniedrigter Ton hinzu, wenn man
eine Quinte nach unten geht:

| | | | |
|---|---|---|---|
| Aus C-Dur | → | wird F-Dur mit einem erniedrigten Ton: | b |
| Aus F-Dur | → | wird B-Dur mit zwei erniedrigten Tönen: | b/es |
| Aus B-Dur | → | wird Es-Dur mit drei erniedrigten Tönen: | b/es/as |
| Aus Es-Dur | → | wird As-Dur mit vier erniedrigten Tönen: | b/es/as/des |
| Aus As-Dur | → | wird Des-Dur mit fünf erniedrigten Tönen: | b/es/as/des/ges |
| Aus Des-Dur | → | wird Ges-Dur mit sechs erniedrigten Tönen: | b/es/as/des/ges/ces |

## AUFGABEN

- *Erläutert das Verfahren, wie man aus einer Dur-Tonleiter eine quintverwandte neue Dur-Tonleiter entwickelt.*

- *Welche Funktion hat der rosa markierte Ton in der neu entstehenden Leiter (aufwärts)?*
- *Welche Beziehung besteht zwischen den blau markierten Tönen und den neu entstehenden Leitern (abwärts)?*

# Der Quintenzirkel

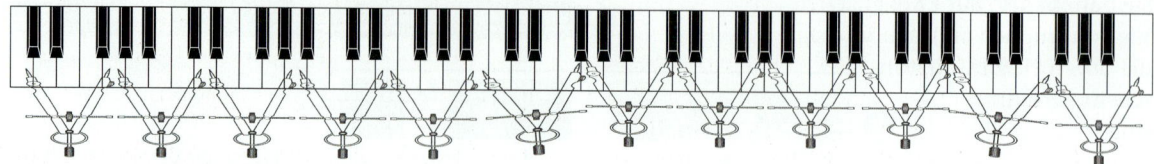

Geht man vom Grundton der C-Dur-Leiter sechsmal um eine Quinte aufwärts bzw. sechsmal eine Quinte abwärts (siehe Grafik unten), so erhält man zwölf Grundtöne von Dur-Tonleitern. Trägt man diese Grundtöne auf einem Kreis ein, dann erhält man den **Quintenzirkel.** Zusätzlich kann man jeder Dur-Tonart gegenüber auch die parallele Moll-Tonart eintragen. Am Quintenzirkel lässt sich nicht nur ablesen, wie viele und welche Vorzeichen eine Tonart hat, sondern man kann auch den Grad der Verwandtschaft feststellen: Je näher die Tonarten beieinander liegen, desto enger sind sie verwandt. Zum Beispiel lassen sich Quintverwandtschaften ablesen, und zwar nicht nur in Bezug auf Tonarten, sondern auch auf einzelne Dreiklänge. D. h. zum Beispiel, dass der F-Dur-Dreiklang und der C-Dur-Dreiklang quintverwandte Dreiklänge sind. Ihr Verwandtschaftsverhältnis ist genau das gleiche wie zwischen dem E-Dur- und dem H-Dur-Dreiklang oder wie zwischen den Dreiklängen auf den Grundtönen As und Es.

Der **Quintenzirkel** hat in der Musik eine ähnliche Bedeutung wie der **Farbkreis** in der Malerei. Die stärksten Kontraste ergeben sich bei gegenüberliegenden Tonarten bzw. Farben. Die Gegensätze Rot – Grün oder Blau – Orange (die so genannten Komplementärfarben) werden z. B. bei der Gestaltung von Plakaten benutzt, um etwas besonders deutlich hervorzuheben. Besonders starke Kontraste ergeben sich auch in der Musik bei Dreiklängen, die sich im Quintenzirkel gegenüberliegen, wie z. B. A-Dur und Es-Dur oder B-Dur und E-Dur.

> Mit Merksprüchen ist ein Quintenzirkel leicht aus dem Gedächtnis aufzuschreiben:
> rechte Seite: **G**eh **D**u **A**lter **E**sel **H**ole **FIS**ch
> linke Seite: **F**aule **B**irnen **ES**sen **AS**se **DES Ges**angs

# Harmonische Funktionen – Die Kadenz

Der Fachbegriff **Harmonik** bezieht sich in der Musik auf den Aufbau und die Abfolge von Zusammenklängen. Akkordfolgen werden als **harmonische Wendungen** bezeichnet. Auch wenn die Klänge in einer Akkordfolge stark dissonant sind, handelt es sich um eine harmonische Abfolge. Damit unterscheidet sich die Anwendung des Begriffes in der Musik von der Anwendung im allgemeinen Sprachgebrauch (z. B.: ›... sie führen eine harmonische Ehe ...‹). Eine harmonische Funktion kann ein Akkord immer nur im Zusammenhang mit einem anderen Akkord erfüllen, denn es geht um die Beziehung zwischen Akkorden. Ebenso wie im Beruf jemand eine bestimmte Funktion erfüllt, d. h. eine festgelegte Aufgabe übernimmt, so können in der Harmonik auch Akkorde bestimmte Aufgaben erfüllen. Wichtige harmonische Funktionen lassen sich am Quintenzirkel ablesen.

Zentrale Bedeutung für die abendländische Musik seit ca. 1600 hat die **Kadenz**[1], eine Akkordfolge, die aus drei im Quintenzirkel nebeneinander liegenden Dreiklängen besteht. Jeder Akkord erfüllt eine harmonische Funktion:

- Der mittlere Akkord bildet das tonale Zentrum und wird **Tonika (T)** genannt.
- Der rechts von der Tonika liegende Akkord, die **Dominante (D),** strebt zur Tonika zurück.
- Links von der Tonika liegt die **Subdominante (S).**

Treten diese drei harmonischen Hauptfunktionen in der Folge T – S – D auf, entsteht eine Spannung, die erst durch die Tonika gelöst wird.

[1]  von lat. cadere = fallen, bezieht sich auf den fallenden Basston

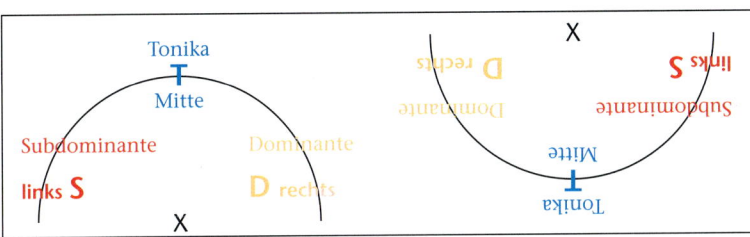

Wichtig: Bei der Betrachtung der Lage von Tonarten bzw. Dreiklängen im Quintenzirkel geht man immer vom Mittelpunkt des Kreises aus. Demnach liegt z. B. A-Dur links von E-Dur oder As-Dur rechts von Des-Dur.

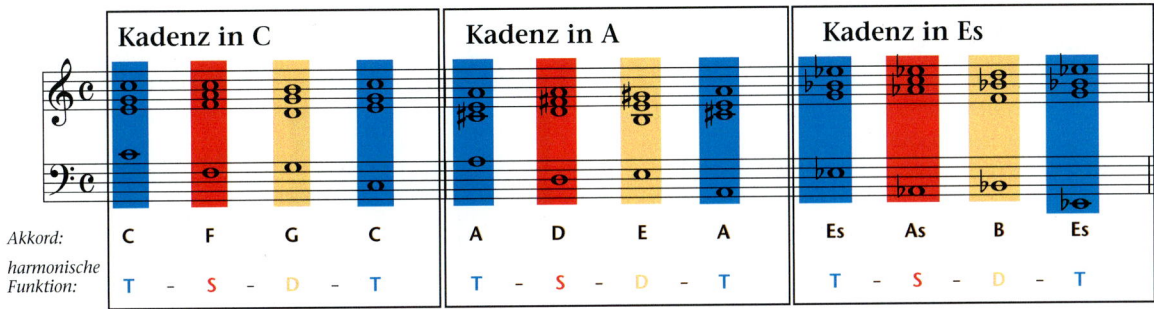

| Akkord: | C | F | G | C | A | D | E | A | Es | As | B | Es |
|---|---|---|---|---|---|---|---|---|---|---|---|---|
| harmonische Funktion: | T | - S | - D | - T | T | - S | - D | - T | T | - S | - D | - T |

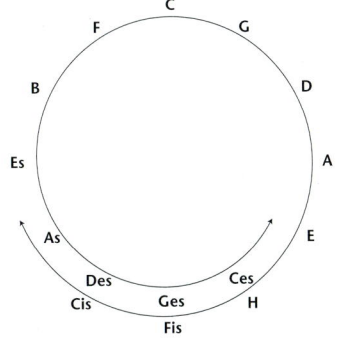

## AUFGABEN

- *Erläutert, wie der Quintenzirkel zustande kommt.*
- *Was besagt die linke Abbildung?*
- *Spielt die Kadenzen in C, A und Es.*
- *Was ist den drei Beispielen gemeinsam, was unterscheidet sich?*

# Spiel mit zwei Hauptfunktionen

## Tonika und Dominante

Das Spannungsverhältnis zwischen Tonika und Dominante ist besonders deutlich zu hören: Die Dominante strebt zur Tonika. Spielt man beide harmonische Funktionen im Wechsel und hört auf der Dominante auf, hat man (ähnlich wie bei der Folge Leitton – Grundton) das Gefühl, dass der Abschluss fehlt. Diese Wirkung kommt u. a. zustande, weil die Terz im Dreiklang der Dominante der Leitton ist. Oft wird die Tendenz zur Tonika noch dadurch verstärkt, dass die Dominante als Septakkord gespielt wird.

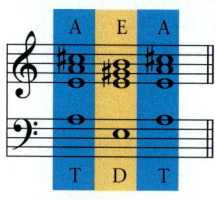

## Emanuel Chabrier: ›España‹

**WORK SHOP**

Die Orchester-Rhapsodie *España* des französischen Komponisten EMANUEL CHABRIER (1841–1894) ist heute ein beliebtes Zugabe-Stück bei Orchester-Konzerten. Um 1900 erschienen dazu eine Reihe von Ausgaben für Salonorchester und Klavierbearbeitungen, was auf die Popularität des Stückes hinweist.

- Spielt nur die Melodiestimme des A-Teils und klatscht dazu den Rhythmus. Fügt dann die Begleitakkorde hinzu.
- Übt in der gleichen Reihenfolge die weiteren Abschnitte ein.
- Beginnt immer in einem langsamen Tempo. Steigert das Tempo erst, wenn ihr euch sehr sicher fühlt.
- Hört euch das Original von CHABRIER an. **HB 223** Der Ablauf entspricht nicht genau den abgedruckten Noten. Versucht die Gliederung des Stückes herauszufinden. Stellt auch fest, wo es Überleitungsteile und welche weiteren Formteile es gibt.
- Achtet besonders auf die Formteile, die auch abgedruckt sind. Versucht zu diesen Abschnitten die Grundtöne der Tonika und der Dominante (F und C) mitzuspielen.

### AUFGABEN

- *Wählt zwei quintverwandte Akkorde aus und schreibt sie so auf, wie es im Beispiel für A-Dur und E-Dur angegeben ist. Der Grundton wird im Bassschlüssel notiert. Spielt die Akkorde im Wechsel.*
- *Übt die beiden Begleitpattern für Tonika und Dominante auf einem Tasteninstrument. Hört euch den Song* Rum and Coca Cola *von den* ANDREWS SISTERS *an und versucht den jeweiligen Wechsel zwischen den beiden Funktionen herauszufinden.* **HB 221** *Spielt die Begleitfiguren zu dem Hörbeispiel.*
- *Versucht durch Probieren herauszufinden, mit welchen beiden Akkorden* La Paloma *zu begleiten ist. Spielt die Akkorde zum Hörbeispiel.* **HB 222**
- *Sucht Lieder aus Liederbüchern, die nur mit Tonika und Dominante zu begleiten sind.*

**Begleitpattern für ›Rum und Coca Cola‹**

Schreibt dieses Pattern für die Tonika D-Dur und für die Tonika E-Dur auf.
- Spielt alle drei Pattern im Wechsel. Der jeweils durchlaufende Basston lässt sich auf einem Bass nur mit leeren Saiten spielen.

## Tonika und Subdominante

Dieses Beispiel besteht auch nur aus zwei Akkorden, allerdings kommt hier zur Tonika die Subdominante hinzu.

- Stellt fest, wie die beiden Dreiklänge heißen. Welcher ist Tonika und welcher Subdominante?

Die Andrews Sisters

# España

Emanuel Chabrier (1841–1894)

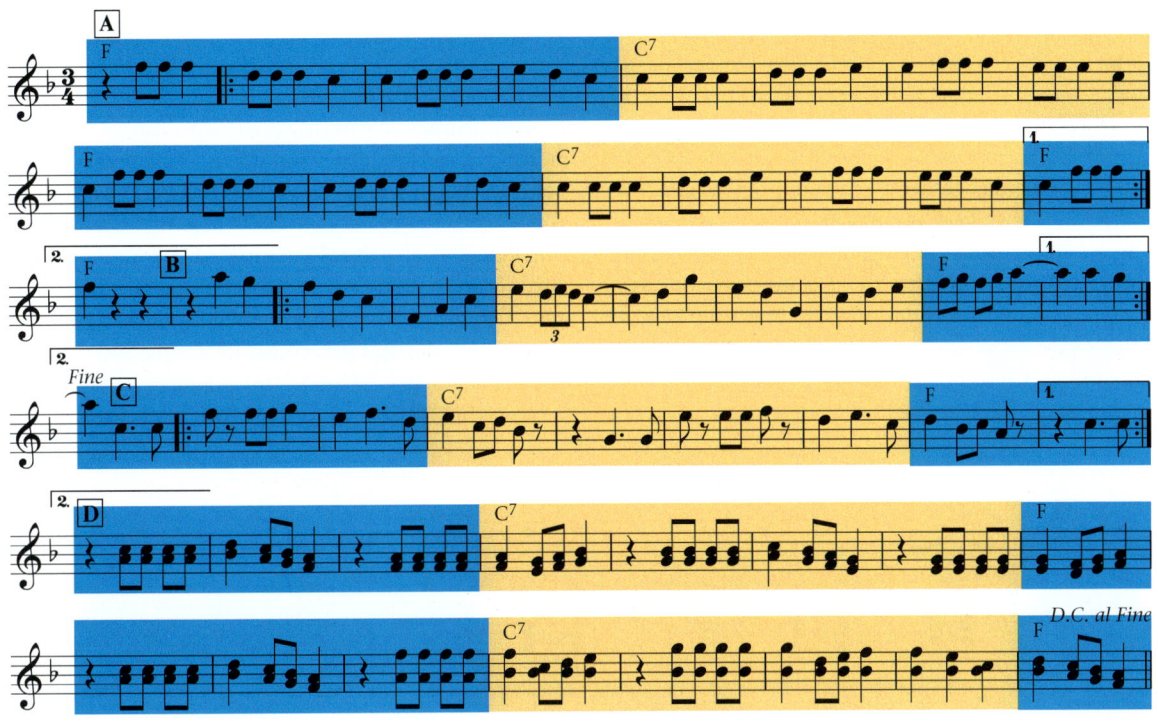

## Rhythmusmodell für die Teile A und D

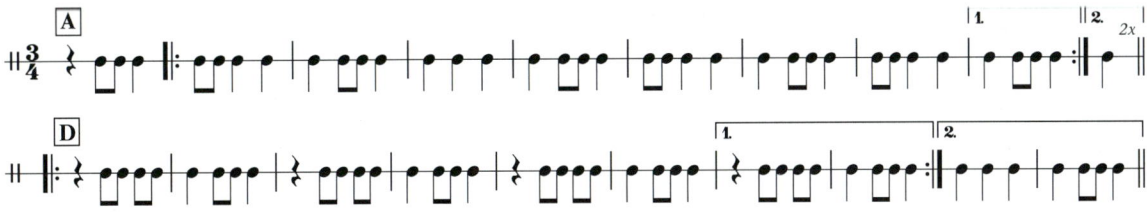

## Begleitmodelle für die Akkorde F und C⁷

*Für die Teile A, B und D*

*Für den Teil C*

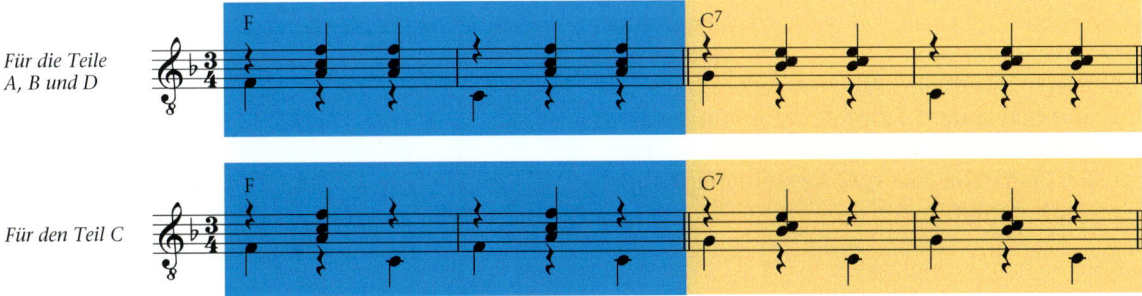

# Spiel mit drei Hauptfunktionen

WORK SHOP

Das Stück *Soweto* von DOLLAR BRAND (ABDULLAH IBRAHIM) dauert insgesamt ca. 16 Minuten. Bis auf wenige eingeschobene Überleitungstakte beruht das gesamte Stück auf der Akkordfolge G–C–G/D–D⁷, den drei harmonischen Hauptfunktionen. Beim zweiten G-Dur-Akkord wird der Grundton der Dominante, der Ton D, als Basston verwendet, um die Dominante vorzubereiten. Hört euch zunächst zwei Ausschnitte

an (Anfang und einen Abschnitt ist aus der Mitte des Stückes). **HB 224–225**

Soweto (**So**uth **We**stern **To**wnship: Vorort von Johannesburg, Republik Südafrika, Wohngebiet der schwarzen Bevölkerung, rund 1 Million Einwohner, seit 1976 Schauplatz schwerer Rassenunruhen) war zur Zeit der Apartheid in Südafrika immer wieder Mittelpunkt von Unruhen und Widerstandsaktionen. Der Name Soweto steht als Symbol für den Freiheitswillen der schwarzen Bevölkerung Südafrikas.

## Soweto

Abdullah Ibrahim
Satz: Walther Engel

- Überlegt euch eine Reihenfolge, wie ihr das Stück aufbauen wollt. Sinnvoll ist es, mit Percussion, der Bassstimme und den Akkorden (Gitarre) anzufangen. Nicht alle Stimmen sollten fortwährend durchlaufen. Einzelne Stimmen können gezielt als Einwürfe gebracht werden. Im oberen System ist die immer wiederkehrende Hauptmelodie notiert.

# Die Kadenz in Moll

Die Kadenzen in Moll werden nach dem gleichen Prinzip wie Dur-Kadenzen gebildet: mittlerer Akkord – linker Akkord – rechter Akkord – mittlerer Akkord.

Damit allerdings der Leitton im Dominantenakkord erhalten bleibt, der die spezielle Spannung zur Tonika erzeugt, ist die Dominante in einer Moll-Kadenz ein Dur-Akkord.

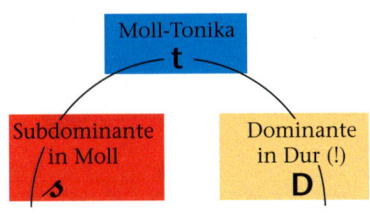

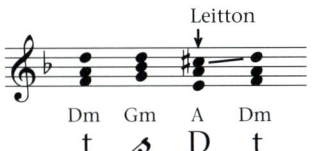

**AUFGABE**

- *Schreibt wie in dem Beispiel für d-Moll Kadenzen in e-Moll, f-Moll, c-Moll und fis-Moll auf.*

**ANALYSE**
- Bestimmt die Akkorde und stellt fest, welche Moll-Kadenz diesem Stück zugrunde liegt.
- Mit welcher harmonischen Funktion beginnt das Stück? Welche Wirkung entsteht dadurch?
- Spielt das Stück. Beginnt sehr langsam und steigert das Tempo kontinuierlich (accelerando).

## Korobuschka

*Russland*
*Satz: Walther Engel*

# Die erweiterte Kadenz

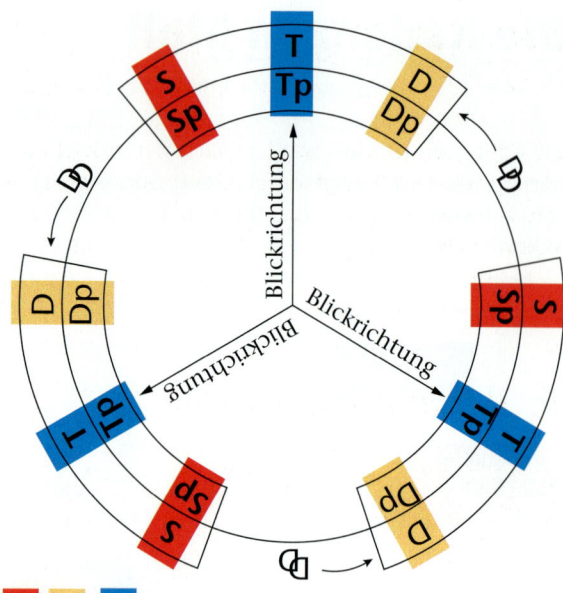

Die einfache Kadenz kommt mit den drei Hauptfunktionen Tonika – Subdominante – Dominante aus. Zu jedem dieser drei Dur-Dreiklänge gibt es einen parallelen Moll-Dreiklang:

– zur Tonika die **Tonikaparallele (Tp)**,
– zur Subdominante die **Subdominantparallele (Sp)**,
– zur Dominante die **Dominantparallele (Dp)**.

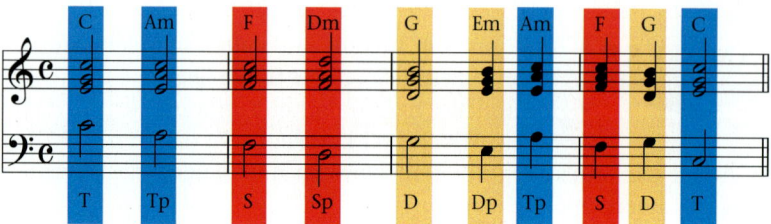

Wählt man eine andere Tonika als z. B. C-Dur, so verändern sich auch alle weiteren Akkorde, das Spannungsverhältnis der Akkorde untereinander bleibt aber das gleiche.

Eine andere Möglichkeit der Erweiterung der Kadenz besteht darin, den Akkord, der im Quinten-zirkel rechts von der Dominante liegt, einzubeziehen. Harmonisch gesehen handelt es sich um eine Dominante zur Dominante, die **Doppeldominante** genannt wird: Symbol **DD**. Durch diese Funktion wird die Spannung weiter erhöht, wie bei einem Bogen, bei dem man die Sehne weiter auszieht.

**Kadenz mit Doppeldominante**

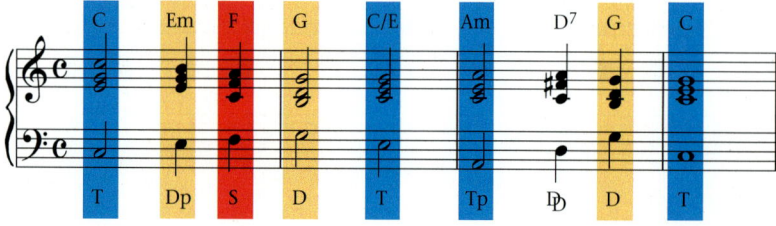

![AUFGABEN]

**AUFGABEN**

- *Schreibt mit Akkordsymbolen in der gleichen Abfolge wie in dem oberen Beispiel je eine erweiterte Kadenz in A-Dur und in Es-Dur auf.*
- *Macht es ebenso beim unteren Beispiel mit der Tonika As-Dur und der Tonika G-Dur.*

- *Sucht euch aus Liedersammlungen Lieder heraus, bei denen die Akkordsymbole über den Noten stehen. Wählt nur Lieder in einer Dur-Tonart. Untersucht die harmonische Struktur.*

 **ANALYSE**

Das *Wohltemperierte Klavier* von JO-HANN SEBASTIAN BACH ist eine Sammlung von Präludien und Fugen in allen Dur- und Moll-Tonarten. Das erste Präludium in C-Dur ist (bis auf den Schlussakkord) durchgängig in gebrochenen Akkorden geschrieben. **HB 226**

- Spielt die Harmoniefolge (T. 1–11) mehrfach hintereinander. Verteilt die fünf Akkordtöne auf einzelne Instrumente.

- Versucht nach und nach beim Spielen auch auf die Harmonik zu achten.
- Bestimmt die Akkorde der ersten elf Takte und analysiert die Harmonik. Beachtet, dass harmonische Funktionen nicht nur als Dreiklang, sondern durchaus auch als Septakkord vorkommen können.
- Warum ist es möglich, nach elf Takten wieder von vorne zu beginnen?

## Präludium I, C-Dur BWV 846

*Johann Sebastian Bach (1685–1750)*

**Harmoniefolge (T. 1–11)**

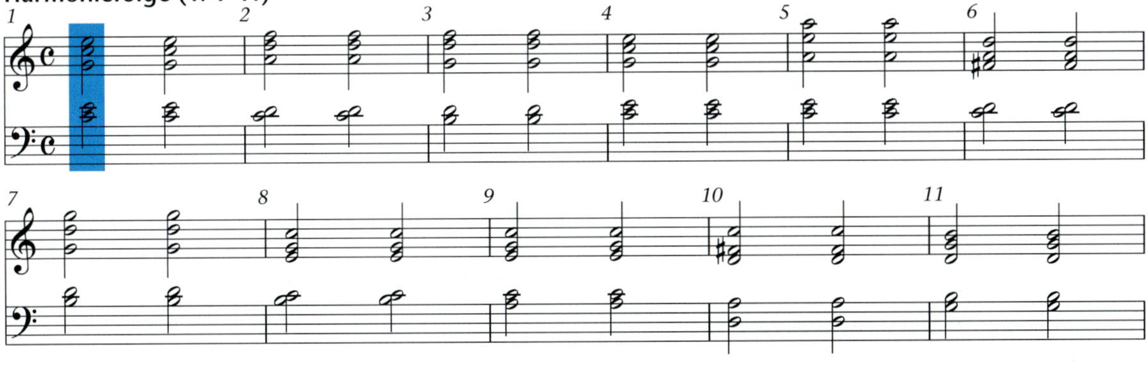

# Gebräuchliche harmonische Folgen

Es gibt in der Musik bestimmte harmonische Akkordfolgen, die – wie Redewendungen oder Floskeln in der Sprache – häufig angewendet werden. Zwei dieser harmonischen Wendungen sind:

**Pattern 1**

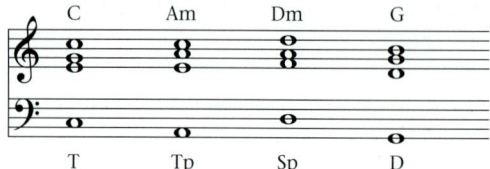

**Pattern 2**

Die Grundtöne (C, A, D, G) beider Akkordverbindungen sind gleich. Sie stehen in einem Quintverhältnis zueinander. In beiden Pattern steht als erster Akkord die Tonika und am Ende die Dominante. Zweiter und dritter Akkord beider Beispiele unterscheiden sich lediglich im Tongeschlecht (Am – Dm bzw. A – D). Das erste Pattern ist von den harmonischen Funktionen her die Folge **T – Tp – Sp – D**. Die Parallelen und die Dominante können auch mit Septime auftreten.

Im zweiten Fall handelt es sich um eine so genannte **Dominantkette**: A-Dur ist eine dreifache Dominante, D-Dur die Doppeldominante und G-Dur die Dominante von C-Dur. Fügt man den Dominanten Septimen hinzu, wird die Tendenz zur Tonika noch verstärkt.

## Love Me Tender

*Elvis Presley (1935–1977)/Vera Matson*

Love me ten - der, love me sweet; nev - er let me go. Love me ten - der, love me true,
You have made my life com - plete, and I love you so.

all my dreams full - fill. For, my dar - lin', I love you, and you al - ways will.

**Begleitakkorde**

## AUFGABEN

- *Spielt Pattern 1 und Pattern 2 auf Tasteninstrumenten. Verteilt die Akkordtöne auf mehrere Spieler.*
- *Schreibt die beiden Pattern auch in D-Dur und B-Dur auf und spielt sie.*
- *Welche der beiden harmonischen Wendungen könnt ihr in den kurzen Ausschnitten aus verschiedenen Musikrichtungen erkennen?* **HB 227–231**
- *Analysiert die Begleitung von* Love Me Tender *in Bezug auf die verwendeten Akkorde und die harmonische Struktur.*
- *Singt den Song mit Begleitung. Überlegt euch eine rhythmische Gestaltung für die Begleitung.*

- *Bestimmt Akkorde und harmonische Struktur von* I Like the Flowers. *Da es sich um einen vierstimmigen Kanon handelt, könnt ihr die jeweils* grün *unterlegten Töne zu einem Akkord zusammenfassen.*
- *Beschreibt, worin sich die fünf Begleitmodelle unterscheiden.*
- *Singt den Kanon und probiert dazu die fünf Begleitmodelle aus. Wo sind die Einsätze der vier Stimmen und welcher Akkord könnte den Schluss bilden?*
- *Überlegt euch zusätzlich rhythmische Pattern zur Begleitung.*

## I Like the Flowers

*England*

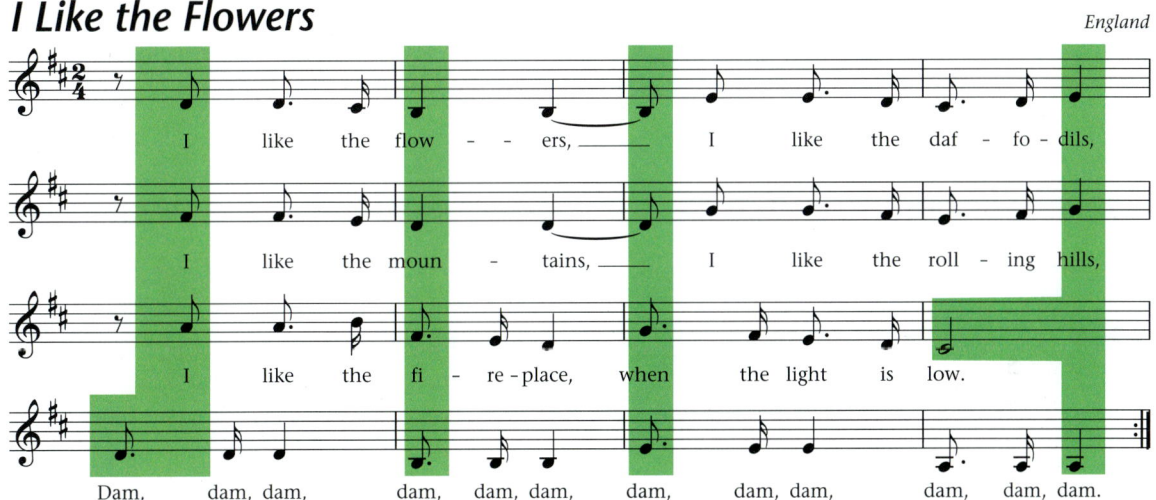

I like the flow – – ers, _____ I like the daf – fo – dils,

I like the moun – tains, _____ I like the roll – ing hills,

I like the fi – re-place, when the light is low.

Dam, dam, dam, dam, dam, dam, dam, dam, dam, dam, dam, dam.

### Fünf Begleitmodelle

# Unterschiedliche harmonische Gestaltung

Der Rock 'n' Roll, der ab den 50er-Jahren von den USA aus seinen weltweiten Siegeszug antrat, beeinflusste die weitere Entwicklung der gesamten populären Musik. Ein Grund für den Erfolg dieser Musik war sicher auch, dass Elemente der Musik der Schwarzen aufgegriffen und in kommerzialisierter Form für ein breites weißes Publikum aufbereitet wurden.

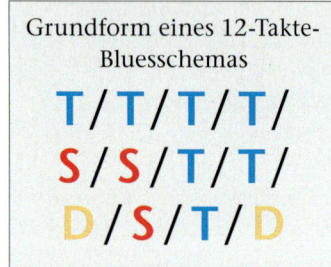

Grundform eines 12-Takte-Bluesschemas

T / T / T / T /
S / S / T / T /
D / S / T / D

(siehe auch S. 213)

Viele Titel basierten auf einem harmonischen Schema, das aus dem Blues bekannt war. Zwar gibt es nicht nur ein einziges Blues-Schema, aber in seiner 12-taktigen Abfolge ist es als eine Art Grundmodell so geläufig, dass man beim Hören immer auch den Eindruck von etwas Bekanntem hat. Dieses Schema besteht in seiner einfachsten Form aus den Dreiklängen (oft mit Septimen und Nonen oder hinzugefügten Sexten), die in der Kadenz den drei Hauptfunktionen entsprechen. Allerdings ist die Wirkung eine andere als bei der Kadenz.

Dieses, durch seinen harmonischen Ablauf bestimmte Modell, ist auch Grundlage vieler schneller Rock-'n'-Roll-Nummern von ELVIS PRESLEY. **HB 232**

Harmonisch vielfältiger sind oft die langsamen Titel von ELVIS PRESLEY. Es werden nicht nur die Funktionen der erweiterten Kadenz ausgeschöpft, sondern auch innerhalb des Stückes die Tonika gewechselt. In dem Song *Can't Help Falling in Love* wechselt die Tonart im Mittelteil nach g-Moll. **HB 233**

## Can't Help Falling in Love

*George David Weiss/Hugo Peretti/Luigi Creatore*

# Begleitsatz zu Can't Help Falling in Love

*Satz: Walther Engel*

## ANALYSE

- Versucht herauszuhören, ob den Ausschnitten das Blues-Schema, so wie es im Kasten steht, zugrunde liegt. **HB 234–236**
- Bestimmt die harmonischen Funktionen des A-Teils von *Can't Help Falling in Love*.
- Welche Rolle spielt die Harmonik bei der unterschiedlichen Wirkung von A- und B-Teil?
- Welche Funktion hat der letzte Akkord des B-Teils?

# Darstellende Musik – Filmmusik

# Musik und Bilder

Auch wenn euer letzter Kinobesuch schon eine Weile zurückliegen sollte, könnt ihr euch vermutlich problemlos an die Handlung des Films, die Namen der Hauptdarsteller, vielleicht sogar den Namen des Regisseurs erinnern. Aber wie steht es mit der Musik? Habt ihr Erinnerungen an die Themen des Soundtracks, an die Instrumente, die daran beteiligt waren, oder gar an den Namen des Filmkomponisten?

Egal, ob Stummfilm oder Tonfilm: Musik war immer dabei. Sie begleitete bereits die erste öffentliche Filmvorstellung im Jahre 1895. Ohne sie hätte sich der Film kaum innerhalb weniger Jahrzehnte zu einer der zentralen Kunstformen des 20. Jahrhunderts entwickeln können. Trotz der großen Bedeutung, die ihr Regisseure und Produzenten von Beginn an zumaßen, wurde sie beim breiten Publikum jedoch nur selten als eigenständige Größe wahrgenommen. Die meisten Leute gingen (und gehen) ins Kino, um einen Film zu ›sehen‹ – ohne sich darüber im Klaren zu sein, dass ihr Sehen in wesentlichen Teilen vom Hören beeinflusst wird.

## Experimente mit Filmmusik

WORK SHOP

Einige einfache Experimente können deutlich machen, wie sehr die Musik unser Sehvermögen bestimmen kann.

- In vielen Filmen gibt es Sequenzen mit eindrucksvollen Naturaufnahmen. Häufig sind diese Szenen musikalisch untermalt. Welche Art von Musik würde zu den hier abgebildeten Fotos passen?
- Vielleicht hat jemand von euch einen Film auf Video, in dem es ähnliche musikbegleitete Naturszenerien zu sehen gibt (z. B. *Jenseits von Afrika*). Sucht einen passenden Filmausschnitt und spielt ihn zuerst ohne und dann mit Ton ab. Was ändert sich?
- Unterlegt im Anschluss daran dieselbe Szene mit einer Musik, die der Originalmusik stilistisch und charakterlich deutlich entgegengesetzt ist. Wie erlebt ihr die Bilder nun?
- Dreht eine kurze Filmszene von etwa zwei Minuten, bei der einige aus eurer Klasse (ca. 6) langsam schreitend (wenn möglich einheitlich gekleidet und im Gleichschritt) den Schulhof überqueren. Unterlegt diese Sequenz mit drei verschiedenen musikalischen Untermalungen. **HB 237–239**
- In allen drei Fällen gibt uns die Musik mehr oder weniger präzise Hinweise zu der Situation, in der sich die Gruppe womöglich gerade befindet. Notiert eure Vermutungen und vergleicht sie miteinander.

Mit diesen Experimenten habt ihr zwei verschiedene Möglichkeiten kennen gelernt, wie Musik und Bilder miteinander in Kontakt treten können. Musik kann die Wirkung der Bilder verstärken, sie kann darüber hinaus aber auch auf Dinge hinweisen, die auf der bildlichen Ebene

gar nicht zu erkennen sind. Beide Aspekte machen sich die Filmkomponisten häufig zunutze.

# Vom Stummfilm zum Tonfilm

Der Name ›Stummfilm‹ ist irreführend, denn zumindest ein Klavier war seit der ersten öffentlichen Kinoaufführung durch die Brüder LUMIÈRE in Paris (1895) immer dabei. Im Unterschied zum späteren Tonfilm gehörte die musikalische Untermalung allerdings zunächst nicht zum eigentlichen Film dazu: Ihre Gestaltung lag im Ermessen der Kinobesitzer und der im Kino angestellten Musiker.

Bis ca. 1910 war es nicht entscheidend, was die Musiker spielten. Die Musik hatte vor allem die Aufgabe, die von vielen als belastend empfundene Stille während einer Filmaufführung zu übertönen. Nach 1910 gingen die Musiker jedoch mehr und mehr dazu über, die Stimmung der jeweiligen Szene atmosphärisch zu untermalen. Da nur die wenigsten Pianisten eine Stunde (und mehr) improvisieren konnten, entstanden schon bald Notensammlungen, die zu den verschiedensten Filmthemen eine Reihe passender Musikausschnitte enthielten.

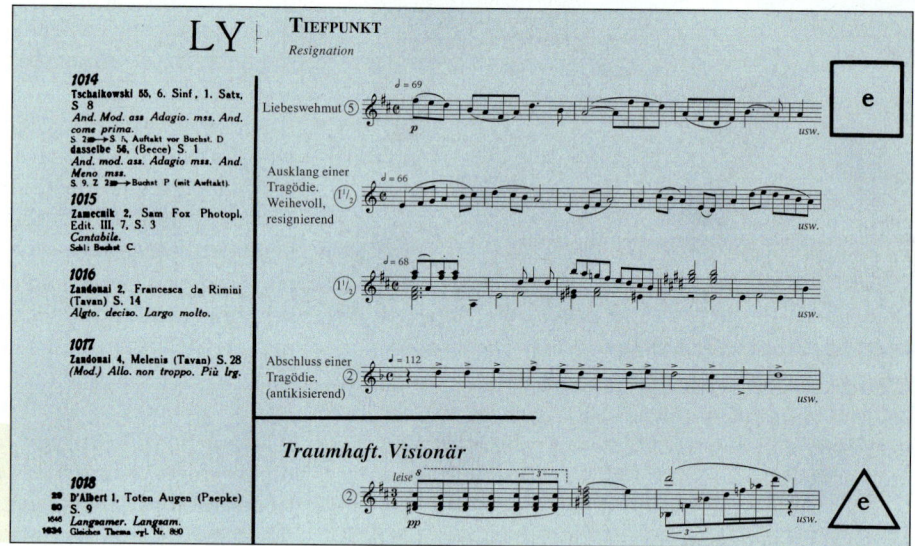

Ausschnitt aus dem ›Allgemeinen Handbuch der Filmmusik‹, 1927

Diese Notenbeispiele entstammen dem *Allgemeinen Handbuch der Filmmusik,* das 1927, also gegen Ende der Stummfilmära, entstand und über 3000 Ausschnitte aus Werken von ca. 200 Komponisten enthielt. Damit sich die Musiker besser orientieren konnten, war diese Sammlung thematisch geordnet: Das Kürzel **LY** steht für die Hauptabteilung ›Lyrische Expression‹ (im Gegensatz zu ›Dramatische Expression‹), die sich ihrerseits in mehrere Unterabteilungen (wie z. B. Tiefpunkt) gliederte. Das ›**e**‹ bezeichnet die Tempoangabe (ruhig).

## Experimente mit Filmmusik

WORK SHOP

- Für welche Art von Filmszenen würdet ihr die abgebildeten Melodien verwenden? **HB 240**
- Erstellt euern eigenen Filmmusikkatalog. Überlegt zunächst, welche verschiedenen Stimmungsbereiche (Ober- und Unterabteilungen) er enthalten soll. Sucht jeweils nach passenden Musikbeispielen. Mithilfe dieser Liste könnt ihr selbst Filmszenen eurer Wahl vertonen. Geht dabei folgendermaßen vor:

- Notiert auf einer Liste, wie lange die jeweilige Musik dauern soll.
- Nehmt eure Musikbeispiele in passender Länge auf Kassette, CD oder DAT auf. Überlegt dabei, wie ihr die Schnitte gestalten wollt. Soll die Musik exakt mit der Filmszene zu Ende gehen, soll sie langsam ausgeblendet werden (fade out) oder soll sie noch in die neue Szene überleiten? Probiert mehrere Versionen aus.

Die enorme Breitenwirkung des Films führte nach dem Ersten Weltkrieg zunächst in den USA, aber auch in Europa zum Bau pompöser Lichtspielhäuser. In Kinos mit über 1000 Sitzplätzen reichte ein Pianist bald nicht mehr aus. So entstanden zahlreiche Orchester, die in Städten wie New York oder Berlin zahlenmäßig durchaus mit Sinfonieorchestern konkurrieren konnten.

Mit dem Aufkommen des Tonfilms Ende der 20er-Jahre wurden allein in Deutschland 5000 dieser Musiker über Nacht arbeitslos. Nur die wenigsten konnten eine Bleibe in den Filmorchestern finden, die die großen Filmgesellschaften für die musikalische Untermalung der Tonfilme benötigten.

Mit der Entwicklung des Tonfilms wurde das Musizieren mit vorgefertigten ›Versatzstücken‹ als zunehmend unbefriedigend empfunden. So entstand der neue Beruf des **Filmkomponisten.**

Orchester der Gesellschaft Warner Brothers bei der Arbeit am Film ›The Sea Hawks‹ aus dem Jahre 1940

Wer es schaffte, bei den großen Filmgesellschaften eine feste Anstellung als Komponist zu bekommen, hatte zwar finanziell ausgesorgt, musste aber gleichzeitig mit der Verachtung vieler Kollegen leben, die die Komposition von Filmmusik als erniedrigend empfanden. Zudem hatten sie zu akzeptieren, dass das breite Publikum beim Kinobesuch kaum auf die Musik achtete. In Hollywood kursierte der Spruch: ›Die beste Filmmusik ist die, die man gar nicht bemerkt.‹

Das hat sich heute geändert. Viele Filmgesellschaften vermarkten neben ihrem jeweiligen neuen Film auch den Soundtrack auf CD. Und das Geschäft mit der Filmmusik boomt. So verdrängte in England das Lied *My Heart Will Go On* aus dem Film *Titanic* sogar Elton Johns *Candle in the Wind* von Platz 1 der meistgespielten Songs bei Beerdigungen.

## AUFGABEN

- *Was lässt sich aus der Abbildung über die Arbeit beim Film im Jahr 1940 ableiten?*
- *Warum wurde während der Musikaufnahmen der Film gezeigt? Wie konnten die Musiker auf die Bilder reagieren?*
- *Was kann die Musik über den Inhalt von Filmen aussagen? Legendär wurden die Soundtracks zu den Streifen* Der dritte Mann, Spiel mir das Lied vom Tod *und* Star Wars. **HB 241** *Informiert euch ggf. über den Inhalt dieser Filme.*
- *Welche Eigenschaften muss eine erfolgreiche Titelmusik aufweisen?*

# Alfred Hitchcock: ›Psycho‹

*Psycho* zählt zu den bekanntesten Filmen des Hollywood-Regisseurs ALFRED HITCHCOCK. Die Musik schrieb BERNARD HERMANN (1911–1975), von dem u. a. auch die Soundtracks zu den Filmen *Vertigo – Aus dem Reich der Toten, Taxi Driver* und *Kap der Angst* stammen. Seinen enormen Erfolg verdankt *Psycho* nicht zuletzt einer ausgeklügelten Werbekampagne. Erstmalig in der Geschichte des Kinos wurden die Kinobetreiber von ihren Vertrieben angewiesen, niemanden nach Beginn der Vorführung mehr in den Zuschauerraum hineinzulassen, was die Neugier auf den Film erheblich steigerte.

## Zum Inhalt

Phoenix, Arizona, irgendwann in den 50er-Jahren: Eine junge Frau, Sekretärin in einem Immobiliengeschäft, führt eine von ihr als unverbindlich und perspektivlos empfundene Beziehung zu einem etwa gleichaltrigen Mann aus einer entfernt gelegenen Kleinstadt. Als sie im Büro von ihrem Chef den Auftrag erhält, 40.000 Dollar auf die Bank zu bringen, bietet sich für sie plötzlich ein unverhoffter Ausweg aus ihrer tristen Alltagswelt an: Sie nimmt das Geld an sich und verlässt mit ihrem Auto fluchtartig die Stadt. Doch der Weg zu ihrem Freund ist weit; nachdem sie die erste Nacht in ihrem Auto verbracht hat, wird sie am folgenden Abend durch einen heftigen Wolkenbruch gezwungen, in einem einsamen Motel abzusteigen. Dieses Motel wird für sie zur Todesfalle …

Wie die meisten Filme Alfred
Hitchcocks beginnt auch *Psycho*
scheinbar unspektakulär und
alltäglich. Dennoch ist bereits
in der Musik des Vorspanns zu
spüren, dass sich Unheilvolles
ereignen wird. **HB 242**

## AUFGABEN

- *Zu welchem der beiden Bilder passt die Musik besser?*
- *Welche Schlüsse über die Handlung des Films lassen sich aus dem Rhythmus der Titelmusik ziehen?*

**KON TEXT** Das, was die Musik im Film vermag, bleibt irgendwie ein Mysterium. Die Kamera schafft ihren Teil, ebenso die Schauspieler und der Regisseur bringt auch seinen Teil ein. Die Musik jedoch kann verdeutlichen, was die Personen denken und fühlen, und das ist die eigentliche Funktion der Musik. (…)
Eine Filmszene lässt sich nach den Mustern ABA, CBA oder BCA schneiden – ganz nach Belieben. Wenn aber ein bestimmter Filmabschnitt mit Musik ausgestattet wird, gibt es keine Alternative zu der Musik, wie sie nun einmal ist. Musik ist eine Art Bindemittel, das den Film zusammenhält (…).
*(Bernhard Hermann über die Möglichkeiten von Filmmusik)*

Auf dem Foto (S. 102 o.)seht ihr einen Ausschnitt aus der Szene, in der sich Marion dazu entschließt, die 40.000 Dollar an sich zu nehmen. Dazu erklingt folgende Musik. **HB 243**

## AUFGABEN

- *Bestimmt die verschiedenen Elemente, aus denen sich die Musik zusammensetzt.* **HB 243**
- *Welchen Anteil hat sie an der Gesamtwirkung der Szene?*
- *Inwieweit lassen sich Bernhard Hermanns Überlegungen hier anwenden?*

ALFRED HITCHCOCK gilt als Meister in der Kunst, die Spannungskurve eines Films ganz langsam und gleichmäßig zu steigern. Er war hierbei jedoch in entscheidendem Maße auf die Wirkung der Musik angewiesen. Die bekannteste Szene aus *Psycho* ist die ›Duschszene‹, die darüber hinaus als eine der berühmtesten Szenen der Filmgeschichte überhaupt gilt. Während sich Marion unter der Dusche ihres Motelzimmers von den Strapazen ihrer zweitägigen Flucht zu erholen sucht, wird sie plötzlich heimtückisch niedergestochen.

Duschszene aus ›Psycho‹

| SZENEN NR. | HANDLUNG | MUSIK |
| --- | --- | --- |
| Vorspann | — | Laute, harte Akzente, volles Orchester, ab und zu Streichermelodien |
| 1 | Luftaufnahme von Phoenix; Kamera nähert sich langsam einem Haus | Langsames Tempo; Streicher; düster, suchend |
| 2 | | |

## AUFGABEN

- *Schaut euch den Film bis zu der Stelle an, an der Marion das Motel erreicht. Entwerft dazu ein Protokoll, das stichpunktartig sowohl den Inhalt einer Szene als auch den Charakter bzw. die Besetzung der jeweils dazu erklingenden Musik festhält.*
- *An welchen Stellen des Films greift* HERMANN *auf bereits erklungene musikalische Sequenzen zurück? Welche Gründe mögen ihn zu diesen Wiederholungen bewogen haben?*

- *Ihr hört das Ende der Szene, die der Duschszene vorausgeht, sowie diese selbst.*
  *Wie setzt* HERMANN *die Musik ein?* **HB 244**
- *Welche Gefühle entstehen, wenn man das Mickey-Mousing zu oft einsetzt?* **HB 245**
- *Welche Gründe mögen die Macher des Films* Das Schweigen der Lämmer *zu einem derart starken musikalischen Kontrast bewogen haben?* **HB 247**
- *Durch welche musikalischen Mittel wird im Hörbeispiel der räumliche Eindruck von Weite bzw. Enge erzeugt?* **HB 248**

# Techniken der Filmmusik

Die Filmmusik zu *Psycho* zeigt, wie stark die Anteile der Musik bei der Herstellung von filmischer Spannung sind.

Auch scheinbar harmlose Bilder können mit der richtigen Musik beunruhigend oder gar angsteinflößend wirken. Die Fähigkeit der Musik, Bilder zu interpretieren, bezeichnet man in der Filmbranche als **akustische Brille**. Da Filmmusik den Zuschauer oftmals binnen weniger Sekunden in die passende Atmosphäre einführen muss, bemühen sich die Filmkomponisten um einen Kompositionsstil, der dem Hörer gleich im ersten Takt eindeutige Hinweise gibt.

Aber es gibt noch andere musikalische Möglichkeiten, auf Bilder zu reagieren. Die wohl älteste und am häufigsten verwendete Technik ist das so genannte **Mickey-Mousing**. Jede Bewegung auf der Leinwand wird hierbei direkt in Musik umgesetzt. Die Musik verdoppelt die visuelle Ebene: Wir erraten die Handlung, auch ohne die Bilder zu kennen.

Dieses Verfahren wurde in den frühen Filmen WALT DISNEYS entwickelt. **HB 245** Es findet bis heute Anwendung.

Auch wer von euch den Film *Gremlins* nicht kennt, kann erraten, worum es in etwa bei dem folgenden Hörbeispiel geht. **HB 246**

Gremlins

Das genaue Gegenstück zum Mickey-Mousing ist eine Musik, die in direktem Widerspruch zu den Bildern steht. Eines der bekanntesten Beispiele für solch eine (scheinbar) **unpassende Begleitung** stammt aus dem Film *Das Schweigen der Lämmer*. Wenn der gemeingefährliche Psychopath Hannibal Lecter aus dem streng bewachten Hochsicherheitstrakt ausbricht, erklingt nicht etwa eine spannungssteigernde, ›actionreiche‹ Musik, sondern die *Goldberg-Variationen* von J. S. BACH. **HB 247**

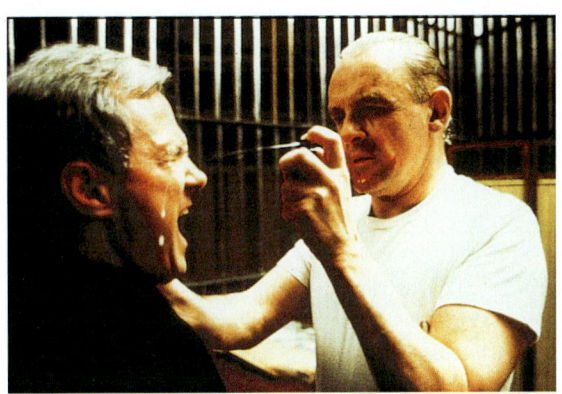
Das Schweigen der Lämmer

Über die Verdopplungs- bzw. Kontrastfunktion hinaus kann Musik noch mehr: Eine wesentliche Aufgabe von Filmmusik ist die **Vermittlung eines Raumgefühls**. Wir hören, ob die Handlung in der unermesslichen Weite des wilden Westens (etwa ENNIO MORRICONES Musik zu *Spiel mir das Lied vom Tod*) oder in der Enge eines U-Bootes (z. B. KLAUS DOLDINGERS Musik zum Film *Das Boot*) spielt. **HB 248**

Das Boot

# Krieg der Sterne (Star Wars)

Der große Kinohit des Jahres 1977 war der Film *Krieg der Sterne* von GEORGE LUCAS. Bereits am ersten Wochenende strömten Hunderttausende in die Kinos, um das gigantische Weltraumepos des Erfolgsregisseurs aus den USA zu sehen. Der *Krieg der Sterne* wurde mit einer Trick- und Animationstechnik hergestellt, die für die damalige Zeit revolutionär war und bis heute ihre Faszination beibehalten hat.

Im Mittelpunkt des Films steht der junge, unbedarfte Luke Skywalker, der die Prinzessin eines Sternenimperiums aus den Fängen der Finsterlinge vom ›Todesstern‹ befreit. Systematisch verbindet LUCAS in diesem Film das Genre (Filmgattung) des Science-Fiction-Films mit Stilelementen des Western, des Abenteuer-Films und der Komödie. Eine wichtige Hilfe erhielt er hierbei durch die Musik seines Partners JOHN WILLIAMS, von dem u. a. auch die Soundtracks zu den SPIELBERG-Filmen *Der weiße Hai, Jurassic Park* und *Schindlers Liste* stammen.

**KONTEXT**

TRUFFAUT [franz. Filmemacher] hat es als Zeichen großer Kraft angesehen, dass ein Regisseur in seinen Filmen ohne Musik auskommen kann, und viele andere sind sehr misstrauisch, wenn es um die Notwendigkeit geht, Musik in ihren Filmen einzusetzen. Die Bandbreite der Ansichten ist enorm, von Martin Ritt, für den zehn Minuten Musik im Film schon viel sind, bis zu Steven Spielberg, dem 90 Minuten noch nicht genug sind. Er liebt Musik, vertraut ihr und fühlt sich wohl dabei. *(John Williams zur unterschiedlichen Auffassung von Filmmusik der Regisseure Spielberg und François Truffaut.)*

## AUFGABEN

- *Welcher Abschnitt des Soundtracks passt am ehesten zu den Vorstellungen, die man sich gewöhnlich von einem Science-Fiction-Film macht?* **HB 249–251**
  *Mit welchen musikalischen Mitteln wird hier eine ›Weltraum-Stimmung‹ erzeugt?*

- *Welches Genre verbindet ihr mit den übrigen Abschnitten? Nennt Gründe für eure Zuordnungen.*

- *In einem Filmlexikon wird der Krieg der Sterne als Musterbeispiel einer ›Weltraumoper‹ bezeichnet. Was könnte damit gemeint sein?*

In nahezu allen Filmmusiken greift JOHN WILLIAMS auf das große klassisch-romantische Sinfonieorchester zurück. Häufig erhalten seine Melodien Anklänge an Themen aus bekannten Sinfonien des 19. Jahrhunderts. So besteht zwischen dem Titelthema von *Krieg der Sterne* und dem Hauptthema aus dem 1. Satz der *Sinfonie Nr. 4* von ANTON BRUCKNER eine deutlich erkennbare Verwandtschaft.

*Anton Bruckner (1824–1896)*

## AUFGABEN

- *Vergleicht **HB 252** (Noten s. o.) mit **HB 249**. Bestimmt die Gemeinsamkeiten bzw. Unterschiede zwischen beiden Themen.*
- *Das Thema in **HB 249** ist zu einem ›Erkennungszeichen‹ von* Krieg der Sterne *sowie seiner zahlreichen Fortsetzungsfilme geworden. Welche musikalischen Mittel erleichtern den*
Wiedererkennungseffekt dieses Themas?
- *Obwohl sich der* Krieg der Sterne *an ein Publikum wendet, das nicht regelmäßig Sinfoniekonzerte besucht, wird die Musik zu diesem Film doch ausschließlich von einem großen Sinfonieorchester gespielt. Welche Gründe kann es dafür geben.*

# Richard Strauss: ›Don Quixote‹

Den Wunsch, Musik auf ein Bild oder eine Handlung zu beziehen, gibt es nicht erst seit der Erfindung des Films; er reicht bis in die Zeit des Barock (17./18. Jahrhundert) zurück. Im 19. Jahrhundert gab es eine Reihe von Komponisten, die sich bei ihrer Instrumentalmusik auf literarische Vorlagen oder auf ein Gemälde bezogen. Franz Liszt, der Begründer dieser Musikrichtung, nannte seine Stücke aus diesem Grund nicht ›Sinfonien‹, sondern **Sinfonische Dichtungen.**

Die Idee der Sinfonischen Dichtung fand überall in Europa Bewunderer und Nachahmer. Einer von ihnen war Richard Strauss (1864–1949). Mit seinen Sinfonischen Dichtungen von besonderer Klangfülle erregte er bereits in jungen Jahren großes Aufsehen. Eines seiner umfangreichsten Werke trägt den Titel *Don Quixote.* Strauss bezog sich dabei auf den gleichnamigen Roman des spanischen Dichters Miguel de Cervantes.

*Don Quixote* ist ein spanischer Edelmann (sein eigentlicher Name lautet Alonso Quijano), der nach 50 Jahren eines ehrbaren Lebens durch die übermäßige Lektüre von Ritterromanen plötzlich derart verwirrt ist, dass er Fantasie und Wirklichkeit verwechselt. Zusammen mit seinem treu ergebenen Diener *Sancho Pansa* zieht er aus, um als fahrender Ritter seine Umwelt vor allerlei Gefahren zu retten. In seiner Vorstellung verwandeln sich harmlose Windmühlen in gefährliche Riesen, Schafherden in feindliche Truppen und harmlose Mönche, die zufällig einer Dame folgen, in Entführer einer Prinzessin. Wie ein echter Ritter, so hat auch Don Quixote eine Dame, um derentwillen er alle seine Heldentaten vollbringt: Sie heißt *Dulcinea* und ist in Wirklichkeit nur eine Bauernmagd.

Gegen Ende des Romans schlägt sein Wahn in eine tödliche Krankheit um, in deren Verlauf er jedoch wieder zu sich kommt

und sich seines wahren früheren Wesens entsinnt. Er stirbt in heiterer Gelassenheit.

Strauss rechnete – ebenso wie René Goscinny, der Verfasser der Asterix-Geschichten – mit einem Publikum, das zumindest in groben Umrissen mit der Handlung des Romans vertraut war.

Hört euch an, wie sich Don Quixote (dargestellt vom Solocello) und Sancho Pansa (Tenortuba) auf große Fahrt begeben. Über ihnen schwebt wie ein Leitstern am Himmel die Vision Dulcineas (Violinen). **HB 253**

Nun beginnt das erste Abenteuer:

Plötzlich sieht Don Quixote in der Ferne einige Riesen – alias Windmühlen.
In dem Augenblick, in dem er mutig auf sie zureitet, setzen sich die Mühlenarme in Bewegung.

Der Fall des Ritters ist jäh und hart.
Doch mit starkem Mut erlaubt er Sancho Pansa, ihm beim Besteigen seines Kleppers Rosinante zu helfen.

Bei einem Vergleich der Ausschnitte lässt sich feststellen, dass bestimmte musikalische Themen in beiden Episoden auftauchen. STRAUSS will dadurch die handelnden Personen näher charakterisieren. Der Person Don Quixotes sind allein drei Themen gewidmet. Strauss lässt sie zumeist von einem Solocello spielen.

Sancho Pansa hat, seiner Rolle als Diener entsprechend, nur zwei Themen. Das erste wird von zwei eher ungewöhnlichen Instrumenten präsentiert: Tenortuba und Bassklarinette.

Direkt im Anschluss an diese Geschichte wendet sich STRAUSS dem Kampf Don Quixotes gegen eine Hammelherde zu. Er hält sie in seiner Fantasie für die mächtigen Heere von Alifanfaron und Pentapolin.

**AUFGABEN**

- Bringt die vertauschten Hörausschnitte von einzelnen Situationen des ›Windmühlen-Abenteuers‹ in die richtige Reihenfolge. **HB 254–256**

- Mit welchen musikalischen Mitteln stellt STRAUSS die Hammelherde dar? **HB 262**
- Was passiert genau in dieser Episode?

## AUFGABEN

- Welche Assoziationen verbindet ihr mit dem Cello? Warum stellt STRAUSS *den* Don Quixote *durch dieses Instrument dar?*
- *Charakterisiert die Themen von* Don Quixote, *indem ihr die Notenbeispiele auf der vorherigen Seite zu Hilfe nehmt. Stimmen eure Ergebnisse mit der Sichtweise* PICASSOS *(s. Abb. l.) überein?*
- *Durch welche Elemente in den Themen des Sancho wird der Eindruck des Unbeholfenen bzw. Stotternden hervorgerufen?*
- *Versetzt euch in die Lage eines Hörers, der die Handlung nicht kennt. Inwiefern hat er Möglichkeiten, sich in diesem Werk zu orientieren?*
- *Eignet sich der* Don Quixote *von* RICHARD STRAUSS *als Filmmusik?*

**KON TEXT**

Strauss sprach mit Liebe von seinem ›Don Quixote‹. Er dirigierte ihn großartig. (...) Sein Sancho Pansa besaß genau den Charakter, den Cervantes ihm verliehen hatte. Die Zumutungen, die Strauss an das Bratschensolo stellte, waren schwer zu erfüllen, denn er verlangte vom Bratschisten, dass er nicht ›schön‹ spiele, sondern stottere und kratze. ›Noch nie hat man von mir verlangt, dass ich hässlich und komisch spiele‹, setzte sich der Musiker zur Wehr. ›Humor ist eine große Kunst‹, antwortete Strauss.

*(Der Cellist Gregor Piatigorsky über die Zusammenarbeit mit Richard Strauss bei einer Aufführung des ›Don Quixote‹ In: ›Mein Cello und ich‹, dtv München 1955, S. 122)*

zu Seite 111:

**WORK SHOP**

Ihr könnt die in den Notenbeispielen angegebenen Ostinato-Motive als Grundlage eines eigenen Arrangements nehmen und für jedes Motiv eine Gruppe bilden. Für einige der Motive benötigt man nicht unbedingt herkömmliche Musikinstrumente.

- Entwerft eine Gesamtdramaturgie und probiert unterschiedliche Möglichkeiten aus:
  - Welche Gruppe soll beginnen?
  - Wie soll der Verlauf des Stückes sein?

In MOSSOLOWS ›Eisengießerei‹ sind alle verschiedenen Motive an ein gemeinsames Metrum gebunden. Zwar führt jede Gruppe unbeirrt von den anderen Stimmen ihren jeweiligen Rhythmus durch, doch alle ›arbeiten‹ gemeinsam im 4/4-Takt. In eurem Arrangement könnt ihr auch eine andere Variante ausprobieren: Jede Gruppe wählt ein eigenes Tempo und hält dieses, ohne sich von den anderen beirren zu lassen, das ganze Stück über durch.

- Nehmt beide Versionen auf und vergleicht sie miteinander.

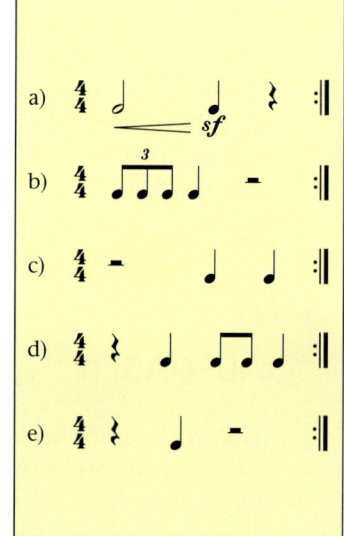

# Alexander Mossolow: ›Die Eisengießerei‹

Adolf von Menzel: ›Das Eisenwalzwerk‹

Technik übt seit jeher eine merkwürdige Wirkung auf Menschen aus. Sie kann uns imponieren, in gebanntes Staunen versetzen, erzeugt aber häufig zugleich auch eine gewisse Beunruhigung, die leicht in Angst umschlagen kann. Die merkwürdig gespaltene Faszination, die von Maschinen ausgeht, hat Komponisten immer wieder zu neuen Werken angeregt.

So zum Beispiel den sowjetischen Komponisten ALEXANDER MOSSOLOW; er schrieb 1923 ein Orchesterwerk mit dem ungewöhnlichen Titel *Die Eisengießerei*.

Zu den Besonderheiten dieser Komposition gehört, dass MOSSOLOW das Orchester selbst wie eine große, komplizierte Maschine behandelt. Die Musiker sind in diesem Stück fast so etwas wie Fließbandarbeiter, die unablässig ein kleines Motiv wiederholen müssen. Musikalisch bezeichnet man diese Wiederholungstechnik als **ostinato**.

Das Stück beginnt mit einer schnellen regelmäßigen Bewegung in den Streichern. Weitere Rhythmen kommen nach und nach hinzu. **HB 263**

## AUFGABEN

- *Versucht die in den Notenbeispielen wiedergegebenen Rhythmen nachzuspielen bzw. zu klopfen. Welche Arten von Maschinen klingen so?*
- *Konzentriert euch beim Hören des Stücks auf eine einzige ›Maschine‹. Wo ändert sich ihr Rhythmus?*

- *Neben der reinen Maschinenmusik gibt es in diesem Werk aber auch Passagen, die man nicht unbedingt in einer Fabrik zu hören bekommt. Welche Funktion könnten sie haben?* **HB 264**
- *Wie empfindet ihr diese Maschinenmusik? Ist sie eine Verherrlichung der Technik oder löst sie möglicherweise auch andere, eher negative Gefühle in euch aus?*

# Tanzen und Feiern

# Menschen in Bewegung

Papst und Kardinal aus: Berner Totentanz von Nikolaus Manuel

Der Tanz gehört zu den ältesten Bewegungsformen der Menschen. Zeichnungen in den Höhlen der Urmenschen geben noch heute darüber Aufschluss, dass zu den verschiedensten Anlässen getanzt wurde. Kultische oder rituelle Handlungen waren zum größten Teil mit Bewegung verbunden. Im Tanz fühlten sich die Menschen den Göttern näher und beschworen Tiere, damit sie zu einer erfolgreichen Jagd verhalfen. Im Verlauf der gesamten Menschheitsgeschichte haben sich vielfältige Formen des Tanzes entwickelt. In dieser Vielfältigkeit erfüllt er die verschiedensten Funktionen.

Bei diesem Tanz sind Mann und Frau auf der Suche nacheinander. Es ist die Suche nach einer Umarmung, nach einer Möglichkeit des Zusammenseins. In diesem oftmals wie ein wildes Duell wirkenden Tanz ist nie klar, wer über wen triumphiert, wer wen führt. Die Musik erregt und quält, der Tanz ist die Paarung zweier Menschen zwischen Liebe und Tod.

*(Juan Carlos Copes, Tänzer und Choreograph)*

## AUFGABEN

- *Warum tanzen Menschen allein, zu zweit oder zu tausenden?*
- *Welche Funktionen von Tanz lassen sich aus den Bildern und Texten ableiten?*
- *Versucht die Hörbeispiele den Texten und Bildern zuzuordnen.* **HB 265–273**
- *Bei welchen Festen wird getanzt? Bei welchen verzichtet man darauf?*

Damenwahl! Die Leute, die sich zur Schlagermusik auf dem Parkett des Tanzlokales drehen, amüsieren sich prächtig über diese andere Art der Aufforderung zum Tanz.
*(Hannoversche Allgemeine Zeitung, 11.4.1998)*

Jene akrobatischen Pirouetten entstanden in den 70er-Jahren in der Bronx unter dem Druck von Armut und Frustration. Die dort lebenden Schwarzen, geborene Verlierer ohne Arbeit, aber mit viel Zeit zum täglichen Üben, entwickelten die Straßentänze.
*(Zeit-Magazin, 19.4.1984)*

Wer schwingt die Hüften einfach hin und her?
Wer stellt die Knie geradeaus und quer?
Wer zeigt beim Tanzen alles was er kann,
und rührt sein Baby dabei gar nicht an?
Ihr wisst genau schon, wer das ist,
nur Mister Twist Ou! Yeah! Ou!
Twist, Twist-Bab-Schua.
*(Eichstedt/Polster: ›Wie die Wilden‹)*

Das Kofferradio unterm Arm, das keiner abdrehen konnte, wenn Rock 'n' Roll herausschallte, ein eigenes Moped, möglichst frisiert, in der Gesäßtasche ein griffbereiter Kamm, mit dem sich die Tolle richten ließ, die Lederjacke, das waren Unabhängigkeitserklärungen der ›Halbstarken‹ gegenüber einer auf unbedingter Harmonie bestehenden Elterngeneration.
*(Eichstedt/Polster: ›Wie die Wilden‹)*

Dieser Tanz macht den ganzen Körper kaputt! Das Rütteln und Schütteln der Glieder bewirkt eine Erweichung der Knochen, die Knie werden durch das fortwährende Drehen in eine X- und O-Haltung völlig überdreht, sodass sie bei geringster Belastung zerbersten können.
*(Die Chronik der Frauen)*

# Klassisches Ballett und Revuetanz

Es gibt unterschiedliche Arten des **Bühnentanzes.** So ist das **Ballett** eine Form des **Tanztheaters.** In seiner klassischen Ausprägung entstand das Ballett bereits in der Zeit der **Renaissance** (1300–1600) in Westeuropa und nicht erst in der Epoche der Klassik. Es basiert auf fünf Grundpositionen der Füße, die mit bestimmten Arm- und Handbewegungen korrespondieren. Diese unveränderbaren Bewegungen werden von den Tanzenden immer wieder bis zur technischen Perfektion geübt, um sie mit anderen kombinieren zu können. Man nennt diese Übungen, die an der Stange trainiert werden, **Exercice.** Und tatsächlich haben sie etwas mit dem militärischen Exerzieren gemeinsam – auf Kommandos, die in der Ballettsprache Französisch erfolgen, nehmen die Tänzerinnen und Tänzer bestimmte Haltungen ein, während der Ballettmeister immer wieder Korrekturen vornimmt.

mdr-Fernsehballett

Technische Perfektion war auch der Anspruch des englischen Buchhalters und ehemaligen Sergeanten der Armee JOHN TILLER, als er 1880 auf die Idee kam, eine Gruppe von Chorus-Tänzerinnen zu formieren, die in den neuen **Revuetheatern** auftreten sollte. Mit den gleich großen Mädchen exerzierte er relativ einfache Bewegungen bis zur absoluten Gleichmäßigkeit. Sie sollten ›Soldaten der Bühne‹ werden und ›präzise wie ein Uhrwerk‹ arbeiten.

Auch wenn der Erfolg zunächst nicht umwerfend war – der **Revuetanz** war geboren. Nach dem Ersten Weltkrieg, als das Bedürfnis nach Unterhaltung immer neue Ideen forderte, kamen die leicht bekleideten **Girl-Reihen** zu Ruhm und Erfolg. Auch heute noch sind sie aus keiner Show mehr wegzudenken, sie umrahmen andere Akteure oder gestalten eigene tänzerisch-anspruchsvolle Choreographien.

## AUFGABEN

- *Stellt Unterschiede und Gemeinsamkeiten des klassischen Balletts und des Revuetanzes heraus.*
- *Versucht zwei oder drei dieser Positionen nachzustellen. Beobachtet und korrigiert euch dabei.*

Untersucht den formalen Aufbau, die Melodiebildung und den Rhythmus des Schlagers *Onkel Müller hat 'nen Triller.* **HB 274**

Zum Refrain könnt ihr folgende Choreographie ausprobieren:

- Alle stellen sich in einer Linie auf, Arme auf den Rücken des Nachbarn,
- 4-mal abwechselnd rechtes Knie und Bein anheben,

- 4-mal abwechselnd linkes Knie und Bein anheben,
- 2-mal Nachstellschritte links vor, 2mal Nachstellschritte rechts vor, Arme in die Hüfte gestützt
- mit den letzten 8 Schritten rückwärts schreitend 2 Gruppen Rücken an Rücken bilden.

Entwerft für den Strophenteil eine eigene Choreographie.

## Onkel Müller hat 'nen Triller

*Musik: Walter Kollo*
*Text: Willi Wolff/Hermann Haller/Rideamus*

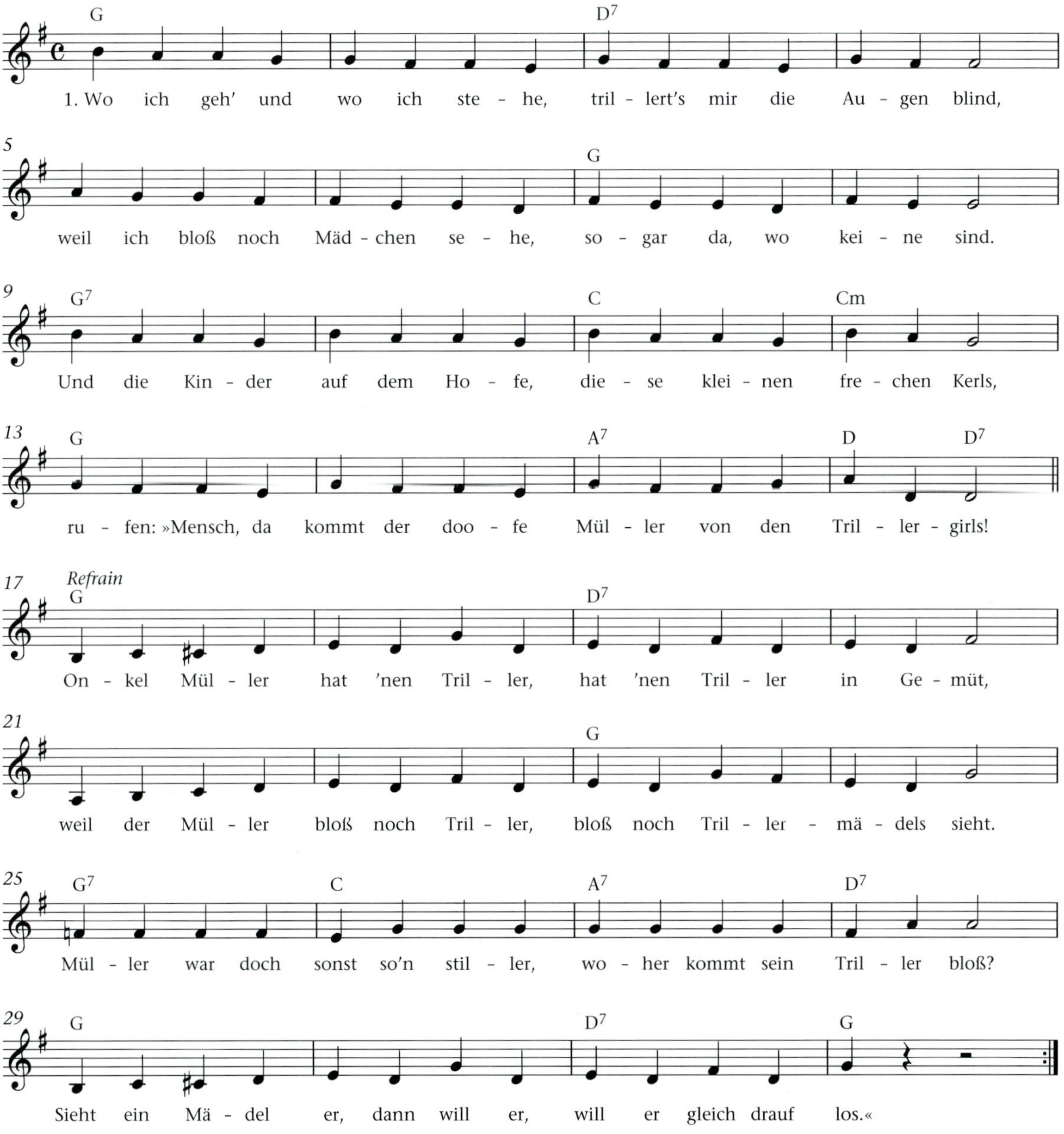

1. Wo ich geh' und wo ich ste-he, tril-lert's mir die Au-gen blind,
weil ich bloß noch Mäd-chen se-he, so-gar da, wo kei-ne sind.
Und die Kin-der auf dem Ho-fe, die-se klei-nen fre-chen Kerls,
ru-fen: »Mensch, da kommt der doo-fe Mül-ler von den Tril-ler-girls!

*Refrain*
On-kel Mül-ler hat 'nen Tril-ler, hat 'nen Tril-ler in Ge-müt,
weil der Mül-ler bloß noch Tril-ler, bloß noch Tril-ler-mä-dels sieht.
Mül-ler war doch sonst so'n stil-ler, wo-her kommt sein Tril-ler bloß?
Sieht ein Mä-del er, dann will er, will er gleich drauf los.«

# Moderner Tanz – Ausdruckstanz

Anita Berber in Nackttanzpose

EDVARD MUNCHS Bild *Der Schrei* ist ein Kunstwerk des **Expressionismus** (Kunstrichtung zu Beginn des 20. Jahrhunderts). Ein wesentlicher Charakterzug des Expressionismus ist sein leidenschaftliches Streben nach **Ausdruck** (franz. = expression).

Die jungen Künstler dieser Epoche forderten die Darstellung der absoluten Wahrheit, sie wollten die Welt und das Leben in ihrer Kunst so abbilden, wie sie es unmittelbar empfanden. Abgewandt von allen bürgerlichen Traditionen sehen sie sich als Einzelne, Einsame, Ausgestoßene. In radikal vereinfachter Weise versuchen sie ihre Gefühle und Ängste in leidenschaftlichster Gebärde auf Bildern, Plastiken, in Musik und Literatur zum Ausdruck zu bringen.

Auch im Tanz findet der Expressionismus eine besondere Ausdrucksform. Aus den starren Regeln des klassischen Balletts ausbrechend entwickelt sich der **Ausdruckstanz** mit seinen freien Bewegungen und einer neuen Natürlichkeit. Barfuß tanzend und mit farbigen Stoffbahnen bekleidet lösten Tänzerinnen wie ISADORA DUNCAN, MARY WIGMAN und ANITA BERBER Begeisterung beim Publikum aus.

Unter dem Eindruck des Erscheinens des HALLEY'schen Kometen im Januar 1911 schrieb JAKOB VAN HODDIS eines der ersten expressionistischen Gedichte.

**Weltende**          *Jakob van Hoddis (1887–1942)*
Dem Bürger fliegt vom spitzen Kopf der Hut.
In allen Lüften hallt es wie Geschrei.
Dachdecker stürzen ab und geh'n entzwei
Und an den Küsten – liest man – steigt die Flut.

Der Sturm ist da, die wilden Meere hupfen
An Land, um dicke Dämme zu zerdrücken.
Die meisten Menschen haben einen Schnupfen
Die Eisenbahnen fallen von den Brücken.

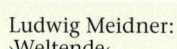

Edvard Munch:
›Der Schrei‹, 1893

Ludwig Meidner:
›Weltende‹

## AUFGABEN

- Lest das Gedicht in unterschiedlicher Weise laut vor. Sprecht zunächst die Fassung ganz ohne Betonung und danach eine Version mit sehr starkem Ausdruck.
- Beschreibt die expressionistischen Gemälde.

Henry Matisse: ›Der Tanz‹, 1909/10

Emil Nolde: ›Tanz um das goldene Kalb‹, 1910

In der expressionistischen Malerei erhält der Tanz einen festen Platz unter den bildlichen Darstellungen.

WORK SHOP

• Versucht das Bild in Bewegung umzusetzen. Ihr könnt dazu Musik der Hörbeispiele auswählen oder selbst eine passende Musik suchen.

AUFGABE

• *Vergleicht die beiden oberen Bilder miteinander. Wie würdet ihr die Musikausschnitte den Bildern zuordnen? Begründet eure Wahl.* **HB 275–278**

Ludwig Meidner: ›Apokalyptische Landschaft‹, 1913

# Karneval in Deutschland

Karneval geht auf den lateinischen Ausdruck ›carne vale‹ zurück und bedeutet: Fleisch, lebe wohl. Damit wird die vorösterliche Fastenzeit, die am Aschermittwoch beginnt, eingeläutet. Bräuche wie Tänze, Verkleidungen und Scheinkämpfe sowie das Verlangen nach leiblichen Genüssen gehen auf spätantike und römische Einflüsse zurück. Erst im 15. Jahrhundert entfaltete sich der Karneval in Venedig und durch den Hof der MEDICI in Florenz. Über Frankreich kam die Bezeichnung im späten 17. Jahrhundert nach Deutschland.

1823 begründete die Kölner Bürgerschaft die Tradition des *rheinischen Karnevals* mit einem prächtigen Rosenmontagszug, Karnevalsprinzen und Büttenreden. Höhepunkt der Fastnacht, des Abends vor Beginn der Fastenzeit, war der ›Geile Montag‹.

Der Begriff Rosenmontag tauchte erstmals kurz nach 1830 in Köln auf. Die ausgiebigen Feiern vor Beginn der Fastenzeit waren nicht nur der preußischen Obrigkeit ein Dorn im Auge. 1899 rief der Vorstand des ›Westdeutschen Vereins zur Hebung der öffentlichen Sittlichkeit‹ dazu auf, den Freuden des Karnevals zu entsagen – angesichts der ›verwüstenden Wirkungen‹.

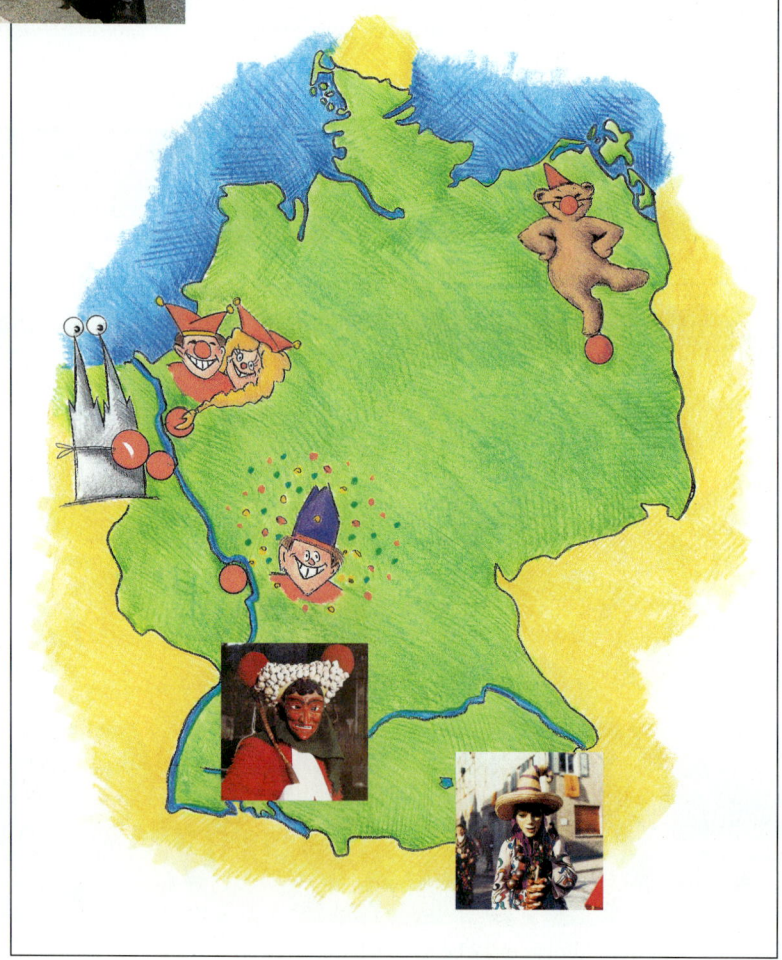

## AUFGABEN

- Wie wird der Karneval im Lied von MARIANNE ROSENBERG beschrieben? **HB 279**
- Unterscheidet anhand der Bilder die verschiedenen Formen von Karneval.

## Karneval mal anders

Der ›Karneval der Kulturen‹ ist das wohl größte multikulturelle Spektakel Deutschlands. In einem farbenfrohen Umzug ziehen Menschen verschiedenster Nationalitäten und Gruppen durch Berlin.

## Alternative Stunksitzung

Den ›Alternativen Karneval‹ gibt es seit ca. Mitte der 80er Jahre in Köln, er ist als Gegenbewegung zu den oft eintönigen Prunksitzungen gedacht.

 **ANALYSE**  Eines der bekanntesten Karnevalslieder ist *Am Aschermittwoch ist alles vorbei*. Der Komponist JUPP SCHMITZ (1911–1991) ist in Köln eine Kultfigur des Karneval.

*Jupp Schmitz/Hans Jonen*

Am A-scher-mitt - woch ist al-les vor-bei, ___ die Schwü-re von Treu -

*p – f*

e, ___ sie bre-chen ent-zwei. ___

- Welche musikalischen Faktoren machen das Lied zum ›Karnevalshit‹?
- Vergleicht den Notenausschnitt mit dem Hörbeispiel. **HB 281** Was bewirkt die rhythmische Änderung? **HB 280–281**

Ausschnitt aus dem Notentitelblatt der Ausgabe des Jahres 1952

# Karneval in aller Welt

### BRASILIEN

Während der ›drei tollen Tage‹ schaut die ganze Welt nach Brasilien, zum Karneval in Rio de Janeiro. Das ganze Jahr bereiten sich die besten Sambaschulen der Stadt auf das große Defilee im Sambadrom, einer riesigen Betonarena mit Platz für 88.000 Zuschauer vor. Das Fest hat seine eigenen Gesetze. Um Mitternacht marschieren die **baterias,** die Orchester mit den Schlaginstrumenten, in das Sambadrom ein. Den Zug der ca. 5.000 **Sambistas,** der Sambatänzer, führt die *Regina,* die Königin, das ist die Fahnenträgerin der besten Sambaschule, an. Sie tanzt den rituellen Tanz, mit dem sie die große Parade eröffnet. **HB 282**

### VENEDIG

Der venezianische Karneval hat uralte Wurzeln und Gesetze, erstmalig erwähnt wird das Maskenfest im Jahre 1094. Durch den Handel zu Reichtum gekommen, sind die Venezianer gierig nach Unterhaltung und Ausschweifungen, die sie hinter kunstvollen Masken verbergen. Der Karneval beginnt am 26. Dezember, dem Tag des heiligen STEPHAN und endet am Aschermittwoch. Höhepunkt ist der in der Woche davor liegende Faschingsdonnerstag, hier finden Feuerwerke, Mimenspiele, Tänze, Wettstreite, Akrobatikvorführungen und vieles mehr statt. **HB 283**

### BASEL

Pünktlich um vier Uhr früh beginnt am Rosenmontag die traditionsreiche Basler Fasnet. Nachdem in der Innenstadt alle Lichter verlöschen, ziehen die Karnevalscliquen zum ›Morgenstraich‹ durch die Straßen, die nur durch die Karnevalslaternen beleuchtet werden. Jede dieser so genannten ›Schnitzelbankgruppen‹ stellt ein Thema dar. Begleitet wird der Umzug von den **Basler Trommlern. HB 284**

## ›Tanze Samba mit mir ...‹ HB 285–286

Hier habt ihr die Gelegenheit, einige Sambaschritte zu erlernen und auszuprobieren.

**Die Grundstellung**

**Abkürzungen:**
D  Dame
H  Herr
LF  Linker Fuß
RF  Rechter Fuß

### Der Rechts-Grundschritt
Grundschritt links wird gegengleich getanzt

›eins‹                    ›und‹                    ›zwei‹

**1** H – RF vorwärts
D – LF rückwärts

**2** H – LF schließt an RF, teilweise belastet
D – RF schließt an LF, teilweise belastet

**3** H – verlagert das ganze Gewicht auf RF
D – verlagert das ganze Gewicht auf LF

### Wischer nach links
Wischer rechts wird gegengleich getanzt

›eins‹

›zwei‹

›und‹

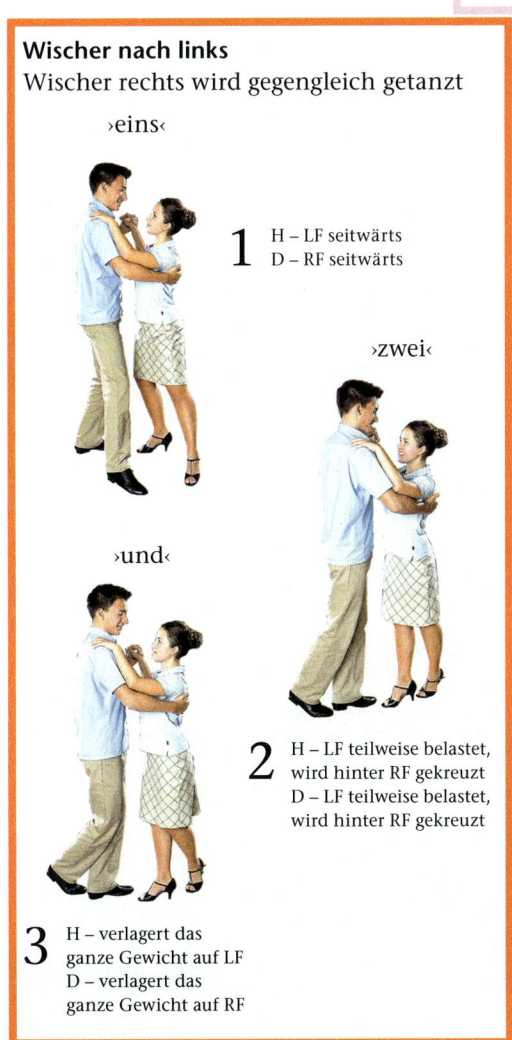

**1** H – LF seitwärts
D – RF seitwärts

**2** H – LF teilweise belastet, wird hinter RF gekreuzt
D – LF teilweise belastet, wird hinter RF gekreuzt

**3** H – verlagert das ganze Gewicht auf LF
D – verlagert das ganze Gewicht auf RF

### Drehung unter dem Arm nach links
Drehung rechts wird gegengleich getanzt

›eins‹

›und‹

›zwei‹

**1** H – RF seitw., linken Arm heben, rechte Hand loslassen
D – LF vorw., gleichzeitig Beginn der Linksdrehung

**2** H – LF teilweise belastet, wird hinter RF gekreuzt
D – starke Drehung nach links, RF mit Teilgewicht sw

**3** H – verlagert das ganze Gewicht auf RF
D – verlagert das ganze Gewicht auf LF vorgekreuzt

**Mögliche Reihenfolge:** Rechts-Grundschritt – Wischer nach links – Drehung – Wischer nach links – von vorn

# Verkleidungen – Masken

Häufig sind Festlichkeiten an eine bestimmte Kleiderordnung gebunden. ›Verkleiden‹ heißt aber nicht immer sich komisch anzuziehen. Weltweit erfüllen Verkleidungen und auch Masken sehr unterschiedliche Funktionen.

Jagdritus der Holo

Maske ›poko‹
der Pende

Maske ›kalewa‹
der Tshokwe

Balinesische Tempeltänzerinnen

**AUFGABEN**

- *Was lässt sich aus den Bildern über die unterschiedlichen Funktionen der Kleidung und der Masken ableiten?*
- *Beschreibt die Besonderheiten balinesischer und afrikanischer Musik.* **HB 287–288**

Karneval in Venedig

Es ist gar nicht so schwer, zu einem bestimmten Thema selbst eine kurze Choreographie in moderner Tanzart zu entwickeln. Mit den richtigen Requisiten könnt ihr eine Vorführung für einen Elternabend, ein Schulfest oder eine Projektwoche machen. Versucht es mit einem Maskentanz. Masken haben zwei große Vorteile – die Zuschauer sehen nicht sofort, wer hinter ihnen steckt und ihr könnt sie eurem Thema entsprechend gestalten.

Masken lassen sich einfach herstellen. Ihr benötigt (jeweils zu zweit): 3 Gipsbinden aus der Apotheke, 1 Päckchen Zellstofftaschentücher, 1 Schere und 1 Schüssel mit Wasser.

Schneidet zunächst 2–3 Taschentücher in ca. 2 x 2 cm große Quadrate.
Die Gipsbinden je nach Breite ebenfalls in Stücke zerschneiden, dabei größere und kleine Teile herstellen; die größeren braucht ihr für Wangen und Stirn, die kleineren für die Nase.

Ab jetzt arbeitet ihr zu zweit. Ein Partner legt sich hin oder setzt sich bequem auf einen Stuhl. Er muss mindestens 15 Minuten gut ohne Bewegung verharren können. Haare unbedingt aus dem Gesicht kämmen. Der andere Partner feuchtet die Taschentuchquadrate an und verteilt sie auf dem Gesicht des anderen. Die einzelnen Stücke sollten einander gut überlappen, damit genügend Festigkeit erzielt wird. Deckt das ganze Gesicht (auch die Augenbrauen) ab – Augen, Nasenlöcher und Mund bleiben frei.

Arbeitet dann in gleicher Weise mit den ebenfalls angefeuchteten Gipsbindenteilen weiter, bis ihr mindestens zwei Schichten der Gipsteile übereinander geklebt habt. Beim Auflegen der Gipsteile mit dem Finger so lange darüber streichen, bis eine glatte Kontur entsteht.

Wenn genügend Gipsteile aufgelegt sind, mindestens 10 Minuten warten. Jetzt wird es etwas warm unter der Maske, denn sie beginnt zu trocknen. Vorsichtig nach der Zeit prüfen, ob sich die Maske schon anheben lässt. Keine Angst – es tut nicht weh – der Zellstoff schützt euer Gesicht. Nach dem Abnehmen die Maske an einen warmen Ort legen und sie mindestens einen Tag aushärten lassen. Dann könnt ihr weitere Gestaltungsideen verwirklichen; ihr könnt sie bemalen, bekleben, weiter mit Gips bearbeiten und, und, und …
Eurer Fantasie sind keine Grenzen gesetzt.

**Tipp:** Wählt die Musik passend zu eurem Thema aus. Nutzt auch weitere Requisiten, wie z. B. Tücher und arbeitet mit Lichteffekten. **HB 289**

# Feste feiern – Festlich feiern

Maskierte Tänzerinnen und Tänzer finden sich auf Bildern von verschiedensten Festlichkeiten. Je nach Anlass und Modetrend des entsprechenden Jahrhunderts wurden diese Feste gestaltet und erfüllten vielfältige Funktionen.

So geben prunkvolle Masken Hinweise auf den Reichtum und den gesellschaftlichen Rang der Menschen im Barock. Die zahlreichen Festlichkeiten wurden in dieser Epoche an den Höfen sehr aufwändig, oft mit Feuerwerken, ausgestattet.

Franz Jacob Rousseau: ›Maskentreiben im Bonner Hoftheater, 1754

## *Menuett aus der Feuerwerksmusik*

*Musik: Georg Friedrich Händel*
*Satz: Walther Engel*

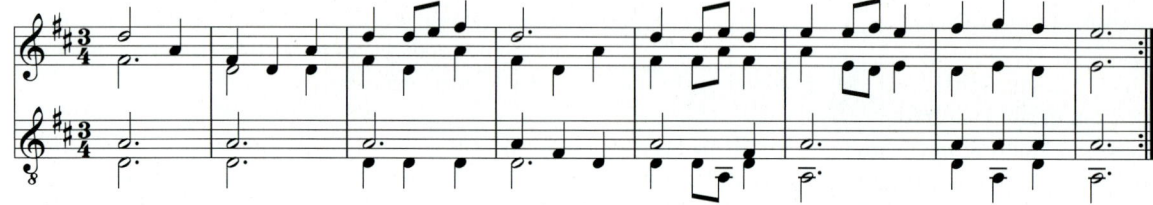

C. H. Fritzsche: ›Feuerwerk auf der Elbe vor Dresden‹, 1709

### AUFGABEN

- *Wodurch erhält die Musik von* HÄNDEL *ihren festlichen Charakter?* **HB 290**
- *Zu welchen Gelegenheiten werden Feuerwerke veranstaltet?*

Feuerwerk in New York

# Eine Feier planen

Ein Fest selbst vorzubereiten erfordert eine Menge an Vorüberlegungen im Hinblick auf die Organisation und den Ablauf. Die folgenden Anregungen können euch dabei helfen, z. B. für ein Abschlussfest einer 10. Klasse. Ergänzt die Checkliste um Dinge, die euch darüber hinaus wichtig sind.

**Was bedeutet euch der Anlass der Feier?**
• Ende einer langen Schulzeit, Beginn eines neuen Lebensabschnittes
• viele von euch sehen sich vielleicht das letzte Mal

**Wann soll welche Musik erklingen?**
• Eröffnungsmusik
• benötigt ihr spezielle Tanzmusik
• soll die Musik live oder vom Band gespielt werden
• wann kann getanzt werden, wann braucht ihr Hintergrundmusik
• weitere musikalische Einlagen, zu denen nicht getanzt wird

**Wie wollt ihr einladen?**
• persönliche oder offene Einladung
• schriftliche Einladung
• Plakate
• mündlich

**Wer wird eingeladen?**
• Eltern
• Lehrer/Schulleitung
• Freunde
• Ehrengäste
  (z. B. aus Sportvereinen)

**Wo wollt ihr feiern?**
• Schule
• Gaststätte
• andere öffentliche Räume
• bedenkt, dass sich die Raumgröße nach der Zahl der Gäste und den euch zur Verfügung stehenden Finanzen richtet

**Wie soll der Ablauf der Feier sein?**
• Eröffnungs-, Abschlusszeremoniell
• Ansprachen
• Essen
• Tanz
• sonstige Vorhaben (z. B. Programm, Theaterszenen, Maskentanz)

**Soll es eine Kleiderordnung geben?**
ihr könnt festlegen, dass festliche Kleidung getragen werden soll der Abend kann auch unter einem bestimmten Motto stehen, welches die Kleidung bestimmt

# Straßenmusik

# Die Straße als Podium

Straßenmusik kann sehr vielfältig sein:
- der Bettler mit der Mundharmonika vor dem Kaufhaus,
- der Aussteiger, der von seinem Gitarrenspiel lebt,
- der Musikstudent, der Routine bekommen möchte,
- die Band, die eine politische Demonstration begleitet,
- der Musiker aus Osteuropa, der von seinem erspielten Geld eine Familie ernährt,
- die Schülergruppe, die sich ihre Klassenreise finanziert,
- die afrikanische Musikgruppe, die für ihr Konzert wirbt,
- die religiöse Gruppe, die die Passanten bekehren möchte.

Dabei kann Straßenmusik ganz unterschiedliche Funktionen haben: Der eine spielt nur aus Spaß, für den anderen ist es Lebensunterhalt, der dritte will eine Botschaft vermitteln …

Opernsänger Kompanejew (M) in St. Petersburg

›Straßenmusik ist eine der ehrlichsten Arten Musik zu machen.‹
*(Straßenmusiker Klaus Weiland)*

## AUFGABEN

- *Welche Art von Straßenmusik habt ihr schon einmal gehört?*
- *Beschreibt die abgebildeten Szenen und versucht die verwendeten Instrumente zu erkennen.*
- *Untersucht die Hörbeispiele nach Stil und vermutetem Herkunftsland und ordnet sie den Bildern zu.* **HB 291–300**
- *Überlegt, welche Funktion die Straßenmusik für die jeweiligen Musikerinnen und Musiker haben könnte.*
- *Setzt euch mit dem Satz des Straßenmusikers* KLAUS WEILAND *auseinander.*
- *Vergleicht die Situation des Opernsängers* KOMPANEJEW *aus Petersburg und der Sängerin* PAT TREACY *aus Irland.*

Straßensänger Kompanejew in Hamburg

## KONTEXT

### Aufgeschnappt

### Erfolg mit Straßenmusik

Die irische Sängerin und Geigenspielerin **Pat Treacy** (24) hat eine Karriere gemacht, von der wohl jeder Straßenmusikant träumt. »Vier Jahre habe ich nur ein Paar Jeans und zwei Shirts besessen«, sagte sie der Zeitung »Daily Express«. Um sich über Wasser zu halten, trat sie vor Touristen auf dem Platz vor der Royal Opera Covent Garden in London auf. Dort präsentieren sich jeden Tag arbeitslose Sänger und Musiker. Eines Tages kam Philip Moross, der Chef einer Musikfirma, auf dem Weg zur U-Bahn vorbei und hörte Pats Stimme. »Ich war hingerissen«, berichtete er. Stunden später wurde der jungen Musikerin ein Vertrag über 1,6 Millionen Mark angeboten.

*(Hannoversche Allgemeine Zeitung vom 12.9.2000)*

# Musiker aus Osteuropa

Immer häufiger trifft man in deutschen Städten auf Straßenmusiker aus Osteuropa, vor allem aus Russland, Weißrussland und der Ukraine. Darunter sind Folklore-Musiker, Jazzmusiker und viele, die Musik aus der Zeit des Barock und der Klassik spielen. Was treibt sie dazu, die lange und beschwerliche Reise mit dem Bus auf sich zu nehmen, um z. B. in Frankfurt, München oder Dresden Straßenmusik zu machen?

Vor einem großen Hamburger Kaufhaus steht das TRIO SKERZO mit VALERI VIRIUCHANOW (Querflöte), VLADIMIR TURCHINSKY (Violine) und KONSTANTIN TSARIK (Violoncello). Sie spielen Musik von JOSEPH HAYDN. **HB 301** Ihr Vortrag klingt sehr professionell. Gefragt, woher sie stammen und warum sie hier in Deutschland spielen, antwortet VLADIMIR TURCHINSKY:

**KONTEXT**

*Wir kommen aus Minsk in Weißrussland. Wir sind professionelle Orchestermusiker und spielen im Radio-Sinfonieorchester Minsk. Jetzt haben wir Urlaub und sind zum Musizieren nach Hamburg gekommen. Im Sinfonieorchester verdienen wir sehr wenig Geld, etwa 40 € im Monat, obwohl es ein berühmtes Orchester ist. Davon kann man kaum eine Familie ernähren. Hier in Deutschland spielen wir auf der Straße, um Kontakte und private Engagements zu bekommen. Wir spielen aber auch, weil Musik eine internationale Sprache ist und zur Verständigung zwischen den Völkern beiträgt.*

Am Gerhart-Hauptmann-Platz sitzt SLAWA GUDENKO (61), ein Musiker aus Kiew (Ukraine), an einem Cymbalom, das wie ein Klavier auf Rollen steht. Es spielt sehr virtuos osteuropäische Folklore, Tangos und populäre Stücke. **HB 302** Zu seiner Motivation, hier Straßenmusik zu machen, sagt er:

**KONTEXT**

*Ich bin Zigeuner aus Kiew und habe dort in dem berühmten Folkloreensemble ›Hopak‹ mitgespielt. Die wirtschaftliche Situation in meinem Land ist sehr schlecht, in meinem Job habe ich ein Jahr gearbeitet, ohne dass mir ein Gehalt gezahlt worden ist. Von der Musik kann ich dort sowieso nicht leben. Inzwischen bin ich nach Deutschland ausgewandert und wohne in Hamburg, wo ich von der Straßenmusik lebe. Meist verdiene ich etwa 5–10 € in der Stunde.*

## AUFGABEN

- *Beschreibt die berufliche Situation der osteuropäischen Straßenmusiker und vergleicht sie mit der deutscher Berufsmusiker.*
- *Die meisten Passanten sind begeistert vom Spiel der osteuropäischen Musiker. Einige sehen sie aber auch als unerwünschte ›Bettler‹, andere geben aus Mitleid ein paar Groschen. Wie ist eure Einstellung dazu?*
- *Manche deutschen Berufsmusiker finden es unangemessen, wenn Konzertmusik auf der Straße gespielt wird. Ihrer Meinung nach gehört diese Musik in den Konzertsaal, wo man konzentrierter zuhören kann. Nehmt dazu Stellung.*

# Die Vorschriften für Straßenmusik

Jede Stadt in Deutschland hat ihre eigenen Vorschriften zur Straßenmusik. Generell gilt, dass Straßenmusiker keine Reisegewerbekarte haben müssen, da ihre Tätigkeit als künstlerische Betätigung gilt und nach GG Art. 5,3 frei ist.

**KONTEXT**

**Der Herr vom Bezirksamt war wieder da ... und die Musikanten mussten vom Gerhart-Hauptmann-Platz verschwinden.**

Der Außendienstmitarbeiter nimmt es ganz genau. Immer, wenn Herr König auftaucht, stockt die meist professionell gebotene Straßenmusik in der Hamburger Innenstadt. Eilends werden dann am Gerhart-Hauptmann-Platz die Instrumente und die Notenständer zusammengepackt und eine neue Position an der Spitalerstraße eingenommen. Der Grund: Statt 30 Minuten an einer Stelle wie behördlicherseits angeordnet, haben die Musiker vielleicht 31 oder 32,5 Minuten gefiedelt.

*(Hamburger Abendblatt vom 5. 8. 2000)*

Freie und Hansestadt Hamburg

*Merkblatt für Straßenmusik und Straßentheater*

Straßenkunst trägt zur Belebung der Innenstadt bei. Aber Sie werden sicher verstehen, dass nicht alle Bürgerinnen und Bürger sich an Ihren Darbietungen erfreuen, insbesondere dann nicht, wenn immer nur an einem Platz gespielt wird und sich die Stücke ständig wiederholen. Es sollte unser gemeinsames Ziel sein, ein Einschreiten der Behörde aufgrund der Lärmverordnung und des Wegegesetzes zu vermeiden. Dies gelingt, wenn Sie beim Musizieren und beim Straßentheater in der Innenstadt Folgendes beachten:

1. Lautstarke Instrumente und Verstärker sowie Tonträger dürfen nicht verwendet werden. Zu laut sein können z. B. Trommeln, Trompeten, Klarinetten und Dudelsackpfeifen.
2. Musizieren ist nur zu folgenden Zeiten gestattet:

   montags bis freitags nicht vor 11.00 Uhr
   sonnabends nicht vor 10.00 Uhr

3. Um allen Interpreten die Möglichkeit zu eröffnen, ihre Stücke an verschiedenen Orten der Stadt aufzuführen, sollten Sie den Standort, insbesondere um Wiederholungen zu vermeiden, nach einer gewissen Zeit – also nach etwa 30 Minuten – wechseln.
4. Jeder Standort darf an einem Tag pro Gruppe/ Künstler nur einmal aufgesucht werden.
5. Bezirksamt und Polizei werden Darbietungen unterbinden, wenn dies aus Gründen der Sicherheit und Leichtigkeit des Verkehrs, insbesondere des Fußgängerverkehrs oder zur Vermeidung von Belästigungen der im Umfeld arbeitenden Personen und der Anwohner, erforderlich wird.

**Stadt Heidelberg**

Bürgertelefon

*Straßenkunst*

Im Fußgängerbereich Altstadt sind Darbietungen von Musikanten und anderen darstellenden Künstlern an folgenden Standorten zulässig:

Hauptstraße/Ecke St. Anna-Gasse
                   von 14.00 bis 15.00 Uhr
Hauptstr. (beim Anatomiegarten im Bereich
der Parkbänke)        von 15.00 bis 16.00 Uhr
Hauptstr./Ecke Theaterstraße
                   von 16.00 bis 18.00 Uhr
Universitätsplatz       von 17.00 bis 19.00 Uhr
Am Bismarckplatz     von 10.00 bis 21.00 Uhr

Die genauen Standorte sind durch Hinweisschilder gekennzeichnet. Die Künstler dürfen jeweils nur eine Stunde am gleichen Platz tätig sein. Die Anwohner der Altstadt stehen der Straßenkunst grundsätzlich offen gegenüber. Es soll deshalb darauf geachtet werden, dass keine Lärmbelästigungen, z. B. von Blech- und Schlaginstrumenten ausgehen. Elektroakustische Geräte wie Tonbänder, Plattenspieler und vor allem Tonverstärker dürfen nicht verwendet werden. Außerdem darf es durch die Künstler sowie deren Zuhörer bzw. Zuschauer nicht zu Verkehrsstörungen kommen.

**AUFGABE**

- *Vergleicht die gesetzlichen Bestimmungen zur Straßenmusik aus Hamburg und Heidelberg. Welche Regelungen haltet ihr für übertrieben, welche für sinnvoll? Muss Straßenmusik überhaupt reguliert werden? Begründet eure Meinung.*

# Die Spielleute im Mittelalter

*»Die mi te drinken gave,
ic songhe hem een nieuwe
liet ...
ic kuum aus fremden
landen her
und bring euch viel
der nieuwen mär«*

Mit diesen Worten leitet der bunt gekleidete Spielmann JOHANNES DE COLONIA auf dem Kölner Marktplatz im Mai 1446 seine Vorführung ein. Dann beginnt er mit seiner einhändig gespielten Flöte eine exotisch klingende Melodie und begleitet sich dabei auf einer kleinen Trommel. **HB 303** Immer mehr Neugierige eilen herbei und fragen, woher diese fremdartige Musik kommt. JOHANNES DE COLONIA hat sie auf seiner Fahrt letztes Jahr nach Lucca (Italien) von einem spanischen Spielmann gelernt.

Es folgt ein Gesangsstück, in dem JOHANNES von fremden Ländern berichtet und von den Abenteuern, die er auf seiner langen Reise erlebt hat. Er begleitet sich dabei nun auf einer kleinen Harfe, die er aus einem Ledersack zieht. Die Menschen hängen ihm an den Lippen, denn die meisten haben die fremden Namen noch nie gehört. Zum Abschluss spielt er noch ein schnelles Instrumentalstück auf der Rauschpfeife, einen *Trotto,* zu dem sich gut tanzen lässt. **HB 304**
JOHANNES leitet den Tanz auch an und zeigt dem Publikum einige Schritte, die er in Italien kennen gelernt hat. Das Publikum ist begeistert und fordert von ihm noch weitere Tänze. Sein Lohn besteht schließlich aus einigen Geldmünzen, die man ihm hinwirft, einer Flasche Wein, die einer spendiert, einem halben Laib Brot und einigen gebrauchten Kleidungsstücken. Er ist sehr zufrieden, aber es kommt noch besser: Ein Graf, der seine Vorführung zufällig aus der Entfernung mitverfolgt hat, stellt ihn spontan für seine Hochzeitsfeier als Musiker ein, er möchte seinen Gästen die neuesten Tänze aus Italien bieten. Die beschwerliche Reise über die Alpen nach Italien, bei der er an guten Tagen zu Fuß täglich 35 km zurückgelegt hat, scheint sich gelohnt zu haben. Wenn er Glück hat, ergibt sich bei der Hochzeitsfeier vielleicht sogar eine Anstellung als Hofmusiker, wenn seine Musik ›ankommt‹.

Gebraucht wurden die Spielleute überall: bei Hochzeiten, Festen, Gelagen, Empfängen, Königskrönungen, Turnieren, Pilgerreisen, auf Jahrmärkten, in Tanzhäusern, Badehäusern, bei öffentlichen Gerichtsverhandlungen, Hinrichtungen, ja selbst in Kirchen und Klöstern. Obwohl sie für die meisten so unverzichtbar waren, litten sie häufig unter völliger Ablehnung und Rechtlosigkeit.

**KON TEXT** Wenn jemand einen leichten Mann, etwa einen Bettler oder gemeinen Spielmann schlägt, so soll er dem Richter nichts dafür zu geben schuldig sein, und auch dem Geschlagenen nichts, außer drei Schläge, die mag er ihm noch fröhlich dazugeben. *(Aus einer mittelalterlichen Stadtverordnung)*

Die meisten Spielleute beherrschten mehrere Instrumente. Ihre Fähigkeiten eigneten sie sich autodidaktisch an, durch Abgucken von anderen Spielleuten oder aber an eigens dafür eingerichteten Spielmannsschulen, die im 14. Jahrhundert entstanden *(scholae mimorum).*

## AUFGABEN

- *Findet die Bedeutung des einleitenden Spruchs des Spielmanns heraus.*
- *Berechnet, wie lange JOHANNES DE COLONIA für seine Reise von Köln nach Lucca brauchte. Überlegt, welche Schwierigkeiten wohl mit dieser Reise verbunden waren.*
- *Vergleicht den Spielmann des Mittelalters mit dem heutigen Straßenmusiker hinsichtlich seiner Entlohnung, seiner Bedeutung für das Publikum und seiner rechtlichen Situation (s. Kontext).*

Mittelalterliche Musik eignet sich für Straßenmusik besonders gut, weil sie rhythmisch betont und lebhaft ist und zudem ungewöhnlich klingt. Da es kaum Aufzeichnungen von der Musik der Spielleute gibt, können wir uns nur ein ungefähres Bild davon machen: Sie war meist einstimmig, ihre Melodien beruhten auf Skalen, die den Kirchentonarten entsprechen. Es wurde viel improvisiert, oft bildete ein bekanntes Melodiegerüst die einzige Vorlage, die ausgefüllt und ausgeschmückt wurde. Ein Bordun bildete oft, neben den Rhythmusinstrumenten, die einzige Begleitung.

## *Ai vis lo lop*

*Frankreich*

- Spielt die Melodie *Ai vis lo lop* in möglichst schnellem Tempo. Überlegt, welche Instrumente dazu geeignet sein könnten.
- Begleitet die Melodie mit der Bordunquinte *d/a*.
- Hört auf der Aufnahme den Trommel-Rhythmus heraus und spielt ihn dazu. **HB 305**

Schreibt selbst eine Melodie im Stil der mittelalterlichen Spielleute nach folgenden Vorgaben:

- Acht Takte im 4/4-Takt.
- Skala: Dorisch auf ›d‹ (d e f g a h c d).
- Beginnt auf d und endet mit der Folge *c-d*.
- Notenwerte: ♩, ♪, ♫, ♩., ♩
- Günstig sind Motivwiederholungen (s. Notenbeispiel) und Sequenzen.
- Begleitung: Bordunquinte *d/a*.
- Erfindet eine rhythmische Begleitung dazu, z. B. mit Trommeln und Schellenkranz.

# Politische Straßenmusik

TUTEN & BLASEN beim
Auftritt in BREMEN, 1992

Die Hamburger Gruppe TUTEN & BLASEN ist 1974 als
politisch motivierte Straßen-Bläsergruppe entstanden, die sich gegen Häuserspekulation wandte. Sie
spielte – oft fantasievoll kostümiert – auf Demonstrationen gegen Atomkraftwerke, Ausländerfeind-
lichkeit, Aufrüstung und zu tagesaktuellen politi-
schen Themen. Ebenso trat sie auf Straßenfesten und Veranstaltungen von Bürgerinitiativen auf. Dabei
wurden politische Stücke gespielt, aber auch Musik, die einfach Spaß machen und beim politischen
Engagement Mut machen sollte. **HB 306** Neben politischen Auftritten spielt TUTEN & BLASEN heute ihre ganz
eigene Mischung aus Jazz, afrikanischen und lateinamerikanischen Elementen auch auf der Bühne.

KLAUS DER GEIGER

Eine andere Form des politischen Engagements hat
der Kölner Straßenmusiker KLAUS DER GEIGER gewählt.
Mit seinen selbst verfassten politischen Liedern will
er Missstände kritisieren. Er greift aktuelle lokale
oder überregionale Ereignisse auf und setzt sich
kritisch mit ihnen auseinander. Diese Art der Straßenmusik hat, ähnlich dem politischen Lied, eine
Tradition, die bis ins Mittelalter zurückreicht. KLAUS
DER GEIGER geriet durch seine Auftritte immer wieder in Konflikt mit den Ordnungsbehörden, wurde
wegen Ruhestörung angezeigt, verhaftet, angeklagt
und wieder freigelassen.

## Drückeberger

Klaus von Wrochem

Wir sind die Drü-cke-ber-ger und ma-chen Är-ger in die-sem Land,

weil wir die Frei-heit lie-ben, ste-cken wir den Kopf nicht mehr in den Sand.

## AUFGABEN

- *Beschreibt das Bild, auf dem die Gruppe* TUTEN &
  BLASEN *bei einer Demonstration gegen ausländer-
  feindliche Übergriffe spielt. Welche Funktion hat
  die Gruppe hier?*
- *Überlegt, warum das Stück für eine solche
  Demonstration geeignet ist.* **HB 306**
- *Untersucht das Lied* Drückeberger *auf seine
  politische Aussage.
  Mit welchen musikalischen Mitteln erreicht*

KLAUS DER GEIGER *diese Aussage?* **HB 307**
- *Diskutiert die Frage, ob politische Straßenmusik
  Veränderungen in der Politik bewirken könnte.*
- *Beschreibt die beiden Straßenmusikszenen auf der
  gegenüberliegenden Seite. Überlegt, welche Gründe
  es für die jeweilige Gruppe gegeben haben könnte,
  dort zu spielen.*
- *Was könnten die Auslandsreisen der beiden
  Straßenmusikgruppen bewirkt haben?*

# Kultureller Austausch auf öffentlichen Plätzen

TUTEN & BLASEN war 1994 als europäische Gruppe zum 1. Internationalen Musikfestival in Sansibar eingeladen worden und nutzte die Zeit für eigene Auftritte in Dörfern und auf einem afrikanischen Karnevalsumzug.

**KON TEXT** An den Auftritt auf dem Dorfplatz werde ich mein Leben lang denken. Es war eine wunderbare Erfahrung, vor einem afrikanischen Publikum zu spielen. Als wir als einzige weiße Band im Karnevalszug mitmarschierten und auch noch afrikanische Musik spielten, waren die Menschen völlig aus dem Häuschen! Bei der Eröffnungsveranstaltung des Festivals spielte das sansibarische Polizeiorchester europäische Marschmusik, wir hingegen spielten westafrikanische Musik, das war schon sehr skurril! Später lernten wir eine sansibarische Band, die SHIKAMOO JAZZ BAND kennen, wir tauschten Stücke aus, probten zusammen und hatten einige gemeinsame Auftritte. **HB 308**
*(Heiner Studt, Saxofonist der Gruppe)*

›TUTEN & BLASEN‹ bei der Probe mit der ›SHIKAMOO JAZZ BAND‹ 1994 in Sansibar

TROUPE KEINSÉ aus Burkina Faso auf dem Marktplatz in Marburg 1997 **HB 309**

# Projekt Straßenmusik

Der Vorschlag kam von KAY, als das Thema Straßenmusik im Wahlkurs Musik der Klasse 9 des Gymnasiums Schenefeld durchgenommen wurde: Warum machen wir nicht mal selber Straßenmusik? Nach anfänglichen Bedenken (›Ich trau mich nicht‹, ›Wir sind zu viele‹, ›Ist doch peinlich‹, ›Das dürfen wir doch gar nicht‹ …) waren alle begeistert. Es gab mehr zu organisieren als erwartet:

**Programm:**
1. Alle: *We Gotta Get Out of this Place*\* (ERIC BURDON)
2. Alle: *We Can Leave the World* (SASHA)
3. Querflöte + Bratsche: BOCCHERINI-Menuett
4. Querflöte, Klarinette, Bratsche: MOZART-Trio
5. Gruppe: eigener Song mit voc, key, perc
6. Querflöte + Bratsche: HÄNDEL-Sonate
7. Alle: *Killing Me softly*

**Ort und Zeit:** Hamburger Innenstadt, Alsterarkaden (überdacht), Spitalerstraße, Gerhart-Hauptmann-Platz, 20. 10. 2000, von 11.00–14.00 Uhr

**Genehmigung:** MAIKE erkundigt sich bei der Polizei, welche Genehmigung gebraucht wird und welche Vorschriften für uns gelten.

**Instrumente:** Keyboard, Cello, Bratsche, Querflöte, Klarinette, Bongos, Hi-Hat, Handtrommeln, Schellenkranz

**Mitzunehmen:** Instrumente, Notenständer, Noten, Wäscheklammern, Sammelbehälter

**Sammeln für:** Förderverein *Forum Schenefeld* (Neubau Schulaula und Konzert- und Theatersaal in Schenefeld)

**Dokumentation:** Eine Gruppe macht Interviews mit Passanten. Eine andere macht Fotos, Tonaufnahmen (MD-Rekorder).

\*Dieser Song ist auf S. 246 abgedruckt; **HB 310.**

Es folgten vier Wochen harter Probenarbeit. Dann war es soweit: Der Kurs machte sich bei strahlendem Sonnenschein auf den Weg in die Hamburger Innenstadt. Die Leute in der S-Bahn staunten nicht schlecht, als sie die vielen Instrumente sahen. Am Ziel angekommen waren alle erleichtert, dass noch keine ›Konkurrenz‹ da war und der Platz frei war. Nach zweieinhalb aufregenden Stunden, in denen der Ort zweimal gewechselt wurde und das Programm viele Male durchgespielt wurde, lagen 94,30 € im Kasten, die an den Förderverein der Schule überwiesen werden konnten. **HB 310**

## Schüler interviewten Passanten

F: Wie gefällt Ihnen denn unsere Straßenmusik?

A: Mir gefällt, dass sich die Schüler so in der Öffentlichkeit präsentieren. Zwar ist nicht jedes Stück perfekt, ich finde es aber trotzdem bewundernswert.

F: Finden Sie Straßenmusik gut?

A: Gut finde ich, dass man mal was anderes hört. Man hat Zeit, sich unterbrechen zu lassen. Einfach zuhören und entspannen!

F: Es stört Sie also nicht, wenn Musik auf der Straße gemacht wird?

A: Wenn es nicht zu laut wird. Und wenn hier nicht so 'ne Katzenmusik gespielt wird. Dann müssen die Leute auch den Standort wechseln, da das für die Nachbarn, die das die ganze Zeit hören, nervig wird!

F: Finden Sie das hier Katzenmusik?

A: Nein, das würde ich nicht sagen. Na ja, es ist nicht jedermanns Geschmack, es ist immer schwierig, den goldenen Mittelweg zu finden.

## Schülerinnen über ihr Projekt

**Bianca:** Mir hat es sehr viel Spaß gemacht, vor den Leuten zu spielen. So richtig aufgeregt war ich nicht, doch es war beruhigend, die ersten Geldstücke im Kasten zu sehen. Ich würde mich freuen, wenn wir sowas nochmal machen würden.

**Sarah:** Ich fand das Projekt spannend und aufregend. Ich fühlte mich sicherer, weil wir für einen guten Zweck gespielt haben und nicht für uns selbst.

**Yvonne:** Es war eine neue Erfahrung so aufzutreten und Leute zu unterhalten, auch wenn manche einfach vorbeigegangen sind ohne zuzuhören. Es war schwer, die verschiedenen Geschmäcker der Leute zu treffen. Nächstes Mal müssen wir noch mehr Stücke einüben. Wir sollten das unbedingt noch mal machen!

## AUFGABEN

- *Was wurde vom Publikum positiv bewertet, was negativ?*
- *Untersucht, ob sich die Schenefelder Schülerinnen und Schüler genau an die Vorschriften gehalten haben (vgl. Merkblatt S. 129)*
- *Was könntet ihr für ein eigenes Projekt übernehmen, was würdet ihr anders machen?*

# Entwicklungen

# Entwicklungen auf der Spur

Musik als Teil der menschlichen Kommunikation unterliegt ständig Wandlungen, ebenso wie sich Gesellschaften und die Verhaltensweisen der Menschen im Laufe der Zeit verändern. Manche Entwicklungen vollziehen sich nur langsam über Jahrzehnte oder gar Jahrhunderte, andere Ereignisse treten überraschend ein.
Es gibt musikalische Moden, die schnell wieder verfliegen. Aktuelle Hits können morgen schon wieder vergessen sein. Andere Musik wird noch nach Jahrzehnten oder sogar nach Jahrhunderten gerne gehört.

Welche Faktoren den musikalischen Geschmack einer Zeit prägen, ist oft nur im Rückblick genauer zu sagen. Musik diente zu allen Zeiten auch der Unterhaltung; allerdings gab es auch andere Funktionen, wie z. B. die kultisch-religiöse.

Einiges wisst ihr bereits über die Musik und das Musikleben vergangener Zeiten. Ihr habt bereits erfahren, dass man die Entwicklungen der Musik unter sehr vielen verschiedenen Gesichtspunkten betrachten kann:

**Wann** wurde Musik gemacht und gehört**?**
**Wo** wurde Musik gemacht und gehört**?**
**Weshalb** wurde Musik gemacht und gehört**?**
**Wie** wurde Musik gemacht und gehört**?**
**Für wen** wurde Musik gemacht und gehört**?**
**Von wem** wurde Musik gemacht und gehört**?**

Wo waren Musiker beschäftigt und welche Rechte hatten sie?
Hat es zu allen Zeiten einen Starkult gegeben?
Wie zeigten sich Stars gegenüber dem Publikum?
Seit wann gibt es den Beruf des Dirigenten?
Welche Rolle spielen Frauen?
Bei welchen Tätigkeiten wurde nebenher Musik gehört?
Für wen schrieben Komponistinnen und Komponisten?
Wie konnten die unterschiedlichen gesellschaftlichen Gruppen Musik hören?
Wo liegen Unterschiede in der Entwicklung der vokalen und der instrumentalen Musik?
Wie haben sich die Lebensgewohnheiten von Musikern und Komponisten verändert?
Was könnte der Begriff **Arbeitsteilung** in Bezug auf Musik bedeuten?
Zu welchen Anlässen wurde Musik gemacht bzw. gehört?

 **AUFGABE**

- *Auf der linken Seite findet ihr eine Reihe von Bildausschnitten aus verschiedenen Zeitepochen. Sucht in diesem Kapitel (S. 136–167) die vollständigen Abbildungen und ordnet sie musikge-* *schichtlichen Epochen zu. Ihr könnt euch zwar an der Zeitleiste orientieren aber manchmal sind die Informationen im Text auch wichtig, um die richtige Zeit herauszufinden.*

# Musicus und Minnesänger

Die Anlässe, zu denen im Mittelalter musiziert wurde, waren vielfältig: Wenn der Medicus mit Jongleuren und Spielleuten auf den Marktplatz kam, um seine Heilkunst anzubieten, während des Gottesdienstes in der Kirche, bei bäuerlichen Tanzfesten, aber auch bei Feierlichkeiten der adligen Burgherren sowie im Refektorium (Speisesaal) des Klosters.

Auch wenn der **Spielmann** (Musicus) mit anderen zusammen musizierte: Die Melodien blieben einstimmig. Als Begleitung diente ein rhythmisches Ostinato oder ein Bordun, ein durchgängiger Begleitton oder Zweiklang. In der Kirche wurde meist einstimmig gesungen (Gregorianik[1]), hier spielten Instrumente eine untergeordnete Rolle.

Die Menschen des Mittelalters liebten prächtige Farben in ihrer Kleidung, scharfe Kontraste in ihren Gemälden und starke Gewürze in ihren Speisen. Ebenso markant waren die Merkmale ihrer Musikinstrumente. Man teilte in ›stille‹ (z. B. Fiedel und Flöte) und ›laute‹ Instrumente ein. **HB 311–312**

Die Schalmei beispielsweise wurde für Anlässe gewählt, die unter freiem Himmel stattfanden. Nicht nur das Klangvolumen, sondern auch der Tonumfang und die Tonlage der Instrumente waren eingeschränkt.

Spielleute hatten keine feste Anstellung. Sie spielten meist mehrere Instrumente, um bei den unterschiedlichsten Anlässen entsprechend ausgerüstet zu sein. Der umherfahrende Spielmann wurde oft mit Vagabunden und Gaunern auf eine Stufe gestellt.

Spielfrauen hatten es noch schwerer. Sie zogen, trotz des scharfen Kampfes der Kirche gegen ihr Auftreten, als Sängerinnen oder Tänzerinnen umher. Manche schafften es zu ›hofieren‹, also in den Hof eines regierenden Fürsten einzudringen. ›Huren sind oft Spielfrauen‹, hieß es dann.

Auch die Minnesänger zogen umher, zählten aber nicht zu den Vagabunden und Gaunern, denn sie waren angesehene Ritter. Ihre als Lieder vorgetragenen Erzählungen berichten von der Liebe (Minne), von eigenen Reisen und Abenteuern. Besonders berühmt wurde OSWALD VON WOLKENSTEIN (1377–1445). Einerseits gehörte er zum engsten Gefolge des Königs, andererseits zog er in Burgen, Tanzhäusern und Schenken umher, um seine Minnelieder vorzutragen. **HB 313**

---

[1]  Einstimmiger Choral aus vorgegebenen Melodiefloskeln, benannt nach Papst Gregor I., der – früheren Überlieferungen zufolge – Melodien der römischen Liturgie sammelte.

KON TEXT

Ein mittelalterlicher Musicus berichtet: ›Ich werde euch erzählen, was ich kann: ich bin ein Fidelspieler, ich spiele den Dudelsack, die Flöte, Harfe, Drehleier, Schalmei, Geige, das Psalterium und die Rota, und ich kann ebenso singen.‹

## Trotto

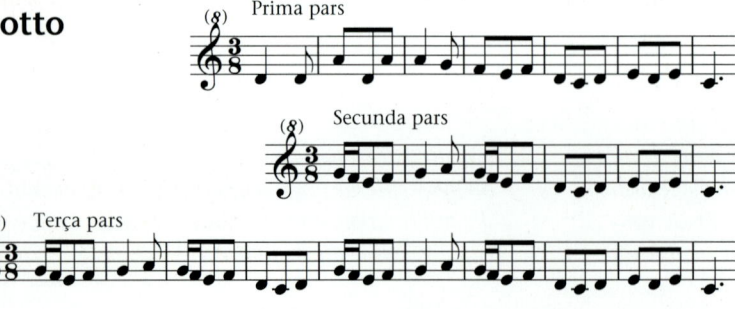

Prima pars

Secunda pars

Terça pars

## Besser als Fleurop

KON TEXT

Deutschlands bekanntester Minnesänger Nikolai de Treskow (30) über die versöhnende Wirkung seines Gesangs und den Nutzen seiner Minne-Hotline.

*Spiegel:* Herr de Treskow, Sie singen Walther von der Vogelweide in originalen Melodien. Braucht die Welt auch heute ritterliche Liebeslyrik?

*Treskow:* Sie braucht sie wieder. Die Menschen suchen nach Spielregeln im Balzverhalten. Eigentlich hat sich da in den letzten 700 Jahren kaum etwas verändert, nur fehlt der Liebeswerbung heute oftmals das Spielerische. Wer kennt denn noch die Bedeutung eines fallen gelassenen Taschentuchs?

*Spiegel:* Für wen ist Ihre Hotline – das Minnefon – gedacht?

Minnesänger de Treskow (1999)

*Treskow:* Für alle, die den konventionellen Pfad der Liebeswerbung verlassen wollen.

*Spiegel:* Was kostet es, Sie anreisen zu lassen?

*Treskow:* Um die tausend Silberlinge. Eine Telefonminne für die Schwiegermutter ist natürlich günstiger. (…)

*Spiegel:* Haben Sie schon mal ein zerstrittenes Paar wieder zusammengebracht?

*Treskow:* Viele Verkrachte erhoffen sich von meinem Gesang Rettung. Ich funktioniere besser als ein Fleurop-Blumenstrauß. Aber immer klappt's nicht. Einmal war ein Nebenbuhler ziemlich sauer. Da habe ich Blessuren davongetragen. *(Spiegel 3/1999)*

## AUFGABEN

- Ordnet die Hörbeispiele den Instrumenten des Musicus zu. Teilt in ›stille‹ und ›laute‹ Instrumente ein. **HB 314–318**
- Erklärt den Unterschied zwischen Spielmann und Minnesänger.
- Überlegt, welche Begleitinstrumente Minnesänger verwendet haben könnten.
- Was könnten Gründe dafür sein, dass mittelalterliche Spektakel in der heutigen Zeit so beliebt sind?

HAZ vom 21.8.2000

WORK SHOP

- Melodie: Der Trotto ist ein schneller Tanz. Die drei Teile können in unterschiedlicher Reihenfolge mehrfach wiederholt werden. Benutzt bei den Wiederholungen unterschiedliche Instrumente (Blockflöte, Kazoo, Keyboard …)
- Bordun: Verwendet den Grundton *(d)* und die Quinte *(a)*. Welche Instrumente sind geeignet?
- Begleitrhythmus: Überlegt euch einen einfachen Rhythmus, den ihr während des ganzen Stückes ständig wiederholt (Schellenring, Handtrommel).
- Vergleicht euer Stück mit **HB 314**.

**1.** Aperto[1]          **2.** Chiusso[2]

[1] Halbschluss   [2] Ganzschluss

Neue Ideen machten sich auch in der Musik bemerkbar. Die Natürlichkeit, die man anstrebte, veränderte viele musikalische Bereiche. Die Melodieabschnitte beispielsweise wurden so komponiert, dass man sie mit einem Atem singen konnte und anstelle der komplizierten Rhythmen des späten Mittelalters wählte man nun klare Formen und Proportionen.

Bei den Musikinstrumenten entstanden Stimmwerke, das heißt, von jedem Instrument gab es unterschiedliche Größen. Dadurch wurde ein zuvor nie gekanntes Spektrum an Klangfarben erreicht.

Auf diese Weise verschmolzen die Einzelstimmen zu einem Klang. Heute bezeichnet man solche Stimmwerke als **Instrumentenfamilien.**

# Renaissance

## Musik und Tanz

Der Zeitraum von ungefähr 1450 bis 1600 wird **Renaissance** (Wiedergeburt) genannt. Mit der Wiederentdeckung antiker Werte war der Mensch zum Maß aller Dinge geworden. Die Wertschätzung des Menschen spiegelt sich in dem damals entwickelten Begriff **Humanismus** (lat. humanitas = Menschlichkeit) wider.

Drei Krummhornspieler, Holzschnitt von 1551

Mit der Entdeckung des Menschen begann parallel die neuzeitliche Erforschung der Natur und der Aufbruch in bisher unbekannte Kontinente. Dies geschah nicht nur geografisch, indem die Welt bereist und entdeckt wurde, es änderte sich auch das Denken der Menschen.

### Das Krummhorn

Ende des 15. Jahrhunderts kommt eine neue Art von Holzblasinstrumenten auf, bei denen der Lippenkontakt mit dem Rohr (Schalmei) durch das Aufsetzen einer Windkapsel aufgegeben wird. Der Spieler bläst einfach durch einen an der Oberseite der Kapsel angebrachten Schlitz, wobei ein ziemlich großer Atemdruck erforderlich ist, damit das auf einer Hülse sitzende Rohr anspricht. **HB 319**

Koffer mit Krummhörnern, um 1650

Zur Familie der Krummhörner gehören:

Sopran    Alt    Tenor    Bass

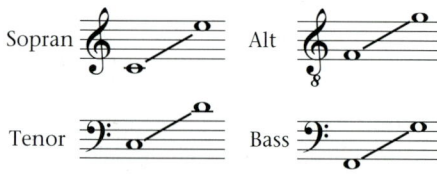

**AUFGABEN**

- *Welche Stimmlage der abgebildeten Krummhörner ist mehrfach vertreten?*
- *Welche Familien von Musikinstrumenten kennt ihr? Notiert jeweils die tiefsten Töne.*

| 1455 | Erfindung der Buchdruckkunst durch GUTENBERG |
| 1476 | Erster Notendruck |
| 1492 | Entdeckung Amerikas durch KOLUMBUS |
| 1519 | Erste Weltumsegelung |
| | Naturwissenschaftliche Entdeckungen (KEPLER, GALILEI, KOPERNIKUS) |

Seit dem 16. Jahrhundert gibt es zahlreiche Drucke von Tänzen. Sehr bekannt sind die des Musikverlegers PIERRE ATTAIGNANT, der auch die *Bransles* von CLAUDE GERVAISE veröffentlicht hat. Auffallend ist, dass viele Tänze paarweise angelegt sind: Das gleiche musikalische Material erscheint in der ruhigen Pavane (langsamer Schreittanz im 4/4-Takt) und der raschen Galliarde (schneller gesprungener Tanz im 3/4-Takt).

- Die unten abgedruckte *Bransle de Champaigne* bietet sich für einen solchen Paartanz an. Eine kleine rhythmische Veränderung macht sie zu einer Galliarde:

  Probiert beide Möglichkeiten aus.
- Spielt den zweiten Teil der Bransle. Was hat sich der Komponist bei diesem Schluss gedacht? Erklärt, warum dieser Schluss zum Begriff ›Tanzepidemien‹ passt.
- Das Kazoo hat einen ähnlich näselnden Klang wie das Krummhorn. Versucht die Oberstimme mit dem Kazoo zu spielen.
- Hört euch weitere Stücke von ATTAIGNANT bzw. GERVAISE an und beschreibt den Klang der Instrumente. **HB 320–323**

Königin Elisabeth I. beim ›großen Sprung‹ (anonym)

Aus der Renaissance wird von Tanzfesten und regelrechten Tanzepidemien berichtet. Die Obrigkeit und die Kirche versuchten mit allen Mitteln, diese Exzesse zu unterbinden, zumal mitunter auch in den Klöstern getanzt wurde.

## *Bransle[1] de Champaigne*

Pierre Attaignant (um 1494–1552)

[1] feierlicher Schreittanz (von altfranz. bransler = sich von einer Seite zur anderen wiegen.)

# Weltliche Kantate

Ein gefährliches Getränk, dessen schlechte Wirkung sich zuerst bei denjenigen bemerkbar macht, die von cholerischem oder melancholischem Temperament sind, bei denen, die von Natur aus eine warme Leber und ein warmes Gehirn haben, und schließlich bei solchen mit feinsinnigem Gemüt und feurigem Blut. Aus all dem muss man notwendigerweise den Schluss ziehen, dass [dieses Getränk] dem größten Teil der Einwohner von Marseille schadet. *(Zeitgenössischer Bericht)*

Wovon ist hier wohl die Rede? Wein, Bier, Schnaps? Irrtum. Für die schädlichste aller Drogen hielt der Verfasser dieses Textes, ein Arzt aus Marseille, die Kaffeebohne. Mit großem Eifer und gewagten Argumenten versuchte er seine Mitbürger von einem Genussmittel fernzuhalten, das sich im Laufe des 17. Jahrhunderts immer größerer Zuneigung bei großen Teilen der Bevölkerung erfreute. Das Miss-

häusern zum großen Teil aus Frauen, eine Tatsache, die bei der ausschließlich männlichen Obrigkeit auf harte Kritik stieß.

Auch in Leipzig, einer zentralen Wirkungsstätte im Leben JOHANN SEBASTIAN BACHS, hatte es 1716 eine Verordnung ›gegen das leichtfertige Wesen in Coffee Häusern‹ gegeben. Mit seiner 18 Jahre später entstandenen *Kaffeekantate*, BWV 211, griff BACH also ein durchaus brisantes Thema auf. Im Mittelpunkt dieses Werkes steht Herr Schlendrian, ein ehrsamer Leipziger Bürger und Familienvater, der seiner Tochter Lieschen mit allen möglichen Mitteln den täglichen Kaffeegenuss auszutreiben sucht. Doch vergebens. Weder die Drohung, kein Hochzeitsfest mehr besuchen zu dürfen, noch die Aussicht, auf schöne Kleider und neuen Schmuck verzichten zu müssen, können Lieschen dazu verleiten, auf ihre täglichen ›drei Schalen‹ Kaffee zu verzichten.

In seiner Not greift Herr Schlendrian dann zu seinem äußersten Mittel: Keinen Mann soll Lieschen bekommen, wenn sie das Kaffeetrinken nicht sein lässt.

Kaffeeschnüffler bei der Arbeit

trauen gegen den Wundertrank aus Arabien war groß und wuchs mit seiner zunehmenden Verbreitung. Die neu entstehenden Kaffeehäuser wurden als ›Rückzugsorte für Diebe, Gauner und anderes Gesindel‹ diffamiert. Der preußische König FRIEDRICH DER GROßE ging sogar so weit, dass er so genannte ›Kaffeeschnüffler‹ einstellte, die durch die preußischen Städte zogen, um Kaffeetrinker aufzuspüren und mit einer drastischen Geldbuße zu bestrafen. Besonderer Beliebtheit erfreute sich der Kaffee beim weiblichen Geschlecht. Im Gegensatz zu normalen Wirtshäusern bestand das Publikum in den Kaffee-

Leipziger Kaffeehaus zur Zeit Bachs

| 12. Jh. | 13. Jh. | 14. Jh. | 15. Jh. | 16. Jh. |
|---|---|---|---|---|
| | 1200 Mittelalter | 1300 | 1400 | 1500 Renaissance | 160 |

Der Verfasser des Librettos (Textbuch), der Leipziger Dichter CHRISTIAN FRIEDRICH HENRICI, beendete das Werk mit dem plötzlichen Einlenken der Tochter. Bevor Lieschen auf einen Mann verzichtet, will sie doch lieber dem Kaffeetrinken entsagen. BACH war mit diesem Ende jedoch unzufrieden und verfasste selber einen eigenen Schluss: Lieschen tut nur so, als wolle sie auf Schlendrians Drohung eingehen, und greift insgeheim zu einer List. **HB 324**

Die *Kaffeekantate* schließt mit der Lehre, dass alle Verbote, die die Bedürfnisse der Menschen einzuschränken suchen, auf Dauer wirkungslos bleiben müssen. Das Kaffeetrinken wird als ›Trieb‹ dargestellt, der genauso mächtig ist wie der Instinkt der Tiere: ›Die Katze lässt das Mausen nicht, die Jungfern bleiben Coffeeschwestern. Die Mutter liebt den Kaffeebrauch, die Großmama trank solchen auch, wer will wohl auf die Töchter lästern.‹ **HB 325**

## AUFGABEN

- *Worin besteht Lieschens List?*
- *Vergleicht die beiden Hörbeispiele. Wie geht* BACH *mit den jeweiligen Texten um?*

## Bachs Leben

| | |
|---|---|
| 1685 | JOHANN SEBASTIAN BACH wird als sechstes Kind des Eisenacher Ratsmusikers JOHANN AMBROSIUS BACH und seiner Frau ELISABETH BACH geboren. Nach dem Tod der Eltern wird er in die Obhut seines Onkels genommen und erlernt dort den Musikerberuf. |
| 1700–1713 | Ausbildungsjahre und erste Anstellungen in Arnstadt und Mühlhausen. Heirat mit seiner Cousine MARIA BARBARA. |
| 1714 | Ernennung zum Konzertmeister am Fürstenhof in Weimar. BACH wird zum Hofkapellmeister des Fürsten LEOPOLD von Anhalt-Köthen berufen. Wegen seiner Bitte, vorzeitig aus Weimar entlassen zu werden, wird er vorübergehend inhaftiert und nach vier Wochen Arrest in Ungnade entlassen. |
| 1720 | Tod seiner Frau. |
| 1721 | Heirat mit ANNA MAGDALENA WILCKE. |
| 1722 | BACH bewirbt sich erfolgreich um die Stelle des Thomaskantors in Leipzig. Ein langwieriger Streit mit seinen Vorgesetzten im Leipziger Magistrat erschwert seine künstlerische Arbeit. In Leipzig entstehen die wichtigsten geistlichen Werke BACHS (so etwa die *Matthäus-* und die *Johannespassion*). |
| 1750 | Tod in Leipzig. |

| 17. Jh. | 18. Jh. | 19. Jh. | 20. Jh. | 21. Jh. |
|---|---|---|---|---|
| | 1700 Barock | 1800 Klassik | Romantik | 1900 Im-/ Expressionismus | 2000 |

# Rezitativ und Arie

Texte wurden in der Musik des 17./18. Jahrhunderts auf unterschiedliche Art vertont. In Rezitativen (ital. recitare = erzählen) wird die eigentliche Handlung des jeweiligen Stückes geschildert. Der Text eines **Rezitativs** ist zumeist in Prosa abgefasst, d. h. er besitzt weder Versmaß noch Reimschema. Die Sängerin oder der Sänger wird in der Regel nur von einem Cello und einem Cembalo (evtl. auch einer Orgel), der so genannten ›Continuo-Gruppe‹ begleitet.
In den Rezitativen der ›Kaffeekantate‹ tritt zum einen der Erzähler auf, der sich teilweise direkt an sein Publikum wendet, zum anderen wird in ihnen die Auseinandersetzung zwischen Vater und Tochter geschildert (vgl. HB 324).

Das Gegenstück zum Rezitativ ist die **Arie.** In Arien bleibt die Handlung kurzzeitig stehen. Die Personen erhalten die Gelegenheit, ihrem Gefühlsleben Ausdruck zu verleihen oder die Moral der Geschichte zu verkünden.
Der Unterschied zwischen Rezitativ und Arie zeigt sich auch an dem musikalischen Umgang mit der Sprache. Rezitative sind vorwiegend **syllabisch** gestaltet, d. h. jeder Note ist eine Textsilbe zugeordnet. In Arien hingegen überwiegen häufig die **melismatischen** Anteile (altgriechisch: Melisma = Lied, Gesang).

*Johann Sebastian Bach (1685–1750)*

Fl. / Lies. / Cont.

Ei! wie — schmeckt der Cof - fee sü - ße, lieb - li - cher

als tau - send Küs - se, mil - der als Mus - ca - ten —

AUFGABEN

- *Die Arie von Lieschen ist größtenteils melismatisch gestaltet. Schreibt den Text auf und markiert alle syllabischen Passagen (pro Silbe ein Ton). Die nicht markierten Abschnitte sind melismatisch. Versucht anhand dieser Teile den Begriff melismatisch zu definieren.* **HB 326**

- *Ist die Musik, die ihr in eurer Freizeit hört, eher syllabisch oder melismatisch?*
- *Erfindet zu einem kurzen Satz eine syllabische sowie eine melismatische Melodie.*

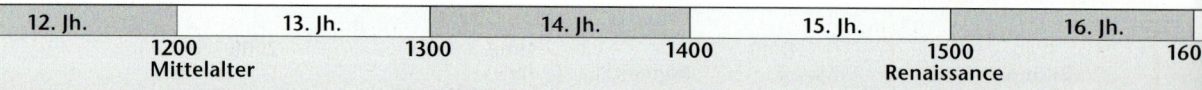

# Weihnachtsoratorium

Zu Bachs Zeiten wussten die Menschen, was sie bei einer Kantate erwartete: Musik für Sängerinnen bzw. Sänger und begleitende Instrumente, die sich, ganz wie die Opern der damaligen Zeit, im Wesentlichen aus Rezitativen und Arien zusammensetzte. Im Unterschied zur Oper wurden die Kantaten jedoch nicht schauspielerisch dargestellt, sondern nur konzertant vorgetragen. Man unterscheidet je nach Inhalt zwischen **weltlichen Kantaten** und **Kirchenkantaten.**

Als Bach 1723 zum Thomaskantor und zum Musikdirektor der Stadt Leipzig berufen wurde, zählte es zu seinen Hauptaufgaben, jede Woche eine Kantate zu komponieren, die sonntags während des Gottesdienstes in der Thomaskirche aufgeführt wurde.

Bach hat auf diese Weise über 200 Kirchenkantaten komponiert – eine gewaltige Zahl, die aber für die damalige Zeit keineswegs unüblich war, sondern sich sogar eher am unteren Rand bewegte. So hat der Darmstädter Hofkapellmeister Christoph Graupner insgesamt über 1000 Kantaten hinterlassen.

Bach war bei seiner Komposition einem gehörigen Termindruck ausgesetzt und hatte zudem genaue Vorgaben einzuhalten. Jede Woche musste er sich zunächst den Text der Kantate von der Kirchenbehörde genehmigen lassen. Hatte er die Kantate vollendet, so waren Stimmen für die Instrumentalisten und Sänger herzustellen, eine Aufgabe, bei der ihm seine Frau Anna Maria Magdalena und seine Söhne halfen. Und da die Kantate nicht ohne Proben aufgeführt werden konnte, musste alles so rechtzeitig geschehen, dass die Musiker noch etwas Zeit hatten, die zum Teil sehr anspruchsvollen Partien einzuüben.

Angesichts dieses dicht gedrängten Arbeitspensums überrascht es nicht, dass Bach mitunter auf Stücke zurückgriff, die er bereits früher komponiert hatte. Er konnte sich hierbei einer Technik bedienen, die in der Barockzeit sehr verbreitet war: das **Parodieverfahren**. Bei diesem Verfahren wurde die Musik ohne große Änderungen übernommen, der Text hingegen der neuen Aufführungsgelegenheit angepasst bzw. völlig neu hinzugedichtet.

Ein bekanntes Beispiel für die Anwendung des Parodieverfahrens ist das *Weihnachtsoratorium*. Dieses Werk besteht aus sechs einzelnen Kantaten, die teilweise in völlig anderen Zusammenhängen entstanden. Gleich die erste Arie der Eingangskantate hat in ihrer ursprünglichen Gestalt nichts mit Weihnachten zu tun, sondern entstammt der Kantate *Herkules auf dem Scheideweg*, die Bach anlässlich des Geburtstages des sächsischen Prinzen Friedrich Christian 1733 komponiert hatte. Die ursprünglichen Worte wurde ein Jahr später dem weihnachtlichen Anlass angepasst.

Bachs langjähriger Wirkungsort: Innenansicht der Leipziger Thomaskirche vor der Restaurierung im Jahre 1885. Die Orgelempore ist links oben sichtbar.

## AUFGABEN

- *Lest die Texte beider Arien und erklärt ihren Inhalt.*
- *Vergleicht beide Fassungen.* **HB 327–328** *Was hat sich im Weihnachtsoratorium gegenüber der früheren Fassung musikalisch geändert? Welche Gründe mögen Bach zu dieser Änderung bewogen haben?*

**Herkules am Scheideweg**
›Ich will dich nicht hören, ich will dich nicht wissen, verworfene Wollust, ich kenne dich nicht.‹

**Weihnachtsoratorium**
›Bereite dich Zion, mit zärtlichen Trieben, den schönsten, den Liebsten bald bei dir zu sehen.‹

| 17. Jh. | | 18. Jh. | 19. Jh. | 20. Jh. | 21. Jh. |
|---|---|---|---|---|---|
| | 1700 Barock | | 1800 Klassik | Romantik | 1900 Im-/ Expressionismus | 2000 | |

# Alles Klassik – oder was?

### Die Epoche der Klassik

Klassik (von lat. classicus = mustergültig) bezeichnet in der Musik die Epoche der **Wiener Klassik** (ungefähr 30 Jahre vor und 30 Jahre nach 1800). Als musikalische Gattungen und Formen werden in der Klassik die Sonate, das Solokonzert, die Sinfonie sowie Streichquartett und andere Kammermusikformen entwickelt. Formale Klarheit (Sonatenform), volksliedhafte Melodien, achttaktige Perioden, deutlich zu erkennende Motive und Themen finden sich in vielen klassischen Werken. Die bekanntesten Komponisten der Klassik sind:

- JOSEPH HAYDN (1732–1809, 104 Sinfonien, Solokonzerte, 52 Klaviersonaten, Streichquartette),
- WOLFGANG AMADEUS MOZART (1756–1791, 41 Sinfonien, Solokonzerte, 52 Klaviersonaten, Streichquartette)
- LUDWIG VAN BEETHOVEN (1770–1827, 9 Sinfonien, Solokonzerte, 32 Klaviersonaten, 16 Streichquartette).

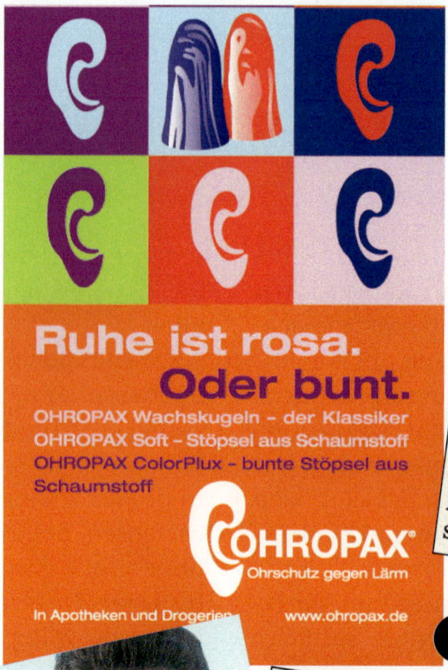

(dpa-Meldung vom 3.11.2000)

**Spice Girls sind Klassiker**

Die **Spice Girls** haben die Aufnahme in ein „Wörterbuch der unvergänglichen Zitate des 20. Jahrhunderts" geschafft. Der Titel ihrer Debüt-Single „I'll tell you what I want, what I really want" („Ich sag' dir was ich will, was ich wirklich wirklich will") steht nun im Zitatwörterbuch des Penguin-Verlags neben unvergessenen Aussagen von Personen der Zeitgeschichte.

**②**

SOUVERÄNE **KLASSIK.**

Anzeige für Herrenbekleidung, 4/1999

**Die neuen Klassiker**

**⑤**

Anzeige für Damenbekleidung, 9/1999

**Diese Design-Klassiker sind bereits erschienen:**

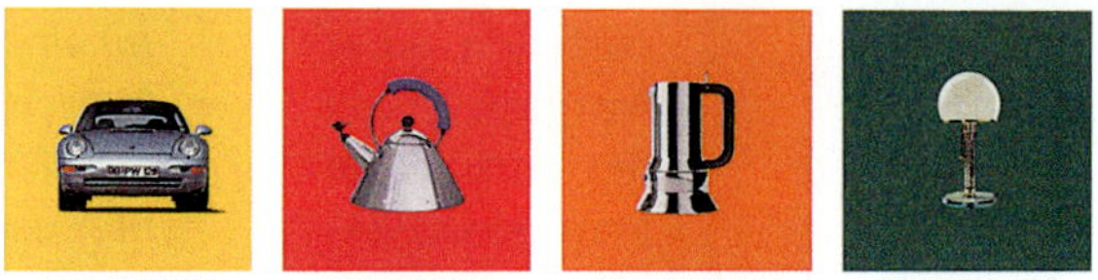

ISBN 3-931317-15-3    ISBN 3-931317-16-1    ISBN 3-931317-17-X    ISBN 3-931317-18-8

**⑥**

## AUFGABEN

- *In der Umgangssprache werden Begriffe aus dem Bereich der Musik oft ungenau oder anders als in der Fachsprache verwendet. Findet aus den abgebildeten Materialien heraus, in welchen Bedeutungen der Begriff ›Klassik‹ angewendet wird.*
- *Vergleicht die unterschiedlichen Anwendungen mit dem lexikalischen Text ›Die Epoche der Klassik‹.*

- *Welche Kennzeichen der Musik der Klassik könnt ihr aus den Musikausschnitten wiedererkennen?* **HB 329–331**
- *Beschafft euch weitere Informationen über die Zeit der Klassik aus dem Internet, aus Nachschlagewerken, Begleittexten zu CDs.*
- *Warum ist der Begriff ›klassische Musik‹ für das Werk* Carmina Burana *von* CARL ORFF *(1895–1982) unzutreffend? Beschreibt vom Hören charakteristische Merkmale der Musikausschnitte.* **HB 332–334**

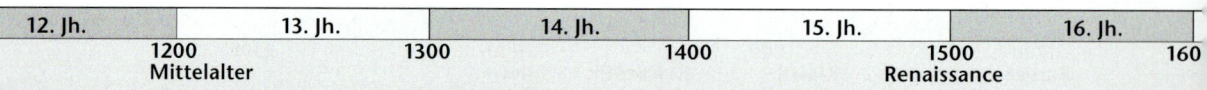

| 12. Jh. | 13. Jh. | 14. Jh. | 15. Jh. | 16. Jh. |
|---|---|---|---|---|
| 1200 Mittelalter | 1300 | 1400 | 1500 Renaissance | 160 |

## Zeitungsüberschriften (Nr. 7–11)

Werbung für Fitness-Studio

Bekannt aus der TV-Werbung von SAT.1

**Classic** sports
Fitness auf höchstem Niveau

**13**

### FRANKFURT

**AMJAD ALI KHAN** ist nach Ravi Shankar der wahrscheinlich berühmteste indische Musiker. Anfang Februar wurde der Sarod-Spieler beim Weltwirtschaftsgipfel in Davos mit dem „Crystal Award" ausgezeichnet, jetzt spielt Khan mit seinem Ensemble klassische indische Musik am

Der Spiegel, 3/1997

**14**

## Mehta eröffnet Classix Festival

**7**

Das Braunschweiger Kammermusikpodium startet nach 13 Jahren unter

## Wo Omas Augen glitzern

**8**

Classic kontra Klassik: Warum Helmut Lotti triumphiert

## Spielwarenbranche setzt in schwerer Zeit auf Klassiker

Hersteller und Handel klagen über Umsatzrückgänge

**9**

Der von Umsatzein- | mußten Handel und Hersteller in di

## Jubelruf der Klassikfans

Abend mit George Gershwin in der Musikhochschule Hannover

Der amerikanische Komponist Ge- | niefolge von ... rhythm",
orge Gershwin hat mit die bestän- | ...

**10**

## Klassik im grellen Licht

Beethovens Neunte als Laser-Show im Kuppelsaal

Hinterher konnte man noch nicht | mum an Professionalität. Selbst einen
mal richtig böse sein. Man hätte alle | volleren Kuppelsaal hätte man mi
trösten mögen. Den Dirigenten zum | dieser Darbietung ...

**11**

### Klassik in vier Gängen

Genuß nach Noten: Willkommen zu einem stilvollen Abend bei klassischer Live-Musik! Jeden Samstag im November ab 18.30 Uhr.

#### Menue classique

Wir verzaubern Sie mit einem exquisiten Vier-Gänge-Menü.

DM 55,–
(pro Person)

Anzeige, 24. 10. 1997

**15**

Täglic

„The Wall"-Show

ABBOTT / INTER·TOPICS

## Klassik unter freiem Himmel

**12**

**Erstmals präsentiert sich die Feldherrnhalle am prächtigen Münchner Odeonsplatz als theatralische Orchesterkulisse.**

Hochkultur für möglichst viele – das war die Millenniums-Idee der zwei großen Orchester Münchens. Am 1. und 2. Juli werden auf dem Odeonsplatz vor jeweils bis zu 10 000 Zuhörern die Münchner Philharmoniker unter Dirigent James Levine und das Symphonieorchester des Bayrischen Rundfunks unter der Leitung von Lorin Maazel ein Open-Air-Konzert geben. Am 14. und 15. Juli geht es mit zwei weiteren Klassik-Konzerten der Extraklasse auf dem Münchner Königsplatz weiter: Am 14. Juli treten Geigenvirtuose Nigel Kennedy und die erfolgreichste Klassik-Open-Air-Produktion der Welt, die Carmina Burana Open Air Opera auf. Einen Tag später gibt der spanische Startenor Plácido Domingo sein einziges Konzert im deutschsprachigen Raum. Hoffentlich ohne Regen.

Tenor Plácido Domingo.

Geigenvirtuose Nigel Kennedy.

**DB** München ist von vielen deutschen Großstädten aus per ICE/IC/EC oder IR erreichbar. Der Vorverkauf läuft unter Tel. 089/54 81 81 81, in allen bekannten Vorverkaufsstellen und Reisebüros. „Klassik am Odeonsplatz" ist außerdem im Zusammenhang mit einer Hotelübernachtung ab 156 Mark im AMEROPA-Katalog „Events & Highlights" buchbar. Infos und Buchung in den DB ReiseBüros der ReiseZentren sowie in allen Reisebüros mit DB Lizenz.

db mobil 6/2000, S. 35

### PINK FLOYD
## Schulmäßige Rebellion

Die legendäre, 1965 gegründete Rockband Pink Floyd feierte ihren größten Erfolg mit der Rockoper »The Wall«. Roger Waters freilich, 55, Komponist des längst zum Klassiker avancierten Werks und Mitbegründer von Pink Floyd, liegt seit Jahren in erbittertem Streit mit dem Rest der Gruppe, die er 1983 verließ. Waters musste seinen Ex-Kollegen das Recht am Markennamen Pink Floyd überlassen.

Der Spiegel, 21/2000

**16**

| 17. Jh. | | 18. Jh. | | 19. Jh. | | 20. Jh. | | 21. Jh. |
|---|---|---|---|---|---|---|---|---|
| 1700 Barock | | | 1800 Klassik | | Romantik | 1900 Im-/ Expressionismus | 2000 | |

# Ludwig van Beethoven: Ein freier Bürger

Wer um 1770, dem Geburtsjahr LUDWIG VAN BEETHOVENS, Komponist werden wollte, hatte nur wenige Alternativen. In der Regel begann eine professionelle musikalische Laufbahn mit der Lehrzeit bei einem Stadtpfeifer, in der ein Schüler verschiedene Instrumente und die Grundbegriffe der Komposition erlernte. Danach konnte er in eine fürstliche Kapelle eintreten und es auf diesem Wege bis zum Kapellmeister bringen. Galten seine Interessen eher der Kirchenmusik, so hatte er die Möglichkeit, ein Kantorenamt zu versehen. Vor 1770 hatten es nur einige wenige, wie etwa GEORG PHILIPP TELEMANN (1681–1767) in Hamburg oder JOHANN SEBASTIAN BACH IN LEIPZIG geschafft, daneben auch noch die überaus ehrenvolle und einflussreiche Stellung eines ›städtischen Musikdirektors‹ auszuüben.

Wer 1827, im Todesjahr LUDWIG VAN BEETHOVENS, Komponist werden wollte, hatte noch immer die Möglichkeit, eine dieser beruflichen Laufbahnen einzuschlagen, verfügte aber über eine Alternative, an die 60 Jahre zuvor noch nicht zu denken gewesen war: Er konnte versuchen, ohne feste Anstellung einzig und allein von seinen Kompositionen zu leben. BEETHOVEN war nicht der erste Komponist, der diesen risikoreichen Weg beschritt, wohl aber der Erste, der dabei Erfolg hatte. Großen Erfolg sogar: Als er 1827 starb, gab es kaum einen Bürger seiner Wahlheimat Wien, der nicht an seinem Begräbnis teilnahm.

Die Schulen blieben an diesem Tag geschlossen und das Heer wurde zu Ordnungszwecken abgestellt.

links Goethe, vorn Beethoven

## AUFGABEN

- *Welche äußeren Bedingungen müssen erfüllt sein, damit ein Komponist ausschließlich von seinen Kompositionen leben kann?*
- *Welche Eigenschaften muss ein freiberuflich tätiger Komponist neben seinem musikalischen Talent noch besitzen?*

BEETHOVENS Komponistenlaufbahn begann noch ganz in vorgezeichneten Bahnen. Seine Heimatstadt Bonn bot für einen begabten Nachwuchsmusiker im Grunde nur die Möglichkeit eines Engagements in der Hofkapelle des Kurfürsten MAXIMILIAN FRIEDRICH. Mit 14 Jahren spielte der junge LUDWIG dort das Cembalo. Sein Kompositionslehrer war der Hoforganist CHRISTIAN GOTTLOB NEEFE. In diese Zeit fallen auch seine ersten Kompositionen.

1787 erhielt der 17-Jährige die Möglichkeit, seine Studien in Wien fortzusetzen. 1792 wurde er dort endgültig heimisch.

Beethovens Beerdigungsfeier

| 12. Jh. | 13. Jh. | 14. Jh. | 15. Jh. | 16. Jh. |
|---------|---------|---------|---------|---------|
| 1200 Mittelalter | 1300 | 1400 | 1500 Renaissance | 1600 |

linkes Bild: Portrait BACHS 1746 von Elias Haußmann
rechtes Bild: Portrait von Ferdinand Schimon, das
BEETHOVEN auf der Höhe seines Ruhmes in den Jahren
1818/1819 zeigt.

### Jahrzehnte des Umbruchs

| | |
|---|---|
| 1769 | Russland erhält ein modernes bürgerliches Gesetzbuch |
| 1780 | Preußen erhält ein modernes bürgerliches Gesetzbuch |
| 1784 | IMMANUEL KANT verfasst den Text *Was ist Aufklärung?* |
| 1789 | In der Französischen Revolution wird unter der Losung ›Freiheit, Gleichheit, Brüderlichkeit‹ die Monarchie gestürzt |
| 1802 | NAPOLEON BONAPARTE wird lebenslanger Konsul in Frankreich und erlässt weit reichende Reformen (Code Napoleon) |
| 1807–1810 | Die ›Stein-Hardenbergschen Reformen‹ sichern dem einzelnen Individuum mehr persönliche Rechte |
| 1812/13 | Die französische Vorherrschaft wird durch NAPOLEONS Niederlagen in Russland und in der Völkerschlacht bei Leipzig gebrochen |
| 1815 | Wiener Kongress – Neuordnung der europäischen Machtverhältnisse |

### Beethovens Leben

| | |
|---|---|
| 1770 | Geburt in Bonn |
| 1789 | Der Sturm auf die Bastille leitet die Französische Revolution ein |
| 1792 | BEETHOVEN geht nach Wien, um bei JOSEPH HAYDN Komposition zu studieren |
| 1801 | Erste Anzeichen der Taubheit |
| 1810 | Nach seinem Sieg bei Jena und Auerstädt ist NAPOLEON Herr über fast ganz Europa |
| 1813 | NAPOLEON wird in der Völkerschlacht bei Leipzig vernichtend geschlagen |
| 1814 | BEETHOVEN komponiert seine Oper *Fidelio* |
| 1815 | Neuordnung der europäischen Kräfteverhältnisse auf dem Wiener Kongress |
| 1823 | BEETHOVEN schreibt seine *Sinfonie Nr. 9* |
| 1827 | BEETHOVEN stirbt in Wien |

## AUFGABEN

- *Welche grundsätzlichen Unterschiede der Darstellung bestehen zwischen dem Porträt von BACH und dem Porträt von BEETHOVEN?*
- *Was verraten sie über die Vorstellungen des jeweiligen Malers vom Beruf des Komponisten?*
- *Welche politischen Veränderungen können diesen Wandel beeinflusst haben?*

| 17. Jh. | 18. Jh. | | 19. Jh. | 20. Jh. | 21. Jh. |
|---|---|---|---|---|---|
| | 1700 | 1800 | 1900 | 2000 | |
| | Barock | Klassik | Romantik | Im-/ Expressionismus | |

# Beethoven-Aspekte

**KONTEXT**

Das ist kein Mensch, sondern ein Dämon. Seine Interpretationen sind die unerhörtesten, die man je vernommen. *(Der Pianist Joseph Gelinek über Beethovens Klavierspiel)*

Bis 1796 war BEETHOVEN vor allem als Pianist erfolgreich. Seine Improvisationen am Klavier erregten in den Salons des Wiener Adels Staunen und Bewunderung. Kennern fiel auf, dass BEETHOVEN häufiger als andere Pianisten in lauten Passagen das Pedal einsetzte und zu einer gewissen Härte und Rauigkeit im Anschlag neigte. Sein piano war hingegen anscheinend von einer besonderen Weichheit.

**AUFGABEN**

- *Vergleicht einen Ausschnitt aus der Klaviersonate D-Dur von MOZART mit dem Beginn des letzten Satzes der Mondscheinsonate von BEETHOVEN.* **HB 335-336**
- *Beschreibt, wie die Ausschnitte auf euch wirken.*
- *Vergleicht diese beiden Stücke in Bezug auf das Tempo, den Tonumfang, die Dynamik sowie den Einsatz des Pedals.*

## Klaviersonate D-Dur, KV 576, 3. Satz

Wolfgang Amadeus Mozart (1756–1791)

## Klaviersonate cis-Moll, op. 27, 3. Satz
(Mondscheinsonate)

Ludwig van Beethoven (1770–1827)

| 12. Jh. | 13. Jh. | 14. Jh. | 15. Jh. | 16. Jh. |
|---|---|---|---|---|
| | 1200 Mittelalter | 1300 | 1400 | 1500 Renaissance | 160 |

Ohne die finanzielle und freundschaftliche Unterstützung von reichen Adligen wie etwa den Fürsten Waldstein, Lichnowsky und Rasumowsky hätte Beethoven in Wien nicht existieren können. Es ist jedoch bezeichnend für sein Selbstverständnis als Komponist, dass er sich im Umgang mit Fürsten niemals als Bittsteller oder Unterlegener, sondern immer als Ebenbürtiger empfand. So soll er dem Fürsten von Lichnowsky geschrieben haben: »Fürst, was Ihr seid, seid Ihr durch einen Zufall der Geburt; was ich bin, bin ich durch mich selbst. Tausende von Fürsten hat es gegeben und wird es geben. Aber es gibt nur einen Beethoven.«

Die Geringschätzung, die Beethoven Adelstiteln entgegenbrachte, hängt eng mit einem politischen Ereignis zusammen, das auch für Künstler um 1800 eine bedeutsame Rolle spielte: die **Französische Revolution** (1789). Beethoven bekannte sich stets offen zu den Idealen dieser Revolution: Freiheit, Gleichheit, Brüderlichkeit.

Eugène Delacroix: ›Die Freiheit führt das Volk an‹, 1830

Sein Stolz und seine geistige Unabhängigkeit beschäftigten die Zeitgenossen. Über seinen unbeugsamen Freiheitswillen und seine Verachtung für den Adel gibt es viele Anekdoten. Eine von ihnen berichtet von einem Zusammentreffen zwischen Beethoven und Goethe im damaligen Nobelkurort Töplitz. Auf einem Spaziergang trafen beide Künstler unversehens auf eine Kutsche, in der die kaiserliche Familie saß. Während Goethe seinen Hut abnahm und sich ehrfurchtsvoll verbeugte, ging Beethoven mit hocherhobenem Kopf und eiserner Miene weiter (vgl. Abb. S. 148).

Eine andere Geschichte berichtet, dass Beethoven vorhatte, seine *Sinfonie Nr. 3* Napoleon Bonaparte zu widmen. Gerade jedoch, als er Napoleons Namen auf das Titelblatt geschrieben hatte, erhielt er die Nachricht, dass sich dieser in Paris selbst zum Kaiser gekrönt hatte. ›Ist er auch nichts anderes als ein gewöhnlicher Mensch‹, soll er ausgerufen und das Blatt zerrissen haben.

### Beethovens Taubheit

Bereits um 1800 verspürte Beethoven die ersten Anzeichen von Schwerhörigkeit, die sich im Laufe der folgenden Jahre bis zu einer fast vollständigen Taubheit verstärken sollten. Man vermutet, dass es sich bei seiner Erkrankung um eine Otosklerose handelte, eine Verkalkung der Knöchelchen, die das innere Ohr bilden. Heut-

Hörgeräte zur Zeit Beethovens

zutage lässt sich diese Krankheit durch einen chirurgischen Eingriff behandeln.

## AUFGABEN

- *Hört euch einige kurze Ausschnitte aus Werken* Beethovens *an.* **HB 337**
- *Warum verstanden viele Zeitgenossen* Beethovens *Musik als ›Verkörperung der Ideale der Französischen Revolution‹?*
- *Welches Bild von der Persönlichkeit* Beethovens *spiegeln sich in den Anekdoten?*
- *Was sagt der Auszug aus dem* Heiligenstädter Testament *über* Beethovens *Verhältnis zu seinen Mitmenschen aus?*

**KON TEXT**

### Heiligenstädter Testament, 1802 (Auszüge)

O ihr Menschen, die ihr mich für feindselig, störrisch und misanthropisch haltet oder erklärt, wie unrecht tut ihr mir! Ihr wisst nicht die geheime Ursach von dem, was euch so scheinet. (...) Selbst große Handlungen zu verrichten, dazu war ich immer aufgelegt; aber bedenket nur, dass seit sechs Jahren ein heilloser Zustand mich befallen. (...) O wie hart wurde ich durch die verdoppelte, traurige Erfahrung meines schlechten Gehörs zurückgestoßen, und doch war's mir noch nicht möglich, den Menschen zu sagen: sprecht lauter, schreit, denn ich bin taub. (...) welche Demütigung, wenn jemand neben mir stund und von weitem eine Flöte hörte und ich nichts hörte, oder jemand den Hirten singen hörte und ich auch nichts hörte. Solche Ereignisse brachten mich nahe an Verzweiflung: Es fehlte wenig, und ich endigte selbst mein Leben. Nur sie, die Kunst, hielt mich zurück. *(Ludwig van Beethoven)*

| 17. Jh. | | 18. Jh. | | 19. Jh. | | 20. Jh. | | 21. Jh. |
|---------|---|---------|---|---------|---|---------|---|---------|
| | 1700 Barock | | 1800 Klassik | Romantik | | 1900 Im-/ Expressionismus | 2000 | |

# Virtuosen

Die Sensationslust des Publikums hat mit dazu beigetragen, dass sich Musiker auf den entbehrungs-, aber auch ruhmreichen Beruf des Virtuosen eingelassen haben. Man bewunderte an Musikern die unglaublich erscheinenden technischen Bravourakte des Instrumentalspiels oder der Stimme, die geradezu magische Faszination, die von der Persönlichkeit des Künstlers ausging, auch das extravagante Auftreten sowie das oft exotische Äußere, das den Eindruck des Außerordentlichen noch erhöhte. Viele Virtuosen wurden bereits im Kindesalter auf ihr künstlerisches Leben vorbereitet, man sprach von ›Wunderkindern‹. Zu den erfolgreichen Instrumentalvirtuosen gehörten beispielsweise WOLFGANG AMADEUS MOZART, LUDWIG VAN BEETHOVEN und der ab 1820 gar als das ›9. Weltwunder‹ gepriesene FRANZ LISZT.

Franz Liszt bei einem Konzert in Berlin

Gab es begabte Knaben, die Gesangsvirtuosen werden sollten, so wurden ihnen vor Beginn der Pubertät die Geschlechtsorgane so manipuliert, dass sie als Kastraten keine männlichen Hormone bilden konnten. Unter anderem wurde dadurch ein Wachstum der Stimmbänder verhindert und die Stimme wechselte nicht in das tiefe Register. Weil es Frauen mancherorts untersagt war, öffentlich aufzutreten, konnten Kastraten in der Oper, in Kirchen sowie an Höfen zum Singen engagiert werden und mit ihrem manipulierten Talent zu Ruhm und Reichtum gelangen. Kastraten waren bis Anfang des 20. Jahrhunderts zu hören.

Mit dem Beginn des 19. Jahrhunderts gelang es Frauen auch als Instrumentalvirtuosinnen die Bühne zu erobern.

Der Geiger NICCOLÒ PAGANINI (1782–1840) und dessen Bewunderer und Nachahmer auf dem Klavier, FRANZ LISZT (1811–1886) sowie die Pianistin CLARA SCHUMANN (geb. WIECK, 1819–1896) erlangten im 19. Jahrhundert internationalen Ruhm mit ihrer Virtuosität. Zum Teil spielten sie Werke, die sie selbst komponiert hatten. **HB 338–340**

 KON TEXT

MARGRIET DE MOOR lässt die junge italienische Gräfin Carlotta in ihrem Roman *Der Virtuose* (1993) den Kastraten Gasparo Conti beschreiben, der in der italienischen Oper außerordentlichen Ruhm erlangte. Die folgende Szene spielt Anfang des 18. Jahrhunderts in Neapel:

›An der Balustrade der Loge lehnend, suchte ich die Ferne ab, und tatsächlich, da stand der Kastrat im Lichtkreis seiner Schönheit und schälte mit gelangweilter Miene eine Apfelsine. Erst als La Stradina ihren Part beendet hatte, trat Gasparo vor. (…)

Er war fast am Ende seiner Arie angelangt. Ohne erkennbare Anstrengung und ohne auch nur ein Stocken seiner Lungen produzierte er eine Dreiklangreihe von ungestümer Kraft und Rasanz, die er dann in eine derart halsbrecherische Folge gehämmerter Triolen übergehen ließ, dass das Publikum vor lauter aufgestauter Liebe es nicht mehr aushielt. Noch bevor die Glanzleistung vollbracht war, setzten die Jubelschreie ein. ›Gasparo, wir lieben dich! Wir lieben deine Kehle und deinen Mund!‹ Blumen und handgeschriebene Sonette flogen durch die Luft und fielen auf die Bühne‹.

›Er gebärdete sich wie ein wahrer Charlatan! Braucht der Mann durch Grimassen aller Art, lächerliche Handbewegungen, Ausstrecken seiner Arme und Finger, – brauchte dieser Mann auf solche Art des Publicums Aufmerksamkeit zu reizen oder zu erhöhen? Er ward mir ganz widerlich, und ich ärgerte mich recht über ihn, dass er sich so zum Narren machte. (…) endlich kam er zur Ruhe am Pianoforte – er begann – und ich war versöhnt! Ja, er ist der Meister aller Meister! Seine Delicatesse im Hinperlen eleganter Figuren ist unbeschreiblich schön.‹

*(Aus dem Tagebuch der Pianistin Amalie Rieffel vom 19. 4. 1900 über Franz Liszt)*

| 12. Jh. | 13. Jh. | 14. Jh. | 15. Jh. | 16. Jh. |
|---|---|---|---|---|
| 1200 | 1300 | 1400 | 1500 | 1600 |
| Mittelalter | | | Renaissance | |

›Wir sind beglückt! Wir sind entzückt!

Die Lind hat uns den Kopf verrückt.‹

Konzertauftritt der schwedischen Sängerin Lind Anfang des 19. Jahrhunderts

**KONTEXT**

Es ist empörend, wenn man weiblichen Mitgliedern den Ehestand kontraktlich zu erschweren sucht, und ihnen droht, denselben umzustoßen oder ihre Gage zu vermindern, wenn sie sich dergleichen einfallen lassen. (…) Wenn die Leute zur Hebung ihrer Begeisterung insbesondere einer Jungfrau bedürfen und verlangen können, dass sie, weil sie eine Künstlerin ist, aufhören müsse, ein Weib zu sein, so zeigen sie hinlänglich, auf welcher Stufe ihr Kunstsinn steht.
*(Bericht der Sängerin Agnese Schebest, 1813–1870)*

Das Kind erreicht alles durch Musik – ein ›Sesam öffne dich!‹, und der Vater vermerkte stolz, wie viel Geld es wieder gebracht hat.
*(Hanns-Josef Ortheil über Wolfgang Amadeus Mozart und seinen Vater Leopold)*

### Primadonna Henriette Sontag (1806–1854)

Bereits 1811 erschien ihr Name auf Theaterzetteln in Kinderrollen. Fünfzehnjährig stand sie bereits in großen Partien als Primadonna auf der Bühne. Nach glanzvollen Auftritten in Graz, Leipzig und Berlin brach ein ›Sontag-Fieber‹ im Opernpublikum aus. Gastspiele, auch in London am Hofe der Königin VICTORIA, festigten den Kult um die junge Frau. Sie wurde nach eigener Aussage ›angebetet wie eine kleine Königin. Wenn ich mich sehen lasse, jubelt alles.‹

Im *Kaiser von Russland* am Alexanderplatz in Berlin richtete sie sich dank der hohen Gagen einen Salon ›äußerst elegant‹ ein, an Schmuck besaß sie alles, ›was einer Künstlerin gehört, um brillant aufzutreten‹. Ihre Rollenbildchen als ›Himmlische‹ wurden auf Liköretiketten oder Bonbonschachteln gewinnträchtig vermarktet.

Als sie 1827 den Grafen CARLO ROSSI heiratete, musste sie ihre Bühnenkarriere beenden, um vom Hof in Turin als Diplomatenfrau anerkannt zu werden.

## AUFGABEN

- *Stellt positive und negative Aspekte des Virtuosentums gegenüber.*
- *Vergleicht die Bilder: Wie werden Virtuosen dargestellt?*
- *Findet Gründe, warum manche Virtuosen bereits im Kindesalter auf ihre Karriere vorbereitet wurden.*

- *Ordnet die Hörbeispiele Frauen- oder Männerstimmen zu.* **HB 341–342**
- *Beschreibt zwiespältige Karriereerfahrungen von Sängerinnen. Welche Grenze wurde ihnen gesetzt? Sucht Gründe dafür.*

| 17. Jh. | 18. Jh. | 19. Jh. | 20. Jh. | 21. Jh. |
|---|---|---|---|---|
| | 1700 Barock | 1800 Klassik | 1900 Im-/Expressionismus | 2000 |
| | | Romantik | | |

Stehplatzpublikum bei einem Nikisch-Konzert in Berlin 1902

# Das Publikum

Nicht jeder hatte Zugang zu den Konzertveranstaltungen am Königshof. GEORG PHILIPP TELEMANN (1681–1767) beispielsweise gehörte nicht zu dem Kreis der Privilegierten: Er wanderte als 16-jähriger Schüler zu Fuß von Hildesheim nach Hannover-Herrenhausen, um Musik des berühmten Hofkomponisten HÄNDEL zu hören. Vermutlich kannte er Musiker, die ihm Zutritt verschafften.

In Berlin konnten Zuhörer um 1900 für einen geringeren Eintrittspreis Stehplätze im Foyer von Veranstaltungsorten bekommen, bei denen die Sicht auf die Künstler verwehrt war.

**AUFGABEN**

- *Vergleicht anhand der Texte und des Bildes, welche Möglichkeiten das Publikum zu den unterschiedlichen Zeiten hatte, Musik zu hören.*
- *Welche historischen Ereignisse haben zur Veränderung des Konzertpublikums beigetragen? Informiert euch über ›Absolutismus‹, ›Feudalismus‹, ›Französische Revolution‹.*

**KON TEXT**

Wenn morgen Abend zum 250. Todestag von Johann Sebastian Bach die h-Moll-Messe in der Thomaskirche aufgeführt wird, ist damit ein einmaliges Musikerlebnis verbunden. Denn zeitgleich zur Live-Übertragung im Fernsehen kann der Zuschauer die gespielten Noten im Internet simultan auf der Website ›Bach Digital‹ mitverfolgen. Dort entsteht mithilfe von IBM Technologie die wohl umfassendste Dokumentation über das Schaffen des großen Komponisten. Somit wird dank der Technik aus dem morgigen musikalischen Ereignis auch eine Uraufführung. www.bachdigital.org ist ein IBM e-business.
*(Doppelseitige Anzeige in der Wochenzeitschrift ›Die Zeit‹ vom 27. 7. 2000)*

[Es durften] an öffentlichen Concerten (…) alle gesitteten Stände der Stadt, ohne Unterschied zwischen Adel- und Bürgerstand, Theil nehmen.
*(Magdeburg, 1764)*

(…) geben sie mir das beste Clavier von Europa, und aber leut zu zuhörer die nichts verstehen, oder die nichts verstehen wollen, und die mit mir nicht Empfinden was ich spiele, so werde ich alle freude verlieren!
*(Mozart nach einem Konzert 1778)*

| 12. Jh. | 13. Jh. | 14. Jh. | 15. Jh. | 16. Jh. |
|---|---|---|---|---|
| | 1200 Mittelalter | 1300 | 1400 | 1500 Renaissance | 1600 |

Honoré Daumier: ›Theaterpause‹

## Das Publikum

Das Publikum, das ist ein Mann,
Der alles weiß und gar nichts kann;
Das Publikum, das ist ein Weib,
Das nichts verlangt als Zeitvertreib;
Das Publikum, das ist ein Kind,
Heut so, und morgen so gesinnt;
Das Publikum ist eine Magd,
Die stets ob ihrer Herrschaft klagt;
Das Publikum, das ist ein Knecht,
Der, was sein Herr thut, findet recht;
Das Publikum sind alle Leut',
Drum ist es dumm und auch gescheut.
Ich hoffe, das nimmt keiner krumm,
Denn einer – ist kein Publikum.

*(Ludwig Robert, um 1830)*

**KON TEXT**

Man muss unbedingt Beifall spenden, zumindest dann, wenn die Darbietung nicht völlig schlecht war, denn in einem solchen Fall kommt es einer wirklichen Rüge gleich, wenn man nicht klatscht. (…) Sehr unfein ist es und oft auch recht lächerlich, die Bewegungen des Orchesters oder einzelner Spieler nachzuahmen und den Takt mit Händen oder Füßen mitzuklopfen. Es gibt Leute, die den Ehrgeiz haben, als Kenner zu erscheinen; sie schlagen den Takt, zuweilen falsch, und machen sich zum Gespött der wirklichen Musikverständigen, die ihre Gesten beobachten.
*(Aus dem ›Handbuch des guten Benehmens‹, von Breton, 1808)*

## AUFGABEN

- *Gebt mit euren Worten wieder, was* Ludwig Robert *mit seinem Gedicht über das Publikum aussagen möchte.*
- *Erfindet eigene Bildunterschriften zu den unterschiedlichen Situationen und Verhaltensweisen,* *wie sie in den beiden Abbildungen oben sowie auf S. 152 f. und 229 zum Ausdruck kommen.*
- *Bezieht dabei auch die Texte mit ein.*
- *Wählt einzelne Personen aus den Bildern aus und formuliert ›Sprechblasen‹.*

# Das Volkslied

Wenn in früheren Zeiten Menschen zusammenkamen, wurde häufig gemeinsam gesungen: Bei der Arbeit, bei gemeinsamen Unternehmungen, Kinderspielen, Geburtstagen oder Weihnachtsfeiern war das Singen ein selbstverständlicher Bestandteil des täglichen Lebens. Ein Großteil der Lieder war den allermeisten Menschen bekannt, sodass man nicht eigens auf Liederbücher oder Noten zurückgreifen musste. Derartige Lieder werden häufig als **Volkslieder** bezeichnet. Doch ist diese Bezeichnung eigentlich zutreffend? Was genau ist ein Volkslied?

In einem Musiklexikon findet sich folgende Definition: Ein Volkslied ist ›die Gesamtheit des allen Lebensbereichen Ausdruck verleihenden, im Volke entstandenen (bzw. kollektiv verbreiteten), mündlich überlieferten und u. a. durch Umsingen schöpferisch angeeigneten, weiterentwickelten und über einen längeren Zeitraum lebendigen Liedgutes nationalen Charakters‹.

## AUFGABEN

- *Fasst die in dieser Definition gegebenen Merkmale mit euren eigenen Worten zusammen.*
- *Bei welchen Gelegenheiten wird heute gesungen? Gibt es Lieder, die so gut wie jeder kennt? Notiert eure Ergebnisse auf einer Liste.*
- *Welche dieser Lieder kann man als ›Volkslieder‹ bezeichnen?*

Da die Volkslieder in der Regel mündlich verbreitet wurden, überrascht es nicht, dass viele Lieder in unterschiedlichen Melodie- bzw. Textversionen vorliegen. Sowohl die Texte als auch die Melodien wurden im Lauf der Zeit abgeändert oder erweitert. Mitunter versah man manche Texte auch mit neuen Melodien. Am Lied *Es ist ein Schnee gefallen* kann man diese Veränderungen gut beobachten.

## *Es ist ein Schnee gefallen*    *Nürnberg, 16. Jahrhundert*

2. Es gingen drei Gesellen
   spazieren um das Haus;
   das Maidlein was behende,
   es lugt zum Laden aus.

3. Der ein der was ein Reiter,
   der ander ein Edelmann,
   der dritt ein stolzer Schreiber,
   denselben wollt es han.

4. Er tät dem Maidlein kromen
   von Seiden ein Haarschnur;
   er gab demselben Maidlein:
   Bind du dein Haar mit zu!

5. Ich will mein Haar nit binden,
   ich will es hangen lan.
   Ich will wohl diesen Sommer lang
   fröhlich zum Tanze gan.

*um 1467*

*Schlesien, 19. Jahrhundert*

1. Es ist ein Schnee ge-fal-len, und es ist noch nit Zeit, _____ man wirft mich mit den Bal-len, der Weg ist mir ver-schneit. _____ Man wirft mich mit den Bal-len, der Weg ist mir ver-schneit.

2. Mein Haus hat keinen Giebel,
   es ist mir worden alt,
   zerbrochen sind die Riegel,
   mein Stüblein ist mir kalt.

3. Ach Lieb, lass dichs erbarmen,
   dass ich so elend bin,
   und schleuß mich in dein Arme!
   So fährt der Winter hin.

Worum geht es eigentlich in diesem Lied? Diese Frage ist gar nicht so leicht zu beantworten. Selbst bei den so genannten Volksliedforschern (Wissenschaftler, die sich mit der Herkunft bestimmter Lieder beschäftigen) gehen die Meinungen weit auseinander. So heißt es in der Volksliedsammlung *Deutscher Liederhort* von ERK/BÖHME (Leipzig 1893/94) unter anderem: ›Das hier und in anderen Liebesliedern vorangestellte Gesätz vom Schnee soll symbolisch andeuten, dass es dem Liebeswerber hinderlich geht; Schnee ist hemmend für das Zusammenkommen der Liebenden, meldet also bildlich: Hindernisse‹.

Bei BRINKMANN/HAESELER *(Das kleine dicke Liederbuch)* wird das Lied jedoch ganz anders interpretiert: *Es ist ein Schnee gefallen* und *Es ist noch nit Zeit* bedeutet, dass ein Mädchen ein Kind erwartet, ohne verheiratet zu sein. Sie wird aus der Gemeinschaft ausgestoßen (›Man wirft mich mit den Ballen, der Weg ist mir verschneit‹). Hoffnung besteht nur darin, dass ihr Freund sie heiratet‹.

## AUFGABEN

- Untersucht die drei verschiedenen Fassungen des Liedes auf Unterschiede bzw. Gemeinsamkeiten in Text und Melodie. **HB 343–345**
- Gibt es Veränderungen, durch die das Lied einen neuen Sinn erhält? Inwieweit haben die verschiedenen Textvorlagen zu den so gegensätzlichen Interpretationen beigetragen?
- Notiert unter die Akkordsymbole die betreffenden Akkorde. Spielt die unterschiedlichen Begleitungen. Welche Fassung überzeugt euch am meisten?
- ›Rock- und Popmusik sind die Volkslieder unserer Zeit‹. Diskutiert die Berechtigung dieser Aussage.

| 17. Jh. | 18. Jh. | 19. Jh. | 20. Jh. | 21. Jh. |
|---------|---------|---------|---------|---------|
| | 1700 | 1800 | 1900 | 2000 |
| | Barock | Klassik | Romantik | Im-/ |
| | | | Expressionismus | |

# Das Kunstlied

Die Französische Revolution brachte für Europa große Veränderungen. Überall wurde der Ruf nach Freiheit, Gleichheit und Brüderlichkeit laut. Als NAPOLEON jedoch mit seinen Eroberungskriegen begann, zerschlugen sich die Hoffnungen vieler Menschen nach einer gerechteren Gesellschaft. Mit dem Wiener Kongress (1814/15) erfolgte eine politische Neuordnung in Europa. Freiheitsbestrebungen wurden durch die Fürsten und den österreichischen Kanzler METTERNICH brutal unterdrückt, die freie Meinungsäußerung durch Zensurbestimmungen stark eingeschränkt. Viele Künstler zogen sich in eine innere, romantische Traumwelt zurück. Maler, Dichter, Musiker trafen sich in privaten Zirkeln zu geselligen Abendveranstaltungen, bei denen Gedichte und Lieder vorgetragen wurden. Berühmt sind die Treffen mit dem Wiener Komponisten FRANZ SCHUBERT, die so genannten **Schubertiaden**.

Moritz von Schwind: Schubertiade bei Joseph von Spaun

Das **Kunstlied** (Sololied mit Klavierbegleitung) erfreute sich im 19. Jahrhundert großer Beliebtheit. Der Komponist FRANZ SCHUBERT (1797–1828) schrieb in der Zeit des Übergangs von der Klassik zur Romantik über 600 Lieder. Einige fasste er zu Lieder-Zyklen zusammen *(Die schöne Müllerin, Winterreise, Schwanengesang)*.
Kunstlieder wurden entweder wie Volkslieder in **Strophenform** geschrieben oder in einer **variierten Strophenform**, d. h., dass trotz einiger Veränderungen und freier Ausgestaltungen die Strophenform noch deutlich zu erkennen war. Vor allem bei den **durchkomponierten Klavierliedern** erhält die Klavierbegleitung, die den Text illustriert und ausdeutet, ein immer stärkeres Gewicht.

**ANALYSE** Auf den ersten Eindruck handelt das Lied *Die Forelle* von einem flinken, munteren Fisch, der nur mit einer List gefangen werden kann. Der Journalist und Schriftsteller CHRISTIAN FRIEDRICH DANIEL SCHUBART schrieb das Gedicht 1782 auf der Festung Hohenasperg bei Stuttgart, wo er bereits über sieben Jahre wegen seiner freiheitlichen Gedanken und Reden eingekerkert war. Vor diesem Hintergrund ist auch noch eine andere, politische Deutung des Gedichtes von der Forelle möglich.

- Gebt den Inhalt der drei Strophen des Liedes *Die Forelle* mit eigenen Worten wieder.
- Wie lässt sich der Inhalt auf unterschiedliche Weisen interpretieren?

- Begründet, um welche Form des Klavierliedes es sich handelt. Worin unterscheidet sich dieses Lied von einem Volkslied? **HB 346**
- Beschreibt die Klavierbegleitung vom Hören.
- Untersucht die Notenausschnitte und stellt eine Beziehung zum Text her.
- Untersucht auf die gleiche Art und Weise *Die Uhr* von CARL LOEWE (Noten s. S. 256) **HB 347**

| 12. Jh. | 13. Jh. | 14. Jh. | 15. Jh. | 16. Jh. |
|---|---|---|---|---|
| 1200 Mittelalter | 1300 | 1400 | 1500 Renaissance | 160 |

# Die Forelle, op. 32

*Musik: Franz Schubert (1797–1828)*
*Text: Daniel Schubart (1739–1791)*

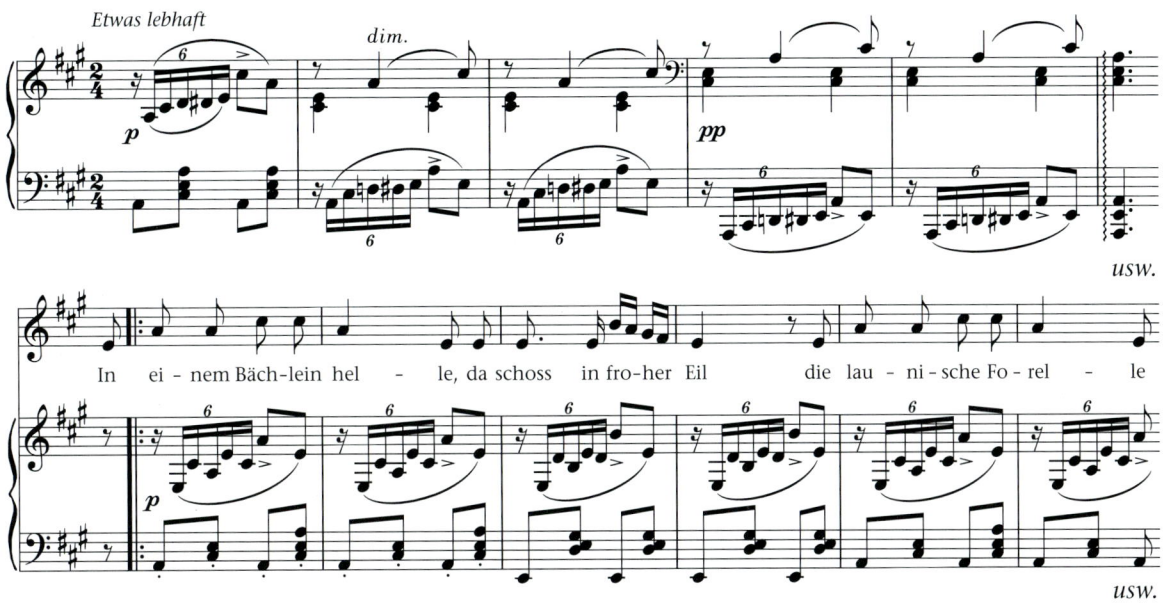

1. In einem Bächlein helle,
   da schoss in froher Eil'
   die launische Forelle
   vorüber wie ein Pfeil.
   Ich stand an dem Gestade
   und sah in süßer Ruh'
   des muntren Fischleins Bade
   im klaren Bächlein zu.

2. Ein Fischer mit der Rute
   wohl an dem Ufer stand
   und sah's mit kaltem Blute,
   wie sich das Fischlein wand.
   So lang' dem Wasser Helle,
   so dacht ich, nicht gebricht,
   so fängt er die Forelle
   mit seiner Angel nicht.

3. Doch plötzlich ward dem Diebe
   die Zeit zu lang.
   Er macht das Wasser tückisch trübe,
   und eh' ich es gedacht,
   so zuckte seine Rute,
   das Fischlein zappelt dran.
   Und ich mit regem Blute
   sah die Betrogne an.

# Salonmusik

Die Beliebtheit des häuslichen Musizierens hängt eng mit dem Wandel der Musikkultur zu Beginn des 19. Jahrhunderts zusammen. Nicht mehr der Adel, sondern das Bürgertum bildete nun den größten Teil des Konzertpublikums. Es gehörte zum Selbstverständnis bürgerlicher Kreise, ein Interesse für Kunst und vor allem für Musik zu zeigen – für alle jene Dinge also, die früher ein Privileg des Adels gewesen waren. Eine von Musik umrahmte häusliche Gesellschaft mit gebildeter Konversation war nicht zuletzt auch ein Statussymbol, durch das man seine Zugehörigkeit zur gehobenen Schicht demonstrieren konnte.

Als **Salonmusik** bezeichnet man ursprünglich Stücke, die gezielt für musikalische Darbietungen in den Salons des Bürgertums geschrieben wurden. Im Laufe des 19. Jahrhunderts wurde der Begriff auf alle Werke erweitert, die bei öffentlichen Darbietungen – in Kur- und Hotelhallen oder Weinstuben – gespielt wurden.

Es handelt sich um volkstümliche Melodien oder um Ausschnitte bekannter Werke aller musikalischen Gattungen, die für ein **Salon-Orchester** bearbeitet wurden. Diese Ensembles traten in unterschiedlichen Formationen auf. Am verbreitetsten war die ›Wiener Besetzung‹, die aus einem Klavier (oder Harmonium), einem (Steh-)Geiger, Cello und/oder Kontrabass sowie Schlagzeug bestand.

Eines der bekanntesten Salonstücke war das *Gebet einer Jungfrau* von der heute vergessenen Komponistin THEKLA VON BADARCZEWSKA. Seine Popularität war so groß, dass es in über hundert verschiedenen Auflagen gedruckt wurde.

## AUFGABEN

- *Durch welche Statussymbole bringen Menschen heute ihre Zugehörigkeit zu bestimmten Gruppen zum Ausdruck?*
- *Inwiefern konnte früher das Klavierspiel die Rolle eines Statussymbols einnehmen?*
- *Warum wurden die Salonstücke häufig mit bildlichen Überschriften (wie ›Im Galopp durch Feld und Wald‹ etc.) versehen?*
- *Im* Gebet einer Jungfrau *muss der Pianist an einer Stelle (vgl. Notenbeispiel) seine Arme überkreuzen. Welche Gründe kann es für eine derartige Spielanweisung geben?* **HB 348**

## Gebet einer Jungfrau

*Thekla von Badarczewska (1834–1861)*

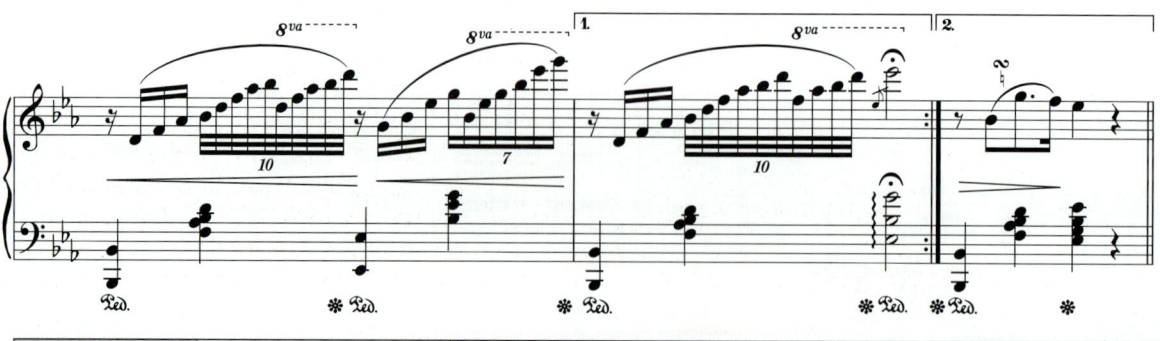

zeitgenössische Salonmusik

LA PRIÈRE d'une vierge
(Gebet einer Jungfrau)
composée pour le
PIANO
par
T. Badarzewska.
OP.4.

JOHANN ANDRÉ, OFFENBACH % Main.

Rich. Eilenberg.
Op.119

Durch Feld und Wald

Neue leichte Salonstücke.
Through field and forest  A travers champs et forêts.
Дачная жизнь.

espressivo
p

17. Jh. | 18. Jh. | 19. Jh. | 20. Jh. | 21. Jh.
1700 | 1800 | 1900 | 2000
Barock | Klassik | Romantik | Im-/Expressionismus

# Impressionismus

Claude Debussy

Claude Monet:
›Japanische Brücke‹, 1899

CLAUDE MONET (1840–1926) gilt als Begründer des **Impressionismus**. Sein Ziel war es, den unmittelbaren flüchtigen Eindruck (franz. Impression = Eindruck) eines Gegenstandes darzustellen, im Unterschied zu traditionellen Künstlern, die die Wirklichkeit realistisch abzubilden versuchten. Das führte ihn ins Freie und er begann in der Natur unter freiem Himmel zu malen. Angesichts der häufig wechselnden Lichtverhältnisse musste er schnell und improvisierend arbeiten.

Wichtige Anregungen gewann MONET aus japanischen Bildern. Ihn beeindruckten die unscharfen Konturen und die ineinander übergehenden Farben dieser Kunst.

Katsushika Hokusai: ›Die Woge bei Kanagawa‹, um 1835

Als ein Kritiker dem französischen Komponisten CLAUDE DEBUSSY (1862–1918) in einer Zeitung bescheinigte, seine Werke seien ›impressionistisch‹, war dies im abwertenden Sinn gemeint. Mit diesem aus der Malerei übernommenen Begriff hat er allerdings die Besonderheiten seines Stils sehr genau charakterisiert.

DEBUSSY verarbeitete die unterschiedlichsten Einflüsse in seinem Werk. Zu seiner Zeit war es nicht einfach, Musik aus fernen Kontinenten zu hören. Deshalb war die Weltausstellung in Paris 1889 eine gute Gelegenheit, außereuropäische Musik zu hören. Dort gab es u. a. ein ›campong‹, d. h. den Aufbau eines javanischen Dorfes, in dem Musik und Tänze Javas aufgeführt wurden. DEBUSSY verbrachte viele Stunden an diesem Ort, weil ihn die javanische Gamelan-Musik in hohem Maße faszinierte. **HB 349**

In seinen Kompositionen verwendete er Elemente des Gamelan-Orchesters: Ganztonleitern, Pentatonik, parallel verschobene Quart- und Quintschichtungen. Auf diese Weise versuchte DEBUSSY Naturstimmungen oder eigene Empfindungen zum Ausdruck zu bringen. **HB 350**

**WORKSHOP**

Verwendet bei euren Improvisationen die Ganztonleiter, benutzt Stabspiele oder Tasteninstrumente, ergänzt später Gong, Becken und andere Percussionsinstrumente:

- Spielt in drei Gruppen mehrmals die Tonleiter. Beginnt gleichzeitig, aber in unterschiedlichem Tempo.
- Bildet vier beliebige Akkorde aus drei Tönen der Leiter. Improvisiert dazu eine Melodie mit Tönen der gleichen Leiter.
- Überlegt euch Titel und versucht sie in euren Improvisationen umzusetzen.

**AUFGABEN**

- *Findet anhand des Notenbeispiels die Tonleiter heraus, die DEBUSSYS Klavierstück* Voiles *(Segel, Schleier) zugrunde liegt.*

- *Beschreibt die Wirkung der ersten Takte dieses Stückes.* **HB 351**

**Ganztonleiter**

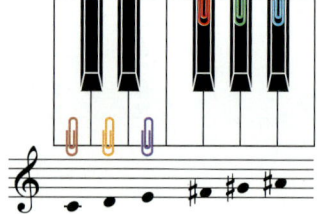

Bauprinzip:
nur Ganztöne

Claude Monet: Bilderzyklus der Kathedrale von Rouen bei unterschiedlichem Tageslicht

**Die versunkene Kathedrale**

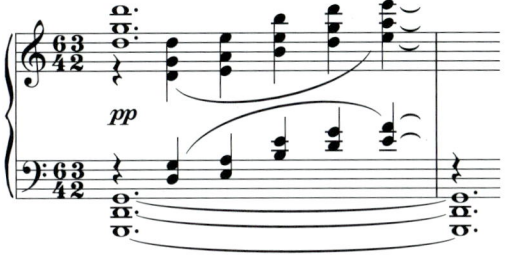

CLAUDE DEBUSSYS Prélude Nr. 10 mit dem Titel *La Cathédrale engloutie* (die versunkene Kathedrale) entstand 1910 in Anlehnung an MONETS Gemälde. Von den 50 Darstellungen sind hier einige zu sehen. Außerdem ließ sich DEBUSSY beim Komponieren durch eine in Frankreich bekannte bretonische Sage inspirieren, in der eine Kathedrale im Wasser versunken ist. Morgens taucht sie unter Glockengeläut und Orgelklängen aus dem Wasser auf, um dann abends wieder zu versinken.

Dieses Anfangsmotiv kommt während des Stückes immer wieder vor. Untersucht, was man bereits am Notenbild erkennen kann. **HB 352**

## AUFGABEN

- *Zu welchen Tages- und Jahreszeiten wird MONET die verschiedenen Darstellungen der Kathedrale angefertigt haben?*
- *Worin ähneln sich die Musik DEBUSSYS und die Bilder MONETS? Stellt Merkmale zusammen.*
- *›Allmählich aus dem Nebel hervortretend‹.
  – An welcher Stelle des Préludes Nr. 10 (s. Notenbeispiel) könnte diese Spielanweisung stehen?
  – Wann habt ihr den Eindruck, die Kathedrale wirklich sehen zu können?* **HB 352**

- *Ordnet die Ausschnitte aus DEBUSSYS Kompositionen den Titeln zu.* **HB 353–358** *Was lässt sich besonders leicht heraushören?*

  *Für die Schlangentänzerin*
  *Mondlicht*
  *Wellenspiel*
  *Gärten im Regen*
  *Der Schnee tanzt*
  *Gespräch zwischen Wind und Meer*

| 17. Jh. | | 18. Jh. | | 19. Jh. | | 20. Jh. | | 21. Jh. |
|---------|--|---------|--|---------|--|---------|--|---------|
| | 1700 | | 1800 | | 1900 | | 2000 | |
| | Barock | | Klassik | Romantik | Im-/ Expressionismus | | | |

# Expressionismus

Während der Kaiserzeit unter WILHELM II. veränderten sich durch eine wachsende Technisierung und eine Vielzahl neuer Erfindungen die Lebensgewohnheiten der Menschen.

Vielen Menschen machte die rasante Entwicklung um die Jahrhundertwende Angst. Es kam zu Umbrüchen und mancher geriet in den Sog einer Weltuntergangsstimmung (siehe S. 116). Einige Künstler erlebten ihren eigenen Lebensraum als eng und zunehmend fremdbestimmt. Sie suchten neue Wege sich auszudrücken.

Einige Maler, zu denen auch FRANZ MARC gehörte, gründeten die Künstlergemeinschaft *Der Blaue Reiter*. Sie beschäftigten sich mit abstrakter Malerei (abstrakt = losgelöst) und standen im Austausch mit Komponisten wie ARNOLD SCHÖNBERG (1874–1955), der ähnliche Ziele verfolgte. Man versuchte neue künstlerische Formen umzusetzen. Später nannte man diesen Stil **Expressionismus.**

Ähnlich wie beim Impressionismus rückten Maler und Komponisten von herkömmlichen Hör- und Sehgewohnheiten ab. FRANZ MARC besuchte mit anderen Malern der Künstlergemeinschaft ein Konzert (1911) von ARNOLD SCHÖNBERG. Dieser stellte damals Beispiele seines zehn Jahre umfassenden Schaffensprozesses vor. Dazu gehörten tonal gebundene Werke und seine ersten atonalen Kompositionen.

Bei Bildern von MARC ist in den Jahren 1910–1914 eine Veränderung zu beobachten, die (unter anderem) durch dieses Konzert angeregt wurde.

Drei Bilder des Künstlers Franz Marc: Die Titel lauten: ›Drei rote Pferde‹, ›Die kleinen gelben Pferde‹ und ›Turm der blauen Pferde‹. Marc wurde 1880 geboren und fiel als Soldat während des Ersten Weltkrieges 1916.

## AUFGABEN

- *Vergleicht die drei Bilder von MARC. Welche Veränderungen könnt ihr bei den Pferden erkennen? Beachtet auch die jeweiligen Hintergründe.*
- *Die Bilder wurden in den Jahren 1911, 1912 und 1913 gemalt. Ordnet ihnen die Entstehungszeit zu und begründet eure Entscheidung.*

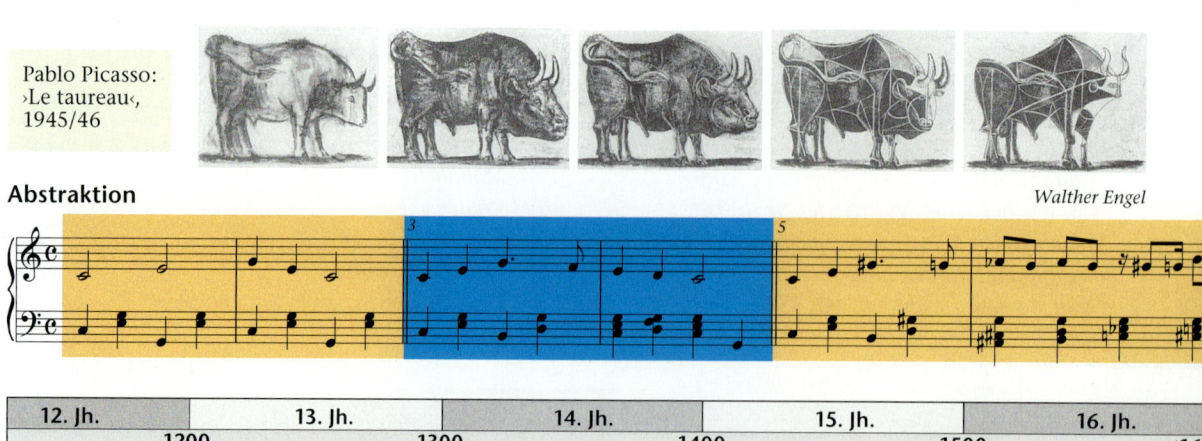

Pablo Picasso: ›Le taureau‹, 1945/46

**Abstraktion**

Walther Engel

| 12. Jh. | 13. Jh. | 14. Jh. | 15. Jh. | 16. Jh. |
|---------|---------|---------|---------|---------|
| 1200 | 1300 | 1400 | 1500 | 160 |
| Mittelalter | | | Renaissance | |

## Arnold Schönberg

Der Komponist ARNOLD SCHÖNBERG wurde 1874 in Wien geboren. Er starb 1955 in Los Angeles. Als Komponist war er im Wesentlichen Autodidakt. 1925 wurde er Professor für Komposition in Berlin, aber 1933 als Jude entlassen. Er emigrierte nach Amerika und wurde Professor für Musik an der *University of California*. Sein Schritt um 1908 von der Tonalität zur **Atonalität** (oder freier Tonalität, wie SCHÖNBERG sie nannte) war für den Beginn des Expressionismus sehr wichtig. Diese Kompositionsweise wird als eine der radikalsten Neuerungen der Musik des 20. Jahrhunderts angesehen. **HB 359–361**

## AUFGABEN

- *Auf welche Idee könnte* FRANZ MARC *beim Hören der Musik von* SCHÖNBERG *gekommen sein? Überlegt, was der Maler nach dem Hören der Musik verändert haben könnte.*
- *Beschreibt die Veränderungen in der Bildfolge ›Le taureau‹ von* PICASSO.
- *Versucht den Begriff ›Abstraktion‹ am Musikbeispiel zu erklären.* **HB 362**
- Le Sacre du Printemps *von* IGOR STRAWINSKY *löste bei seiner Uraufführung 1913 einen großen Skandal aus.* **HB 363** *Versetzt euch in die Lage eines Musikkritikers und schreibt einen Zeitungsartikel.*

---

**Atonalität (freie Tonalität)**
Bei der Wahl des Klangmaterials wird auf ein tonales Zentrum mit Kadenzen, Leittönen und gewohnten Akkorden verzichtet. Es wird nicht nach konsonanten oder dissonanten Intervallen unterschieden. Konsonanzen werden zugunsten der Dissonanz eher vermieden.

| 17. Jh. | | 18. Jh. | | 19. Jh. | | 20. Jh. | | 21. Jh. |
|---|---|---|---|---|---|---|---|---|
| | 1700 | | 1800 | | 1900 | | 2000 | |
| | Barock | | Klassik | Romantik | Im-/ Expressionismus | | | |

# Neue Wege

## Ein Hörexperiment

Was verändert sich für euch bei mehrmaligem Hören?
Um das festzustellen, könnt ihr folgendermaßen vorgehen:

- Legt Schreibzeug griffbereit auf euren Tisch.
- Hört euch das Stück dreimal an. Nach jedem Durchgang habt ihr eine Minute Zeit, Besonderheiten zu notieren.
- Macht euch Gedanken darüber, warum ihr das Stück nach dem dritten Mal anders wahrnehmt, als beim ersten Hören. **HB 364**

ANTON VON WEBERN (1883–1945), Schüler von ARNOLD SCHÖNBERG, ging den neuen Weg seines Lehrers konsequent weiter. Seine *Bagatelle Nr. 4* ›Sehr langsam‹ ist mit einer Spielzeit von 45 Sekunden ungewöhnlich kurz.

Man bedenke, welche Enthaltsamkeit dazu gehört, sich so kurz zu fassen. Jeder Blick lässt sich zu einem Gedicht, jeder Seufzer zu einem Roman ausdehnen. Aber: Einen Roman durch eine einzige Geste, ein Glück durch ein einziges Aufatmen auszudrücken: solche Konzentration findet sich nur, wo Wehleidigkeit in entsprechendem Maße fehlt. *(Arnold Schönberg im Vorwort zur Partitur von Weberns ›Sechs Bagatellen für Streichquartett, op. 9‹, 1924)*

## Bagatelle op. 9/4

*Anton von Webern (1924)*

Sehr langsam

*[Notenbeispiel: Partitur für Streichquartett]*

**ANALYSE**

- Beschreibt Besonderheiten des Stückes anhand des Notenbildes. Achtet auf die Lautstärke, den Takt und den Rhythmus.
- Stellt die Angaben zur Spielweise zusammen und klärt die entsprechenden Fachbegriffe.
- Welchen Aspekt stellt SCHÖNBERG im Vorwort heraus und wie begründet er seine These?

›Zwei Wege‹ ist eine Variationsfolge, in der die beiden Bratschen solistisch auf die Anregungen und Einwürfe des Orchesters reagieren. Das Ergebnis ist manchmal ein sirrender, schwirrender Klagegesang, dann wieder ein selbstvergessenes Suchen nach Übereinstimmung. Die beiden Bratschen gehen in ›Zwei Wege‹ oft Schleichwege: Glissandi und Tonläufe prägen ihren Part, der zwischen Selbstgespräch und Dialog wechselt. (...) Am Schluss verliert sich die zweite Bratsche in den Tiefen, während die erste Bratsche in den Höhen verhaucht. ›Zwei Wege‹, ein Ziel! *(Rainer Wagner, Hannoversche Allgemeine Zeitung, 2000)*

Die russische Komponistin Sofia Gubaidulina geht in ihrem Werk *Two Paths – Music for Two Solo Violas and Symphony Orchestra – dedicated to Maria and Martha* ebenfalls neue Wege. Der Musikkritiker Rainer Wagner schreibt über ihr Werk, das 1999 in New York uraufgeführt wurde.

## AUFGABEN

- *Hört den Anfang des Konzertes und stellt fest, wie häufig das Tutti während des Hörbeispiels zu hören ist.* **HB 365**
- *Vergleicht die unterschiedlichen Wege der Bratschen, die in den Notenbeispielen dargestellt werden.* **HB 366–368**
- *Was könnt ihr aus der Beschreibung Rainer Wagners in den Hörbeispielen wiederfinden?*
- *Überprüft anhand des Hörbeispiels welche Teile eher gewohnt und welche eher ungewohnt klingen.* **HB 365**

## Two Paths

*Sofia Gubaidulina (1999)*

**Tutti**

Ein wichtiges Orchestermotiv wird häufig wiederholt und besteht aus folgendem Tonmaterial:

**Drei Soli für Viola**

1

2

3

| 17. Jh. | 18. Jh. | 19. Jh. | 20. Jh. | 21. Jh. |
|---------|---------|---------|---------|---------|

1700 Barock · 1800 Klassik · 1900 Romantik · Im-/Expressionismus · 2000

# Begegnungen

# Kulturelle Vielfalt

Die Anlässe für Musik – ob fröhlich oder traurig – sind vielfältig. Dazu gehören: Volksfeste, Jubiläen, Dankesfeiern, Begrüßungen, Abschiede, Begräbnisse, Meditationen. Musik kann auch eine unmittelbar politische Funktion haben. Den quantitativ größten Teil aller Musik macht die Tanzmusik aus, die ursprünglich aus rituellen Handlungen hervorgegangen ist.

Von der Musik, die uns heute umgibt, ist ein erheblicher Teil durch die gegenseitige Beeinflussung großer Kulturen entstanden. Die Vermischungsprozesse liefen nur selten auf friedliche Weise ab, meistens aufgrund von Unterdrückung und Kolonialisierung. Das Aufeinandertreffen von afrikanischen und europäischen Kulturen in Amerika ließ etwa Blues, Samba und Salsa entstehen. Nur wenige abgeschlossene Regionen der Erde blieben von fremden Kulturen unbeeinflusst.

Obwohl Musik unterschiedlicher Kulturen sich im Klang unterscheidet, kann sie durchaus gleiche Funktionen erfüllen. In allen Kontinenten gibt es zum Beispiel religiöse, kultische Musik. Oft sind die Funktionen von Musik für Menschen, die in anderen Kulturkreisen leben, nicht ohne weitere Information zu verstehen. So wird ein Nichteingeweihter nicht sofort deuten können, dass es sich beim Zwiegespräch zwischen einer Tibet-Oboe und dem großen Langhorn um die rituelle Musik der Buddhisten handelt. **HB 369**

Vom Festival für die *Heilige Mutter Guadelupe* in Südmexiko stammt **HB 370**: Ein Gebet, das von Beginn an rhythmische Strukturen aufweist, steigert sich und geht dabei in Musik über.

## AUFGABEN

- *Beschreibt, was aus den Bildern über die Musik, die Instrumente, den Status und das Milieu der Musiker abzuleiten ist.*
- *Gebt einen Tipp, aus welchen Kontinenten oder vielleicht sogar aus welchen Ländern die sieben Musikausschnitte stammen könnten.* **HB 371–377**
- *Zu welchen Bildern könnte ein Musikbeispiel passen? Begründet eure Auswahl.*

# Spanien – Schmelztiegel der Kulturen

Flamenco-Ensemble

›Süden, Sonne, Wärme, Gitarre, Flamenco‹ – das sind Schlagworte, die den meisten Menschen in Mitteleuropa zu Spanien einfallen. Dabei ist der Flamenco, was seine Entstehung betrifft, gar keine rein spanische Angelegenheit. Spanien wurde im Laufe seiner Geschichte durch viele Kulturen beeinflusst. Die Iberer, das erste sesshafte Volk auf der Halbinsel, vermischten sich ab dem 10. Jahrhundert v. Chr. mit den einwandernden Kelten. Später hinterließen Phönizier, Griechen, Römer und Westgoten ihre Spuren, und im 8. Jahrhundert n. Chr. eroberten die von Afrika kommenden Mohammedaner fast ganz Spanien. Unterschiedlichste Völker und Religionsgruppen prägten über Jahrhunderte das kulturelle Leben.

In diesem Schmelztiegel der Kulturen liegen auch die Wurzeln des **Flamencos**. Andalusien, der südlichste Teil Spaniens, ist bis heute die Heimat dieser Musik, die vorwiegend in den gettoartigen Siedlungen der Gitanos entstand. Die **Gitanos**, wie die Zigeuner dort genannt werden, wanderten ab dem 15. Jahrhundert ein und brachten vor allem indische und arabische Musik mit. Letztere vermischte sich mit der andalusischen Musik, die maurische und

hebräische Elemente enthielt. Aus dieser einzigartigen Verbindung entwickelte sich der Flamenco.

Zigeunern drohte vonseiten der Inquisitoren die Todesstrafe, wenn sie nicht ihre Sitten und Gebräuche ablegten. Auf die Abneigung und Diskriminierung reagierten die Gitanos nie mit Gewalt und Aufruhr, sondern zogen sich in ihre Familien zurück und drückten Schmerz, Verzweiflung und Zorn im Gesang aus.

Das ursprünglichste Element des Flamencos ist der **Cante jondo** (gesprochen: *kante chóndo, ch* wie in *Nacht* = tiefer Gesang), der schwermütig-dramatisch aus dem tiefsten Innern kommt und durch **Melismen** geprägt ist. Er steht für sich – ohne Instrumentalbegleitung oder Tanz. **HB 378**

## AUFGABE

- *Erläutert die Besonderheiten des Cante jondo unter Einbeziehung des Hörbeispiels und des Notenausschnittes.*

Beispiel einer melismatischen Wendung im Flamenco-Gesang

# Die Grundelemente des Flamencos

**El Cante** (der Gesang)

Der Gesang gilt als die Seele des Flamencos. Im Ursprung handelt es sich um Klagelieder. Besungen werden Liebe, Tod, Schuld und Sühne. Der Gesang ist stark verziert und melismatisch. Strophen und Refrain werden frei gestaltet.

**El Baile** (der Tanz)

Die Gitanos brachten in der Entwicklungsgeschichte des Flamencos nicht nur ihre Leiden, sondern auch ihre Freude im Gesang zum Ausdruck. Lieder mit fröhlicherem, leichterem Charakter wurden durch Händeklatschen **(Palmas)** oder **Kastagnettenspiel**, später auch durch einfache Gitarrenakkorde rhythmisch unterstutzt. Mit dieser Instrumentalbegleitung fand auch der Tanz Eingang in den Flamenco. Er war zunächst nur Sache der Frauen, die ursprünglich barfuß und von der Taille aufwärts auf orientalische Art mit expressiven Bewegungen der Arme und Hände tanzten. Die heute für den Flamenco so typische Fußtechnik und die betont heftigen Körperbewegungen kamen erst, als die Männer begannen, Flamenco zu tanzen. Diese Art wurde dann wiederum von den Frauen übernommen. Die Tänzerinnen und Tänzer begleiten sich häufig selbst mit Kastagnetten.

Sängerin Fernanda de Utrera

**El Toque** (gesprochen: *tocke*, das Gitarrenspiel)

Das dritte große Element ist das Spiel der Gitarre. Sie hatte zuerst nur eine untergeordnete Funktion als Begleitinstrument. Doch immer mehr Gitarristen wollten sich auch unabhängig von Sängern und Tänzern mit ihrem technischen Können und ihrer Interpretationskunst zeigen. Das führte dazu, dass schon in der zweiten Hälfte des 19. Jahrhunderts die ersten großen Solisten an der Flamencogitarre auftraten. In der heutigen Szene gibt es eine große Zahl von Virtuosen. Weltweiten Ruhm erlangte am Ende des 20. Jahrhunderts der Flamenco-Gitarrist PACO DE LUCIA (geb. 1947).

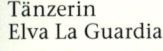

Tänzerin
Elva La Guardia

Der Gitarrist
Paco de Lucia

## AUFGABE

- *Beschreibt, welche Elemente des Flamencos in den Abbildungen zu sehen sind.*

# Bulería, Soleá und der Flamenco nuevo

Jorge La Guardia mit Cajón

Der **Cajón** (sprich: *kachón,* deutsch = Kasten) ist ein Instrument, das schon vor einigen 100 Jahren in Lateinamerika – vor allem in der Musik der unterdrückten Bevölkerung – verbreitet war. Um 1970 hielt er Einzug in die spanische Musik. Der Perkussionist RUBÉN DANTAS, Begleiter des legendären Gitarristen PACO DE LUCIA, setzte den Cajón erstmals im Flamenco ein und machte dieses Schlaginstrument mit dem schnarrenden Klang schnell in ganz Spanien populär.

Der Cajón ist einfach herzustellen. Man benötigt nur wenige Bretter, einige Schrauben, vier bis sechs ausgediente Gitarrenstahlsaiten und vier kleine Glöckchen mit einem Durchmesser von ein bis zwei Zentimetern.

In die hintere Wand des etwa 60 Zentimeter hohen Cajóns wird ein fußballgroßes Loch gesägt. Die vordere Wand, auf die der Spieler – auf seinem Instrument sitzend – mit der Hand schlägt, wird nur in der unteren Hälfte fest verschraubt. Der obere Teil der Schlagwand hat einen hauchdünnen Abstand zu den Holzkanten und kann frei schwingen. Auf die Rückseite der Vorderwand werden Metalldrähte oder alte Gitarrensaiten gespannt sowie die Glöckchen angebracht. **HB 381**

Zu den populärsten Gattungen des Flamencos – insgesamt gibt es 38 – zählen **Soleá** und **Bulería**. Beide stehen im 12/8-Takt. Die Soleá wird oft als Königin des Flamenco bezeichnet. **HB 379**

Die Bulería wird heute von den jungen Gitarristen bevorzugt gespielt, da sie viel Raum für Improvisationen lässt. **HB 380**

Ab 1970 schufen Flamenco-Interpreten, die offen für alle Einflüsse außerspanischer Musiktraditionen wie Jazz, Pop oder Orchestermusik waren, den **Flamenco nuevo.** Instrumente, die bis dahin eher flamenco-untypisch waren, hielten Einzug in diesen ›neuen Flamenco‹: **Cajón** (siehe Abbildung), elektrischer Bass, Klavier, Flöte, Saxofon, Trompete und schließlich sogar das Schlagzeug. Spanische Bands wie KETAMA und EL BARRIO stehen für diese neue Richtung.

Große Popularität hat der Flamenco inzwischen auch in Deutschland bekommen. Landesweit gibt es Flamenco-Schulen, die Gitarrenworkshops und Tanzkurse anbieten.

## AUFGABEN

- *Sucht Anzeigen von kulturellen Lehrangeboten in Tageszeitungen und Zeitschriften heraus, in denen es um Flamenco geht. Schaut auch im Branchenverzeichnis nach, wo in eurer Umgebung Flamenco gelehrt wird.*
- *Beschreibt den Klang des Cajóns.* **HB 381** *Welchem Klang eines Instruments des Schlagzeugs ähnelt er am meisten?*
- *Versucht die unterschiedliche Wirkung einer Soleá und einer Bulería zu beschreiben.* **HB 379–380**
- *Vergleicht die Bulería von 1969 mit dem Flamenco-Titel von 1996.* **HB 382–383**
- *Nennt die wesentlichen Unterschiede in Instrumentierung, Tempo, Dynamik und gesanglichem Ausdruck.*

Flamenco-Unterricht mit der deutsch-spanischen Sängerin und Tänzerin Elva La Guardia

Die Bulería, die heute am häufigsten gespielte Flamenco-Gattung, beruht auf einem rhythmischen Grundmuster im 12/8-Takt. **HB 384**

Palmas 1 $\frac{12}{8}$

Unterlegt man diesen Rhythmus mit Silben (Lautierung), kann man ihn besser behalten. Die unterstrichenen Silben werden dabei hervorgehoben: **HB 385**

Má – la – ga, Má – la – ga, Pa – cos Bu – le – rí – a

Zur **Hauptlinie (Palmas 1)** gehört immer eine zweite Linie, die **Contras**. Dabei handelt es sich um eine Off-beat-Linie, die auf den ›Und‹-Zählzeiten geklatscht wird: **HB 386**

Palmas 1
(Hauptlinie)
Palmas 2
(Contras)

Mit drei Dur-Akkorden auf der Gitarre oder dem Klavier kann die Hauptlinie unterstützt werden: **HB 387**

Zu jedem Akkord erklingt der Basston E.

WORK SHOP

- Klatscht die **Hauptlinie** der **Bulería (Palmas 1)** und betont die akzentuierten Noten. Sprecht dazu die Silben ›Má-la-ga …‹ usw. nacheinander ohne Pause.
- Das Zusammenwirken der Hauptlinie und der Contras könnt ihr auf einfache Weise hörbar machen: Haltet die linke Hand starr und flach etwa zehn Zentimeter über einer Tischfläche. Mit der ebenfalls flachen rechten Hand macht ihr eine gleichmäßige Auf- und-ab-Bewegung.

Die Handinnenfläche markiert auf dem Tisch die Palmas-1-Linie und die Handoberfläche klatscht im ständigen Wechsel gegen die linke Hand, wodurch die Contras entstehen. Beide Linien haben unterschiedliche Klänge. Wenn ihr dabei die Betonungen berücksichtigt, hört ihr deutlich das rhythmische Grundmuster der Bulería. Beginnt langsam und steigert dann das Tempo.

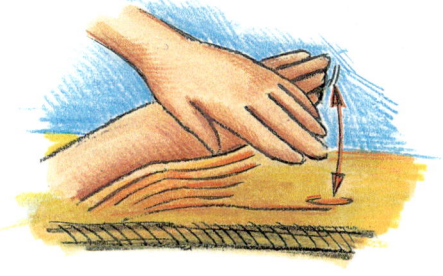

- Die typische Flamenco-Kadenz mit den Dur-Akkorden E, F und G (unten links) lässt sich auf der Gitarre ganz einfach spielen: Greift den E-Dur-Akkord und verschiebt die drei heruntergedrückten Finger parallel um einen Halbton (ein Bund weiter) nach oben (F-Dur), dann um einen weiteren Ganzton (zwei Bünde – G-Dur) nach oben – und wieder zurück. Tiefe und hohe E-Saite sowie H-Saite klingen als Leersaiten bei jedem Akkord mit – das bringt den Flamenco-Sound.
- Untersucht die beiden Tonleitern, die im Flamenco häufig gespielt werden, und nennt das jeweilige Bauprinzip. **HB 388**

- Spielt beide Tonleitern zur oben genannten Flamenco-Akkordfolge. Was bewirkt der kleine Unterschied?

# Samba – Power-Percussion aus Brasilien

Batucada-Orchester aus Rio

In den Straßen von Rio de Janeiro explodiert der Samba, wenn die brasilianische Fußball-Nationalmannschaft ein wichtiges Spiel gewonnen hat. Auf den Bürgersteigen und Plätzen der Millionen-Metropole treffen sich die Leute zu riesigen Freudenfeiern. Spontan bilden sich bunt gemischte Percussion-Gruppen mit Menschen aller Rassen und Klassen. Sobald die Amateurmusiker zu den Instrumenten – Trommeln, Schüttelrohren und Glocken – greifen, erklingt ein überschwänglicher **Samba Batucada**, für Beobachter eine Art Jam-Session mit tosender Percussion. **HB 389**

Der Samba ist einer von mehreren hundert Tänzen und Rhythmen Brasiliens, die aus der Verschmelzung von afrikanischer, portugiesischer und indianischer Kultur hervorgingen. Zwischen 1538 und 1850 wurden rund 3,5 Millionen Afrikaner als Sklaven in das von Portugal kolonisierte Brasilien gebracht. Sie konnten hier ihre Musik, ihre Sprache und ihre Religion in reinerer Form erhalten als die Sklaven in Nordamerika und hatten daher größeren Einfluss auf die musikalische Entwicklung – was in den Rhythmen des Sambas besonders deutlich wird.

So unterschiedlich wie die Spielarten sind die Besetzungen der Samba-Gruppen. Neben den Samba-Orchestern mit teilweise mehr als 300 Perkussionisten, die man alljährlich beim Karneval in Rio bestaunen kann, gibt es sehr kleine Ensembles, die etwa den sanften **Samba Canção** spielen. **HB 390**

Bass- und Basisinstrument des Sambas ist der **Surdo.** Diese etwa 80 cm hohe zylindrische Trommel wird mit einem großen Holzklöppel geschlagen, dessen Kopf mit Samt bezogen ist. Die Off-Beats auf 2 + und 4 + werden mit der linken Handfläche, die Beats auf 1 und 3 bzw. 4 mit dem Klöppel in der rechten Hand gespielt. Die Grundlinie des Surdos klingt so: **HB 391**

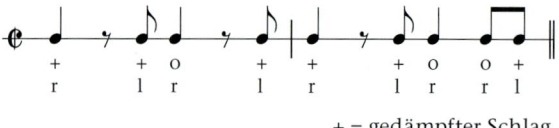

+ = gedämpfter Schlag
o = offener Schlag

Die **Ganzá**, ein Schüttelinstrument aus Metall mit ein, zwei oder drei miteinander verbundenen und mit Kügelchen gefüllten Rohren, spielt dazu einen gleichmäßigen Achtelnoten-Teppich mit Akzenten auf 1, 2+, 3 und 4+: **HB 392**

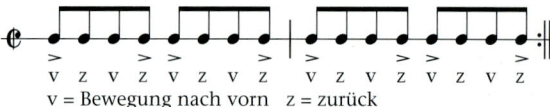

v = Bewegung nach vorn   z = zurück

Diese Linie kann von einem **Triangel** gedoppelt werden. Die rhythmische Reibung bringt das **Tamborim**, eine kleine Handtrommel (ohne Schellen), die mit einem oder zwei Sticks gespielt wird. Der gedämpfte Ton entsteht, indem die Finger der haltenden Hand von unten gegen das Fell drücken. Das Pattern des Tamborims: **HB 393**

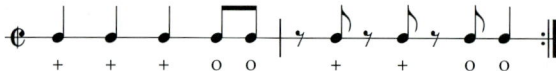

Ganzá

Surdo

Tamborim

# Mund-Samba

*Komposition: Birger Sulsbrück*
*Bearbeitung: Evi Brettschneider/Kurt Klose*

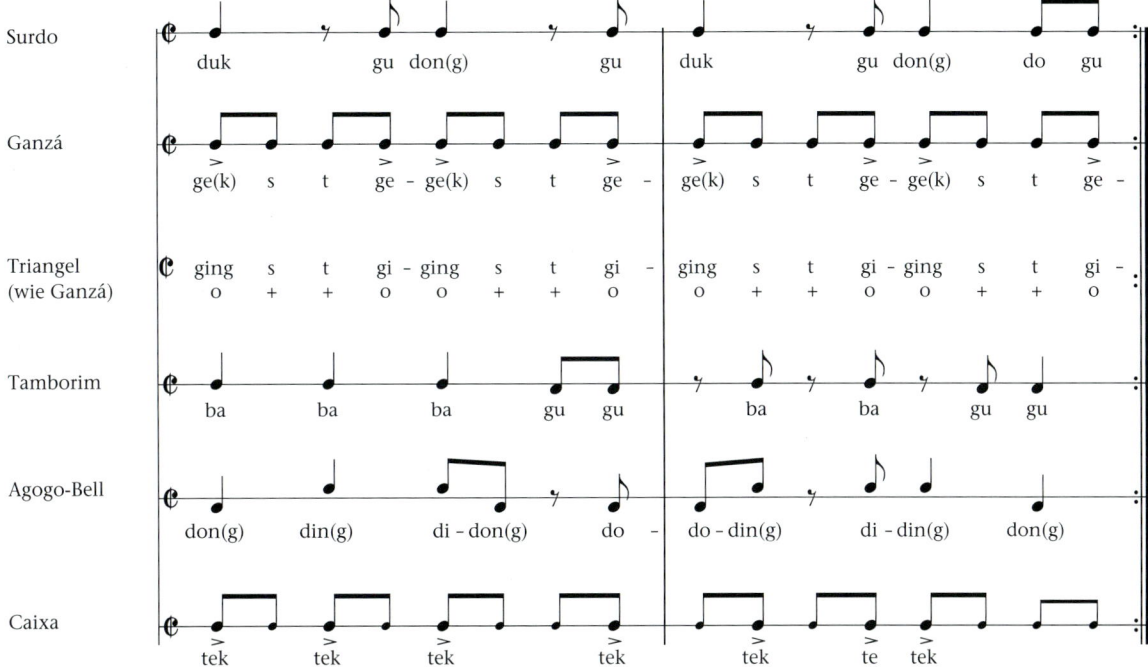

Surdo — duk | gu don(g) | gu | duk | gu don(g) | do gu

Ganzá — ge(k) s t ge – ge(k) s t ge – | ge(k) s t ge – ge(k) s t ge –

Triangel (wie Ganzá) — ging s t gi – ging s t gi – | ging s t gi – ging s t gi –
o + + o o + + o | o + + o o + + o

Tamborim — ba | ba | ba | gu gu | ba | ba | gu gu

Agogo-Bell — don(g) din(g) di – don(g) do – | do – din(g) di – din(g) don(g)

Caixa — tek tek tek tek | tek te tek

Caixa

Agogo-Bell

Eine melodische Linie zum Rhythmusteppich der anderen Percussion-Instrumente entsteht durch das Pattern der **Agogo-Bell,** einer Doppelglocke, die mit einem Holz-Stick gespielt wird. Die beiden Einzelglocken sind unterschiedlich in Größe und Tonhöhe.

Varianten der Agogo-Bell-Linie:  **HB 395**

a)

b)

Die stark synkopierte Linie des **Tamborims** kann durch die **Caixa** (gesprochen: *kaischa*) unterstützt oder ersetzt werden. Die Caixa ist eine Trommel von der Größe der Snare-Drum des Schlagzeugs, die mit einem Gurt direkt am Körper getragen und mit zwei Sticks gespielt wird.

R L R L R L R L   R L R L R L R L

Caixa-Linie **HB 394**

WORK SHOP

- Sprecht die Linien des ›Mund-Samba‹ und stellt euch vor, wie sich die Lautierung auf dem Instrument anhören würde. Sprecht dann alle Linien (pro Instrument mindestens drei Sprecher) gleichzeitig und hört, wie sich die Rhythmen überlagern. **HB 396**
- Spielt die Linien des ›Mund-Samba‹ mit den Instrumenten. Was dabei entsteht, ist ein Samba Batucada. **HB 397**

# Klezmer –
# Von der jüdischen Hochzeits- zur Weltmusik

**KONTEXT** Die Klarinette jauchzt, seufzt und schluchzt, die Posaune schmatzt, stöhnt und schmettert, die Geige sirrt, kreischt und quirlt, die Trommeln wirbeln und stampfen. Und alles in einer furiosen Dynamik – von verhaltenem Pianissimo bis zum orkanartigen Fortissimo –, Schwermütigkeit und Ausgelassenheit wechseln sich ab.

*(Besucher nach einem Klezmer-Konzert)*

Eine große polnische Klezmer-Kapelle um 1900

**AUFGABE**

* *Was könnt ihr von der Beschreibung des Konzertbesuchers (s. o.) nachvollziehen?* **HB 398–401**

**Klezmer** ist seit dem Mittelalter die traditionelle Instrumentalmusik der **jiddischsprachigen Juden Osteuropas.** Als Klezmer wird auch der Musiker bezeichnet (Plural: Klezmorim).

Ein Klezmer-Quintett aus der Ukraine um 1912

Vielen Klezmorim kommt es heute nicht so sehr darauf an, **was** sie spielen, sondern **wie** sie es spielen. Wichtig ist ihnen, dass sie und ihr Instrument eins sind. Sie betrachten das Instrument als die Stimme, die Gedanken, Empfindungen oder Bilder zum Klingen bringt. Diese Grundhaltung zeigt sich schon in der Bedeutung des Begriffs Klezmer: Er entstand aus den althebräischen Wörtern **kley** (= Werkzeuge, Instrumente) und **zemer** (= Musik, Lied) und lässt sich mit ›Instrument des Liedes‹ übersetzen.

Jeder Mensch ist ein Klezmer. Ich vermittle anderen meine innere Stimme, eine Idee, ein Gefühl. Ein Klezmer spielt nicht eine Melodie, er sagt sie und sagt damit die Wahrheit. Entscheidend ist, dass du zum Ausdruck bringst, was in dir ist, deine innere Wahrheit, deine Kultur. Wenn du das tust, dann ist das ein Mittel der Verständigung, das jeder an jedem Platz der Welt versteht, ganz egal, welcher Religion und Hautfarbe er ist und welche Sprache er spricht.
*(Giora Feidman, Klezmer und Klarinettist, geb. 1936)*

Die Klezmorim in Osteuropa hatten einen doppelt schweren Stand: Sie verloren als Juden fast überall ihre Bürgerrechte, besaßen also auch kein städtisches Wohnrecht und waren somit der Willkür der Obrigkeit ausgeliefert.

Da sie mit ihrer Musik wenig verdienten, waren die meisten Klezmorim gezwungen, nebenbei einer anderen Arbeit nachzugehen. Viele waren Schuster oder Schneider. Wenn keine Kunden kamen, konnten sie auf ihrem Instrument üben. Die wenigsten hatten eine professionelle Musikausbildung, da ihnen als Juden der Zugang zu den Konservatorien verwehrt wurde. Dennoch gab es unter ihnen viele qualifizierte Musiker, die voneinander lernten.

Giora Feidman

Für die Klezmorim war es die größte und ehrenvollste Aufgabe, auf jüdischen **Hochzeiten** zu spielen, die bis zu acht Tage dauerten. Ihre Musik war zunächst wichtiger Bestandteil der Hochzeitszeremonie, dann umrahmten sie das Festessen mit ihren Liedern und schließlich spielten sie zum Tanz auf. Beim Festessen erhielten sie von den Hochzeitsgästen Trinkgelder. Darin bestand ihre Haupteinnahmequelle.

Die Klezmorim spielten auch zu anderen jüdischen Anlässen, auf nichtjüdischen Festen der örtlichen Bauern und hin und wieder sogar für den Adel. Um allen Ansprüchen zu genügen, musste ihr Repertoire breit gefächert sein. Sie nahmen stets Elemente der Musik ihrer Gastgeberländer auf. So entstand innerhalb der Klezmer-Szene eine große stilistische Vielfalt.

Die Klezmer-Gruppen setzten sich aus Juden und Nichtjuden zusammen. Die frühen Ensembles bestanden aus zwei bis drei Musikern, wobei die Geige fast immer das führende Instrument war, oft begleitet von Hackbrett und Kontrabass. Zu Beginn des 20. Jahrhunderts gehörten den Gruppen bereits sechs bis zwölf Musiker an. Hauptinstrumente waren Geige, Bratsche, Cello, Kontrabass, Querflöte, Klarinette, Posaune, Trompete, Baritonhorn und Trommel(n).

## AUFGABEN

- *Welche Grundhaltung gegenüber der Musik lässt sich aus dem Begriff Klezmer ableiten?*
- *Was meint GIORA FEIDMAN mit seiner Feststellung: ›Jeder Mensch ist ein Klezmer.‹?*
- *Vergleicht die soziale Lage der Gitanos, in deren Gettos der Flamenco entstand, mit der der Klezmorim in Osteuropa.*

## Klezmer-Melodik

In der traditionellen Klezmer-Musik gibt es neben den uns bekannten diatonischen Dur- und Moll-Tonleitern eine Reihe weiterer Skalen, die für diese Musik typisch sind. Sehr häufig gespielt wird die Tonleiter mit dem klangvollen Namen **Ahava Raba**[1]. Das sind die Anfangsworte eines hebräischen Psalms. Sie bedeuten ›große Liebe‹.

Ahava Raba auf dem Anfangston *c*. **HB 402**

### AUFGABEN

- *Welches Bauprinzip lässt sich in der Tonleiter ›Ahava Raba‹ erkennen?*
- *Wodurch erhält die Skala ihre besondere Wirkung?*

Der Klarinettist Helmut Eisel mit seinem Klezmer-Trio JEM

Der bekannte deutsche Klezmer-Klarinettist HELMUT EISEL verdeutlicht seinem Publikum die Wirkung dieser Skala, indem er das Lied *Fuchs, du hast die Gans gestohlen* mit den Tönen von Ahava Raba spielt. Beim Zuhören bekommt man das Gefühl, dass der Fuchs plötzlich nicht mehr aus Mitteleuropa kommt.

Spielt zunächst die Originalmelodie von *Fuchs, du hast die Gans gestohlen*. Verwandelt danach jedes *d* in ein *des*, jedes *a* in ein *as* und spielt das Lied mit den neuen Tönen.

Eine weitere von Klezmorim oft benutzte Tonleiter ist **Misheberakh** (gesprochen: mischeberach). Dieses Wort stammt ebenfalls aus dem Hebräischen und bedeutet ›er, der segnet‹. Ihr erhaltet diese Skala, indem ihr Ahava Raba auf der 7. Stufe beginnt. Aus C-Ahava Raba wird so B♭-Misheberakh.

Misheberakh auf dem Anfangston *b*. **HB 403**

- Transponiert B♭-Misheberakh um einen Ganzton nach oben, sodass c wieder der Anfangston wird. Jetzt erhaltet ihr C-Misheberakh. *Fuchs, du hast die Gans gestohlen* bekommt einen ganz neuen Charakter, wenn ihr das Stück jetzt mit den Tönen dieser Skala spielt.
- Welche der beiden auf dieser Seite beschriebenen Skalen hat eher Dur-, welche eher Moll-Charakter? Woran liegt das?

[1] Die Skala **Ahava Raba** kann – wie andere Leitern mit einem bestimmten Bauprinzip auch – von jedem beliebigen Ton aus gebildet werden.

## Ale Brider

*überliefert*
*Satz: Klezmer Conservatory Band*

**HB 404**

*Refrain* **Dm** ... **A⁷** ... **Dm** ... **A⁷**

Oy oy oy    oy oy oy    oy oy oy …

**Dm**    **A⁷**    **Dm**    **A⁷**

**Dm** *Bläser*    *Strophe*    **A⁷** **Dm**

Un mir zay-nen a-le bri-der    oy oy a-le bri-der

**Dm**    **Dm** **A⁷** **Dm** **C⁷**

un mir zin-gen frey-lekh[1] li-der,    oy,    oy,    oy.

**F**    **F** **C⁷** **F**

Un mir hal-ten zikh in ey-nem,    oy, oy, zikh in ey-nem.    A-

**F** *(gesprochen)*    **A⁷**    **Dm** *Bläser*

zel-khes is ni-to bay key-nem,    oy, oy, oy.    Oy oy oy

Der Text ist in jiddischer Sprache verfasst.

### AUFGABEN

- *Verfolgt beim Hören des Liedes* Ale Brider *die Noten und den Text.* **HB 404**
- *Summt die Melodie.*
- *Sprecht den Text rhythmisch.*
- *Versucht den Text vom Klang her ins Hochdeutsche zu übersetzen.*
- *Singt das Lied mit Melodie und Text.*
- *Versucht beim Hören herauszufinden, was in diesem Stück klezmer-typisch ist. Was erinnert eher an ein deutsches Volkslied?*

**Jiddisch** ist eine Nahsprache des Deutschen. Genau genommen ist es eine Frühform des heutigen Deutsch, die im 11. und 12. Jahrhundert vor allem im Rheinland entstand. Die Juden, die seit dem 14. Jahrhundert in großer Zahl von dort nach Osteuropa auswanderten, nahmen ihre Sprache – ein spätes Mittelhochdeutsch – mit. Das Jiddische enthält neben dem deutschen Hauptanteil hebräische und slawische Elemente. Gesprochen wird jiddisch noch heute, vor allem unter den jüdischen Einwanderern in Nordamerika.

[1] Kh wird wie unser ch ausgesprochen

# Populäre Klezmer-Rhythmen

Unter den zahlreichen Rhythmen der Klezmer-Musik gibt es drei, die besonders häufig gespielt werden:

- der **Bulgar** (oder **Freilach**), ein schneller bis sehr schneller Rhythmus im 4/4-Takt, der mit seinen Akzenten auf 1, 2+ und 4 sehr lebendig klingt, **HB 405**

- der **Terkish**, ein Rhythmus im gemäßigten Tempo und im 4/4-Takt, in dem es keine besonderen Betonungen gibt, **HB 406**

- der **Hora**, ein langsamer Schreittanz im 3/8-Takt, **HB 407**

## AUFGABE

- *Versucht die Motive in* A Turkish Woman in Berlin *rhythmisch freier zu spielen und probiert dann eine Improvisation mit den Tönen, die in beiden Teilen vorkommen. Der Anfangston ist C. Um welche Tonleiter handelt es sich?*

WORK SHOP

Mit den Tonleitern und Rhythmen als Bausteinen lassen sich Klezmer-Stücke zusammensetzen. Beginnt mit einem **Terkish**. Klatscht den Rhythmus und lasst ihn dann auf Trommeln erklingen.

Bass, Klavier und Gitarre spielen dieses Pattern:

- Lasst mit einem Melodieinstrument dazu das achttaktige Thema des A-Teils von *A Turkish Woman in Berlin* erklingen.

- Seht euch dann den B-Teil an: Bass, Klavier, Gitarre und Trommeln spielen das viertaktige Begleitpattern mit dem Akkordwechsel im dritten Takt. (Der jeweils obere Ton in den Akkorden – die Terz – kann zunächst weggelassen werden.) Ein Melodieinstrument spielt dazu das Thema.

## A Turkish Woman in Berlin (Ausschnitt)

*Helmut Eisel*

**HB 408**

Andächtige Zuhörer, hier eine Kindergruppe bei einem Klezmer-Workshop, findet der Klarinettist Giora Feidman überall auf der Welt. Er zeigt seinem Publikum meisterhaft, was man einer Klarinette entlocken kann.
Hört dazu die Ausschnitte aus den Stücken *Eli-Eli* und *The Klezmer's Freilach*, in denen Feidman alle Register an Dynamik und technischer Virtuosität zieht. **HB 409** und **410**

## Squotty Freilach (Ausschnitt)

*Trad./Arr. Helmut Eisel*

Der populärste Rhythmus in der Klezmer-Musik ist der **Bulgar** (oder Freilach).

Klatscht den Rhythmus, wie er im Notenbeispiel auf der linken Seite steht und betont dabei die mit Akzenten versehenen Noten. Lasst ihn dann auf Trommeln erklingen, wobei die rechte Hand die Akzente spielt und die linke Hand die unbetonten Noten.

- Wendet dieses Pattern jetzt im *Squotty Freilach*, einem rhythmisch und melodisch typischen Klezmer-Stück, an. Der Bass spielt ein eintaktiges Ostinato. (Achtung in Takt 4!)
  Klavier und Gitarre spielen auf den Akzent-Zählzeiten 1, 2+ und 4 die Akkorde.
- Spielt dazu mit einem Melodieinstrument – zuerst sehr langsam – das Thema. Die ersten zwei Takte sind mit den zweiten fast identisch.

## AUFGABEN

- *Das Thema des* Squotty Freilach *basiert auf einer typischen Klezmer-Tonleiter. Wie heißt diese mit g beginnende Skala?*
- *Versucht mit den Tönen dieser Skala eine kleine Improvisation zur rhythmisch-harmonischen Begleitung des* Squotty Freilach *zu entwickeln.* **HB 411**
- *Hört euch an wie* HELMUT EISEL *dazu improvisiert.* **HB 412**
- *Vergleicht das Bauprinzip der Klezmer-Skala ›Ahava Raba‹ mit dem der zweiten Flamenco-Tonleiter. (s. S. 173)*

# Ausbreitung des Klezmer

Die Judenverfolgungen in Russland, später auch in anderen Staaten, der Erste Weltkrieg und die russische Revolution verursachten zwischen 1881 und 1924 eine Massenauswanderung der osteuropäischen Juden in die USA. Unter den Vetriebenen befanden sich zahlreiche Klezmorim.

Klezmorim auf einer jüdischen Hochzeit in New York um 1960

Klezmer zu sein, galt auch in Nordamerika noch für Jahrzehnte als Schande. Die jiddisch-sprachigen Musiker rangen in ihrer neuen Heimat um Achtung und veränderten ihr Repertoire: Die religiösen Tanzstücke wurden immer seltener gespielt. Um im Geschäft zu bleiben, übernahmen die Klezmer-Bands viele Stücke der damals populären Musik Nordamerikas. Die Geige verlor ihre Rolle als führendes Instrument. Dominierend wurde die Klarinette.

Was blieb, war die besondere Kunst der Klezmorim, Melodien zu verzieren und auszuschmücken. Die Klezmer-Szene in den USA brachte bedeutende Musiker hervor, die mit ausgefeilten kleinen Veränderungen und atemberaubenden Trillertechniken beeindruckten. Bedingt durch die große wirtschaftliche Depression und die Konkurrenz des Radios kam um 1930 die Schallplattenproduktion von Klezmer-Musik fast zum Stillstand. Auch die Auftritte der Bands verringerten sich. Die Klezmer-Szene existierte in den folgenden vier Jahrzehnten praktisch nicht mehr.

# Der ›Wilde‹ und der ›Fromme‹ – Zwei extreme Klezmorim

Zu den bekanntesten Klezmorim des 20. Jahrhunderts zählten NAFTULE BRANDWEIN (1889 Polen – 1963 New York) und DAVE TARRAS (1897 Ukraine – 1989 New York). Beide wanderten im Alter von 24 Jahren nach New York aus, beide wurden für ihr virtuoses Klarinettenspiel bewundert und doch gab es große Unterschiede zwischen ihnen.

NAFTULE war ein echter Volksmusiker und konnte keine Noten lesen. In der Klezmer-Szene galt er als ›wild und dämonisch‹ als ein ›Teufelskerl, der mit jedem Knochen in seinem Körper spielte‹. Ein Zeitgenosse nannte ihn den ›LOUIS ARMSTRONG der jiddischen Musik‹: ›Er spielte sehr bodenständig und dirty, mit der dem Jazz eigenen, gewollt unreinen Intonation.‹ Typisch für sein Spiel waren das flinke Vibrato, ein angerauter Ton, ein sehr schnelles, abgehacktes Staccato und rapide abfallende Kaskaden von gebundenen Tönen. NAFTULE besaß ein Talent für scheinbar endlose rhythmische und melodische Variationen.

DAVE war bereits mit neun Jahren professioneller Musiker und spielte in einer zaristischen Militärkapelle. Obwohl er aus der Klezmer-Szene stammte, bemühte er sich stets, sich von den jiddischen Musikern abzuheben, die damals als Vagabunden angesehen wurden. Er galt als fromm, raffiniert und diszipliniert und hatte keinen Sinn für Albernheiten. Dave zeichnete sich durch eine äußerst saubere Technik aus. Charakteristisch war sein durchdringend ›heißer‹ und dünner Ton mit einem sehr schnellen, engen Vibrato sowie makellose Triller.

## AUFGABEN

- *Vergleicht die aus den 1920er-Jahren stammenden Aufnahmen der Klezmer-Klarinettisten NAFTULE BRANDWEIN und DAVE TARRAS und beschreibt die jeweilige Art und Weise des solistischen Spiels.* **HB 413–414**
- *Inwiefern lassen sich die Klischees vom ›Wilden‹ und vom ›Frommen‹ durch die Aufnahme infrage stellen?*

Die Band ¡Klezperanto! verbindet Klezmer-Musik mit Rock, Jazz und Latin.

Die Epstein Brothers

# Klezmer-Revival

Erst Anfang der 1970er-Jahre begannen junge amerikanische Juden – viele aus nichtreligiösen, nichtjiddischsprachigen Familien – die Musik ihrer Vorfahren wieder zu entdecken und von den alten Klezmer-Veteranen zu lernen. Innerhalb weniger Jahre entstand eine neue Szene, die sich bis heute ständig erweitert. Dazu zählen Bands wie BRAVE OLD WORLD, die KLEZMATICS und ¡KLEZPERANTO!.

Die Ensembles des Klezmer-Revivals besinnen sich auf die osteuropäischen Wurzeln. Aus der Mischung von traditionellen Elementen und populärer Musik wie Blues, Jazz, Rock oder Latin haben sie jedoch einen eigenständigen Klezmer-Stil entwickelt.

Das Klezmer-Comeback erreichte am Ende des 20. Jahrhunderts auch Deutschland und andere Länder Europas. Zu verdanken ist dies besonders dem Musiker GIORA FEIDMAN. Er ist Klezmer in der vierten Generation und heute einer der weltweit beachtetsten Klarinettisten. Als Verfasser von Noten- und Textsammlungen und als Lehrer zahlreicher Klezmer-Seminare machte er die alte jiddische Musik wieder populär.

Im Zuge der neuen Klezmer-Welle sind auch längst in Vergessenheit geratene Veteranen-Bands wie die EPSTEIN BROTHERS wieder auf die Bühne geholt worden. Ihre plötzlichen weltweiten Erfolge konnten die rüstigen Rentner kaum fassen.

**KONTEXT**

Wenn du mich vor 35 Jahren einen Klezmer genannt hättest, hätte ich dir eine runtergehauen.
*(Max Epstein, Chef der Epstein Brothers, 1991)*

**AUFGABEN**

- *Wie unterschiedlich der Bulgar gespielt werden kann, zeigen die Aufnahmen zweier Bands aus unterschiedlichen Klezmer-Generationen. Vergleicht die Stücke der EPSTEIN BROTHERS (Gypsy Bulgar) und der Band ¡KLEZPERANTO! (Tartar Tanz).* **HB 415–416**
- *In welcher Weise vollziehen sich rhythmische Veränderungen? Welche Hauptinstrumente sind jeweils zu hören?*

# Harmonik und Melodik

## Zusammenspiel von Melodie, Rhythmus und Akkorden

Musik besteht immer aus vielen Elementen. Entscheidend für die Wirkung ist das Zusammenspiel aus Melodie, Rhythmus, Tempo, Takt, Klangfarbe, Lautstärke, konsonanten und dissonanten Zusammenklängen (Akkorde) und weiteren Faktoren.

Bei der Analyse eines Musikstückes oder Liedes untersucht man einzelne Bereiche getrennt voneinander, um festzustellen, welchen Anteil sie an der Gesamtwirkung haben. Manche Stücke leben vom rhythmischen Element, andere überraschen durch die außergewöhnliche Zusammenstellung von Instrumenten oder dem Wechselspiel von Stimme und Instrumenten, wieder andere wirken durch ungewohnte Akkordfolgen.

Grundsätzlich lassen sich zwei unterschiedliche Ebenen bei der Analyse betrachten: die horizontale (waagrechte) und die vertikale (senkrechte) Ebene. Die **horizontale Ebene** bezieht sich in erster Linie auf Melodieverläufe und Rhythmen, die **vertikale Ebene** gibt Aufschluss über die Harmonik, d. h. die Zusammenklänge (Akkorde).

Bei den Anfangstakten des *Préludes Nr. 4* von FRÉDÉRIC CHOPIN fällt zunächst auf, dass eine Hauptmelodie von Akkorden in gleichmäßiger Achtelbewegung begleitet wird.

Obwohl die Oberstimme, abgesehen vom Auftakt, nur aus zwei Tönen (*c″* und *h′*) besteht, erscheint jeder Melodieton durch die unterschiedlichen Begleitakkorde immer in einem neuen Licht.

**ANALYSE**

- Hört euch die erste Hälfte des *Prélude Nr. 4* von FRÉDÉRIC CHOPIN an und beschreibt die Wirkung. **HB 417**
- Versucht einzelne Akkorde (vertikale Ebene) zu bestimmen. Wo treten Schwierigkeiten auf?
- Die Begleitakkorde bestehen aus jeweils drei Tönen. Beschreibt den horizontalen Verlauf der oberen, mittleren und der unteren Akkordtöne.
- Fasst die wesentlichen Faktoren zusammen, die entscheidend zur Gesamtwirkung des Stückes beitragen.

1952 schrieb der Brasilianer CARLOS ANTONIO JOBIM den *Samba de uma nota só* (One Note Samba). JOBIM gilt als ein Hauptvertreter der **Bossa Nova,** einer Musikrichtung, die eine Verbindung aus Elementen des Jazz und der lateinamerikanischen Musik geschaffen hat. Mit Titeln wie *Samba de uma nota só, Desafinado* und *The Girl from Ipanema* wurde JOBIM weltweit bekannt. Viele Jazz-Musiker nahmen diese Titel als Grundlage für Improvisationen. JOBIM starb im Jahre 2000. Der *One Note Samba* ist eine musikalische Liebeserklärung ganz besonderer Art.

**One Note Samba**
(Textübertragung sinngemäß)

Dies ist nur 'ne kleine Samba
über diesen einen Ton,
and're Töne müssen folgen,
doch der Ursprung ist der Ton.

Dieser zweite Ton ist die Konsequenz
Aus dem ersten Ton davor,
eben so wie ich zu dir gehör'
als die Konsequenz von dir.

Viele Menschen plappern, plappern,
plappern, plappern
uns sie sagen gar nichts –
oder fast gar nichts.

So komm' ich zurück zum Anfang
Mit dem einen einz'gen Ton,
in ihn leg' ich alle Liebe,
wenn ich komm' zurück zu Dir.

And're zieh'n 'ne große Show ab
d, e, f, g, a, h, c,
ich hab' das alles nicht nötig,
spiel' nur einen Ton für dich.

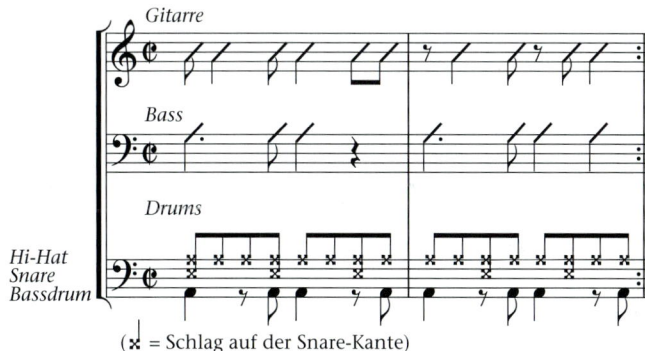

(✗ = Schlag auf der Snare-Kante)

## AUFGABEN

- *Gebt die Textaussage des* One Note Samba *mit eigenen Worten wieder.*
- *Verfolgt beim Hören des Stückes den Text der sinngemäßen Übersetzung.* **HB 418**
- *Hört das Stück noch einmal an und beschreibt dann den formalen Aufbau.*
- *An welchen Stellen des Textes verändert sich die musikalische Gestaltung? Welchen Zusammenhang gibt es zwischen der Textaussage und der Melodiestimme?*

- *Untersucht die Takte 1–16 und 17–25 der Melodiestimme (horizontale Ebene) unter Einbeziehung des Notentextes, der auf der nächsten Seite abgedruckt ist.*
- *Spielt den typischen Bossa-Nova-Rhythmus, verteilt auf Hi-Hat, Snare und Bassdrum.*
- *Vergleicht die zuerst gehörte Fassung mit der Version des* One Note Samba *von* STAN GETZ *und* DIZZY GILLESPIE. **HB 419–420**

# Samba de uma nota só

*Musik: Carlos Antonio Jobim*

**WORK SHOP**

- Bevor ihr die Melodie mit dem vollständigen Text singt, solltet ihr vorher den komplizierten Rhythmus auf die Tonsilbe ›da‹ einzeln einüben. Dazu kann einer die Hauptzählzeiten auf einer Cow-Bell schlagen.
- Sprecht den Text dann rhythmisch genau, bevor ihr zum Singen übergeht.
- Die Begleitakkorde sind wegen der besseren Lesbarkeit harmonisch nicht korrekt aufgeschrieben

(z. B. ist statt *ces* ein *h* notiert). Überlegt euch, auf welche Instrumente ihr die vier Akkordtöne verteilen wollt. Übt die Akkordbegleitung abschnittweise ein.
- Ihr könnt, wenn ihr im Gesang und in der Begleitung sicher seid, den Bossa-Nova-Rhythmus mit mehreren Percussion-Instrumenten dazu spielen.

*Satz: Walther Engel*

# Gelungene Melodien

Melodien, die spontan gefallen, behält man besser im Ohr. Wir empfinden das als selbstverständlich, ohne aber zu wissen, wie diese Melodien musikalisch gemacht sind, damit sie so wirken. Einige Gründe lassen sich herausfinden, wenn man Melodien oder Melodieabschnitte genauer betrachtet. Anders ausgedrückt: Es geht um die Analyse der **horizontalen Ebene** der Musik.

**Der Pausen-Gong**

## AUFGABEN

- Stellt euch jede der vier Tonfolgen a–d als Pausen-Gong vor und beschreibt die Wirkung. Wählt eine Tonfolge aus und begründet eure Entscheidung **HB 421–424**
- Analysiert die Tonfolgen a–d
- Hört und lest die Melodie-Anfänge 1–4. Welche Melodie ist nicht gelungen? Vermutet, woran das liegen könnte. **HB 425–428**
- Untersucht die Melodien 1–4 genauer: Wie groß sind die Tonabstände? In welcher Richtung verläuft die Melodie? Wo sind Höhe- oder Haltepunkte? Wie ist die rhythmische Gestaltung?
- Vergleicht kleinere Abschnitte (1–2 Takte) innerhalb einer Melodie miteinander. Wie unterscheidet sich die nicht gelungene von den übrigen Melodien?
- Formuliert eine Beschreibung jedes Melodie-Anfangs, indem ihr eure bisherigen Beobachtungen zusammenfasst.

**Melodie-Anfänge**

Die kleinen Melodieausschnitte zeigen, wie Tonhöhenverlauf und Rhythmus gestaltet sind, wenn das Ohr eine Tonfolge ›akzeptiert‹. Für größere Melodieteile oder ganze Melodien ist darüber hinaus die **Form** wichtig: Mehrere Teile ergeben ein sinnvolles Ganzes. Wie kann man aber eine Melodie gestalten, damit das gelingt?

Eine häufig anzutreffende und wirkungsvolle Form einer eingängigen Melodie stellt die so genannte **Periode** dar. Sie findet sich in Kinderliedern *(Hänschen klein)* ebenso wie in Pop-Songs oder anderen Werken der Musikliteratur.

## Der periodische Melodieaufbau

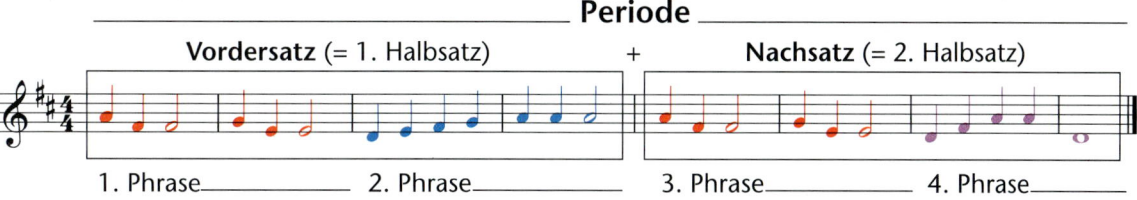

**ANALYSE**
- Untersucht die Melodie im Hinblick auf ihren Tonhöhenverlauf und ihren Rhythmus.
- Wie verhalten sich die beiden Halbsätze der Periode zueinander?
- Beschreibt das Verhältnis, das die Phrasen zueinander haben (innerhalb der Halbsätze, aber auch im Hinblick auf die ganze Periode).
- Ersetzt den Schlusston *d* durch einen anderen Ton (z. B. *g*). Wie verändert sich die Wirkung? Welche Aufgabe hat die Schlussphrase einer Periode?

- Schreibt selbst eine periodisch gebaute Melodie von acht 4/4-Takten mit dem Tonvorrat der F-Dur-Tonleiter. Vorgaben: Anfangston ist *f, a* oder *c,* die 2. Phrase endet auf *g* oder *c,* Schlusston ist *f,* die Melodie soll sich überwiegend stufenweise bewegen, Notenwerte sollen vorwiegend Halbe und Viertel sein.
- Untersucht den periodischen Melodieaufbau an anderen Musikstücken.
- Fasst abschließend zusammen: Was sind die Merkmale einer Periode?

# Melodien und Harmonien

Unsere ersten musikalischen Erfahrungen im Leben sind einstimmige Melodien, mit denen wir in den Schlaf gesungen werden. Später hören wir einstimmige Melodien (ob gesungen oder von Instrumenten gespielt) nur noch selten. **Einstimmigkeit** gibt es manchmal in der Volksmusik. **HB 429** Vor allem aber ist die alte gregorianische Kirchenmusik so komponiert. Aus der Einstimmigkeit hatte sich im spätmittelalterlichen Europa zunächst eine **Mehrstimmigkeit** gleichberechtigter, aber zusammen-

passender Melodien entwickelt. **HB 430** Ab etwa 1600, verbunden mit dem solistischen Gesang in der Oper, gibt es das uns vertraute Prinzip von **Melodie und Begleitung:** Zur Untermalung der Melodie werden auf einem Akkordinstrument mehrere Töne gleichzeitig gespielt, die zueinander passen (›Harmonien‹). Die Akkorde oder Harmonien (meistens Drei- oder Vierklänge) haben ihre musikalische Bedeutung nur durch die Melodie, unter der sie liegen: Sie ›begleiten‹ die Melodie. **HB 431**

In der Musik, die wir heute hören, ist dieses Prinzip noch immer vorherrschend. Meistens verhalten sich die Töne einer Melodie zu denen der Begleitung konsonant, Dissonanzen werden in Konsonanzen aufgelöst. Als **konsonante Intervalle** (= Töne, die miteinander verschmelzen) gelten Oktave, Quinte, Quarte, Sexte und Terz, als **dissonante Intervalle** (= Töne, die sich reiben) gelten Sekunde und Septime. In der Untersuchung mehrstimmiger Musik geht es also darum, wie sich **horizontale und vertikale Ebene** der Musik zueinander verhalten.

1. Die Töne der Melodie bilden zu den Tönen der Begleitung in der Regel konsonante Intervalle.

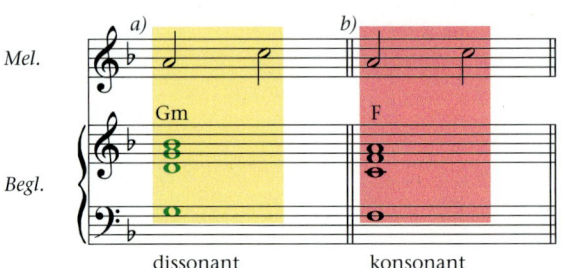

2. Oft gelten Begleitakkorde für einen ganzen Takt, also für drei, vier oder mehr Melodietöne. Von diesen muss nicht jeder Ton mit dem zugrunde liegenden Akkord konsonant sein. Im Gegenteil schätzt das musikalische Ohr folgende Ausnahmen:

   D → Die **Durchgangsnote** liegt zwischen zwei benachbarten konsonanten Melodietönen.

   W → Die **Wechselnote** liegt zwischen zwei gleichen konsonanten Melodietönen, die sie um eine Stufe über- oder unterschreitet.

   N → Die **Nebennote** liegt eine Stufe über oder unter einem konsonanten Melodieton und wird durch einen Sprung erreicht oder verlassen.

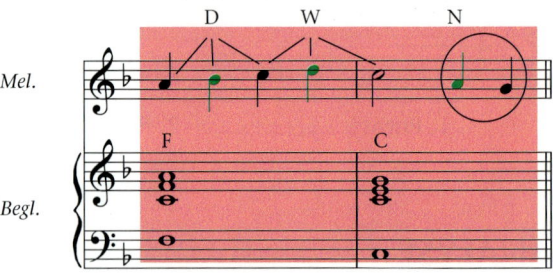

**ANALYSE**
- Begründet, warum sich die Begleitung zur Melodie bei a) dissonant und bei b) konsonant verhält.
- Zu welchen Akkordtönen sind die mit D, W und N bezeichneten Melodietöne dissonant?
- Hört den Schlager *Tränen lügen nicht.* Untersucht diesen Song im Hinblick auf seine melodischen Merkmale und seine Form. **HB 432**

- Findet die dissonanten Töne der Melodiestimme und bestimmt sie als Durchgangs-, und Wechsel- oder Nebennoten. Ihr könnt dazu als Veranschaulichung die Akkordsymbole in eine Klavierstimme umschreiben, so wie es für das erste System bereits notiert ist.

WORK SHOP

Melodieanfang:

| Akkordfolge: | D | Hm | G | A | D | Hm | Em A | D |
|---|---|---|---|---|---|---|---|---|
| Takt: | 1 | 2 | 3 | 4 | 5 | 6 | 7 | 8 |

Schreibt eine achttaktige, periodisch gebaute Melodie mit Begleitung. Verwendet dazu die Töne der D-Dur-Tonleiter und die oben stehende Akkordfolge. Der abgedruckte Melodieanfang ist als Vorschlag gedacht. Beachtet die richtige Verwendung von Dissonanzen und kennzeichnet sie in euren Noten (D, W, N). Natürlich gilt weiter, was ihr über gelungene Melodien herausgefunden habt:

- Melodien bewegen sich oft schrittweise (in Sekunden) nach oben oder unten, Sprünge (Terzen, Quarten …) sind umso seltener, je größer sie sind.
- Melodien sind rhythmisch recht einheitlich; manche Takte können rhythmisch identisch sein.
- Phrasen können ähnlich oder gleich sein.
- Die letzte Phrase hat Schlusscharakter, z. B. indem die Melodie zum Grundton geführt wird.

## Tränen lügen nicht

*Musik: Zacar/Bombo Dario Baldan*
*Text: Robert Gernhardt/Michael Holm*

1. Wenn du ihr sagst: — »Al - les ist — vor - bei«,
wenn du nicht glaubst, — sie ist dir nur treu. —
Dreh' dich ein - mal um, — schau in ihr Ge - sicht, —
und du wirst seh'n – Trä - nen lü - - gen nicht.

2. Bei Tag und Nacht, mit ihr war alles schön.
   Die Tür steht auf, willst du wirklich geh'n?
   Wie ein off'nes Buch ist ihr Herz für dich
   Und du erkennst – Tränen lügen nicht.

3. Vergoss'nen Wein, den trinkt keiner mehr,
   Ein verlor'nes Herz bleibt für immer leer.
   Es ist nie zu spät, komm' entscheide dich
   Reich ihr die Hand – Tränen lügen nicht.

# Polyphonie

Die Mehrstimmigkeit in der Musik des Abendlandes ist einer Art Revolution zu verdanken: der Verschriftlichung von Melodien (ab ca. 600 n. Chr.). Erst durch die Schrift wurde eine theoretische Beschäftigung mit Melodien und Zusammenklängen angeregt. Es entstanden Kompositionen mit mehreren gleichzeitig erklingenden, aber voneinander unabhängigen Stimmen, die bestimmten Regeln unterlagen. Später erst setzte sich in der Kunstmusik die akkordische Begleitung einer Melodie durch. Seitdem gibt es innerhalb der mehrstimmigen Musik zwei grundlegende Gestaltungsmöglichkeiten:

**Polyphonie** (griech. = Vielstimmigkeit): Mehrstimmige Musik, in der die beteiligten Stimmen melodisch und rhythmisch eigenständig sind.

**Homophonie** (griech. = Gleichklang): Mehrstimmige Musik, in der die beteiligten Stimmen einer führenden Melodiestimme untergeordnet sind.

Für seine Schüler schrieb J. S. Bach eine Reihe kurzer (›einfacher‹) Stücke, u. a. auch seine *Inventionen*. Sie sollten sowohl fingertechnische Übungen sein als auch die Kunst der polyphonen Ausarbeitung eines musikalischen Gedankens verdeutlichen. Bis heute gehören sie zum Pflichtprogramm jedes Klavierschülers. Bach komponierte im Sinne barocker Kompositionslehren, deren wichtigste Grundbegriffe folgendermaßen lauten:

inventio   = Erfindung       (musikalischer Grundgedanke, Thema)
dispositio = Anordnung     (Form)
elaboratio = Ausarbeitung  (eigentliche Komposition)

In den Inventionen findet sich eine Technik, in der ein melodischer Abschnitt von einer anderen Stimme in relativ kurzem Abstand wiederholt bzw. imitiert wird. Diese Wiederholung kann wörtlich bzw. oktavversetzt sein, sie kann aber auch Tonfolge und Rhythmus mehr oder weniger stark verändern. Man nennt diese Technik Imitation (lat. Imitatio = Nachahmung).

**KONTEXT**

**Aus einer Kompositionslehre Johann Matthesons 1739**

Mancher meinet, wenn er etwa ein wenig Vorrath an *Erfindungen* hat, so sey es mit seiner Komposition schon gut bestellet. Es ist aber weit gefehlet (…). Was nun die Disposition betrifft, so ist sie eine nette *Anordnung* aller Theile und Umstände in einem gantzen Wercke, fast auf die Art, wie man ein Gebäude einrichtet und abzeichnet (…). Leuten, die keine taugliche Disposition machen, wird hernach die *Ausarbeitung* desto saurer (…); sie meinen, ihre ausschweifenden Fratzen müßten schon eben so gut seyn, als eine wolgegründete Erfindung, die klüglich eingerichtet, und hernach eben so leicht ausgearbeitet, als mit Lust angehöret wird.

*(aus: Johann Mattheson, ›Der vollkommene Capellmeister‹, Hamburg 1739)*

## AUFGABEN

- *Erklärt anhand der Beispiele a und b, wie Polyphonie und Homophonie mit dem horizontalen und dem vertikalen Prinzip zusammenhängen.*
- *Hört Bachs Invention Nr. 8 in F-Dur und verfolgt dabei die abgedruckten Noten.* **HB 433**
- *Erklärt, was Mattheson unter dem Begriff* **Erfindung** *versteht (s. Kontext), und versucht ihn auf Bachs Komposition anzuwenden.*
- *Welche Aussagen könnt ihr über die* **Anordnung** *und die* **Ausarbeitung** *treffen? Untersucht dazu den formalen Aufbau des Stückes und die Art und Weise, wie Bach seine Erfindung einsetzt.*
- *Begründet, warum man dieses Stück als polyphon bezeichnen kann. Bezieht euch dabei auch auf das Kompositionsprinzip der* **Imitation**. *An welchen Stellen entsteht dennoch ein homophoner Eindruck? Woran liegt das?*

# Inventio 8, BWV 779

Johann Sebastian Bach (1685–1750)

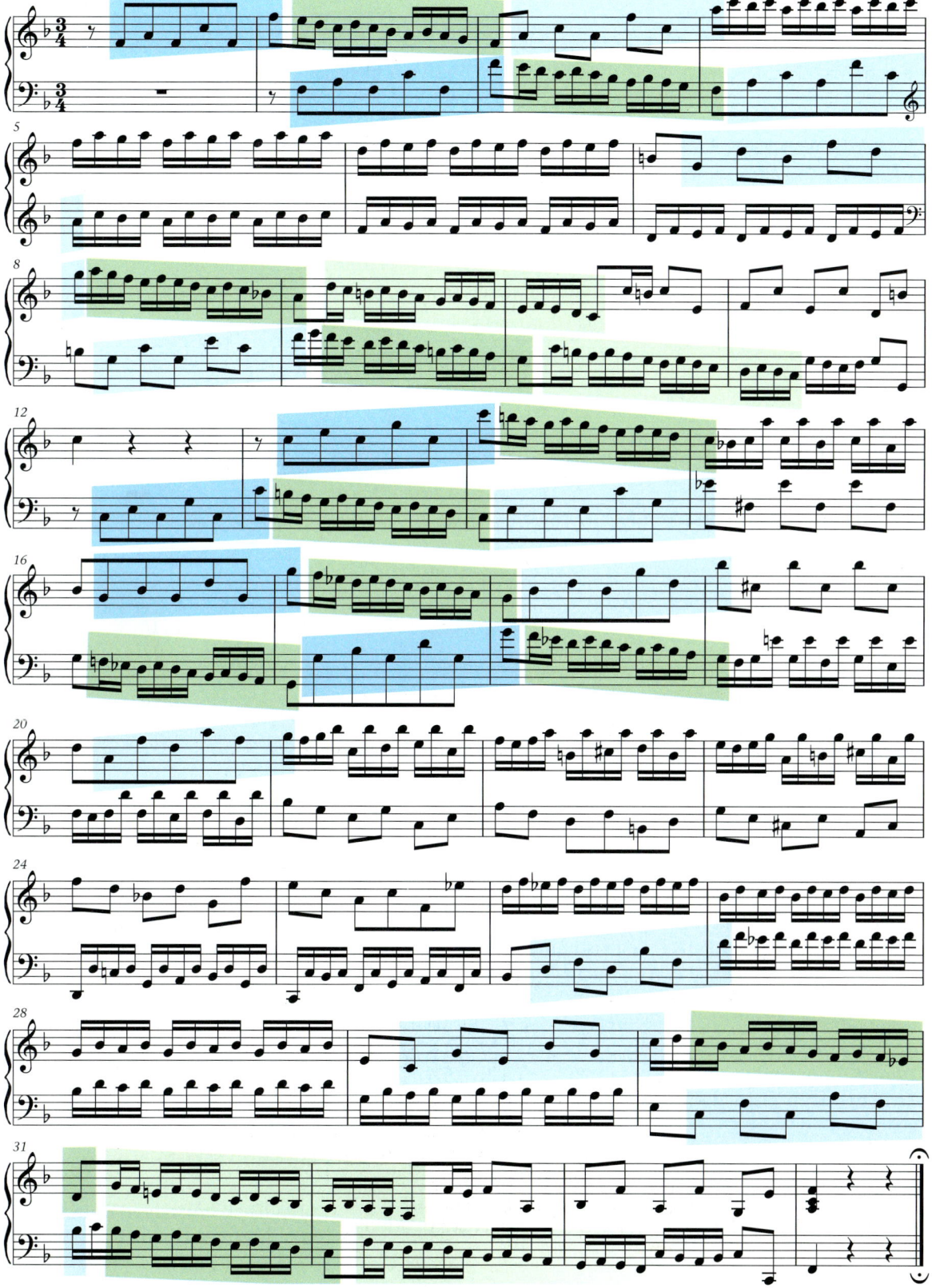

# Die Fuge

Die ausgeprägteste Form polyphoner Musik stellt die **Fuge** dar. Für J. S. Bach (1685–1750) war sie der Gipfel der Kompositionskunst und spiegelte in besonderer Weise das Göttliche in der Musik wider. Viele seiner Orgelwerke enthalten Fugen, ebenso seine großen Vokalwerke, wie z. B. die *Messe in h-Moll*. Im *Wohltemperierten Klavier* hat er Fugen in allen 24 Tonarten verfasst. Die Krönung seines Lebenswerkes sah er in der *Kunst der Fuge,* einem Zyklus verschiedenster Arten von Fugen, die aber alle auf demselben Thema beruhen. Während der Arbeit an der kompliziertesten dieser Fugen ist Bach gestorben, sie blieb unvollendet. Auch Komponisten des 19. und 20. Jahrhunderts haben – oft in bewusster Anlehnung an Bach – Fugen geschrieben.

*Fuga IX, E-Dur* (aus dem ›Wohltemperierten Klavier‹, Bd. 2)      *Johann Sebastian Bach (1685–1750)*

**Fachbegriffe zur Fugenkomposition:**

**Thema** (Hauptgedanke) – in zwei Versionen: *Dux* (Führer) und *Comes* (Begleiter).
**Kontrapunkt** (Nebengedanke): Gegenstimme, die untrennbar mit dem Thema verbunden ist und ständig wiederkehrt *(obligater K.)* oder vorübergehenden Charakter hat *(freier K.)*
**Durchführungen:** Teile der Fuge, in denen das Thema nacheinander je einmal in den verschiedenen Stimmen erklingt. Die erste Durchführung wird *Exposition* genannt.
**Zwischenspiel:** Themafreie Takte zwischen den Durchführungen.
**Engführung:** Eine zweite Stimme beginnt mit dem Thema, bevor die erste es beendet hat.
**Fugato:** Freiere Form der Fuge, die nur aus einer Exposition besteht und in der Regel Teil einer anderen nicht-polyphonen Komposition ist.

Was ist die ›Idee‹ der Fuge? Ein – oft eher unscheinbar wirkender – Gedanke wird im Gespräch verschiedener Stimmen von allen denkbaren Seiten her beleuchtet, bis er am Ende in einem neuen, glanzvollen Licht dasteht. Jede der beteiligten Stimmen hat dabei Wesentliches beizutragen, kein Nebengedanke ist unwichtig, aber er ist immer auf den Hauptgedanken bezogen. Der Gedanke ist musikalisch das **Thema**, das im Sinne der **Imitation** durch alle Stimmen wandert, wodurch der Eindruck entstehen kann, dass die Stimmen voreinander fliehen (lat. Fuga = Flucht).

# Bachs Fuge
notiert als Partitur in vier Systemen

**ANALYSE**
- Begründet anhand des Notenbildes der E-Dur-Fuge von J. S. BACH, dass es sich um ein polyphon komponiertes Stück handelt.
- Vergleicht die originale Klaviernotation mit der hier abgedruckten Partitur: Worin besteht die Veränderung? Welche Vorteile und welche Nachteile hat sie?
- Hört den abgedruckten Anfang der Fuge und verfolgt den Notentext der Partitur. Beschreibt das Thema sowie die Art und Weise seines Auftretens. **HB 434**
- Worin besteht der Unterschied von Dux (blau) und Comes (grün)?
- Hört und verfolgt eine einzelne Stimme (2.): Warum kann man sagen, dass dies eine selbstständige Stimme ist, keine Begleitstimme? **HB 435**
- Verfolgt die Kontrapunkte. Was zeigen die Markierungen (Grautöne)? **HB 436**
- Wie viele Durchführungen und Zwischenspiele sind abgedruckt? Wo sind sie im Notentext zu finden?
- Hört die gesamte E-Dur-Fuge in einer Klavier-Einspielung. Beschreibt euren Gesamteindruck. Wie viele weitere Themen-Einsätze nach Takt 15 hört ihr? **HB 437**
- Hört zum Vergleich einen Ausschnitt aus der 5. Sinfonie von GUSTAV MAHLER (1860–1911). Schildert euren Höreindruck und nennt Gemeinsamkeiten und Unterschiede. **HB 137**

# Der Kanon

## Give Me a Ticket

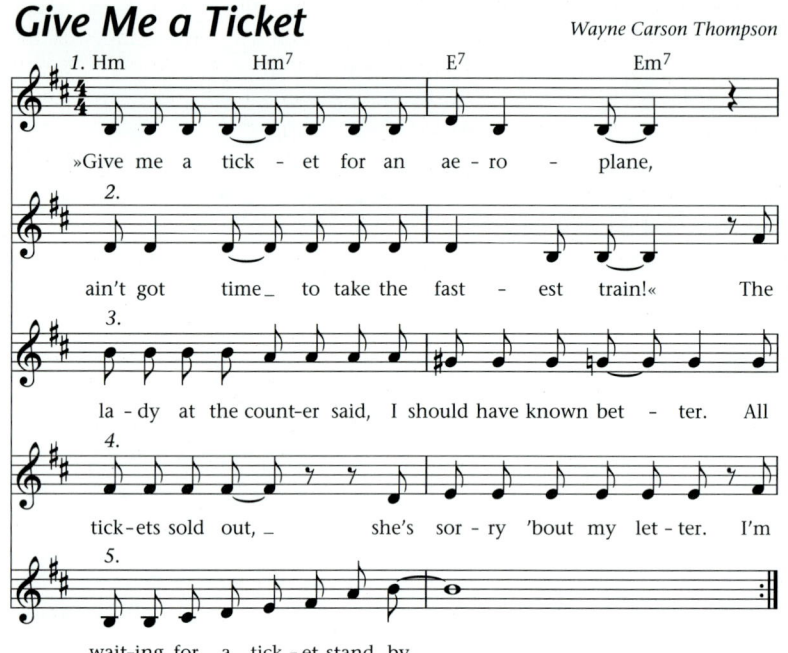

Wayne Carson Thompson

1. Hm   Hm⁷   E⁷   Em⁷
»Give me a tick - et for an ae - ro - plane,

2.
ain't got   time_ to take the fast - est train!«   The

3.
la - dy at the count-er said, I should have known bet - ter.   All

4.
tick-ets sold out, _ she's sor - ry 'bout my let - ter.   I'm

5.
wait-ing for a tick - et stand by. ____

**AUFGABEN**

- *Singt die nebenstehende Melodie zunächst gemeinsam. Nehmt zur Begleitung die angegebenen Akkorde.*
- *Singt die Melodie als Kanon. Auch Instrumente können eine Kanon-Stimme übernehmen.*
- *Warum wäre es nicht sinnvoll, diesen Kanon mit drei statt zwei Takten pro Notensystem zu drucken?*
- *Beschreibt, wie sich im Kanon aus* BACHS *Goldberg-Variationen die beiden Kanonstimmen (farbig) zueinander verhalten.* **HB 438**

**Kanon** (griech. = Maßstab, Regel) bedeutet in der Musik das strengste Verfahren der **Imitation:** Durch genaue ›Nachahmung‹ einer Melodie entsteht ein mehrstimmiges Satzgefüge. Man bezeichnet sowohl dieses Verfahren als auch das entstehende Stück als Kanon.

Die volkstümliche Form des Kanons – etwa seit dem 13. Jahrhundert belegt – ist der **Zirkel-Kanon** (engl. Round):

- Eine Melodie wird in gleich lange Abschnitte zerlegt, die jeweils die gleiche Harmonisierung haben.
- Die Anzahl der Abschnitte ist gleich der Anzahl der beteiligten Stimmen.
- Die Stimmen setzen nacheinander ein und beginnen am Ende der Melodie wieder von vorn:

a b c a b c a b c ...
a b c a b c a b ...
a b c a b c a ...

Das Prinzip des Kanons hat Komponisten auch zu anspruchsvolleren Werken herausgefordert. Dabei leitete sie die Idee, dass man eine Melodie nicht nur wörtlich wiederholen kann, sondern dass man sie auch verändern kann, ohne ihre Substanz anzutasten. Die ›Kanon-Künste‹ beinhalteten u. a. Umkehrung (der Intervallrichtung), Transposition (der gesamten Melodie), Vergrößerung bzw. Verkleinerung (der Notenwerte) und Krebs (= Melodie rückwärts).

## Goldberg-Variationen
(Beginn der 15. Variation)

*Johann Sebastian Bach*
*(1685–1750)*

Canone alla Quinta in moto contrario

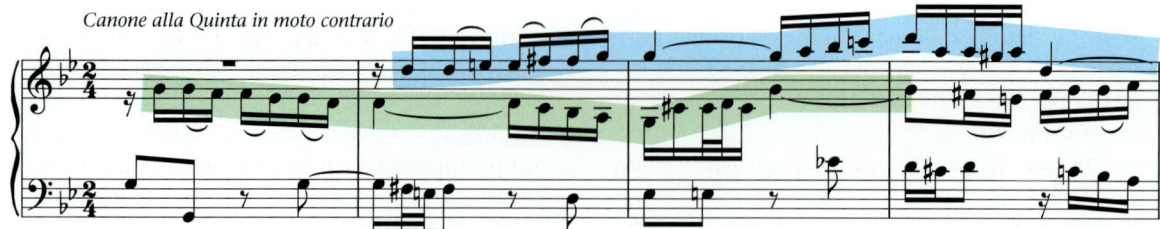

## Pachelbel-Kanon

- Keyboard und Bass spielen ihre vier Takte, die sie ständig wiederholen (Tempo ♩ = 70). Analysiert die Akkorde.
- Alle anderen spielen dazu die Systeme 1 und 2 hintereinander.
- Nehmt die Systeme 3 und 4 hinzu.
- Probiert als Zwischenergebnis einen Kanon aus vier Gruppen, der aus den Systemen 1–4 plus Keyboard und Bass besteht.

- Übt entsprechend die Systeme 5 und 6 und führt den Kanon mit sechs Gruppen auf.
- Hört den originalen *Kanon für 3 Violinen und Generalbass* von JOHANN PACHELBEL. Beschreibt den Verlauf. Ist es ein Zirkel-Kanon? Welche Bedeutung hat die Bass-Stimme?
- Spielt euren Kanon zu PACHELBELS Original. **HB 439**

## *Kanon D-Dur*

*Nach Johann Pachelbel (1653–1706)*
*Satz: Marcus Altmann*

Keyboard (oder Klavier) und Bassinstrument sind festgelegt. Alle weiteren Instrumente sind frei wählbar.

## Kanon – selbst gemacht

Komponiert einen eigenen Zirkel-Kanon. Ihr könnt dabei folgendermaßen vorgehen:
- Legt eine Akkordfolge und eine Taktanzahl fest, z. B. vier Akkorde in zwei Takten – wie in *Give Me a Ticket*. Vorschlag: **C Em | Am G**
- Überlegt euch einen kurzen dreizeiligen Text (für einen dreistimmigen Kanon).

- Schreibt drei Melodieabschnitte, einen in tieferer, einen in mittlerer, einen in höherer Lage, deren Töne zu den Akkorden passen. Bei einem ersten Akkord C-Dur könntet ihr also in Zeile 1 mit *c*, in Zeile 2 mit *e* und in Zeile 3 mit *g* beginnen.
- Achtet auf den Rhythmus. Er sollte nicht in allen Zeilen identisch sein.

Jazz

A

B

MARCHING JAZZ

ORIGINAL ZENITH BRASS BAND

IRCLE ECORDS LBUM S-1

C

D

E

F

G

H

I

NANCY JAZZ PULSATIONS 1982 7 AU 17 OCTOBRE

# Meinungen – Aussagen – Definitionen

In den südlichen Staaten der USA verschmolz zu Beginn des 20. Jahrhunderts die Musik der ehemaligen europäischen Einwanderer und afrikanischen Sklaven zu einer Keimzelle der vielleicht wichtigsten musikalischen Entwicklung unserer Zeit.
Hört euch einen Zusammenschnitt von Jazzstücken an, um einen Eindruck von verschiedenen Arten des Jazz zu bekommen. **HB 440**

**KONTEXT**

Was ist Jazz? Wenn der Solist nicht seine völlige Freiheit hat, hört es auf, Jazz zu sein. Der Jazz ist so ziemlich die einzige heute existierende Kunstform, in der es die Freiheit des Individuums gibt, ohne dass dabei das Gemeinschaftsgefühl verloren geht.
*(Dave Brubeck, 1962)*

Die Expansion des Jazz in den Vereinigten Staaten während der 20er-Jahre wurde durch verschiedene Denkanstöße vorangetrieben: die ›Große Wanderung‹ der schwarzen Bevölkerung, die für einige Zeit Chicago zum Zentrum der Entwicklung machte; die reisenden Shows, Zirkusorchester und Riverboat-Bands; und schließlich vor allem die sich mit ungeheurer Vehemenz entfaltenden Medien Rundfunk und Schallplatte (…).
*(Ekkehard Jost, 1982)*

Jazz ist, wenn du spielst, was du fühlst. Alle Jazzmusiker bringen mithilfe ihrer Instrumente zum Ausdruck, was für Menschen sie sind und was sie im Verlaufe des Tages, am Abend davor und überhaupt während ihres ganzen Lebens an Erfahrungen gesammelt haben.
*(Jo Jones, 1962)*

Sie können nicht die glühend heißen (red-hot) Stricknadeln sehen, die dieser rotgesichtige Trompeter, der aussieht wie einer, der Glas bläst, ausspuckt: Nadeln, die das Trommelfell durchdringen und unbarmherzig wieder und wieder das Gehirn durchstoßen. Ebenso wenig können Sie die furchterregenden, mechanischen Verrenkungen des Basstrommlers sehen, wie er schwitzt und wie er seine Schläge auf beiden Seiten der Trommel austeilt und dabei jedes rhythmische Gesetz missachtet, (…)
*(Bericht über das New Yorker Tanzlokal Dicken's Place von 1850)*

Der Rhythm-Club war der große Treffpunkt, und wenn man irgendwo einen Eintags-Job aufgetan hatte und Leute dafür haben wollte, brauchte man nur die Straße runter zu gehen und todsicher fand man so viele gute Musiker, dass sie noch für drei weitere Jobs gereicht hätten. Und abends trug jeder sein Horn mit sich herum, und überall, wo ein Klavier stand, fand man Trompeter, Saxofonisten und so weiter, die einstiegen und jammten.
*(Duke Ellington, 1962)*

Er las zwar langsam [Noten], aber das war einer der Gründe warum er so stark swingte.
*(Posaunist Dicky Wells über Tenorsaxofonist Herschel Evans, 1971)*

Da ist in erster Linie der Swing – nicht die Stilart, sondern das rhythmische Element Swing, das dieser Musik innewohnt. Dazu kommt die Improvisation. Jazz gibt dem Künstler die Möglichkeit, sich ganz persönlich auszudrücken. Ich beurteile Musiker danach, wie sie diese Möglichkeit nutzen.
*(Albert Mangelsdorff, 2000)*

Musik ist, was du selbst erfahren hast, was du selbst denkst und was nur du weißt. Wenn du es nicht lebst, kommt es nicht aus deinem Horn.
*(Charlie Parker, 1962)*

Wenn man zu sauber (clean) und zu präzise wird, dann swingt man manchmal nicht mehr und der Spaß geht aus der Musik verloren.
*(Dicky Wells, 1971)*

## AUFGABEN

- *Welche Aspekte des Jazz könnt ihr in den Bildern erkennen?*
- *Welche Aussagen der Zitate gelten allgemein für Musik, welche speziell für den Jazz?*
- *Vergleicht* Cantaloupe Island *von* HERBIE HANCOCK *(1964) mit der Version von* US 3 *(1993).* **HB 441–442**

# Standards – Klassiker des Jazz

Bestimmte Stücke sind derart bekannt und beliebt, dass sie von Musikern immer wieder aufgegriffen und oft bei Jam-Sessions gespielt werden. Bei einer Jam-Session spielen die Jazzmusiker ohne festgelegtes Arrangement in beliebiger Besetzung. In vielen Städten gibt es Lokale, in den man sich zum Jammen trifft. Ein berühmter Standard ist *Take the A-Train* von DUKE ELLINGTON. **HB 443** Dieser Titel wurde unter anderem auch von MEL TORMÉ und BOBBY MCFERRIN aufgenommen. **HB 444–445**

In der Stadt New York sind die Untergrundbahnen, gemäß den Strecken, die sie fahren, mit Zahlen und Buchstaben bezeichnet. Der A-Zug ist seit Jahrzehnten der Express, der von Manhattan und woanders nach Harlem fährt. Er ist und bleibt ein beträchtlicher Teil des Lebens Tausender von Harlemern, und es ist sicherlich die einzige Linie einer Untergrundbahn, wo auch immer, nach der ein populärer Song benannt ist. Billy Strayhorn schrieb ›Take the A-Train‹, doch wie immer bleibt die Frage offen, wie viel davon er schrieb und wie viel Ellington.

*(aus: James L. Collier, ›Duke Ellington‹, S. 379)*

## ›A‹-Train

*Billy Strayhorn*
*Satz: Klaus-Dieter Hermsdorff*

# Fachbegriffe des Jazz

Billy Strayhorn und Duke Ellington

Neben Standard und Jam-Session gibt es weitere Begriffe, die im Jazz von Bedeutung sind. Sie helfen Besonderheiten dieser Musik deutlicher zu beschreiben oder zu benennen.

Im Gegensatz zur Spieltechnik traditioneller Instrumente, versuchen viele Jazzer auf ihrem Instrument sehr persönlich und ausdrucksstark zu spielen. Ein glatter, kultivierter Ton, wie er in der klassischen europäischen Musik als Ideal gilt, ist hier selten zu hören. Viele Jazzer haben einen unverwechselbaren Ton, den sie u. a. durch besonders scharfe Töne **(Hot Intonation)** erreichen. Manche Musiker streben aber auch einen klaren, zurückhaltenden Ton an **(cool)**. Mitunter lassen sie Töne ganz aus oder deuten sie nur an **(Ghostnotes)**.

Häufig spielen die Jazzmusiker absichtlich nicht genau auf den notierten Zählzeiten, sondern verschleppen die Melodie oder ziehen einzelne Töne vor die eigentliche Zählzeit. Sie spielen sozusagen weg vom Grundschlag **(off-beat)**.

Diese Klangmöglichkeiten werden auch von Sängern und Sängerinnen genutzt. Wenn es zu den Melodien keinen Text gibt, etwa bei der Improvisation, erfinden der Sänger oder die Sängerin spontan Silben **(scat)**. Oft orientieren sie sich dabei am Klang eines Instruments.

**Call-and-Response** bedeutet Ruf und Antwort. Bei einer Improvisation spielt ein Musiker eine kurze Phrase und ein zweiter oder eine Gruppe erfindet eine Antwort. Zwar gibt es diese Technik überall auf der Welt, aber bei den Spirituals der schwarzen Sklaven Nordamerikas ist der Wechsel zwischen Vorsänger und Chor zum Modell für Jazz geworden.

Ein **Chorus** ist das Thema eines Jazzstücks. Die Musiker improvisieren meist über die Akkordfolge **(changes)**, die diesem Thema zugrunde liegt. Bevor sie zusammen spielen, verabreden sie, wer den ersten, zweiten, dritten Chorus spielt, d. h., sie besprechen, wer zu welchem Zeitpunkt ein Solo spielen darf.

**WORK SHOP**

- Spielt die Grundtöne der Akkordsymbole auf einem Bassinstrument in durchlaufenden Viertelnoten.
- Auf einem Becken könnt ihr den angegebenen Swingrhythmus zum Bass spielen.
- Wählt Instrumente für die Begleitakkorde der Unterstimme.
- Unterstützt euren Gesang mit einem geeigneten Melodieinstrument.

**AUFGABE**

- *Was könnt ihr an den Hörbeispielen mit Fachbegriffen erklären?* **HB 446–448**

# Geschichte des Jazz: Die Stile eines Jahrhunderts

## Ragtime (seit 1890)

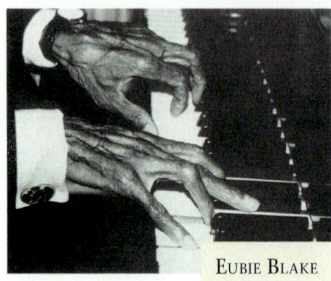

EUBIE BLAKE

Aus der vielfältigen Mischung von afro-amerikanischer Musik (Worksongs, Spirituals) und europäischer Tradition entsteht eine Musik, die zwar europäische Formen hat, aber im Rhythmus von Synkopen beherrscht wird. Die Synkopen geben der Musik, noch vor dem Begriff Jazz, einen ersten Namen: **Syncopated music.** In Anspielung auf die Synkopen wird dieser erste, meist auf dem Klavier gespielte Jazzstil Ragtime (ragged time = zerrissene Zeit) genannt.

**Musiker:** SCOTT JOPLIN (p), JELLY ROLL MORTON (p)

## New Orleans (seit 1900)

LOUIS ARMSTRONG

In New Orleans leben um 1900 verschiedenste Völker und Rassen aus Europa und Afrika. Dort und im ganzen Süden der USA verschmelzen die musikalischen Traditionen und wandern mit den Bands, die auf den Flussdampfern spielen, den Mississippi hinauf bis nach Chicago. Dort verwandelt LOUIS ARMSTRONG den New Orleans Stil von einfacher Tanzmusik zur Kunst: Eine Trompete spielt die Melodie, während eine Posaune eine Gegenstimme entwirft. Gleichzeitig umspielt eine Klarinette beide Instrumente. Die von weißen Bands gespielte, etwas glattere Art des Stils wird Dixieland genannt.

**Musiker:** KING OLIVER (t), LOUIS ARMSTRONG (t)

## Swing (seit 1930)

Schon in den 20er-Jahren gibt es größere Bands, aber die typische Bigband entsteht im Swing. In ihr treten die Instrumente als Gruppen auf, ähnlich wie in einem Sinfonieorchester. Auch rhythmisch wird die Musik verändert. Vier gleichmäßige Schläge pro Takt treten an die Stelle des Two-Beat der vorigen Stile. Statt langer Themen verwenden viele Bigbandleader kurze Riffs und machen ihre Musik damit einprägsam und kommerziell erfolgreich.

DUKE ELLINGTON BIGBAND

**Musiker:** DUKE ELLINGTON (p, lead.), BENNY GOODMAN (cl, lead.), COUNT BASIE (p, lead)

## Bebop (seit 1940)

von links: TOMMY PARKER (b), CHARLIE PARKER (as), MILES DAVIS (tp) im Minton's Playhouse N.Y.

Vorwiegend im New Yorker Stadtteil Harlem treffen sich Musiker in Clubs, um dort neue Musik auszuprobieren. Schnelle, virtuose Soli und Zusatztöne zu den normalen Dreiklangstönen führen dazu, dass der Bebop wie ein Bruch mit dem Swing klingt. Das Wort Bebop klingt wie eine der schnellen Melodiefetzen der Bebopmusiker.

**Musiker:** CHARLIE PARKER (as), DIZZY GILLESPIE (t)

---

### International gebräuchliche Abkürzungen für die Instrumente

| | | | | | |
|---|---|---|---|---|---|
| as | Altsaxofon | p | Klavier | g | Gitarre |
| ts | Tenorsaxofon | t | Trompete | keyb | Keyboards |
| bs | Baritonsaxofon | tb | Posaune (engl. Trombone) | lead | Dirigent, Bandleader |
| cl | Klarinette | | | | |

## Cool Jazz (seit 1950)

Chet Baker

Cool-Jazz entsteht als Gegenklang zum temporeichen Sound des Bebop. Ruhige, klare Linien, ohne Dynamikausbrüche lassen diesen Stil elegant wirken. Dadurch interessiert sich auch erstmals das klassische Konzertpublikum für Jazz.

**Musiker:** MILES DAVIS (t), CHET BAKER (t), DAVE BRUBECK (p), GERRY MULLIGAN (bs)

## Free Jazz (seit 1960)

Ornette Coleman

Die Fesseln von Akkordfolgen, festgelegten Themen und Rhythmen werden gelöst. An die Stelle einzelner Soli treten Gruppenimprovisationen und der Swing, der so typisch für den Jazz ist, wird durch einen hektischen Puls ersetzt. Musikeinflüsse aus der ganzen Welt werden verschmolzen zu einer mitunter ekstatischen Musik.

**Musiker:** ORNETTE COLEMAN (ts), JOHN COLTRANE (ts)

## Jazz-Rock oder Fusion (seit 1970)

Miles Davies

Die Verwendung elektrischer Instrumente (Gitarre, Synthesizer) und ein Klang, der in seiner Energie und dem Pulsschlag der Rockmusik sehr nahe steht, wurden zum zweiten großen kommerziellen Erfolg des Jazz nach dem Swing.

Nach der Freiheit des Free-Jazz treten jetzt wieder geschlossene Formen in den Vordergrund.

**Musiker:** MILES DAVIS (t) JOE ZAWINUL (keyb), JOHN MCLAUGHLIN (g) CHICK COREA (p)

## Die Achtzigerjahre (seit 1980)

Pat Metheny

Neben dem kraftvollen Jazz-Rock entstehen Stile, die einerseits romantisch-folkloristische Elemente aufweisen oder, wie bei Wynton Marsalis, an den Bebop anknüpfen.

**Musiker:** PAT METHENY (g), JAN GARBAREK (ts), KEITH JARRETT (p), WYNTON MARSALIS (t)

## Hip-Hop Jazz (seit 1990)

Branford Marsalis

Einzelne Riffs schon existierender Stücke werden von Schallplatte oder CD im Computer gesampelt und zu Loops (= Endlosschleifen) verarbeitet. Jazz erhält dadurch nach der Swing-Ära erneut einen eingängigen, tanzbaren Rhythmus. Zu diesem Klangteppich sprechen Rapper und Solisten improvisieren weitere Melodielinien hinzu.

**Musiker:** BRANFORD MARSALIS (ts), NILS-PETTER MOLVAER (t)

## Und heute?

Er wird totgesagt, seitdem ich spiele – also seit über 50 Jahren. Und diesen Nachrufen kann ich überhaupt nicht zustimmen. Denn Jazz ist eine vitale Musik, die von Künstlern auf der ganzen Welt gespielt wird. Der Jazz stirbt nicht. Im Gegenteil: Er wird immer munterer.

*(Albert Mangelsdorff in: Der Spiegel 44/2000, S. 264)*

## AUFGABEN

- *Ihr hört Ausschnitte von Stücken der drei ersten Jazzstile. Versucht, sie anhand ihrer unterschiedlichen Besetzung zuzuordnen.* **HB 449–451**
- *Die mittleren Stile werden vorwiegend in kleineren Bandbesetzungen gespielt. Beachtet die Intonation der Solisten, um sie zu identifizieren.* **HB 452–454**
- *Die letzten drei Stile verwenden (fast) immer elektrische Instrumente. Welche Kriterien ermöglichen dennoch eine Unterscheidung?* **HB 455–457**

# Swing als Element des Jazz

**Swing** (engl. = schwingen, schaukeln) bezeichnet ein Gefühl, das häufig als charakteristisches Merkmal des Jazz angesehen wird. Dieses Gefühl entsteht durch eine rhythmische Spannung in der Musik, die wie ein Pulsschlag wirkt. Der Begriff Swing wird auch als Kriterium für die Qualität von Jazz angewandt. So sagen manche Musiker ›das Stück swingt nicht‹, wenn ihnen der Rhythmus des Stückes nicht gefällt oder sie den Beat des Drummers nicht erkennen können. Viele Stücke ›swingen‹ sogar, ohne dass jemand den typischen Swing-Rhythmus im Stück gespielt hätte!

Der charakteristische Swing-Rhythmus wird in einer Band meist vom Schlagzeuger auf dem Ride-Becken oder der Hi-Hat gespielt. Diesen Rhythmus mit unserem Notensystem zu erfassen ist nicht einfach: Entweder man schreibt ihn als gleichmäßige Achtel:

**HB 458**

oder als punktierten Rhythmus. **HB 459**

Beides swingt nicht, obwohl die erste Notation meist gebraucht wird, um ihn aufzuschreiben. Der Swing bewegt sich zwischen diesen beiden Möglichkeiten. Man könnte ihn vielleicht folgendermaßen notieren.

**HB 460**

So richtig swingt es allerdings erst, wenn weitere Instrumente dazukommen, um aus dem einfachen Rhythmus ein Netz sich überlagernder und ergänzender Muster zu bilden.

Die Bassdrum und der Bass spielen gleichmäßige Viertelnoten. Gleichzeitig spielt der Bass melodische Linien, die treffend Walking-bass genannt werden (s. u.). **HB 461**

Wenn jetzt noch einige Off-beat-Einwürfe von anderen Instrumenten gespielt oder einzelne Töne des Grundrhythmus ausgelassen werden, entsteht die oben erwähnte Spannung. **HB 462**

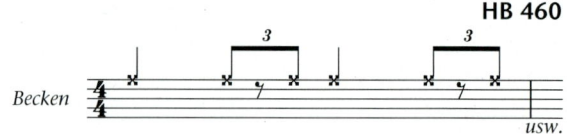

# Swing – die Epoche

Die **Epoche** des Swing (1930–ca. 1945) ist die letzte, während der der Jazz ausdrücklich Tanzmusik ist. Danach hört man Jazz vorwiegend als Konzertmusik. Aber ab Mitte der 30er-Jahre werden die Menschen in ganz Nordamerika von einer *Swing-craze,* von einer Verrücktheit nach Swing erfasst. Kurz zuvor haben sie eine Weltwirtschaftskrise durchleben müssen und nun kehrt der Wohlstand langsam zurück und mit ihm ein neuer Jazzstil. Obwohl der Jazz weitgehend aus den Wurzeln der Afroamerikaner entstanden ist, wandelt er sich spätestens in den 30er-Jahren zu einer kommerziell erfolgreichen Musik, die von Schwarzen und Weißen gleichermaßen gehört und gespielt wird. Erstmals werden schwarze und weiße Amerikaner von dieser Musik angezogen. In den Tanzsälen herrscht aber dennoch Rassentrennung und gemischte Bands, wie die von BENNY GOODMAN, bleiben die Ausnahme.

Besteht eine typische New Orleans Band noch aus drei Bläsern (Klarinette, Trompete, Posaune) und Rhythmusgruppe (Klavier, Banjo, Bass, Schlagzeug), haben die Bands jetzt mehrere Instrumentengruppen, so genannte Sätze **(sections)**. Wegen der vielen Instrumente einer Bigband muss die Musik weitgehend aufgeschrieben werden, es bleibt weniger Raum für Improvisation. So entsteht auch der neue Beruf des Arrangeurs (arrangieren = einrichten), der Melodien für Bigbands bearbeitet.

Berühmte schwarze Bigbandleader sind DUKE ELLINGTON und COUNT BASIE; die bekanntesten Weißen BENNY GOODMAN, den man den ›King of Swing‹ nennt, und GLENN MILLER.

Besondere Attraktion vieler Bigbandkonzerte sind Bigband battles. An einem Abend lässt man zwei Bigbands auftreten und um die Wette spielen. So liefern sich die Schlagzeuger vieler Bands wahre Schlachten, wer schneller und aufregender improvisieren kann. GENE KRUPA, der Drummer von BENNY GOODMAN erzählt über CHICK WEBB *›Ich bin niemals von einem besseren Mann geschlagen worden!‹.*

Benny Goodman Orchestra

**KON TEXT**

Webb war immer battle-mad, das heißt, er war immer geneigt, andere Orchester zu musikalischen Wettkämpfen herauszufordern. Seine Leute liebten es mit jeder Band, die vorbei kam, einen musikalischen Kampf auszufechten, und meistens gewannen sie.
*(Duke Ellington über Chick Webb)*

## AUFGABEN

- *Welche Instrumentensätze bilden eine Bigband?*
- *Beschreibt, wie die Sätze in* BENNY GOODMANS *Band angeordnet sind.*
- *Erstellt eine grafische Partitur zum* Bugle Call Rag *von* BENNY GOODMAN. **HB 463**
- *Wie erklärt ihr euch die Entstehung des Swing-Craze?*

# Jazz in Deutschland

## Vor dem Krieg

Ab 1923 kann man in Deutschland amerikanische Jazzbands hören, die in kleineren Ensembles umherreisen. PAUL WHITEMAN macht 1926 in Europa sinfonischen Jazz populär. In Frankfurt wird versucht Jazz an der Musikhochschule zu lehren, aber es kommt schon damals zu großen Protesten. Jazz sei etwas Minderwertiges, dass nicht neben der Kunstmusik Europas gelehrt werden dürfe. Gleichzeitig erlebt alles Amerikanische eine große Popularität. Schwarze Amerikaner oder Schauspieler mit schwarz geschminkten Gesichtern sind in Revuen zu sehen und üben eine besondere Anziehungskraft auf das deutsche Publikum aus. In den Schlagertexten der 30er-Jahre werden daher Instrumente und Elemente des Jazz besungen. **HB 464**

Seit 1931 gibt es regelmäßige deutsche Radiosendungen, in denen auch die amerikanischen Vorbilder zu hören sind. Es gibt Lokale und Tanzveranstaltungen, in denen Jazz gespielt wird.

Erst die Diktatur der Nationalsozialisten verändert alles. Stellt euch vor, es wird ein Verbot erlassen, Hip-Hop zu hören unter der Androhung, bei Verstoß gegen den Erlass ins Gefängnis gesperrt zu

Jazzkeller in der Hauptwache Fuldas, deren Zellen früher von der Gestapo genutzt wurden.

werden! Dennoch treffen sich Jugendliche heimlich bei Tanzveranstaltungen, um Jazz zu hören. Sobald die Polizei in die Nähe der Lokale kommt, ändern die Kapellen ihr Programm und spielen deutsche Tanzmusik.

KON TEXT

## Verbot des Nigger-Jazz

Nachdem wir heute zwei Jahre lang mit diesen Kulturbolschewisten aufgeräumt haben und Stein an Stein fügten, um in unserem Volk das verschüttete Bewusstsein für die deutschen Kulturwerte wieder zu wecken, wollen wir auch mit den noch in unserer Unterhaltungs- und Tanzmusik verbliebenen zersetzenden Elementen Schluss machen. Dieses Verbot ist kein Symptom für eine irgendwie geartete Auslandsfeindschaft des deutschen Rundfunks, vielmehr reicht der deutsche Rundfunk allen Völkern die Hand zu freundschaftlichem Kultur- und Kunstaustausch. Was aber zersetzend ist und die Grundlage unserer ganzen Kultur zerstört, das werden wir ablehnen. (...) Der Nigger-Jazz ist von heute ab im deutschen Rundfunk endgültig ausgeschaltet.
*(Reichssendeleiter Hadamovsky, Völkischer Beobachter 1935)*

# Nach dem Krieg

### Die Jazzkeller
Nach dem Zweiten Weltkrieg bilden sich überall in Deutschland Lokale, in denen Jam-Sessions und Konzerte stattfinden. Jam-Sessions sind zwanglose Treffen von Jazzmusikern, bei denen ohne festgelegte Arrangements oder Besetzungen musiziert wird. Viele Clubs oder Lokale haben diese besondere Konzertatmosphäre der Jam-Session bis heute erhalten.

### Der Berliner Jazzkeller Treptow
Ein klassischer, echter Jazzkeller, eingetragener Verein. Musik wichtiger als Krawatte und nicht vorhandener

Cocktail. Handmade Schilder außen wie innen, der Keller offensichtlich in Eigenarbeit ausgebaut. Das ist gelungen, eine ausgesprochen gemütliche Atmosphäre mit reichlich Kerzen, die Wände rotbraun gestrichen. Hier scheint (fast) jeder jeden zu kennen, das galt am betreffenden Abend auch für die Musiker … [z. B. für] Ernst-Ludwig Petrowsky, der erfreulicherweise zwischen den Stücken auch mit seinem Publikum sprach und in diesem Keller offensichtlich kein Unbekannter war. Ein Touch von Wohnzimmeratmosphäre im besten Sinne, hier steht die Musik im Vordergrund. *(Homepage von jazznetz.de)*

Eine Jam-Session

## AUFGABEN

- *Welche Vorstellung hatte man vom Jazz in Deutschland vor der Diktatur der Nationalsozialisten?*
- *Warum betrachteten die Nationalsozialisten den Jazz als etwas Minderwertiges? Wie vermitteln sie diesen Eindruck im Zeitungsartikel?*
- *Beschreibt die Atmosphäre eines Jazzkellers. Warum ist ein derartiger Konzertraum für Jazz besonders gut geeignet?*
- *Skizziert den Ablauf von* MANGELSDORFFS *Stück* The Very Human Factor. *Ist in* MANGELSDORFFS *Musik der Swing noch spürbar?* **HB 465–466**

Von den vielen deutschen Jazzern hat nur einer wirklichen Weltruhm erlangt: ALBERT MANGELSDORFF. Zunächst spielt er nach dem Zweiten Weltkrieg als

Albert Mangelsdorff

junger Mann den Jazz, der zu der Zeit auch in Amerika gespielt wird. In den 60er- und 70er-Jahren entdeckt er den Free Jazz für sich. Dann beginnt er, Solokonzerte zu geben. Er stellt sich alleine, ohne Band, nur mit der Posaune auf die Bühne und spielt. In diesen Jahren entwickelt er eine Technik, bei der er normal Posaune bläst und gleichzeitig in das Instrument hineinsingt. Diese zwei Stimmen erzeugen weitere Obertonschwingungen, die es ihm ermöglichen, mehrstimmig zu spielen.

Nachdem ich einmal angefangen hatte, mich ernsthaft mit dem mehrstimmigen Spiel auf der Posaune zu beschäftigen, war mir sehr schnell klar, welche neuen Möglichkeiten das Horn eröffnet, was es bedeutet, ein Instrument, das an sich Linien spielt, zu einem Instrument zu erweitern, auf dem sich Harmonien spielen lassen. […] Dass es sogar möglich sein würde, polyphon zu spielen, also gegenläufige Linien von geblasenem und gesungenem Ton, hätte ich mir nun mal gar nicht vorstellen können.
*(aus: Bruno Panilot ›Albert Mangelsdorff. Gespräche‹, Oreos Verlag Waakirchen 1993, S. 120)*

# Eine Jazz-Improvisation: ›So What‹

**WORK SHOP**

MILES DAVIS (1926–1991), Trompeter und Komponist von *So What,* war einer der einflussreichsten Jazzmusiker. Er hat mehrfach neue Stilentwicklungen im Jazz geprägt.

*Kind of Blue,* seine legendäre CD (1962, damals natürlich noch eine LP) zählt für viele zu den wichtigsten Jazz-Aufnahmen überhaupt.

### 1. Wir spielen das Thema HB 467

- Hört euch die Originalversion von *So What* an. In welche Formteile lässt sich das Stück gliedern?
- Überlegt, welche Instrumente euch zur Verfügung stehen, um die Melodie und die Akkordbegleitung von *So What* zu spielen. Erarbeitet auch eine einfache Rhythmusbegleitung.
- Das Thema wird im zweiten Teil einen halben Ton höher gespielt. Versucht das aber erst, wenn ihr den ersten Teil sicher spielen könnt. Wenn ihr nur den ersten Teil spielen wollt, endet das Stück mit Beginn der Klammer 1.

### 2. Wir improvisieren

- Die Töne des Themas sind Material, das ihr zum improvisieren benutzen könnt.
- Es wird euch leichter fallen, zu improvisieren, wenn ihr dazu zunächst die vier Improvisationsmuster einübt.
- Erfindet weitere Improvisationsmuster: Die einfachste Art zu improvisieren, ist, das Thema rhythmisch zu verändern. Vertauscht oder wiederholt einzelne Töne der Melodie. Findet und erprobt weitere Töne, die zu den Akkorden passen.
- Wenn ihr diese Schritte geübt habt, könnt ihr mit der Stimme oder einem Instrument jetzt sogar einen ganzen Chorus improvisieren, während einige Schülerinnen und Schüler die Begleitung ohne die Melodie weiterspielen.

### 3. Wir spielen unser eigenes Arrangement

- Wenn ihr *So What* spielen wollt, müsst ihr verabreden, wie oft das Thema gespielt, wann ein Solo improvisiert wird und welche Instrumente bestimmte Aufgaben (Melodie, Begleitung) erfüllen sollen. Ihr erarbeitet so ein mündliches Arrangement (= Head-Arrangement). In Noten aufgeschrieben wird die Verabredung zum richtigen Arrangement.

**Improvisationsmuster**

① ② ③ ④

## So What

*Miles Davis (1926–1991)*

(Med. Jazz)  Dm⁷

# Jazz in der Schule

An Schulen gibt es Orchester, Chöre und Rockbands. Seit den 80er Jahren des 20. Jahrhunderts sind an vielen Schulen auch Bigbands aufgebaut worden. Häufig haben jazzinteressierte Lehrerinnen und Lehrer zunächst eine Combo zusammengestellt, die allmählich zur Bigband gewachsen ist. Arrangements gibt es mittlerweile für viele verschiedene Besetzungen zu kaufen. Das Repertoire der Bands ist dabei nicht auf Swing begrenzt, auch Latin Jazz, Jazz-Rock und Arrangements mit Gesang werden gespielt.

Es gibt eine beträchtliche Anzahl von Schul-Bigbands, die ihre Arbeit auf CDs aufgenommen

Die Bigband des Gauß-Gymnasiums, Braunschweig und der Viktoriaschule, Aachen 1998

haben. Wenn eine Band eine CD produzieren will, muss sie sich entscheiden, ob sie die CD im Studio aufnimmt oder einen Live-Mitschnitt anfertigt. Die Bigband VIKTORIA RHYTHM 'N' BRASS der Viktoriaschule in Aachen hat 1998 einen Jazzabend veranstaltet, zu dem auch andere Bands eingeladen waren. Ein professioneller Mitschnitt ermöglichte es der Band, hinterher eine CD mit den besten Stücken des Abends zu veröffentlichen. Am Ende des Konzerts spielte VIKTORIA RHYTHM 'N' BRASS mit der Bigband des Gauss-Gymnasiums aus Braunschweig zusammen den Standard *Tuxedo Junction*. **HB 468**

## AUFGABEN

- *Warum ist für Schulen gerade die Bigband ein interessantes Jazzensemble?*
- *Gibt es an eurer Schule oder benachbarten Schulen Jazzensembles? Wo treten die Bands auf?*
- *Hört die Sätze der Bigband erst einzeln, dann zusammen. Wie stehen die Sätze der Bigband zueinander in Beziehung?* **HB 469–472**

# Der Blues

Ohne den Blues wäre der Jazz nicht entstanden, dessen Stile und Klänge aus diesen Wurzeln hervorgingen. Beide Musikarten haben sich nebeneinander weiterentwickelt und gegenseitig stilistisch beeinflusst.

Der **Blues** dient ursprünglich als musikalisches Ventil für die Lebenssituation der schwarzen Sklaven. Bei der harten Arbeit auf den Feldern oder beim Bau von Eisenbahnlinien entstehen die Urformen des Blues: die **Worksongs,** eine Musik ohne Begleitung, da bei der Arbeit kaum ein Instrument getragen werden kann. So entwickelt sich ein Gesang im Rhythmus der gerade zu verrichtenden Arbeit. Gesungen wird beim Pflücken der Baumwolle auf den Plantagen in großer Hitze oder beim Eisenbahnbau, beim Verlegen der Schienen. Atemholen, Stöhnen, Rufe, raue Stimmen sind Kennzeichen dieser Musik. Der Blues handelt aber auch von anderen Bereichen des Lebens: Liebe, Enttäuschung, Probleme sowie Freude und Zufriedenheit.

Bluesexperte LeRoi Jones vermutet, dass Worksongs und Blues sich ganz anders entwickelt hätten, wenn die Afrikaner nach Amerika verschleppt worden wären ›um Vasen zu machen oder Basketball zu spielen‹.

**KONTEXT**

Zwar bedeutet ›to be blue‹ in der englischen Umgangssprache soviel wie ›betrübt, melancholisch, schwermütig sein‹, aber in der Sprache der schwarzen Amerikaner hat das einen weit vielschichtigeren Sinn bekommen. Der Blues ist kein Klagelied, sondern (…) die Bluestexte (…) spiegeln das Leben der Afroamerikaner in seiner ganzen Breite, mit allen Hoffnungen, Wünschen, Sehnsüchten wie auch den vielen leidvollen Erfahrungen.
*(Wicke/Ziegenrücker, S. 72)*

**KONTEXT**

Kein weißer Mann hatte jemals den Blues, denn der Weiße hat keine Sorgen. (…) Wenn du im Bett liegst und dich von einer Seite auf die andere wälzt und kannst nicht schlafen, was ist dann mit dir los? Der Blues hat dich. Oder wenn du morgens aufstehst und auf dem Bettrand sitzen bleibst, und deine ganze Familie ist da, und du willst mit keinem von ihnen sprechen, obwohl dir keiner was getan hat – was ist dann mit dir los? Der Blues hat dich. Oder wenn du am gedeckten Tisch sitzt und siehst auf deinen Teller und hast Hühnerbraten und Reis, und du gehst fort und zitterst und sagst: ›Gott sei mir gnädig, ich kann nicht essen und kann nicht schlafen, was ist mit dir?‹ Der Blues hat dich.
*(Leadbelly, in Huesmann, S. 215)*

# Instrumente des Blues

Die Gitarre ist das Instrument, das zur Begleitung des Gesangs im Blues von Anfang an verwendet wird. Sie ist leicht zu transportieren und billig. Die Gitarre erlaubt es dem Musiker, gleichzeitig zu spielen und zu singen. Auch die Mundharmonika (engl. = Bluesharp) ist aus den gleichen Gründen beliebt: Sie kann in der Hosentasche überallhin mitgenommen werden.

In den 30er-Jahren des 20. Jahrhunderts erfanden die amerikanischen Gitarrenbauerfirmen *National* und *Dobro* die Resonatorgitarre. Die meist ›Dobro‹ genannten Instrumente besitzen einen metallenen Teller, der den Klang wie ein Lautsprecher verstärkt. Dieser laute, aber wenig elegante Klang des Instruments entsprach den Vorstellungen vieler Bluesgitarristen. Besonders bei der Bottleneck-Spieltechnik hat sich der laute Klang der Instrumente bewährt. Dabei stülpt der Spieler ein Glas- oder Metallröhrchen über einen Finger der linken Hand und gleitet über die Saiten, statt sie zu greifen. Um mit dem Bottleneck auch Akkorde spielen zu können, stimmen die Gitarristen ihr Instrument auf einen Dreiklang (**open-tunings** = offene Stimmung) um.

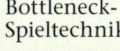

Dobro

Bottleneck-
Spieltechnik

Sammy Lewis

Bukka White

## AUFGABEN

- *Welche Vorstellungen vom Blues werden in den Zitaten und Bildern deutlich?*
- *Vergleicht zwei Blues-Aufnahmen von* BUKKA WHITE *(er spielt eine Dobro mit Bottleneck) und* ROBERT PETE WILLIAMS *(der eine Akustikgitarre mit Stahlsaiten spielt).* **HB 473–474**
- *Stimmt eine Gitarre in ein open-tuning D-Dur um. Welche Akkordtöne des D-Dur-Dreiklangs sind von der Gitarrenstimmung (E A D g h e) aus möglich, wenn man die Saiten nur tiefer stimmt?*

# Country- und City-Blues

In der Mitte des 19. Jahrhunderts entsteht in Nordamerika abseits der großen Städte eine frühe Form des Blues: der **Country-Blues.** Ein oder zwei Musiker spielen auf einfachen Instrumenten, wie der Gitarre und der Bluesharp und singen dazu. Zu Beginn des 20. Jahrhunderts wird der Blues auch von den schwarzen Arbeitern in Städten gespielt. Chicago entwickelt sich zu einem Zentrum des Blues.

Schallplattenfirmen nehmen Bluesmusiker unter Vertrag, zahlen aber meist geringe Gagen. Seit der Erfindung der elektrischen Gitarre gegen Mitte des 20. Jahrhunderts ist es den Bluesgitarristen möglich, ihr Instrument fast wie eine Stimme singen und schreien zu lassen.
**HB 475** Durch die Hinzunahme von Klavier, E-Bass und Drum-Set wird aus der einfachen Country-Besetzung ein Ensemble, das der späteren Rockbandbesetzung gleicht. Dieser **City-Blues,** wie er in Chicago gespielt wird, trägt nicht nur in den 50er-Jahren entscheidend zu Entstehung des weißen Rock 'n' Roll bei, sondern beeinflusst in den

Cassandra Wilson

60er-Jahren des 20. Jahrhunderts viele Rockbands, besonders in Großbritannien. Dort spielen die ROLLING STONES und ERIC CLAPTON nicht nur viele berühmte Bluesstücke nach, sondern übernehmen auch Elemente des Blues in ihren Kompositionen. Musiker wie ROBERT JOHNSON werden von ihnen oft als Vorbilder genannt.

Heute greifen viele schwarze Bluesmusiker alte Titel auf, um einen neuen Sound im Blues zu entwickeln: 1993 interpretiert CASSANDRA WILSON 50 Jahre alte Titel von ROBERT JOHNSON. ROBERT CRAY, ein Sänger und Gitarrist, verändert den formalen und harmonischen Ablauf des Blues sehr stark und erringt mit einem seiner Stücke *(Right Next Door)* einen internationalen Top-Ten-Hit in den 80er-Jahren des 20. Jahrhunderts.

Robert Cray

## AUFGABEN

- *In den Stücken* Sweet Home Chicago *von* ROBERT JOHNSON *und* Chicago Bound *von* JIMMY ROGERS *wird von der Stadt des Blues erzählt. Ordnet die beiden Aufnahmen dem City- bzw. Country-Blues zu.* **HB 475–477**
- *Woran ist der Blues als Ursprung bei* CASSANDRA WILSON *und* ROBERT CRAY *noch zu erkennen?* **HB 478–479**

# Bluesschema

Obwohl es viele verschiedene Akkordfolgen im Blues gibt, wird ein Akkordschema besonders oft verwendet und gilt daher als typisch. In Akkordsymbolen ausgedrückt lautet ein solches zwölftaktiges Bluesschema in C-Dur:

C | C | C | C |   F | F | C | C |   G | F | C | C |

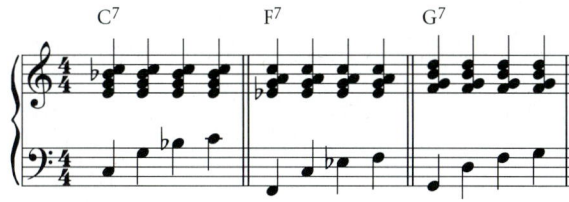

## AUFGABE

- *Wie unterscheidet sich das Bluesschema von einer normalen Kadenz?*

Der Text des Blues besteht meist aus Strophen mit zwei Teilen, deren erste Zeile wiederholt wird. Durch die Wiederholung der ersten Textzeile wird ihre inhaltliche Aussage bestätigt, während die zweite Zeile die Strophe mit einer Antwort abschließt.

Die Zeilen werden auf dreimal vier Takte verteilt. In Kombination mit dem zwölftaktigen Akkordschema entsteht so die so genannte Bluesformel.

1. Shake it, Babe, shake it all night long (2x)
   You gonna keep on shakin' till you lose your heart and home
2. Tell me, Babe, tell me what's wrong with you (2x)
   You gonna keep on shakin' all the world with you
3. Shake it babe, I'm in love with you (2x)
   You wouldn't even tell me this, babe, that's the way you do
4. Come on mama, come on hold (a) me (2x)
   You know I love you pretty baby till the day I die.

WORK SHOP

- Spielt ein Bluesschema mit der oben beschriebenen Akkordfolge. Verteilt die einzelnen Akkordtöne des Notenbeispiels auf verschiedene Instrumente. Überlegt, welche Töne der Begleitung Zusatztöne (Septimen und Nonen) zu den Grunddreiklängen sind. Ergänzt das Bluesschema mit einem typischen Bass-Riff aus der unteren Zeile des Notenbeispiels, wie es T-Bone Walker in *Shake it Babe* verwendet. **HB 480**
- Erfindet eigene zweizeilige Bluesstrophen. Beschreibt darin Themen, die euch betreffen, z. B. Schulsorgen, Ärger mit Eltern oder der Freundin/ dem Freund, usw.
- Sprecht eure Texte zu eurem Bluesschema. Achtet dabei auf die Verteilung auf jeweils vier Takte.
- Versucht vom Sprechen in einen bluesartigen Sprechgesang überzugehen.
- Mit den Tönen *c, es, f, fis, g, b* beim Blues in C-Dur könnt ihr über das Begleitschema ein Solo improvisieren, obwohl in traditioneller europäischer Musik einige der Töne nicht zur Tonart gehören.

- Wie erklärt ihr euch, dass die Töne *es, fis* und *b* bei einer Bluesmelodie oder Improvisation zum C-Dur-Dreiklang passen? Ein Gitarrist könnte durch Ziehen der Saite mit der Greifhand sogar Töne zwischen *e* und *es, f* und *fis* sowie *h* und *b* erzeugen. Überlegt, warum dieser Klang **Blue-Note** genannt wird.

Jimmy Dawkins

# Musiktheater

Oper: Ein Schauspiel, das Leben in einer anderen Welt darstellt, deren Einwohner keine Rede kennen, sondern nur Gesang, keine Bewegungen, sondern Gesten und keine Posen, sondern Attitüden.
*(Ambrose Bierce: ›The Devil's Dictionary‹,*
*Michael Walsh: ›Keine Angst vor Opern‹, S. 29)*

Wenn man eine Oper nicht auf dem Leierkasten spielen kann, dann wird diese Oper keine Unsterblichkeit erlangen. *(Sir Thomas Beecham, in: Michael Walsh: ›Keine Angst vor Opern‹, S. 73)*

## AUFGABEN

- Betrachtet die Abbildung und beschreibt – möglichst ausführlich und mit Fachbegriffen – was abgebildet ist.
- Oper gilt in der Bevölkerung als eine umstrittene Kunst. Wie ist eure Position?

- Was gehört zu einem funktionierenden Opernbetrieb dazu, was auf dem Bild nicht zu sehen ist?
- Was sagen die beiden Zitate aus? Inwiefern stimmt ihr mit den Aussagen überein?

# Opernhäuser

Das **erste öffentliche Opernhaus** wurde 1637 in Venedig eröffnet: das *Gran Teatro La Fenice*. Dieses Opernhaus wurde von der Bevölkerung mit größter Begeisterung aufgenommen, sodass rasch weitere Theater gegründet wurden: Innerhalb von etwa 40 Jahren wurden allein in Venedig sechs neue große Opernhäuser gebaut. Finanziert wurden sie durch die Vermietung der Logen. Gespielt wurde während des Karnevals, zu Pfingsten und im Herbst.

Als erste **Opernaufführung** gilt die 1607 in Mantua am Hofe gespielte Oper *Orfeo* von CLAUDIO MONTEVERDI. Bis nach 1750 war Italienisch die Sprache der Opern. Eine Ausnahme bildete das *Theater am Gänsemarkt* in Hamburg. Dort wurden ab seiner Gründung 1678 immer wieder deutschsprachige Opern gespielt, die erste erhaltene ist *Dafne* von GEORG FRIEDRICH HÄNDEL aus dem Jahre 1704/5. In der Oper *Carmen* wurde zum ersten Mal ein Mensch auf der Bühne ermordet. *Porgy and Bess* ist die erste Oper mit einer Besetzung nur mit Schwarzen. Eine besondere Stellung nimmt RICHARD WAGNER mit seinem Opernschaffen ein: Er konzipiert seine Opern als Gesamtkunstwerke von Musik, Dichtkunst und szenischer Darstellung und lässt sich dafür sein eigenes Festspielhaus bauen.

Um 1850 wurde in der Pariser Oper die Aufführungspraxis durch die **erste Gasbeleuchtung** revolutioniert. Um 1881 folgte die erste **elektrische Beleuchtung.**

1789 wurden an der Staatsoper *Unter den Linden* in Berlin **erstmals Eintrittskarten verkauft:** Die Aufführungen der Oper *Hiob* von DITTERSDORF waren allgemein zugänglich.

ABRAHAM LINCOLN, Präsident der USA, wurde 1865 von einem politischen Gegner und Fanatiker, dem Schauspieler John WILKES BOOTH **während einer Opernaufführung erschossen.**

Aus Angst vor sich versammelnden Massen wurden **Opernaufführungen** im *Teatro de la Zarzuela,* Madrid von 1799–1808 von der Regierung **verboten.**

*Die Hamburgische Staatsoper* – 1678 – ist die älteste ständige Oper Deutschlands und zugleich das erste deutsche Opernhaus, das von den Bürgern und nicht vom Adel getragen wurde.

In Stockholm kam es während eines Maskenballs **in der Oper** 1792 zur **Ermordung des schwedischen Königs** GUSTAVS III. Dieses Ereignis nahm 1859 GIUSEPPE VERDI zur Grundlage seiner Oper *Der Maskenball*.

Der stärkste Feind der Oper und der Opernhäuser war das Feuer. Trotz aller Vorsicht gab es immer wieder Brandkatastrophen, die nicht nur die Häuser bis auf die Grundmauern zerstörten, sondern oft auch viele Menschenleben forderten. Im Wiener *Ringtheater* starben 1881 bei einem Brand über 400 Menschen. Ab 1889 trat eine Feuerschutzvorschrift in Kraft, die forderte, dass sich der Zuschauerraum vom Bühnenraum in Sekundenschnelle mit einem eisernen Vorhang abschotten ließ, um das Übergreifen von Bränden zu verhindern.

Aber nicht nur Brände erschütterten die Opernhäuser: Oft waren sie auch Schauplätze für Attentate oder Auslöser für politische Unruhen.

Am 25. 8. 1830 **bricht nach einer Opernaufführung** der Oper *Die Stumme von Portici* von AUBER im *Théâtre de la Monnaie* in Brüssel **ein Volksaufstand aus.** Die Handlung der Oper beruht auf einem historischen Ereignis aus dem Jahre 1647: Neapolitanische Fischer erheben sich gegen die Tyrannei durch ihre spanischen Herren, lösen eine Revolution aus und befreien sich. Die Zuschauer in Brüssel identifizieren sich mit den unterdrückten Fischern, während sie die Spanier mit ihren niederländischen Machthabern vergleichen. Noch vor Schluss der Oper – bei ihrem Höhepunkt, dem Ausbruch des Vesuvs – strömen die Zuschauer mit erhitzten Gemütern auf die Straße und fordern die Loslösung von den Niederlanden. Die Revolution beginnt. Zwei Monate später ist die Unabhängigkeit vollzogen und Belgien ein selbstständiger Staat.

Das 1818 in München eröffnete Nationaltheater brannte nach nur fünf Jahren ab und wurde zwei Jahre später mithilfe der **Biersteuer** neugebaut.

Ein **besonderes Schicksal** widerfuhr der *Lyric Opera of Chicago:* Während der zweiten Aufführung brach 1850 ein Feuer aus, der 1865 eröffnete Neubau brannte 1871 ab, wurde 1878 erneut gebaut.

›Theaterbrand‹, anonymes Gemälde

›Die Stumme von Portici‹, zeitgenössische Darstellung der historischen Aufführung

Genießen Sie
*das Unglück Anderer.*

**AUFGABEN**

- *Stellt Informationen zu einzelnen Aspekten zusammen:*
  - *Wann wurden die Opernhäuser gebaut?*
  - *Wann brannten sie nieder, wann wurden sie wieder aufgebaut?*
  - *Welche politischen und historischen Ereignisse fanden statt?*
- *Warum mag es den Menschen trotz der hohen Kosten immer wichtig gewesen sein, die zerstörten Opernhäuser neu aufzubauen?*
- *Beschreibt die verschiedenen Ausschnitte aus Opern und versucht ihre Stimmung und ihren Kontext einzuschätzen.* **HB 481–488**

# Georges Bizet: ›Carmen‹

Vor einem Opernbesuch sollte man sich über den Inhalt der Oper informieren, weil der Text oft schwer zu verstehen ist bzw. weil in italienischer oder französischer Sprache gesungen wird. Inhaltsangaben und Erklärungen, häufig auch Informationen zur Entstehungsgeschichte, finden sich in Opernführern, auf CD-ROMs, auf CD-Beilagen und in Programmheften oder auch im Internet. In Opernführern gibt es sich am Anfang oft einen allgemeinen Überblick:

**Carmen, Oper in 4 Akten von Georges Bizet. Text von Henri Meilhac und Ludovic Halévy nach der gleichnamigen Novelle von Prosper Mérimée (1845). Uraufführung: 3.3.1875 Paris, Opéra Comique (Salle Favart).**
PERSONEN: *Carmen*, Zigeunerin (Mezzosopran) – *Don José*, Sergeant (Tenor) – *Escamillo*, Stierkämpfer (Bass oder Bariton) – *Micaëla*, Bauernmädchen (Sopran) – *Frasquita* und *Mercédès*, Zigeunerinnen (Sopran und Mezzosopran) – *Zuniga*, Leutnant (Bass) – *Moralès*, Sergeant (Bariton) – *Dancaïro* und *Remendado*, Schmuggler (Tenöre) – *Andres*, Sergeant (Tenor) – *Lillas Pastia*, Schankwirt (Sprechrolle) – Ein Bergführer (Sprechrolle) – Eine Orangenverkäuferin (Alt) – Soldaten, junge Männer, Zigarettenarbeiterinnen, Zigeuner, Schmuggler, Polizisten, Stierkämpfer, Volk, Gassenjungen u. a.
ORT UND ZEIT: Sevilla und Umgebung, um 1820.
SPIELDAUER: ca. 2 ³/₄ Stunden (1. Akt: ca. 55 Min.; 2. Akt: ca. 45 Min.; 3. Akt: ca. 30 Min.; 4 Akt: ca. 30 Min.).

1884

1994

**Erster Akt**      **HB 489**
Nach einem Besuch seiner Jugendfreundin *Micaëla* erhält *Don José*, Sergeant der Stadtwache in Sevilla, den Befehl, die bei einem Messerstreit verhaftete *Carmen* ins Gefängnis abzuführen. **HB 490**
Ihre männermordenden Katzen-Eigenschaften erringen schnell einen amourösen Sieg über den unerfahrenen Sergeanten, der sie in einem unbeachteten Moment entkommen lässt. **HB 491**

**Zweiter Akt**      **HB 492**
Nach zweimonatiger Haft, die ihm diese Pflichtverletzung eingebracht hat, sucht er die unvergessene Carmen in der Schenke von Lillas Pastia, einem Treffpunkt von Lebemännern, Schmugglern und Zigeunern, auf. **HB 493**
Die Rückkehr zu den Soldaten ist ihm versagt, als er nach Versäumen des Zapfenstreichs in entflammter Leidenschaft gegenüber seinem Vorgesetzten, Leutnant Zuniga, die Waffe zieht. **HB 494**
*(Beiheft zur CD ›Carmen‹)*

## AUFGABEN

- *Welche Informationen bietet der erste allgemeine Überblick im Opernführer zur Oper* Carmen*?*
- *Lest den Inhalt der vier Akte und klärt gemeinsam unbekannte Begriffe.*
- *Gebt den Inhalt der Oper mit eigenen Worten wieder.*

- *Was unterscheidet den Inhalt von dem anderer euch bekannten Opern?*
- *Welche der abgebildeten Darstellerinnen entspricht eurer Meinung nach am ehesten dem Charakter der Carmen?*
- *Welchen Eindruck erwecken die Abbildungen des Schmugglers, der Zigarettenarbeiterin und der Frau aus Sevilla?*

1996

1993

1984

## Dritter Akt                                      HB 495

Obwohl des Schmugglerhandwerks unkundig, begleitet er Carmens Genossen in die Berge. Doch ihre Leidenschaft hat sich bereits von José ab- und dem männlich-erfolgreicheren Stierkämpfer *Escamillo* zugewandt. Aus einer von José angezettelten Messerstecherei rettet Carmen ihren neuen Günstling vor des Eifersüchtigen Klinge. Der betrogene José eilt unter dem Schwur seiner blutigen Rache an Carmen mit Micaëla zur sterbenden Mutter. **HB 496**

## Vierter Akt                                      HB 497

Kurze Zeit später stellt José vor einer Stierkampfarena die am Arm Escamillos erscheinende Carmen zur letzten Aussprache. Doch ihre einstige Liebe hat sich vor seiner romantisch-unglücklichen Natur in Hass und Hohn verwandelt. **HB 498**

Unter den Klängen des Toreromarsches haucht sie, von Josés Messer getroffen, ihr abwechslungsreiches Leben aus. **HB 499** *(Beiheft zur CD ›Carmen‹)*

*Bläser und Celli*

1983

CARMEN
Ein Film von Carlos Saura

## AUFGABEN

- *Stellt den Tonvorrat der Takte 1–4 zu einer Skala zusammen und bestimmt das Bauprinzip.*
- *Was unterscheidet die Skala von einer Dur- und einer Molltonleiter?*
- *Spielt sie abwärts und aufwärts und beschreibt die Wirkung.*
- *Wie verarbeitet* BIZET *die Idee dieser vier Takte in den folgenden 20 Takten?* **HB 500**
- *Wodurch entsteht die Dramatik in dieser Musik?*

# Habanera – Carmens Auftrittsarie

Wenn man jemandem zum ersten Mal begegnet, entscheidet oft der erste Eindruck darüber, welche Haltung und Einstellung man zu dem Menschen gewinnt. Das gilt auch für viele Opern, bei denen die Komponisten ein besonderes Gewicht auf die Auftrittsarie legten, um eine Person vorzustellen und zu charakterisieren.

GEORGES BIZET lässt *Carmen* mit einem Tanzlied, der Habanera auftreten.

Bei Carmens Auftritt spürt man sofort, dass sie jedermanns Liebling ist. (…) Sie flirtet wahllos (…) und singt ihr erstes Lied. Don José hört gar nicht hin; Carmen, die empört darüber ist, zwingt ihn zur Aufmerksamkeit und wirft ihm eine Blume an den Kopf (…). Was die Kritiker am meisten verärgerte, waren die ›Obszönitäten‹ der Oper. Einer behauptete, die Galli-Marié, welche die Hauptrolle sang, ›spielt ihre Rolle derart, dass nur wenig fehlt, und die Polizei greift ein‹ – eine Verkörperung des Lasters. *(Im Herzen der Klassik, Nr. 9, S, 211)*

Die **Habanera,** benannt nach der Hauptstadt Kubas, Habana (Havanna), ist ein spanischer Gesellschaftstanz, der im frühen 19. Jahrhundert in Kuba aufkam. Die Musik, meist im 2/4-Takt, hat ein eher langsames Tempo mit einem einprägsamen Rhythmus:

Die Habanera gilt als Vorläuferin des Tangos und erfreute sich großer Beliebtheit; sie verbreitete sich ab 1850 über Spanien in ganz Europa. Der Rhythmus wurde von vielen Komponisten aufgegriffen. **HB 501–502**

- Analysiert den Text der *Habanera:* Welche Bilder werden benutzt, wie wird Carmen charakterisiert?
- Versucht die Melodie zu singen.
- Wie wird Carmens Charakter musikalisch umgesetzt?
- Findet Gründe, warum die *Habanera* zu einem ›Hit‹ der Opernliteratur wurde.
- Analysiert den formalen Ablauf der Arie, ihre Melodie und die Begleitung.

## Begleitsatz zur Habanera

*Satz: Elisabeth Mentzel*

- Spielt oder singt die Melodie und begleitet sie.

## Habanera

*Musik: Georges Bizet (1838–1875)*
*deutscher Text: Kurt Soldan*

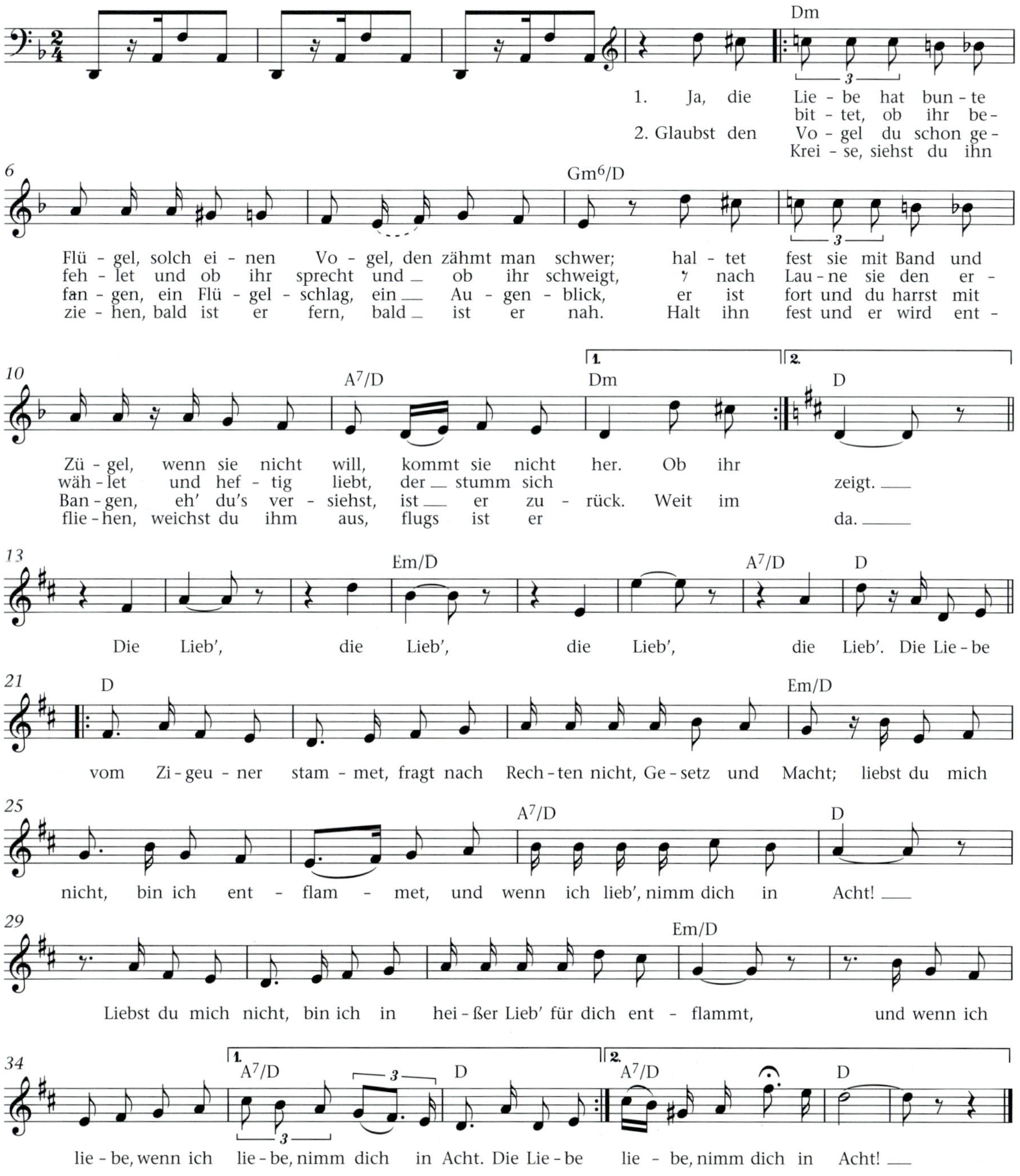

1. Ja, die Lie - be hat bun - te Flü - gel, solch ei - nen Vo - gel, den zähmt man schwer; hal - tet fest sie mit Band und Zü - gel, wenn sie nicht will, kommt sie nicht her. Ob ihr

2. Glaubst den Vo - gel du schon ge - bit - tet, ob ihr be - feh - let und ob ihr sprecht und ob ihr schweigt, nach Lau - ne sie den er - wäh - let und hef - tig liebt, der stumm sich zeigt.

Krei - se, siehst du ihn zie - hen, bald ist er fern, bald ist er nah. Halt ihn fest und er wird ent - fan - gen, ein Flü - gel - schlag, ein Au - gen - blick, er ist fort und du harrst mit Ban - gen, eh' du's ver - siehst, ist er zu - rück. Weit im flie - hen, weichst du ihm aus, flugs ist er da.

Die Lieb', die Lieb', die Lieb', die Lieb'. Die Lie - be vom Zi - geu - ner stam - met, fragt nach Rech - ten nicht, Ge - setz und Macht; liebst du mich nicht, bin ich ent - flam - met, und wenn ich lieb', nimm dich in Acht!

Liebst du mich nicht, bin ich in hei - ßer Lieb' für dich ent - flammt, und wenn ich lie - be, wenn ich lie - be, nimm dich in Acht. Die Lie - be lie - be, nimm dich in Acht!

# Escamillos Auftrittsarie

**2. Akt Nr. 14:** ›Euren Toast kann ich wohl erwidern, Auf in den Kampf‹

Carmen feiert mit den Schmugglern in der Schenke des Lillas Pastia. Der Wirt will wegen der Sperrstunde schließen, doch seine Gäste – unter ihnen auch Carmen – wollen eigentlich noch nicht gehen. Plötzlich singen sie ›Ein Hoch, ein Hoch dem Torero‹, sie begrüßen Escamillo, der zur späten Stunde erscheint. Mit dem Torerolied stellt er sich vor.

Euren Toast kann ich wohl erwidern,
mit Euch, ihr Herrn, sind wir ja nah verwandt,
und der Torero reicht seinen Brüdern,
eilt er wie sie zum Kampf, die fröhliche Hand.

Mancher zittert, und mancher schweiget,
mancher blickt hinab mit wilder Wut,
's ist der Tag, wo sich der Tapfre zeigt,
und erprobt den wahren Mut.
Drum rasch voran, mit Mut voran! Ach! –

Sahet ihr wohl schon am heilgen Feste
den weiten Zirkus von Menschen voll?
Bis hoch hinauf sitzen die Gäste,
Lärmen und Schrei'n, ein Getöse ist es wie toll.

Plötzlich wie im Zauberkreise
ein bang Entsetzen sich in den Zügen malt,
's herrscht Totenstille rings im Kreise,
durch den Zwinger bricht heraus der Stier mit
 Allgewalt.

Die wuchtgen Hörner wild er senket,
es fließet rings das Blut, er brüllet fürchterlich.
Alles flieht, an den Pforten rüttelt –
da tret auf den Kampfplatz ich
mit Mut voran, mit Mut voran! Ach! –
Er stürzt vor, treibt in die Enge
ein stolzes Ross, es fällt, es begräbt den Picador.
»Ah, bravo, Toro!«, heulet die Menge.
Wütend rennt der Stier im Kreis umher, Kopf hoch
empor.

*Schellenkranz*

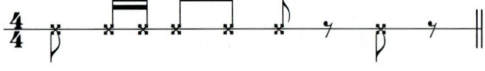

**AUFGABEN**

- *Charakterisiert Escamillo aufgrund des Textes seiner Auftrittsarie.* **HB 503**
- *Welche musikalischen Mittel verwendet* BIZET, *um Escamillos Auftritt zu gestalten?*
- *Bestimmt den Aufbau der Arie: Notiert beim Hören, wer welche Strophen singt und in welcher Abfolge der Refrain und die verschiedenen Strophen gesungen werden.*
- *Lest die Strophentexte laut vor und begleitet jeweils die ersten beiden Zeilen mit dem abgebildeten Rhythmus.*

# Mord vor Zeugen – José: Täter oder Opfer?

**Micaëla**
3. Akt Nr. 22 Arie: ›Ich sprach, dass ich furchtlos mich fühle‹

**José mit Escamillo**
3. Akt Nr. 23 (Duett): ›Ich bin Escamillo‹

**José**
2. Akt Nr. 17 (Blumenarie): ›Hier an dem Herzen treu geborgen‹

**AUFGABEN**

- *Hört die angegebenen Ausschnitte und charakterisiert die Personen José und Micaëla.* **HB 504–506**
- *Welche musikalischen Mittel wählt* BIZET, *um die Beziehung zwischen José und Micaëla darzustellen?*
- *Wie steht José gegenüber Escamillo da?*
- *Ist José eher Täter oder Opfer? Begründet euer Urteil.*

**KONTEXT** Der Misserfolg von ›Carmen‹ in Paris war vermutlich dem geschmäcklerischen Publikum der Opéra Comique zuzuschreiben, wo das Werk uraufgeführt wurde. Das Opernhaus stand in dem Ruf ›nette, saubere‹ Stücke zu bringen – ein Theater, in das Eltern unbesorgt ihre Kinder schicken konnten. Die skandalöse Handlung von Bizets Oper war von den kleinbürgerlichen Moralvorstellungen des Publikums nicht zu verkraften. Im ersten Jahr war ›Carmen‹ so schlecht besucht, dass die Karten oft verschenkt wurden. Der weltweite Triumphzug der Oper begann erst 1875 mit einer Aufführung in Wien. In demselben Jahr setzte Paris die Oper noch einmal auf den Spielplan. Wiederum jedoch fiel sie durch und wurde nach nur zwölf Vorstellungen abgesetzt. Bereits 1878 war ›Carmen‹ in vielen europäischen Städten und sogar in Amerika ein Riesenerfolg. Am 22. Oktober 1883 kehrte die Oper in einer besseren Inszenierung nach Paris zurück. Die Kritiker reagierten, als hätten sie die Oper noch nie gehört: ›Carmen ist ein Meisterwerk.‹ *(Im Herzen der Klassik Nr. 9, S. 207)*

Titelblatt einer Notenausgabe

# George Gershwin: ›Porgy and Bess‹

**American Folk Opera in 3 Akten von George Gershwin. Text von Du Bose Heyward und Ira Gershwin; Uraufführung: 10.10.1935 New York, Alvin Theatre**

### George Gershwin

(* 26. September 1898 in New York, † 11. Juli 1937 in Beverly Hills)

GEORGE, das zweite Kind einer mittellosen russischen Einwandererfamilie, lernte mit 12 Jahren Klavierspielen. Schon wenige Jahre später beherrschte er das Instrument so gut, dass er für Geld aufspielte und bei Musikverlegern als ›Song Plugger‹ arbeitete, als Vorspieler neuer, von Komponisten eingereichter Schlager und Songs. Er war noch nicht 20, als seine eigenen Songs am Broadway gespielt wurden. 1919 präsentierte er dort sein erstes Musical. Er komponierte einen Erfolgsschlager nach dem anderen und verdiente mit dieser Arbeit ein Vermögen. Den Erfolg seiner 1935 komponierten Oper *Porgy and Bess* konnte er nicht mehr erleben, da er mit nur 39 Jahren an einem Gehirntumor starb.

So wie *Carmen* eine ungewöhnliche Oper ihrer Zeit war und zunächst Ablehnung erfuhr, betrat auch die Oper *Porgy and Bess* musikalisches Neuland.

GERSHWINS Idee war es, eine Oper zu schreiben, die möglichst realistisch das Leben und die sozialen Verhältnisse der Farbigen darstellte. Daher legte er höchsten Wert darauf, dass alle Rollen auf der Bühne nur mit Schwarzen besetzt waren.

GERSHWIN wollte ein möglichst realistisches Bild der Schwarzen zeichnen mit ihrem Alltag, den Lebensbedingungen, der Arbeit, den sozialen Spannungen, ihrem Verhältnis zu den Weißen, ihren Gefühlen, ihrem Glauben, ihrer Musik. Diese Aspekte sollten sich nicht nur in der Textvorlage finden, sondern ebenso in seiner Musik.

Er merkte, dass es ihm in der Großstadt-Atmosphäre von New York kaum gelingen würde, sich in das Leben der Schwarzen hineinzuversetzen. Deshalb mietete er sich in der Nähe von Charleston in einem kleinen Dorf, in dem vor allem Farbige lebten, in einer primitiven Pension ein. Dort erfuhr er am eigenen Leibe, was es bedeutete, in ärmlichen Verhältnissen in der prallen Sonne zu leben. Er konnte sich aus nächster Nähe vertraut machen mit dem Lokalkolorit, der Volksmusik, den Riten, dem Alltag der Gullahs. Diese waren afrikanischer Herkunft und pflegten ihre Stammesgewohnheiten und Riten sehr intensiv.

GERSHWIN wollte mehr als ein Bühnenstück im Jazzstil schreiben. Es sollte eine Oper, nicht ein Musical oder eine Comedy werden. Daher schrieb er für sinfonisches Orchester Ouvertüre, Arien, Rezitative, Chöre. Die Arien sind in ihrem Charakter sehr nahe an Songs angelehnt, sie sind jedoch – das macht das Werk zu einer Oper – mit durchkomponierten Rezitativen verbunden. Die im Musical oder in der Show häufig benutzten gesprochenen Überleitungen verwendete GERSHWIN bewusst nicht, um sein Werk klar vom Musical abzugrenzen und als Oper zu definieren.

Er maß dieser Arbeit eine so hohe Wichtigkeit zu, dass er in der Zeit andere Vertragsangebote im Werte von mehr als einer Viertelmillion Dollar ablehnte, um in Ruhe an der Oper arbeiten zu können.

## Stichpunkte zum Inhalt der Oper

- Würfelspiel in der Catfish-Row
- Crown ersticht Robbins
- Crown flüchtet
- Sporting Life tröstet Bess mit Kokain
- Bess versteckt sich bei Porgy vor der Polizei
- Picknick der Fischer auf Kittiwah Island
- Crown verführt Bess
- Jake und Clara kommen bei einem Sturm um
- Porgy ersticht Crown
- Porgy ist eine Woche im Gefängnis
- Sporting Life nimmt Bess mit nach New York
- Porgy folgt Bess nach New York

Seit der ersten Aufführung von ›Porgy and Bess‹ bin ich häufig gefragt worden, warum das eine Volksoper ist. Die Erklärung ist einfach: ›Porgy and Bess‹ ist eine Volkserzählung. Die Gestalten müssen natürlich Volksmusik singen.

Als ich mit der Arbeit an der Musik anfing, entschied ich mich dagegen, Originalmaterial zu benutzen, weil die Musik aus einem Guss sein sollte. Darum schrieb ich meine eigenen Spirituals und Volkslieder. Dennoch sind sie Volksmusik – und deswegen ist die Opernfassung von ›Porgy and Bess‹ eine Volksoper.

*(Musiktheater, Musik und Wirklichkeit in der Oper, S. 92. rororo: Merle Armitage: George Gershwin – Wort und Erinnerung, Zürich 1959, S. 19)*

In den Songs *Bess You is My Woman Now* und *It Ain't Necessarily So* wird Freude ausgedrückt: Porgy ist glücklich, dass Bess zu ihm gezogen und nun seine Frau ist. Der Dealer Sporting Life freut sich, dass er Bess erneut zum Konsum von Kokain überredet hat.

## *Bess You is My Woman Now* HB 507

*Musik: George Gershwin (1898–1937)*
*Text: Du Bose Heyward/Ira Gershwin*

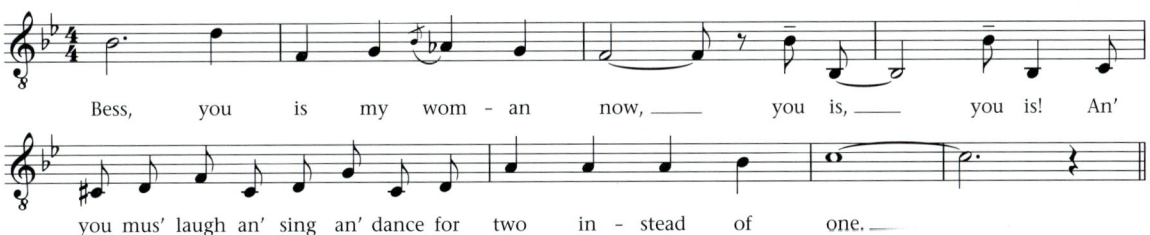

## *It Ain't Necessarily So* HB 508

## AUFGABEN

- *Rekonstruiert die Handlung, die hier nur stichpunktartig vorgestellt wird. Informiert euch über den Inhalt der Oper.*
- *Was ist an der Oper* Porgy and Bess *neu?*

- *Aus welchen Gründen beschäftigt sich Gershwin mit Volksmusik?*
- *Findet die musikalischen Mittel heraus, die Gershwin in den Melodien jeweils verwendet.* **HB 507–508**
- *Wie wirken die beiden Songs?*

# Afroamerikanische Einflüsse

Obwohl Porgy, Bess und die anderen Bewohner von Catfish Row jede Gelegenheit zum Feiern wahrnehmen und das in ihren Songs zeigen, dokumentieren viele Lieder ihre Armut, die schlechten Lebensbedingungen und auch ihre zum Teil schwere Arbeit.

Porgy verlässt Catfish Row

**KONTEXT**

Catfish Row, wo Porgy wohnte, war keine Straße, es war ein großes Backsteinhaus, das zweistöckig drei Seiten eines Hofes umgab. Die vierte Seite wurde von einer hohen Mauer begrenzt, die mit in Kalk fest eingemauerten Glasscherben gespickt war (…). Der Hof war mit großen Steinplatten belegt, die trotz dem seit einem Jahrhundert angesammelten Schmutz im grellen Schein der Sonne (…) schimmerten. Vor der Südmauer, die ständig im Schatten lag, waren die Platten mit faulenden Flechten bedeckt.

*(Du Bose Heyward: ›Porgy and Bess‹, Ullstein TB Nr. 290, S. 14)*

## Songs der Erdbeerverkäuferin, des Honigverkäufers und des Krabbenhändlers    HB 509

*Lento*
*mf* Oh dey's so fresh an' fine an' dey's jus' off de vine, strawber ry, straw-ber ry, straw-ber ry. Oh dey's so fresh an' fine an' dey's jus' off de vine, straw ber ry, straw ber ry, straw-ber ry.

*Allegretto*
Here comes de hon-ey man,

*Meno mosso*  *ten.*  *ten.*
*f* I'm talk in' a-bout dev il crabs,

## Oh, Doctor Jesus    HB 510

Oh, Hev'nly Father, hab mercy on we, look down …
Oh, Doctor Jesus, look down on me wit' pitty. Put Yo' lovin arms thru de roof of dis house …
Professor Jesus, teach Yo' ignorant chillen how to …
Oh, Lawd above, we knows You can destroy, but we also knows You can raise …
Oh, Captain Jesus, find it in Yo' heart to save us …
Oh, Father, what die on Calbery …

## Song der Fischer beim Flicken ihrer Netze    HB 511

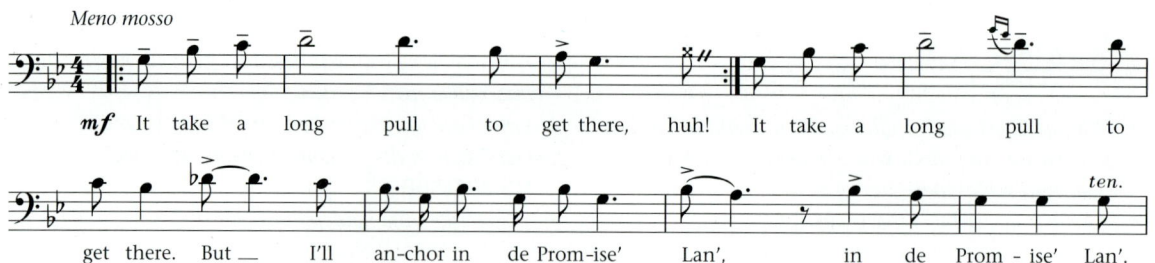

*Meno mosso*
*mf* It take a long pull to get there, huh! It take a long pull to get there. But __ I'll an-chor in de Prom-ise' Lan', in de Prom-ise' Lan'.

In den ersten Jahren nach der Uraufführung war der Erfolg von *Porgy and Bess* eher mäßig. Es zählte nicht das Kunstvolle, das man bei dem Werk auch damals zweifellos anerkannte, sondern der ausbleibende Ensuite- und Serienerfolg. Die 124 Aufführungen waren im Vergleich zu Musicalserien gering; diese wurden meist mehr als 500-mal gespielt.

In Europa hat sich *Porgy and Bess* bis heute trotz der großen Beliebtheit nicht zu einem Repertoirestück der Opernhäuser entwickeln können. Das liegt daran, dass GERSHWINS Erben – ganz in seinem Sinne – verfügten, dass die Oper nur mit farbigen Sängerinnen und Sängern aufgeführt werden darf. Viele Songs aus *Porgy and Bess* gewannen derartig an Popularität, dass sie von anderen Musikern in eigenen Arrangements mit großem Erfolg nach-

Sporting Life, Maria

gespielt wurden. Einer der beliebtesten Songs ist *Summertime*. In der Oper singt Clara dieses Lied, um ein kleines Baby in ihren Armen in Schlaf zu wiegen, während die Männer auf See sind. **HB 512–515**

Auch andere Songs gibt es in Rock-, Pop- oder Jazzversionen. **HB 516–518** Den Song *Oh, I Got Plenty of Nuttin'* singt Porgy. Darin drückt er seine Freude darüber aus, dass Bess zu ihm gezogen ist. Trotz seiner Armut ist er glücklich.

Clara wartet auf die Heimkehr ihres Mannes

## Oh, I Got Plenty of Nuttin' HB 516

*mf* Oh, I got plen - ty o' nut - tin', ___ an'
nut - tin's plen - ty fo' me. I got no car,
got no mule, I got no mis - er - y. ___ usw.

## AUFGABEN

- *Wie sind die Lebensbedingungen der Bewohner von Catfish Row beschrieben?*
- *Wie wird das Leben musikalisch dargestellt?*
- *Was unterscheidet die Art zu singen von ›normalem‹ Operngesang?* **HB 509**
- *Welche Elemente des Worksongs finden sich in* Oh dey's *und* It take a long pull? **HB 509/511**
- *Was ist das Besondere an* O Doctor Jesus? **HB 510**
- *Vergleicht die verschiedenen Versionen von* Summertime. *Wie wirken sie? Wodurch werden sie dem ursprünglichen Charakter – ein Wiegenlied zu sein – gerecht oder nicht gerecht?* **HB 512–515**
- *Wie wird die Fröhlichkeit in* Oh, I Got Plenty of Nuttin' *jeweils aufgegriffen?* **516–518**
- *Inwiefern sind* GERSHWINS *Songs Schlager?*

**KONTEXT**

Es ist wahr, ich habe für ›Porgy and Bess‹ Schlager geschrieben. (…) Es war mir klar, dass ich mit ›Porgy and Bess‹ eine Oper für das Theater schrieb, und ohne Schlager konnte sie meines Erachtens weder theatermäßig noch unterhaltend werden. (…) Schlager gehören doch ganz der Operntradition an. Viele der erfolgreichsten Opern der Vergangenheit enthalten Schlager. Viele Verdi-Opern enthalten das, was als Erfolgsschlager bekannt ist. ›Carmen‹ ist beinahe eine Ansammlung von Erfolgsschlagern. Natürlich bilden die Schlager in ›Porgy and Bess‹ nur einen Teil des Ganzen.

*(Isaak Goldberg: ›George Gershwin‹, S. 329)*

# Andere Bühnenformen

Neben der Oper entwickelten sich in früheren Jahrhunderten weitere Genres des Musiktheaters: ernste oder komisch-lustige, solche mit wenigen Darstellern oder mit großen Ensembles auf der Bühne, solche mit einer durchgehenden Handlung oder mit einer losen Aneinanderreihung von Szenen. Diese Genres gibt es bis heute und sie haben die uns bekannten Multimedia- und Fernseh-Comedy-Shows entscheidend beeinflusst.

Titelblatt zur Notenausgabe der Operette ›Mädi‹ 1923 von Robert Stolz (1880–1975)

**Operette** (französisch *opérette* = wörtlich ›Werkchen‹): musikalisches Bühnenstück heiteren Charakters mit gesprochenem Dialog, Gesang und Tanz; entstand um die Mitte des 19. Jahrhunderts in Paris. Als selbstständige Gattung konstituierte sich die Operette durch den musikalischen Bezug auf die jeweils aktuellen Tänze ihrer Zeit, die ihr die Substanz lieferten. Aus ihrem ursprünglichen Zusammenhang herausgelöste Operettenlieder gehörten zu den ersten Schlagern. Auf der Bühne wurde die Operette schon um die Jahrhundertwende von der Revue abgedrängt, mit der Einführung des Tonfilms Ende der 20er-Jahre und dann der Durchsetzung der Massenmedien Rundfunk und Fernsehen verlor sie jede weiterreichende Bedeutung für den Entwicklungszusammenhang der populären Musik, wird als selbstständige Bühnengattung jedoch bis heute gepflegt. *(Handbuch der populären Musik, 1997)* **HB 519**

**Revue** (vom französischen *la revue* = 1. allgemein eine Rundschau, 2. militärisch eine Truppenbesichtigung, 3. theatralisch eine Bühnenschau und 4. im Pressewesen ein Zeitschriftentitel.): Die allgemeine Bedeutung des Wortes Revue im Sinne einer Rundschau, eines Überblicks, weist als theatralischer Terminus auf eine Bühnendarbietung hin, die Ereignisse in dramatischer Form ›Revue‹ passieren lässt. Von dieser ursprünglichen Bedeutung übernahm die erste Revueform, die französische Jahresrevue, ihren Namen als ›Revue de Fin d'Année‹ (Jahresschlussrevue). Die Dramaturgie kennzeichnet: 1. eine gleichgeordnete Reihung von Szenen (Sketche), Conférencen und Bildern (mit Gesang und Tanz), die 2. entsprechend dem Nummernschema keinen oder nur einen losen Zusammenhang aufweisen in Form einer Rahmenhandlung oder von Conférencier-Figuren. *(Die theatralische Revue in Berlin und Wien, Wilhelmshaven 1977)* **HB 520**

Plakat von 1904.
Die Begriffe Operette und Revue verschmolzen zum neuen Begriff Operettenrevue.

**Variété:** Bühnengebundene Veranstaltungsform unterhaltenden Charakters, die sich aus einem vielfältigen Ensemble von Einzelelementen unterschiedlicher Kunstgattungen sowie sportlichen und zirzensischen Darbietungen zusammensetzt. Akrobatik, Musik, Tanz, Wort und Magie sind hier in loser Folge nach dem Nummernprinzip zu einem abendfüllenden Programm vereint, dessen Unterhaltungswert in der Vielfalt des Dargebotenen besteht. Als Programmform findet es sich bereits im 18. Jahrhundert. *(Handbuch der populären Musik, 1977)* **HB 521**

**Minstrel-Show:** eine Art Variététheater, das sich Ende des 18. / Anfang des 19. Jahrhunderts in den Vereinigten Staaten von Amerika entwickelte und Lieder, Tänze, artistische Darbietungen und witzige Sketche beinhaltete. Dabei traten üblicherweise Weiße in der Rolle von Schwarzen auf und stellten derer Leben so dar, wie es in der Sicht der Weißen war, romantisierend, ironisch, aber auch mit Vorurteilen beladen. Die Minstrel Show war die Basis der gesamten populären Musikentwicklung der Vereinigten Staaten im 19. Jahrhundert. *(encarta, 1998, CD-ROM)*

**Musical:** Was ist eigentlich ein Musical? Der Nachfolger der Operette? Eine Revue? Ein Singspiel? Es ist Schauspiel, Zirkus, Ballett, Pantomime, Posse, Parodie, technisches Spektakel, Zauberei, Show, Drama und Lustspiel, kurz: ein Konzentrat an musikalischer Unterhaltung. Dabei liegen Lachen und Weinen nah beieinander, wie das eben bei guter Unterhaltung manchmal der Fall ist. Das Musical gibt es seit etwa 70 Jahren. Diese ursprünglich aus den USA exportierte Gattung wurde umgekehrt auch von in die USA eingewanderten Musikern geprägt, die sich der europäischen Operettentradition verpflichtet fühlten. *(Marco Polo: Die tollsten Musicals in Deutschland, Ostfildern 2000)* **HB 522–523**

**Kabarett:** Bühnengebundene Veranstaltungsform mit musikalisch-literarischem Programm politisch-satirischen Inhalts. Der Begriff ist von der französischen Bezeichnung Cabaret abgeleitet, die zunächst nichts anderes als ›Kneipe‹ bedeutete. Ende des 19. Jahrhunderts verband sich dieser Begriff allerdings mit den zur besonderen Touristenattraktion gewordenen Künstlerkneipen am Pariser Montmartre, als deren erste das 1881 eröffnete ›Chat Noir‹ gilt. *(Handbuch der populären Musik, 1997)* **HB 524**

Darsteller einer Minstrel Show um 1840

Theaterpublikum im 19. Jahrhundert

**Vaudeville:** seit 1865 in den USA eine Gattung des unterhaltenden Musiktheaters mit Musik, Tanz, Akrobatik und Zirkusnummern. Der Begriff Vaudeville stammt aus dem französischen ›Voix de ville‹, Stimme der Stadt, Stimme des Volkes. Die Zuschauer brachten ihre Meinung über eine Aufführung deutlich zum Ausdruck; das Unterhaltungstheater nahm die Erwartungen des Publikums ernst und richtete das Programm darauf ein.

**KONTEXT**

**Zensurbescheid: Der Polizeipräsident. Berlin, den 30. November 1901**
Verfügung
Sie haben in Ihrem Theater Schall und Rauch geduldet, dass der Schauspieler Gustav Beaupaire das von der Censurbehörde gestrichene Wort ›Popo‹ am 9. October d. J. zum Vortrag brachte. Die Übertretung wird bewiesen durch das Zeugnis des Herrn Assessor Dr. Possart und durch Ihr Zugeständniß. Aufgrund der Polizei-Verordnung vom 10. Juli 1851 (§ 13) wird deshalb gegen Sie eine Geldstrafe von 50 Mark, an deren Stelle, wenn sie nicht beizutreiben ist, eine Haft von zwei Tagen tritt, hierdurch festgesetzt. *(Ausstellungskatalog 100 Jahre Kabarett, S. 21)*

**AUFGABEN**

- *Welche ›Botschaften‹ vermitteln die Abbildungen?*
- *Wertet den Zensurbescheid von 1901 aus.*
- *Erstellt eine Übersicht: Welche Genres werden auf großen, welche auf kleineren Bühnen gespielt? Worin liegt für den Zuschauer jeweils der Reiz der Aufführung?*
- *Welche Veranstaltungsform sagt euch zu?*

**Lieder**

## Lebenseinstellungen

### *Alles ist eitel*

Kanon

*Musik: Theophil Rothenberg*
*Text: Gerhard Fritzsche*

Al – les ist ei – tel, du a – ber bleibst, und wen du ins Buch des
Le – bens schreibst. Du a – ber bleibst, _____ du a – ber bleibst, _____
al – les ist ei – tel, du a – ber bleibst. Du a – ber bleibst,
du a – ber bleibst, und wen du ins Buch des Le – – bens schreibst.

# Das Lied von der Unzulänglichkeit menschlichen Strebens HB 525

*Musik: Kurt Weill*
*Text: Bertolt Brecht*
*(aus: ›Dreigroschenoper‹, 1928)*

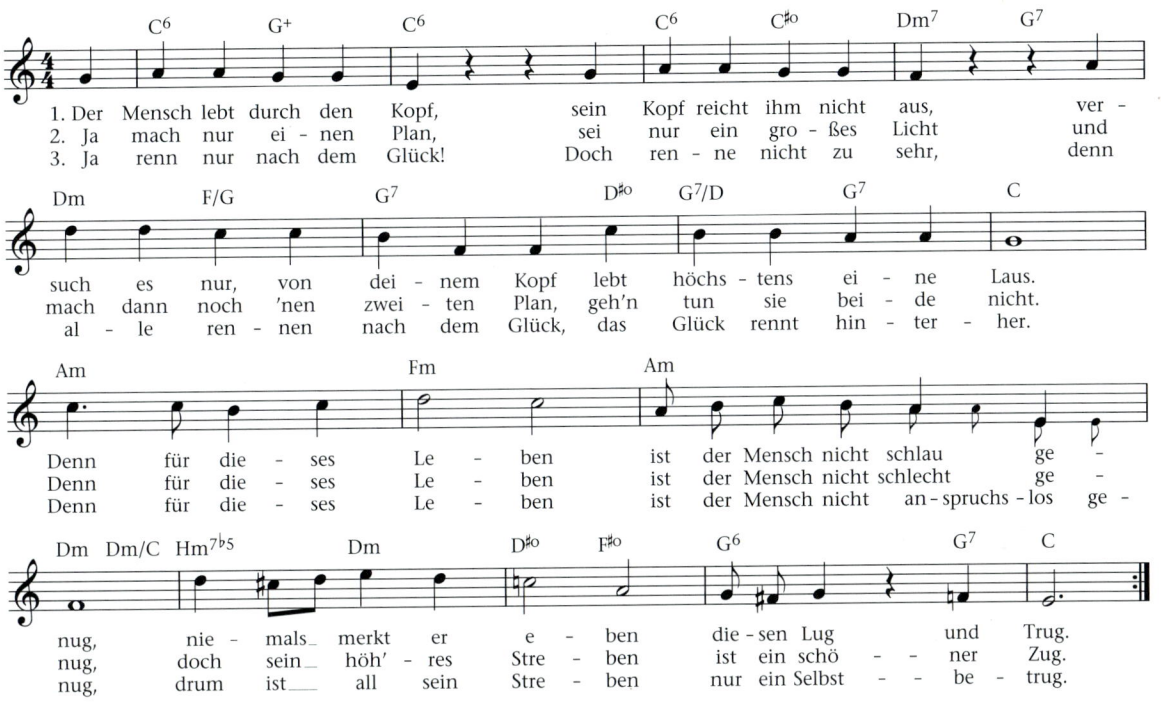

1. Der Mensch lebt durch den Kopf, sein Kopf reicht ihm nicht aus, ver-
   such es nur, von dei - nem Kopf lebt höchs - tens ei - ne Laus.
   Denn für die - ses Le - ben ist der Mensch nicht schlau ge -
   nug, nie - mals merkt er e - ben die - sen Lug und Trug.

2. Ja mach nur ei - nen Plan, sei nur ein gro - ßes Licht, und
   mach dann noch 'nen zwei - ten Plan, geh'n tun sie bei - de nicht.
   Denn für die - ses Le - ben ist der Mensch nicht schlecht ge -
   nug, doch sein höh' - res Stre - ben ist ein schö - ner Zug.

3. Ja renn nur nach dem Glück! Doch ren - ne nicht zu sehr, denn
   al - le ren - nen nach dem Glück, das Glück rennt hin - ter - her.
   Denn für die - ses Le - ben ist der Mensch nicht an - spruchs - los ge -
   nug, drum ist all sein Stre - ben nur ein Selbst - be - trug.

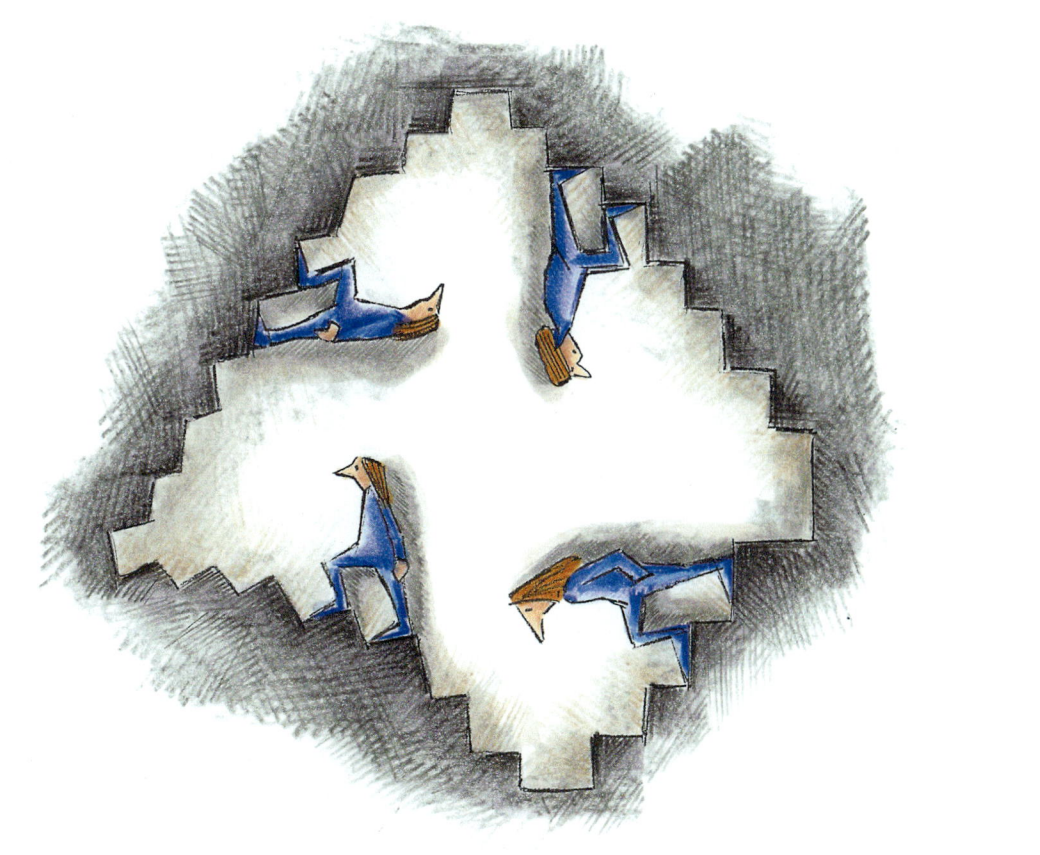

# Sweet Love

## *Eternal Flame*

*Tom Kelly/Billy Steinberg/Susanne Hoffs*

| | | | |
|---|---|---|---|
| G | Em7 | C | D |

1./3. Close your eyes, give me your hand, ___ dar - ling,
2. I be - lieve it's meant to ___ be, ___ dar - ling,

| | | | |
|---|---|---|---|
| G | Em7 | C | D |

do you feel ___ my heart beat - ing, ___ do you un - der -
I watch you when you are sleep - ing, ___ you be - long with

| Em | H7 | Em7 | A7 | D | Hm7 |
|---|---|---|---|---|---|

stand? Do you feel the same? ___ Am I on - ly dream - ing,
me. Do you feel the same? ___ Am I on - ly dream - ing, or

**1.** Am7/4

is this burn - ing ___ an e - - ter - nal ___ flame?

**2.** Am7 *(Schluss)* D Dm7

is this burn - ing ___ an e - ter - nal ___ flame? Say my name,

| G/D | D | F | G |
|---|---|---|---|

sun shines through the rain, ___ a whole life so lone - ly and then

| C | C/H | Am7 | C/G | D | Hm7 | F/C | C | D |
|---|---|---|---|---|---|---|---|---|

come and ease the pain. ___ I don't wan - na lose this feel - ing, oh.

## Samiotissa

Griechenland (Insel Samos)
deutscher Text: Ute Urban

Melodie

1. Sa - mio - tis - sa, Sa - mio - tis - sa, po - te tha pas __ sti Sa - mo? __ mo? __
1. Ich schau aufs Meer am Sa - mos - Strand, Mäd - chen, ach keh - re doch zu - rück! __ rück! __

Ro - tha tha ri - xo sto ja - lo, Sa - mio - tis - sa, ja nar - tho na se pa - ro. ____
Streu' ro - te Ro - sen dir, __ Ro - sen in den Sand, denn du bist mein gan - zes Glück. __

Oberstimme erst bei der Wiederholung

2. Me ti varka pu tha pas chrisa tha valo,
   malamatenia ta kupia, Samiotissa, ja nartho na se paro

3. Samiotissa me tis elies ke me ta mavra matia
   mu'kanes tin kardhula mu, Samiotissa, saranta dhio kommatia

2. *Setz goldne Segel, fahr hinaus, Mädchen, ach kehre doch zurück!*
   *Hol dich im goldnen Boot, goldnen Boot nach Haus, denn du bist mein ganzes Glück.*

## Ain't She Sweet

Musik: Milton Ager
Text: Jack Yellen

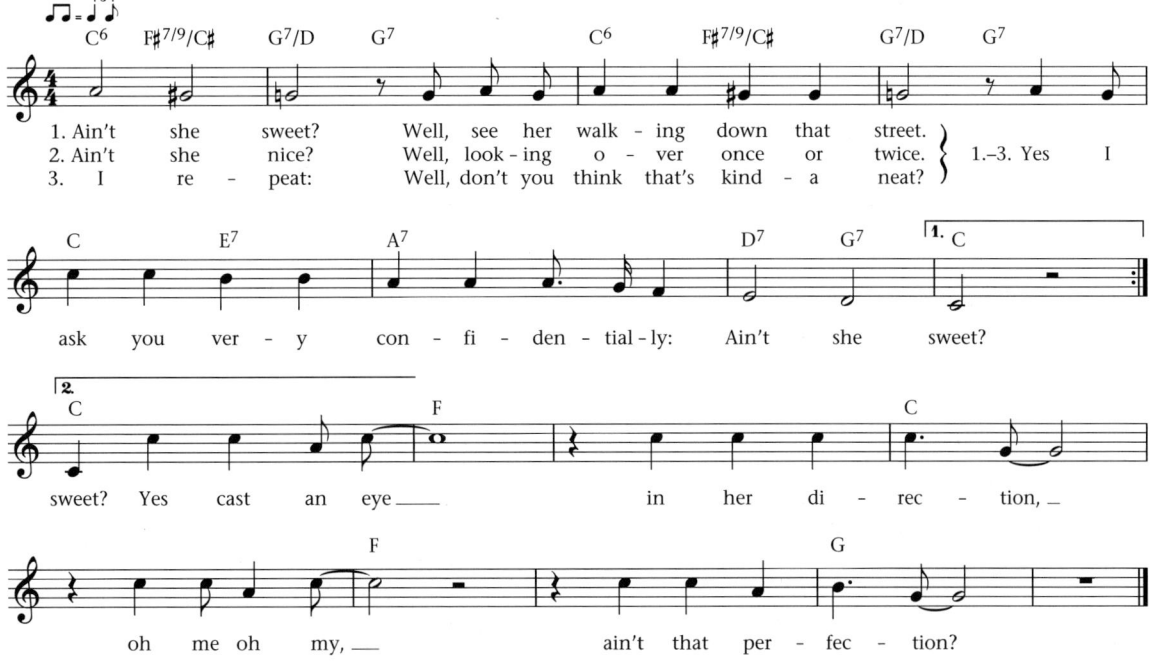

1. Ain't she sweet? Well, see her walk - ing down that street. } 1.–3. Yes I
2. Ain't she nice? Well, look - ing o - ver once or twice.
3. I re - peat: Well, don't you think that's kind - a neat?

ask you ver - y con - fi - den - tial - ly: Ain't she sweet?

sweet? Yes cast an eye ____ in her di - rec - tion, __

oh me oh my, __ ain't that per - fec - tion?

# Unterwegs

## *Heute hier, morgen dort*

*Musik: Gary Bolstadt*
*Text: Hannes Wader*

1. Heu-te hier, mor-gen dort, bin kaum da, muss ich fort, hab mich nie-mals des-we-gen be-klagt, hab es selbst so ge-wählt, nie die Jah-re ge-zählt, nie nach ges-tern und mor-gen ge-fragt. Manch-mal träu-me ich schwer, und dann denk ich, es wär Zeit zu blei-ben und nun was ganz an-dres zu tun. So ver-geht Jahr um Jahr, und es ist mir längst klar, dass nichts bleibt, dass nichts bleibt, wie es war.

2. Dass man mich kaum vermisst,
schon nach Tagen vergisst,
wenn ich längst wieder anderswo bin,
stört und kümmert mich nicht,
vielleicht bleibt mein Gesicht
doch dem ein' oder andren im Sinn.

3. Fragt mich einer, warum
ich so bin, bleib ich stumm,
denn die Antwort darauf fällt mir schwer.
Denn was neu ist, wird alt,
und was gestern noch galt,
stimmt schon heut oder morgen nicht mehr.

# Freight Train

*Paul James/Fred Williams/Elizabeth Cotton*

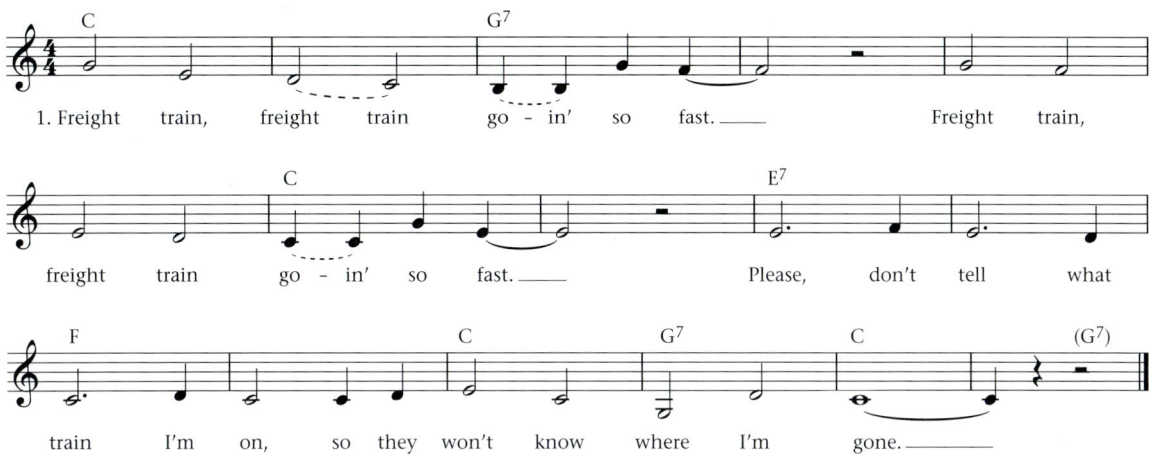

1. Freight train, freight train go-in' so fast. Freight train,
freight train go-in' so fast. Please, don't tell what
train I'm on, so they won't know where I'm gone.

2. When I die, Lord, please bury me deep,
way down on old Chestnut Street,
so I can hear old Number Nine
as she comes a-rolling by.
Freight train, freight train …

3. When I'm dead in my grave,
no more good times here I'll crave,
place the stones at my head and feet
and tell them all that I'm gone to sleep.
Freight train, freight train …

# Geborgenheit

## *Summertime* HB 512

Musik: George Gershwin (1898–1937)
Text: Du Bose Hayward/Ira Gershwin

Sum - mer - time _____ an' the liv - in' is eas - y, _____ fish are
morn - in's _____ you goin' to rise __ up sing - in', _____ then you'll

jump - in'. _____ an' the cot - ton is high. _____ Oh __ yo'
spread yo' wings an' you'll take __ the sky. _____ But till that

dad - dy's rich, __ an' yo' ma is good - look - in', _____ so
morn - in' _____ there's a noth - in' can harm you, _____ with

hush, lit - tle ba - by, don' __ yo' cry. One of these
Dad - dy an' Mam - my stand - in' by.

# Am Brunnen vor dem Tore

*Musik: Franz Schubert, 1827*
*Text: Wilhelm Müller, 1823*

1. Am Brunnen vor dem Tore da steht ein Lindenbaum, ich träumt' in seinem Schatten so manchen süßen Traum. Ich schnitt in seine Rinde so manches liebe Wort. Es zog in Freud und Leide zu ihm mich immerfort, zu ihm mich immerfort.

2. Ich musst' auch heute wandern vorbei in tiefer Nacht,
da hab' ich noch im Dunkeln die Augen zugemacht.
Und seine Zweige rauschten, als riefen sie mir zu:
Komm her zu mir, Geselle, hier find'st du deine Ruh!

3. Die kalten Winde bliesen mir grad ins Angesicht,
der Hut flog mir vom Kopfe, ich wendete mich nicht.
Nun bin ich manche Stunde entfernt von jenem Ort
und immer hör ich's rauschen: Du fändest Ruhe dort!

# Wo sind sie geblieben?

## *Where Have All the Flowers Gone*

Pete Seeger (1955/56)
deutscher Text: Max Colpet

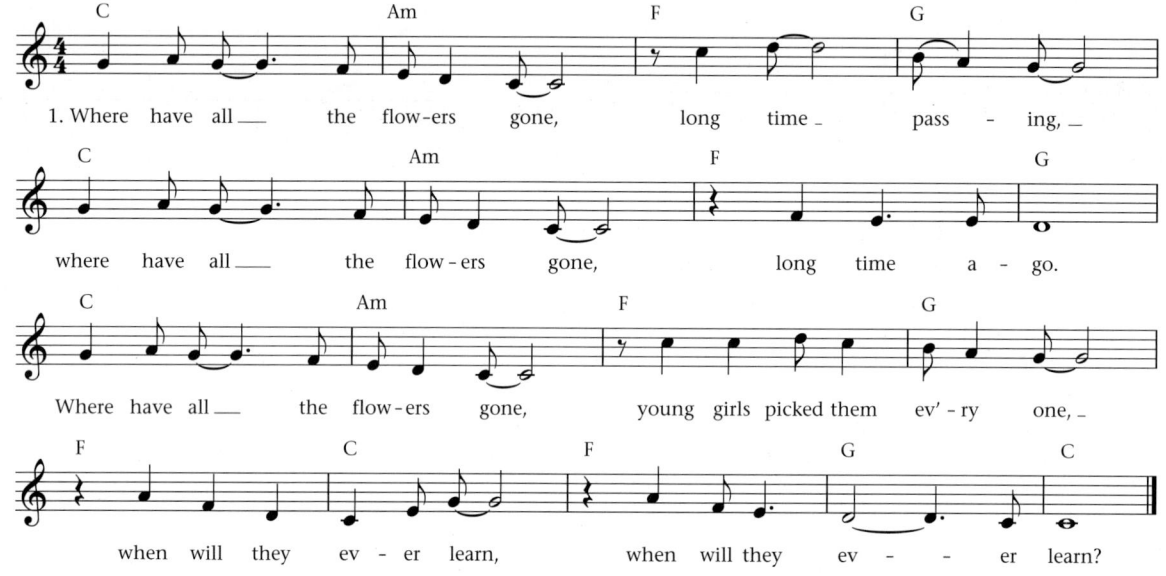

1. Where have all the flow-ers gone, long time passing, where have all the flow-ers gone, long time a - go. Where have all the flow-ers gone, young girls picked them ev'-ry one, when will they ev-er learn, when will they ev - - er learn?

2. Where have all the young girls gone, long time passing,
   where have all the young girls gone, long time ago,
   where have all the young girls gone? Gone to the young men every one.
   When will they ever learn, when will they ever learn?

3. Where have all the young men gone …
   They are all in uniform …

4. Where have all the soldiers gone …
   Gone to graveyards every one …

5. Where have all the graveyards gone …
   Covered with flowers every one …

1. *Sag mir, wo die Blumen sind, wo sind sie geblieben,*
   *sag mir, wo die Blumen sind, was ist gescheh'n?*
   *Sag mir, wo die Blumen sind! Mädchen pflückten sie geschwind.*
   *Wann wird man je versteh'n, wann wird man je versteh'n?*

2. *Sag mir, wo die Mädchen sind …*
   *Männer nahmen sie geschwind …*

3. *Sag mir, wo die Männer sind …*
   *Zogen fort, der Krieg beginnt …*

4. *Sag, wo die Soldaten sind …*
   *Über Gräbern weht der Wind …*

5. *Sag mir, wo die Gräber sind …*
   *Blumen weh'n im Sommerwind …*

# Zogen einst fünf wilde Schwäne

*Karl Plenzat*

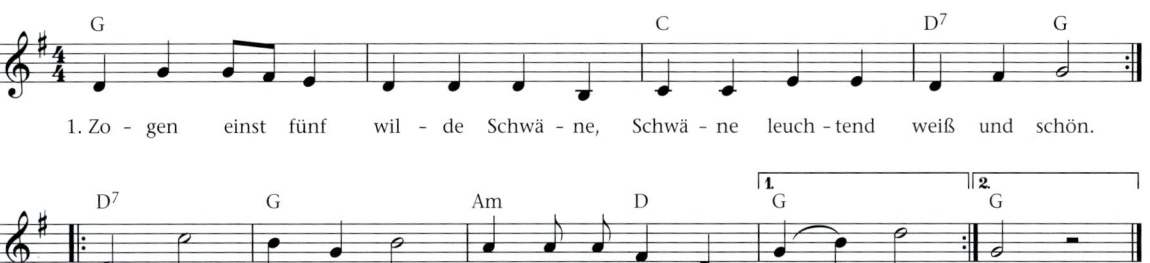

1. Zo - gen einst fünf wil - de Schwä - ne, Schwä - ne leuch - tend weiß und schön.

Sing, sing, was ge - schah? Kei - ner ward mehr ge - seh'n, — ja! seh'n.

2. Wuchsen einst fünf junge Birken, grün und frisch am Bachesrand.
   Sing, sing, was geschah? Keine in Blüte stand.

3. Zogen einst fünf junge Burschen stolz und kühn zum Tor hinaus.
   Sing, sing, was geschah? Keiner kehrt mehr nach Haus.

4. Wuchsen einst fünf junge Mädchen schön und schlank am Memelstrand.
   Sing, sing, was geschah? Keine den Brautstrauß wand.

# Hymnen

## *Va, pensiero* (Gefangenenchor aus der Oper ›Nabucco‹)

Guiseppe Verdi (1813–1901)

Va, pen-sie-ro, sul-l'a-li do-ra-te, va, ti po-sa sui cli-vi sui col-li,

o-ve o-lez-za no te-pi-de e mol – li l'au-re dol – ci del suo-lo na-tal!

Del Gior-da-no le ri-ve sa lu-ta, di Si-mo-ne le tor – ri at-ter-ra – te …

O mia pa-tria si bel-la e per-du – ta, o mem-bran – za si ca-ra e. fa-tal!

Ar-pa d'or dei fa-ti-di-ci va – ti, per-chè mu-ta dal sa – li-ce pen-di?

Le me-mo-rie nel pet-to rac-cen – di, ci fa-vel-la del tem-po che fu!

O si-mi-le di So-li-ma ai fa – ti trag-gi un suo-no di cru-do la men-to,

o t'i-spi-ri il Si-gno-re un con-cen – to che ne in-fon – da al pa-ti-re vir-

tù che ne in fon-da al pa-ti – – re vir-tù, che ne in fon-da al pa-

ti – – re vir-tù, al pa-ti-re vir-tù.

# Wind Of Change HB 42

Klaus Meine

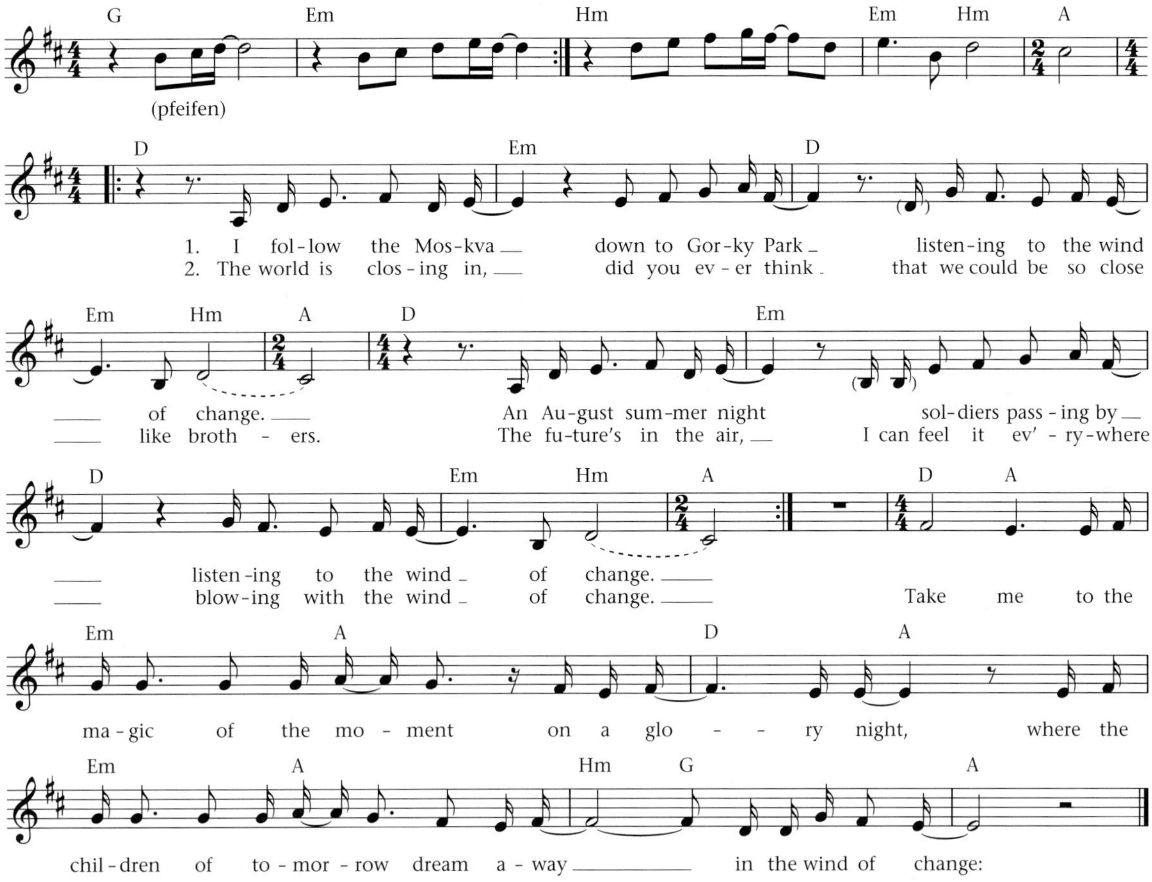

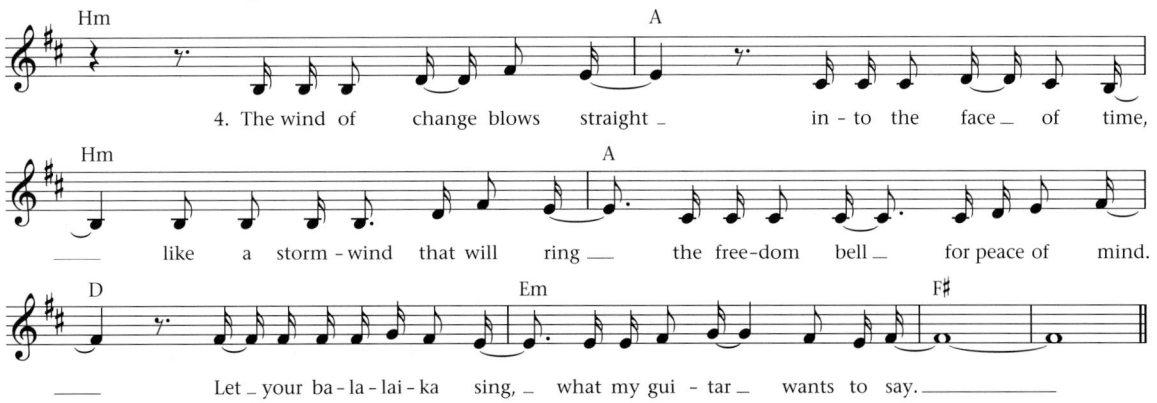

G Em Hm Em Hm A
(pfeifen)
D Em D
1. I fol-low the Mos-kva down to Gor-ky Park listen-ing to the wind
2. The world is clos-ing in, did you ev-er think that we could be so close
Em Hm A D Em
of change. An Au-gust sum-mer night sol-diers pass-ing by
like broth-ers. The fu-ture's in the air, I can feel it ev'-ry-where
D Em Hm A D A
listen-ing to the wind of change.
blow-ing with the wind of change. Take me to the
Em A D A
ma-gic of the mo-ment on a glo-ry night, where the
Em A Hm G A
chil-dren of to-mor-row dream a-way in the wind of change:

3. Walking down the street, distant memories
are buried in the past forever.
I follow the Moskwa, down to Gorky Park,
listening to the wind of change.

Take me to the magic of a moment …

Hm A
4. The wind of change blows straight in-to the face of time,
Hm A
like a storm-wind that will ring the free-dom bell for peace of mind.
D Em F♯
Let your ba-la-lai-ka sing, what my gui-tar wants to say.

Take me to the magic of a moment …

# Abschied

## *Autumn Leaves*

Musik: Joseph Kosma
Satz: Paul Vonarburg
Text: Johnny Mercer

The fall-ing leaves ___ drift by my win-dow, the au-tumn leaves ___ of red and gold; I see your lips, ___ the sum-mer kiss-es the sun-burned hands ___ I used to hold. Since you went a-way the days grow long, ___ and soon I'll hear ___ old win-ter's song, but I miss you most of all, my dar-ling, when au-tumn leaves start to fall.

# Innsbruck, ich muss dich lassen

*Heinrich Isaac (um 1450–1517)*

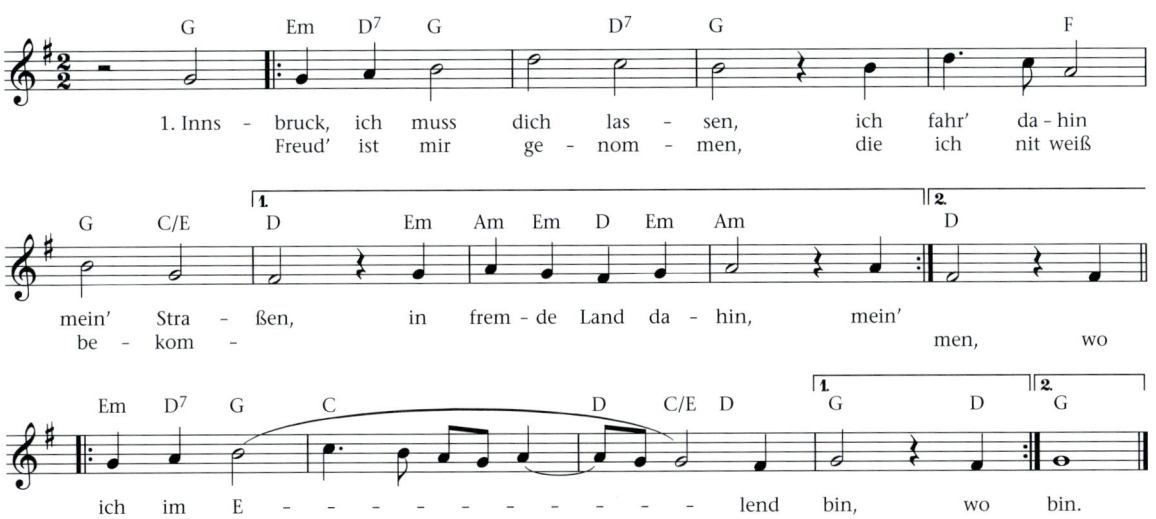

G Em D7 G D7 G F
1. Inns - bruck, ich muss dich las - sen, ich fahr' da - hin
Freud' ist mir ge - nom - men, die ich nit weiß
G C/E D Em Am Em D Em Am D
mein' Stra - ßen, in frem - de Land da - hin, mein'
be - kom - men, wo
Em D7 G C D C/E D G D G
ich im E - - - - - - - - - - lend bin, wo bin.

2. Groß' Leid muss ich jetzt tragen,
das ich allein tu klagen
dem liebsten Buhlen mein.
Ach Lieb, nun lass mich Armen
im Herzen dein erbarmen,
dass ich muss dannen sein.

3. Mein Trost ob allen Weiben,
dein tu ich ewig bleiben,
stet, treu, der Ehren fromm.
Nun muss dich Gott bewahren,
in aller Tugend sparen,
bis dass ich wiederkomm.

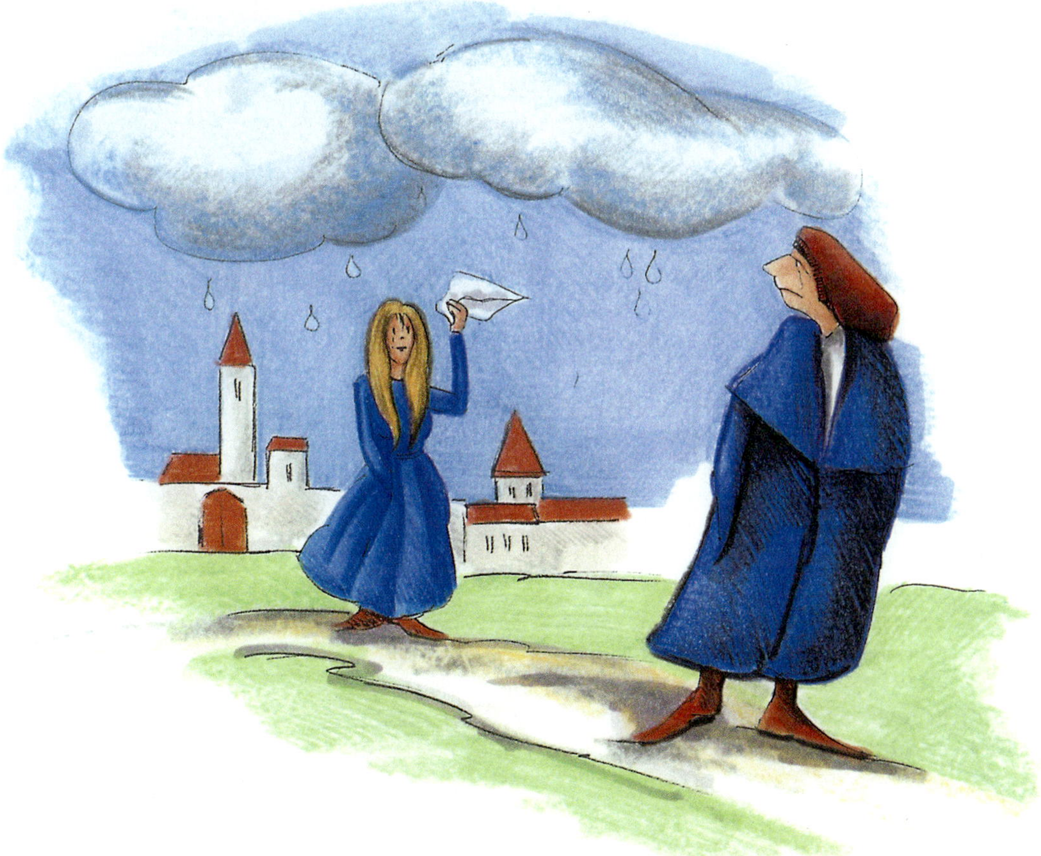

# Abschied

## Auld Lang Syne   Nehmt Abschied, Brüder

*Melodie: Schottland*
*englischer Text: Robert Burns (1759–1796)*
*deutscher Text: Claus Ludwig Laue*
*französischer Text: Père Sevin*

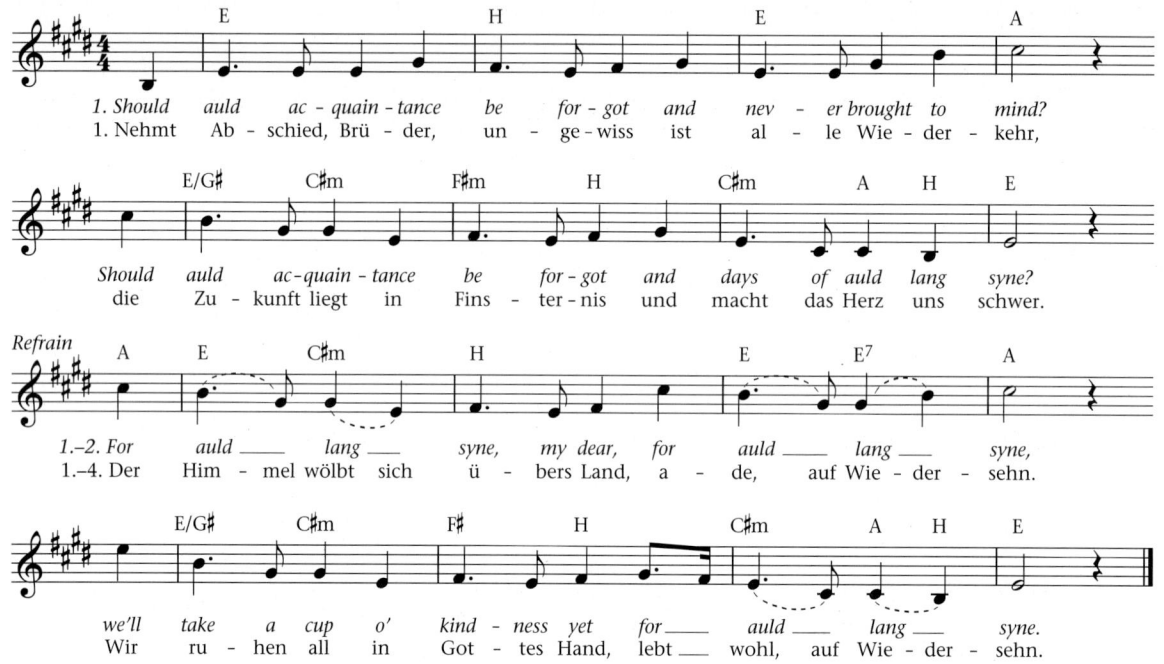

1. *Should auld ac - quain - tance be for - got and nev - er brought to mind?*
1. Nehmt Ab - schied, Brü - der, un - ge - wiss ist al - le Wie - der - kehr,

*Should auld ac - quain - tance be for - got and days of auld lang syne?*
die Zu - kunft liegt in Fins - ter - nis und macht das Herz uns schwer.

**Refrain**

1.–2. *For auld lang syne, my dear, for auld lang syne,*
1.–4. Der Him - mel wölbt sich ü - bers Land, a - de, auf Wie - der - sehn.

*we'll take a cup o' kind - ness yet for auld lang syne.*
Wir ru - hen all in Got - tes Hand, lebt wohl, auf Wie - der - sehn.

2. *And there's a hand, my trusty friend, and gie's a hand o'thine,*
   *we'll take a cup of kindness yet for the sake of auld lang syne. For auld ...*

2. Die Sonne sinkt, es steigt die Nacht, vergangen ist der Tag.
   Die Welt schläft ein, und leis erwacht der Nachtigallen Schlag. Der Himmel ...

3. So ist in jedem Anbeginn das Ende nicht mehr weit,
   wir kommen her und gehen hin, und mit uns geht die Zeit. Der Himmel ...

4. Nehmt Abschied, Brüder, schließt den Kreis, das Leben ist ein Spiel;
   und wer es recht zu spielen weiß, gelangt ans große Ziel. Der Himmel ...

1. *Faut-il nous quitter sans espoir, sans espoir de retour?*
   *Faut-il nous quitter sans espoir de nous revoir un jour?*
   *Ce n'est qu'un au revoir, mes frères, ce n'est qu'un au revoir!*
   *Oui, nous nous reverrons, mes frères, ce n'est qu'un au revoir!*

2. *Formons de nos mains qui s'enlacent au déclin de ce jour,*
   *formons de nos mains qui s'enlacent une chaine d'amour. Ce n'est ...*

3. *Car Dieu qui nous voit tous ensemble et qui va nous bénir,*
   *car Dieu qui nous voit tous ensemble saura nous réunir. Ce n'est ...*

# Wenn ich einmal soll scheiden HB 526

Johann Sebastian Bach (1685–1750)
Text: Paul Gerhardt, 1656

(aus: Matthäus-Passion, BWV 244)

Wenn ich ein-mal soll schei-den, so schei-de nicht von mir!
Wenn ich den Tod soll lei-den, so tritt dann du her-für!

Wenn mir am al-ler-bängs-ten wird um das Her-ze sein,

So reiß mich aus den Ängs-ten kraft dei-ner Angst und Pein.

# Sehnsucht

## We Gotta Get Out of this Place HB 310

*Barry Mann/Cynthia Weil*
*Satz: Stefan Köttgen*

Strophen:

1. In this dirt-y old part __ of the cit-y, where the sun re-fused __ to shine, __ peo-ple tell me there ain't __ no use in try-ing.
2. Now my girl you're so young __ and __ pret-ty. And one thing I know __ is true __ you'll be dead __ be-fore our time is due. __
3. Watched dad-dy in bed __ last __ night. Saw his face all turned __ grey. He's been work-in' and slav- -ing his life a-way. __

Yeah! I been work-in' so hard. Yeah! Ev'-ry night __ an' day. Yeah! You been work-in' too, Babe. Yeah! Yeah! Yeah! Yeah! Yeah! Yeah!

Refrain:

We got-ta get out of this place, if it's the last thing we ev-er do. __

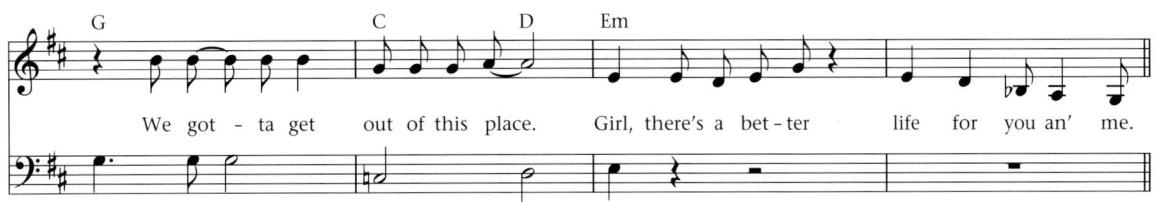

G C D Em
We got - ta get out of this place. Girl, there's a bet - ter life for you an' me.

## *Eine kleine Sehnsucht* HB 527

Friedrich Hollaender (1896–1976)

(aus der Bühnenmusik zu Fritz von Unruhs ›Phäa‹)

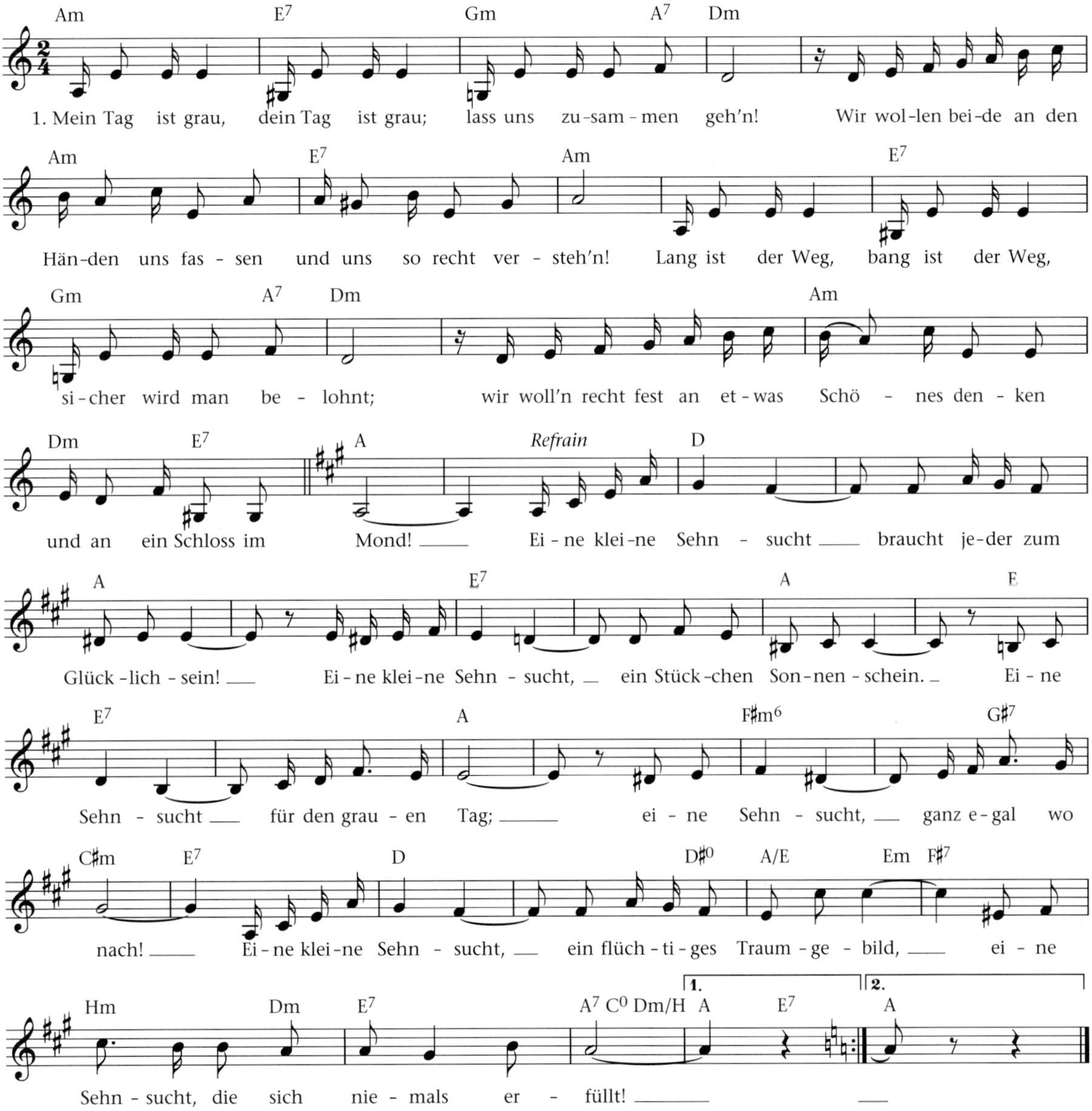
Am E7 Gm A7 Dm
1. Mein Tag ist grau, dein Tag ist grau; lass uns zu - sam - men geh'n! Wir wol - len bei - de an den
Am E7 Am E7
Hän - den uns fas - sen und uns so recht ver - steh'n! Lang ist der Weg, bang ist der Weg,
Gm A7 Dm Am
si - cher wird man be - lohnt; wir woll'n recht fest an et - was Schö - nes den - ken
Dm E7 A Refrain D
und an ein Schloss im Mond! Ei - ne klei - ne Sehn - sucht braucht je - der zum
A E7 A E
Glück - lich - sein! Ei - ne klei - ne Sehn - sucht, ein Stück - chen Son - nen - schein. Ei - ne
E7 A F♯m6 G♯7
Sehn - sucht für den grau - en Tag; ei - ne Sehn - sucht, ganz e - gal wo
C♯m E7 D D♯0 A/E Em F♯7
nach! Ei - ne klei - ne Sehn - sucht, ein flüch - ti - ges Traum - ge - bild, ei - ne
Hm Dm E7 A7 C0 Dm/H A E7 A
1. 2.
Sehn - sucht, die sich nie - mals er - füllt!

2. Lügen wir uns, trügen wir uns in eine Welt hinein,
und lass uns dann in dieser Welt ganz verzaubert Prinz und Prinzessin sein!
Du bist aus Gold, ich bin aus Gold und unser Tag ist froh;
vergessen der Student im Dachstübchen und das Mädelchen vom Büro.

# Abend

## Bonsoir

Frankreich
*deutscher Text: Ernst Heitmann*

Kanon

Bon — — soir, bon — — soir! La bru – me mon – te du sol,
Gu – – ten A – – bend! Welt hüllt in Ne – bel sich ein,

on en – tend le ros – sig – nol; la bru – me mon – te du sol,
Nach – ti – gall sin – get im Hain; Welt hüllt in Ne – bel sich ein,

on en – tend le ros – sig – nol. Bon — — soir, bon — — soir!
Nach – ti – gall sin – get im Hain. Gu – – ten A – – bend!

## Über dem Berge am Horizont

Kanon

Ü – ber dem Ber – ge am Ho – ri – zont seht ihr die Son – ne ent – schwin – den,

leuch – ten die Ster – ne und hel – ler der Mond, las – sen den Weg uns fin – den.

## Jode Naach (Bläck Fööss) HB 528

Musik: Hartmut Prieß/Peter Schütten/Tomas Richard Engel/
Ernst Stoklosa/Günter Lückerath/Wilhelm Schnitzler
Text: Hans Rudolf Knipp

Jo - de Naach, jo - de Naach. Köl - le jeit jetz schlo - fe und d'r Dom hält Waach.

Jo - de Naach, jo - de Naach. Köl - le jeit jetz schlo - fe und d'r Dom hält Waach.

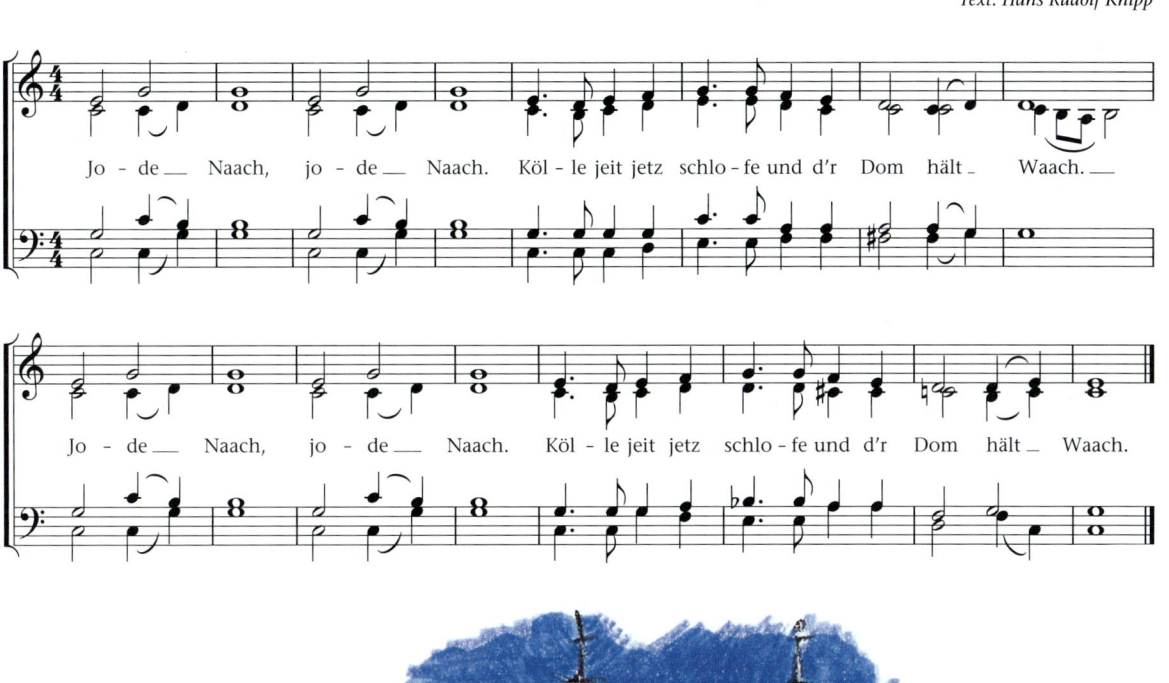

# Frieden

## *Dona, dona*

Musik: Sholom Secunda (1894–1970)
jüdischer Text: Aaron Zeitlin, englischer Text: Sheldon Secunda (*1929)/Teddi
Schwartz/Arthur Kevess

**Strophe**

Em　Am　Em　Am　Em　Am　C　H[7]　1. H[7]　2. Em

1. On a wa - gon bound[1] for mar - ket there's a calf with mourn-ful[2] eye,
high a - bove him there's a swal-low[3] wing - ing[4] swift - ly through the sky.

**Refrain**

D　G　D　G

1.–3. How the winds are laugh - ing, they laugh with all their might,

D　G　H[7]　Em

laugh and laugh the whole day through, and half the sum - mer's night.

H[7]　Em　D　G

Do - na, do - na, do - na, do - na, do - na, do - na, do - na don.

H[7]　Em　H[7]　Em

Do - na, do - na, do - na, do - na, do - na, do - na, do - na don.

2. *»Stop complaining[5]!« said the farmer. » Who told you a calf to be?*
*Why don't you have wings to fly with like a swallow so proud and free?«*
*How the winds are ...*

3. *Calves are easily bound and slaughtered[6], never knowing the reason why,*
*but whoever treasures[7] freedom, like the swallow has learned to fly.*
*How the winds are ...*

[1] auf dem Weg nach
[2] traurig
[3] Schwalbe
[4] fliegen
[5] klagen
[6] geschlachtet
[7] schätzen
[8] arme
[9] schlachtet

1. Ojfn forel ligt a kelbl, ligt gebundn mit a schtrik,
hojch in himl fligt a fojgl, fligt un drejt sich hin un tsrik.
Lacht der wind in korn, lacht un lacht un lacht,
lacht er op a tog a gantsn, un a halbe nacht.
Donaj, donaj, donaj, donaj. Donaj, donaj, donaj daj.
Donaj, donaj, donaj, donaj. Donaj, donaj, donaj daj.

2. Schreit dos kelbl, sogt der pojer, werssche hejst dich sajn a kalb?
Wolst gekent doch sajn a fojgl, wolst gekent doch sajn a schwalb. Lacht der wind in korn ...

3. Bidnel kelblech tut men bindn, un men schlept sej un men schlecht.[9]
Wer's hot fligl, flit arojf tsu, is bej kejnem nischt kejn knecht.
Lacht der wind in korn ...

## Hevenu shalom alejchem

*Volksweise aus Israel*

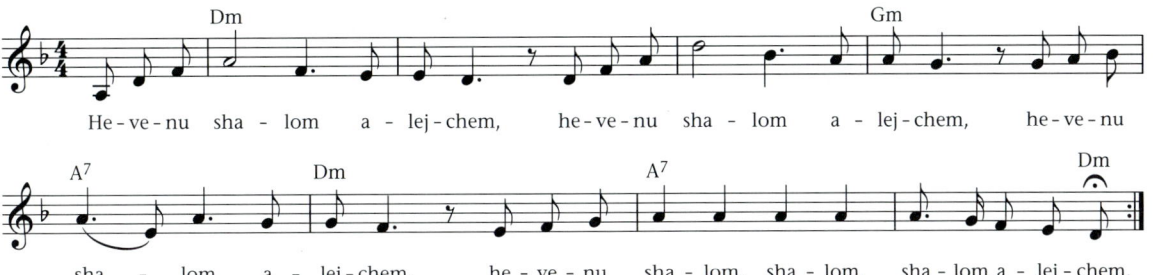

*Textübersetzung:*
Wir brachten Frieden auf euch.

## Dona nobis pacem

*überliefert*

¹ Gib uns Frieden

# Emanzipation

## Es saß ein klein wild Vögelein

*Volksweise aus Siebenbürgen*

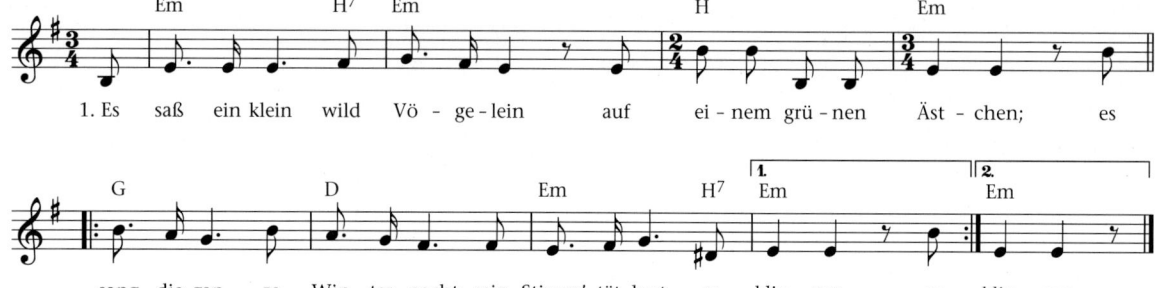

1. Es saß ein klein wild Vögelein auf einem grünen Ästchen; es
sang die ganze Winternacht, sein Stimm' tät laut erklingen, es klingen.

2. »O sing mir noch, o sing mir noch,
du kleines wildes Vögelein!
Ich will um deine Federchen
dir Gold und Seide winden.«

3. »Behalt dein Gold, behalt dein Seid,
ich will dir nimmer singen;
ich bin ein klein wild Vögelein
und niemand kann mich zwingen.«

4. »Geh du herauf aus diesem Tal,
der Reif wird dich auch drücken.«
»Drückt mich der Reif, der Reif so kalt,
Frau Sonn wird mich erquicken.«

## Raus mit den Männern HB 529

*Friedrich Hollaender (1896–1975)*

1. Es weht durch die ganze Historie ein
Zug der Emanzipation. Vom Menschen bis zur Infusorie überall will das Weib auf den Thron. Von den Amazon'n bis zur Berliner Range
braust ein Ruf wie Donnerhall daher. Was die Männer können,
können wir schon lange und vielleicht 'ne ganze Ecke mehr!

Refrain

Raus mit den Män-nern aus dem Reichs-tag! Und raus mit den Män-nern aus dem Land-tag! Und
raus mit den Män-nern aus dem Her-ren-haus, wir ma-chen draus ein Frau-en-haus.
Raus mit den Män-nern aus dem Da-sein, und raus mit den Män-nern aus dem Hier-sein, und
raus mit den Män-nern aus dem Dort-sein, sie müss-ten längst schon fort sein! Ja,
raus mit den Män-nern aus dem Bau und 'rin in die Din-ger mit der Frau!

2. Es liegen in der Wiege und brüllen
Die zukünft'gen Männer ganz klein.
Die Amme, die Meist'rin im Stillen,
Flößt die Kraft ihnen schluckweise ein.
Von der vielen Flößung aus Flasche, Brust und Becher –
Ach, wir dummen Frauen sind ja schuld! –
Wer'n se immer stärker, wer'n se immer frecher.
Da verliert man schließlich die Geduld.

Raus mit den Männern aus dem Reichstag! …

3. Die Männer haben alle Berufe,
Sind Schutzmann und sind Philosoph.
Sie klettern von Stufe zu Stufe;
In der Küche steh'n wir und sind doof.
Die bekommen Orden, wir bekommen Schwielen,
Liebe Schwestern, es ist eine Schmach!
Ja, sie trau'n sich gar, die Politik zu spielen.
Aber na, die ist ja auch danach!

Raus mit den Männern aus dem Reichstag! …

# Zeit

## *Mit der Uhr in der Hand* HB 530

Otto Reutter (1870–1931)

1. Wir leb'n in 'ner ei-li-gen, has-ti-gen Zeit mit der Uhr in der
2. Der Tag, der be-ginnt schon in ei-li-gem Lauf mit der Uhr in der
7. Wir schät-zen 'ne Leis-tung von heu-te nur ein mit der Uhr in der
10. So eil'n wir durchs Le-ben oh-ne Freud und Plä-sir mit der Uhr in der

Hand, mit der Uhr in der Hand. Der ei-ne, der schiebt heut' den
Hand, mit der Uhr in der Hand. Der We-cker, der weckt uns, wir
Hand, mit der Uhr in der Hand. Die O-ze-an-flie-ger emp-
Hand, mit der Uhr in der Hand. Da, plötz-lich, steht ei-ner, ist

an-dern bei-seit' mit der Uhr, mit der Uhr in der Hand.
ste-hen schon auf, mit der Uhr, mit der Uhr in der Hand.
fang'n wir, mit Schrein, mit der Uhr, mit der Uhr in der Hand.
mächt'-ger als wir, mit der Uhr, mit der Uhr in der Hand.

Wir dräng'n al-le vor-wärts, ob Hinz o-der Kunz, sind stets au-ßer
Schnell zieh'n wir uns an, und wir schling'n un-sern Schmaus, der ist noch nicht
Dann werd'n sie ge-fei-ert, sie hal-ten's kaum aus. Wir fei-ern sie
Der sagt: Du brauchst nicht auf die Uhr mehr zu seh'n, denn *mei-ne* geht

uns und wir komm'n nie zu uns, denn wir wer-den mit uns ja nur flüch-tig be-
run-ter, da tre-ten wir aus und sit-zen selbst dort, an der hin-te-ren
rein und wir fei-ern sie raus, denn's fliegt gleich ein and-rer noch schnel-ler ans
wei-ter und *dei-ne* bleibt stehn, und er winkt uns hi-nü-ber ins an-de-re

kannt mit der Uhr, mit der Uhr in der Hand.
Wand mit der Uhr, mit der Uhr in der Hand.
Land mit der Uhr, mit der Uhr in der Hand.
Land mit der Uhr, mit der Uhr in der Hand.

# Weg da, weg! HB 531

Musik: Herman van Veen/Erik van der Wurff
Text: Herman van Veen

*(In schnellem Tempo zu singen)*

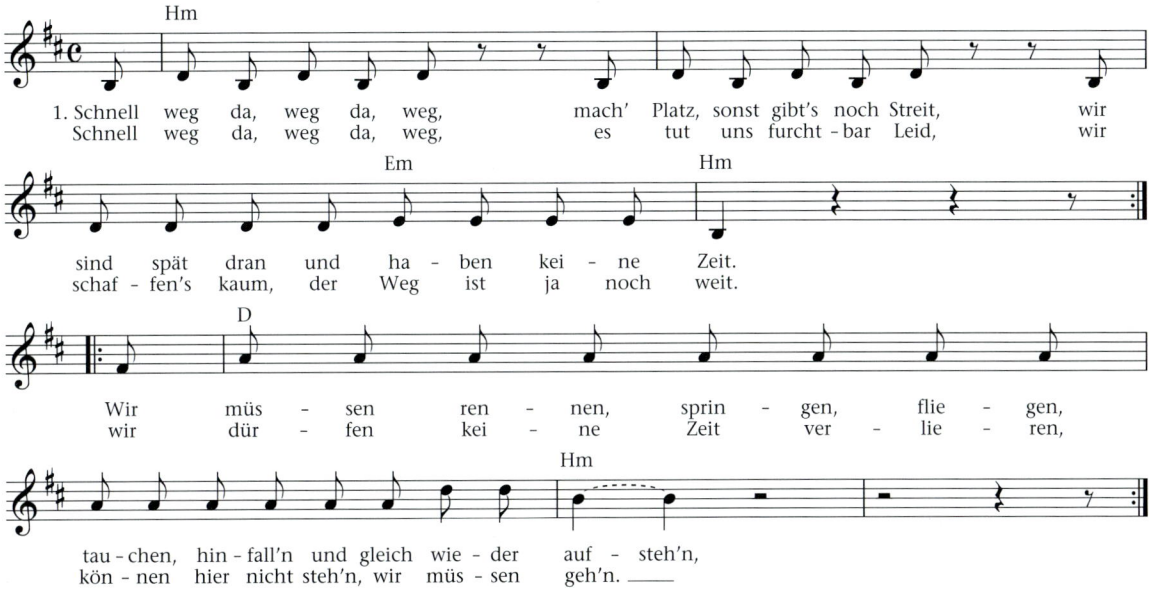

1. Schnell weg da, weg da, weg, mach' Platz, sonst gibt's noch Streit, wir
   Schnell weg da, weg da, weg, es tut uns furcht - bar Leid, wir

sind spät dran und ha - ben kei - ne Zeit.
schaf - fen's kaum, der Weg ist ja noch weit.

Wir müs - sen ren - nen, sprin - gen, flie - gen,
wir dür - fen kei - ne Zeit ver - lie - ren,

tau - chen, hin - fall'n und gleich wie - der auf - steh'n,
kön - nen hier nicht steh'n, wir müs - sen geh'n. ____

2. Ein ander Mal sehr gern,
   dann setzen wir uns hin
   und reden über Gott, Lotto und die Welt.

   Na denn, mach's gut, bis bald,
   es hat jetzt keinen Sinn,
   wir müssen dringend los, denn Zeit ist Geld.

Wir haben kein Minütchen, kein Stündchen
   mehr,
wir müssen uns beeilen,
komm', leg' dazu noch einen Zahn,
es ist für uns die höchste Eisenbahn.

Refrain
Schnell weg da, weg da, weg …

# 256

## *Die Uhr* HB 347

Carl Loewe (1796–1869)

Ich tra-ge, wo ich ge-he, stets ei-ne Uhr bei mir; wie viel es ge-schla-gen ha-be, ge-

nau seh' ich an ihr. Es ist ein gro-ßer Meis-ter, der

künst-lich ihr Werk ge-fügt, wenn-gleich ihr Gang nicht im-mer dem tö-rich-ten Wun-sche ge-

nügt. Ich woll-te, sie wä-re ra-scher ge-gan-gen an man-chem

Tag; ich woll-te, sie hät-te manch-mal ver-zö-gert den ra-schen

Schlag. In mei-nen Lei-den und Freu-den, in Sturm und in der Ruh', was

im-mer ge-schah im Le-ben, sie poch-te den Takt da-zu.

Sie schlug am Sar-ge des Va-ters, sie

schlug an des Freun-des Bahr', sie schlug am Mor-gen der Lie-be, sie

schlug am Trau-al-tar. Sie schlug an der Wie-ge des Kin-des, sie

schlägt, will's Gott noch oft, wenn bes-se-re Ta-ge kom-men, wie meine Seel' __ es hofft. Und ward sie auch manch-mal trä-ger, und droh-te zu sto-cken ihr Lauf, so zog der Meis-ter im-mer groß-mü-tig sie wie-der auf. __ Doch stän-de sie ein-mal stil-le, dann wär's um sie ge-scheh'n, kein and'-rer, als der __ sie füg-te, bringt die zer-stör-te zum Geh'n. __ Dann müsst' ich zum Meis-ter wan-dern, der wohnt am En-de wohl weit, wohl drau-ßen, jen-seits der Er-de, wohl dort, in der E-wig-keit! __ Dann gäb' ich sie ihm zu-rü-cke mit dank-bar kind-li-chem Fleh'n: Sieh', Herr, ich hab' nichts ver-dor-ben, sie blieb von sel-ber steh'n.

# Lebenseinstellungen

## *Mama look a booboo* HB 532

*Lord Melody*

I won-der why no-bod-y don't like me,

or is it the fact, that I'm ug-ly? I won-der why no-bod-

-y don't like me, or is it the fact, that I'm ug-ly?

I leave my whole house and home, my child-ren don't want me no more.

Bad talk in-side the house dey bring. And when I talk they start to sing.

*Refrain*

»Ma-ma, look a boo-boo«, they shout. Their moth-er tell them »Shut up your

mouth.« »That is your dad-dy«, »Oh, no. My dad-dy can't be ug-ly

so.« »Shut your mouth«, »Go a-way«. »Ma-ma, look a boo-boo« dey,

»shut your mouth«, »Go a-way«. »Ma-ma, look a boo-boo« dey.

# When I'm Sixty-Four HB 533

*John Lennon/Paul McCartney*

1. When I get old - er los - ing my hair, __ man - y ___ years from now __
2. I could be hand - y mend - ing a fuse, __ when your __ lights have gone, __
3. Send me a post - card, drop me a line, __ stat - ing __ point of view, __

___ will you still be send - ing me a val - en - tine, __
___ you can knit a sweat - er by the fire - - side, __
___ in - di - cate pre - cise - ly what you mean to say, __

birth - day greet - ings bot - tle of wine. If I'd been out __ till quar - ter to three,
Sun - day morn - ings go for a ride. Do - ing the gar - den digg - ing the weeds,
yours sin - cere - ly wast - ing a - way. Give me your an - swer fill in a form,

would you lock the door. __
who could ask for more. __ Will you still need __ me, will you still feed __ me,
mine for ev - er - more. __

when I'm six - ty four. 1. Oo,
2. Ev' - ry sum - mer we can rent a cot - tage in the Isle of Wight

___ if it's not too dear. __ You'll be old - er too. ___
We shall scrimp and save. ___

Ah ___ and if you say the word __ I could stay with you.
Grand - child - ren on your knee __ Ve - ra, Chuck and Dave.

# Griffbilder für Gitarre

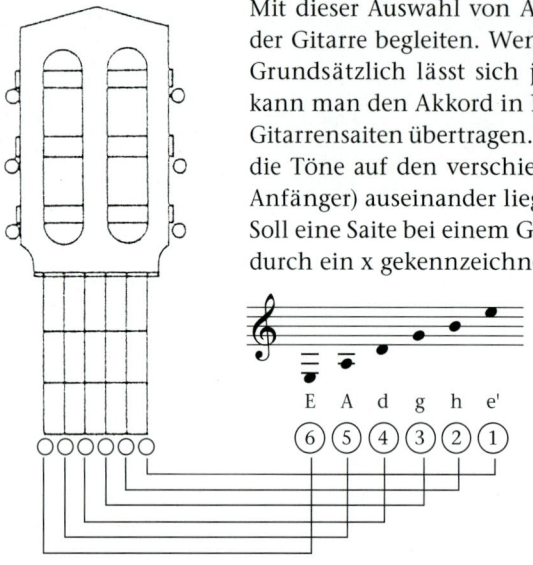

Mit dieser Auswahl von Akkorden könnt ihr fast alle Lieder dieses Bandes auf der Gitarre begleiten. Wenige komplizierte Akkorde fehlen in dieser Übersicht. Grundsätzlich lässt sich jeder Akkord in einen Gitarrengriff umsetzen. Dazu kann man den Akkord in Noten aufschreiben und die Akkordtöne dann auf die Gitarrensaiten übertragen. Zu beachten ist, dass der Griff spielbar sein muss, d. h., die Töne auf den verschiedenen Saiten sollten nicht mehr als drei Bünde (für Anfänger) auseinander liegen.

Soll eine Saite bei einem Gitarrenakkord nicht mitklingen, wird das im Griffbild durch ein x gekennzeichnet.

Aufgrund der Stimmung der Gitarre lassen sich Kreuztonarten leichter spielen. B-Tonarten sind oft nur mit **Barrégriffen** ( —— ) zu spielen, d. h., es werden mehrere Saiten mit einem Finger gedrückt, was Anfängern oft Schwierigkeiten bereitet. Große Barrégriffe über alle sechs Saiten haben den Vorteil, dass man durch Verschieben in jede Tonart gelangen kann.

Die Griffe der Dur- und Moll-Dreiklänge sind auf der gegenüberliegenden Seite nach ihrer Lage im Quintenzirkel angeordnet. Zusätzlich findet ihr eine Auswahl von Septakkorden.

## Dur-Akkorde mit kleiner Septime (Dominantseptakkorde)

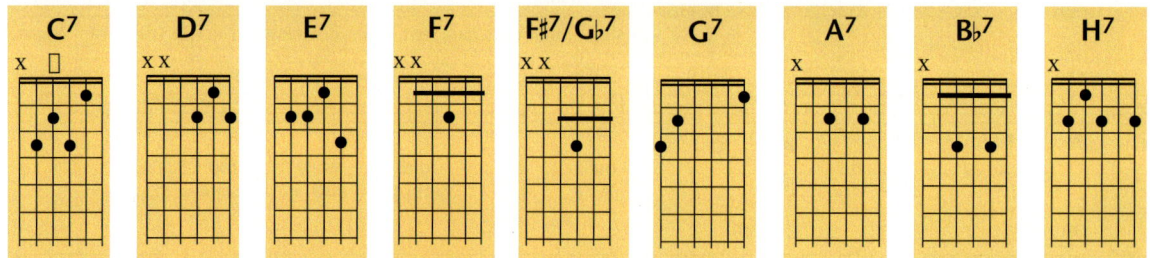

## Dur-Akkorde mit großer Septime

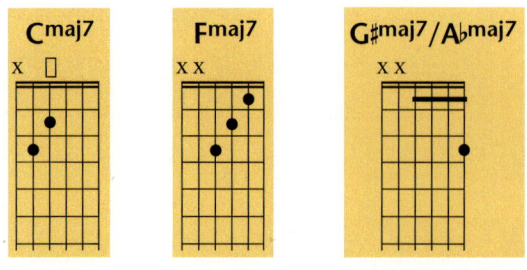

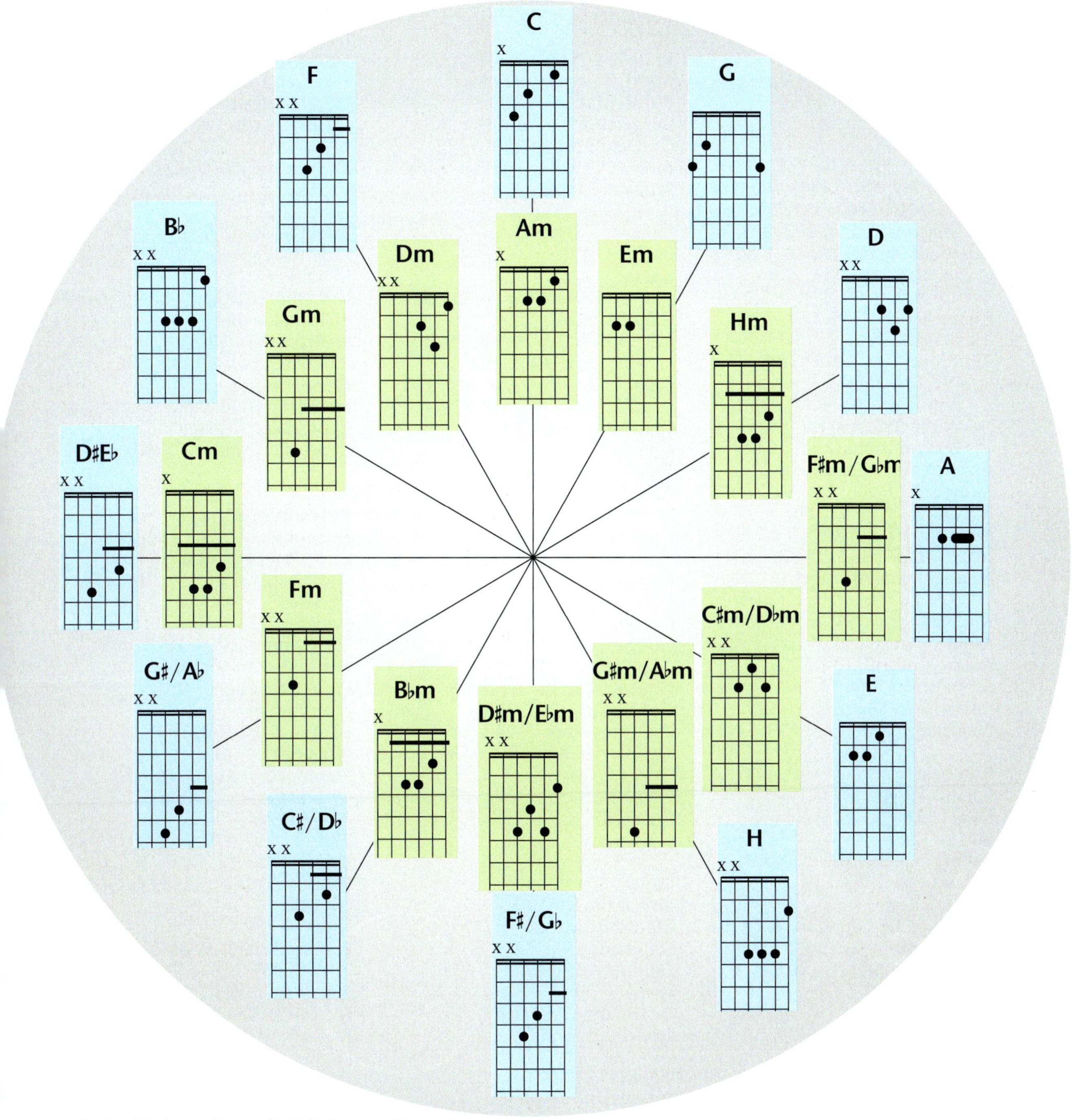

C

F

G

B♭

Dm

Am

Em

D

Gm

Hm

D♯E♭

Cm

F♯m/G♭m

A

Fm

C♯m/D♭m

G♯/A♭

B♭m

D♯m/E♭m

G♯m/A♭m

E

C♯/D♭

H

F♯/G♭

## Moll-Akkorde mit kleiner Septime

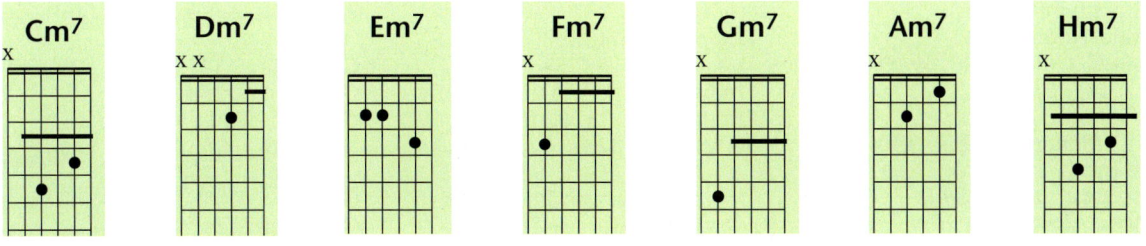

Cm⁷  Dm⁷  Em⁷  Fm⁷  Gm⁷  Am⁷  Hm⁷

# Register

## Begriffe

Accelerando   45
Adel   29, 118, 124, 138, 143, 145, 149, 151, 153 f., 160
Afrika   46, 58, 113, 122 f., 133, 169 f., 174, 202, 224
Afro-kubanische Musik   56, 58, 202, 205, 224, 226
Agogo-Bell   175
Ahava Raba   178
Akademie   14
Akkord(e)   7, *82, 97, 184, 197*, 213, 260
   Symbole   41, *82 f.*, 92, 190 f., 213, 260 f.
   Verwandtschaften   84–87
Akkordeon   28, *36–39*, 126
Akustische Brille   195
Anblasen   30, 32, 140
Antike   17, 20, 40
Arie   *144*, 152, 220, 222, 224
Arrangement/Arrangeur   30, 205, 207 ff.
Artikulation   74
Asien   46
Atem   30, 32, 73 ff.
Atonalität   165
Aufnahme(-Technik)   *62 f.*
Ausdruckstanz   116 f.

Backbeat   59
Bajan   59
Balg   37
Bali   122
Ballett   114 f.
Bandoneon   37
Banjo   205
Barock   12, 108, 128, *142 f.*
Barré   260
Basler Trommler   120
Baterias   120
Battel   205
Beat   44, 59
Bebop   202 f.
Behörde   129, 132, 141, 143, 206
Bigband   30, 32, *205*, 209
Blechblasinstrumente   26, 30, 126, 205
Blockflöte   28 f.
Blue-Note   213
Blues   40, 54, 56, 59, *96*, 169, 183, *210–213*
   – harp   211 f.
   – Schema   96 f., 213
Bongos   57, 90
Bordun   131, *138 f.*
Bossa Nova   185

Bottleneck   211
bpm   44
Bransle   141
Brasilien   120, *174*
Bühnentanz   114
Bürgertum   116, 148 f., 151, 153 f., 160 f., 223
Bulería   172 f.
Bulgar   180 f.

Cabaza   90
Cajón   172
Caixa   175
Call-and-Response   201, 210
Cante jondo   170 f.
CD   10 f., 20, 24, 62, 70, 80, 101, 203, 208 f., 218
Cello   26, 109, 128, 144, 160, 177
Cembalo   144, 149
Changes   201
Chart   13, 56, 58, 69
Choreographie   114
Chorus   201, 208
Cimbalom   128
City-Blues   212
Clave   90
Collage   76
Computer   12, *62 f.*, 203
Conga   35, 90
Continuo   144
Contra   173
Cool-Jazz   201, 203
Country-Blues   212
Country & Western   53
Cover   10
Cover-Version   25, 54
Cowbell   35
Crossover   75, 80

Dada   76
db (Dezibel)   9
›Deutsche Musik‹   32, 206
Didgeridoo   168
Digitale Aufnahme   62 f.
Disco   9
Dissonanz   87, 190
Dixieland   202
DJ   59
Dobro   41, 211
Dominante   87, 97
Dominantkette   94
Dominantparallele   92
Dominantseptakkord   82, 91, 260 f.
Doppeldominante   92
Dreadlock   52, 58
Drehleier   136, 138
Dreiklang   33, *82 ff.*
   – Dur   82 ff., 92, 96 f.
   – Moll   82 ff., 92, 96 f.
   – quintverwandte D.   85
   – terzverwandte D.   84

Drogen   53 f.
Drum Computer   63
Dudelsack   28 f., 138
Durchführung   194 f.
Durchgangsnote   190
Dynamik (Lautstärke)   7, 184

E-Gitarre   26 f., 40 f., 56, 203, 212
Echo   62 f.
Effektgeräte   62 f.
Einstimmigkeit   190
El Baile   171
El Cante   171
El Toque   171
Elektronik   12
›Entartete Musik‹   32, 206
Entspannung   7
Exercise   114
Exposition   194
Expressionismus   116 f., *164 f.*

Fan   24
Fanshop   24
Fernsehen   7, 75, 154, 228
Feste/Feiern   9, 17, 34, *112–125*, 130, 132, 169, 174, 177
Fiedel   138
Filmkomponist   101, 106 f.
Filmmusik   98, 107
Film-Orchester   101
Filmschnitt   103
Filmszene   100, 103
Fingersatz   41
Flamenco   40 f., *170–173*
   – Kadenz   173
   – nuevo   172
Flöte   130, 138, 168
Flügel   26 ff., 73
Folklore/Folk   33, 39 f., 54, 128
Form   189
Französische Revolution   17, 149, *151*, 158
Free Jazz   *203*, 207
Freelance-Musiker   81
Freilach   180 f.
Fuge   93, *194 f.*
Funktion   87, 97
Funktionelle Musik   *8–25*, 98–111, 113, 126–135, 138, 169
Fusion   203
Fußball   6, 20, 24 f., 174

Galliarde   141
Gamelan   162
Ganzá   174 f.
Ganzton   85, 162 f.
   – leiter   162
Gefühl   7, 73
Gehörschaden   9

Geige 26, 29, 56, 109, 126, 128, 146, 160, 176 f.
Genre 106
Geräusch 74
Getto 59, 113
Ghostnote 201
Girl-Reihe 114
Gitanos 170 f.
Gitarre 26, 29, *40 f.*, 56, 126 f., 170 ff., 185, 211 f.
Gregorianik 138
Grundposition 114
Grundton 82, 85 f.
Guiro 57

Habanera 220
Halbton 82 ff.
Hall 62 f.
Handharmonika 27, 37, 126 f.
Handy 12
Harfe 26
Harmonik 87, 97, *190–197*
Harmonika 36
Harmonische Pattern 94 f.
Hauptfunktion 87–97
Head-Arrangement 208
Heiligenstädter Testament 151
Hintergrundmusik 7 ff., *10*
Hip-Hop (Jazz) 68, 203, 206
Hit 13, 24, 56, 58, 62, 69, 101
Hören 7–9
Hörspiel 81
Hollywood 101
Holzblasinstrumente 26–33, 126, 140
Homophonie 192
Hora 180
Hot Intonation 201
Humanismus 140
Hymne *17–25*

Image *28, 32,* 38, 40, 54, 64, 160
Imitation 194, 196
Impressionismus 162 f.
Improvisation 100, 131, 162, 199, 201, 203, 205, 207, *208 f.*
Instrumenten-Bau 30–34, 36
Instrumenten-Familien 30, 34, 40 f., *140*
Internet 10, 12, 13, 154, 207, 218
Intervall(e) 190
Invention 192 f.

Jam-Session 174, *200,* 207
Jazz 8, 30, 32 f., 40, 56, 80, 81, 183, 185, *198–213,* 224
– Keller 207
– Rock 203, 209
Jiddisch 176, *179*

Jingle 10, 12, *14*
Juden 176, 179, 182
Jüdische Hochzeit 177, 182
Jugendliche 7, 12, 53
Jugendkultur 7, 53, 64, 113

Kabarett 229
Kadenz *87–97,* 213
– erweiterte K. *92,* 96
– Moll-K. 91
Kaffeehausmusik 9, 142 f.
Kanon *196* f., 230, 248, 251
Kantate *142 f.,* 145
Kantor 145, 148
Karibik 34, *58 f.,* 220
Karneval 34, *118–123,* 133, 174
Kastagnetten 171
Kastrat 152
Kazoo 141
Kino 98–102
Kirche 8, 17, 21, 58, 113, 138, 141, 145, 169, 178, 182
Kirchenkantate 145
Klangfarbe 184
Klarinette 33, 81, 109, 176 f., 205
Klassik 12, 128, *146–151,* 158, 200
Klavier 81, 100, 150, 160, 205, 212
Klavierlied 158 f.
Klezmer 176–183
– Revival 183
– Szene 182
Klezmorim 176 f., 182
Klischee 28, 38
Komplementärfarbe 86
Komponieren 76, 81, 99, 101, 103–108, 145, 148, 163, 224
Konsonanz 190
Kontrabass 160, 177
Kontrapunkt 194 f.
Konzert(-musik) 7, 17, 24, 40, 146 f., 152 ff., 160, 176, 203, 205, 209
Konzertina 37
Krummhorn 140 f.
Kult 8, 53, 69, 113, 169
Kunstlied 158 f.

Lärm 9
Langhorn 168 f.
Lateinamerika 34, 46, 58, 120, *174,* 183
Latin 174 f., 185, 209, 220
– Rock 56
Laute 40 f.
Leitton 88, 91
Livemusik 7, 154, 209
Loop 79, 203

Maracas 35

Maske 122 ff.
Medien 7, 10, 11, 17, 53, 70, 75, 81, 128, 154, 156 f., 199, 206, 229
Mehrstimmigkeit *190–197,* 207
Melismen 144, 170
Melodiebegleitung 190
Melodik 7, 14, 18, 25, 140, 146, 170, 177 f., 182, *184, 197,* 226
Mickey-Mousing 105
MIDI 62
Militärmusik 30
Minimal Music *78 f.*
Minnesang 138 f.
Minstrel Show 206, *229*
Misheberakh 178
Mittelalter 8 f., 28, 40, 112, 130 ff., *138 f.,* 140
Mono 62
Mundharmonika 26, *36,* 127, 211
Musical 224, *229*
Musikangebot 7–11, 40, 126, 135, 147
Musikberufe 38 127 f., 138, 141, 143, 145, 148, 150, 152 f., 154, 165, 167, 177, 182, 205, 207, 224
Musikforschung 9, 156 f.
Musikgeschmack 7, 12
Musikhochschule 81, 206
Musikindustrie 10, 22, 24, 28, 33, 38, 54, 62 f., 80, 96, 101 f., 127, 147, 205, 224
Musikkritik 73, 81, 167, 199, 223
Musikschule 38
Musiktheater 214–231

Nachsatz 189
Nationalhymne 17, *18 f.,* 21, 25
Nationalsozialismus 19, 165, 206
Nebennote 190
Neue Musik *72–81, 166 f.*
New Orleans (Jazz) 32, 200, *202,* 205
None 96
Nordirland-Konflikt 66 f.
Notation 35, 37, 41, 43, 74 f., 192, 204
Notendruck 10

Off-Beat 59, 173 f., *201,* 204
Ohr 7, 9
Olympiade 17, 20
Openair-Konzert 147
Open-tuning 211
Oper 20 ff. *217–227*
Operette 228

Oratorium    145
Orgel    29
Ostinato    138
Ouvertüre    224

Palmas    171 f.
Parameter    7, 45, 51
Parodie    145
Partitur    15, 74
Pattern    35, 51, 61, 78 f., 88,
    94 f., 180
Pavane    141
Pentatonik    162
Periode    189
Phase shifting    79
Phrase    189
Picking    40
Playback    62
Polymetrik    46
Polyphonie    192    197
Posaune    6, 33, 74, 176 f., 202,
    205, 207
Präludium    93
Programm-Musik    98–111
Protest    132
Publikum    9, 24, 29, 33, 96,
    101, 108, 116, 126–135, 142,
    152 f., *154 f.*, 160, 176, 203,
    223, 229

Quarte    162
Querflöte    128, 177
Quinte    83 ff., 162
Quintenzirkel    86 f., 260
Quintverwandtschaft    84–88,
    94

Ragtime    201
Rastafari    58
Raumgefühl    105
Rauschpfeife    130
Reggae    20, *58 f.*
Renaissance    28, 114, *140 f.*
Revue(-Tanz)    114 f., *228*
Rezitativ    144, 224
Rhythm & Blues    40, 53, 59
Rhythmus    7, *42–51, 172 ff.* ,
    *180 f., 184, 197,* 204
    – gruppe    205
Riff    203, 213
Ritardando    45
Rocklegende(n)    52 f., 69
Rockmusik    8, 12, 20, 24, 40,
    44, *52–71, 62,* 75, 96, 113,
    203, 212
Rock 'n' Roll    53, 96, 113,
    212
Rock und Politik    66–71
Rohrblatt(-Instrumente)    36,
    140
Romantik    158
Round    196

Rundfunk/Radio    7, 11, 53,
    75, 81, 128, 199, 206, 228

Sackpfeife    28
Salonmusik    38, *160 f.*
Salsa    169
Samba    120 f., 169, *174 f.*, 185 ff.
    – Canção    174
    – Batucada    174
Sampling    63, 203
Saxofon    26 f., *30–33*, 81, 126,
    199
    – quartett    30, 32
Scat    201
Schalmei    138, 140
Schlachtgesang    24
Schlager    8, 12, 20, 32, 40,115,
    119, 190 f., 206, 224, 227
Schlaginstrumente    34 f., 57,
    61 ff., 90, 120, 126, 130, 160,
    171 f., *174 f.*, 177, 185, *204 f.*,
    212
Schubertiade    158
Science Fiction    106
Section    205
Septakkord    82 ff., 88, 91,
    96 f., 260 f.
Sexte    96
Showgeschäft    17, 20, 22, 24,
    28, 147
Signal    12
Sinfonie    14, 17, 146
    – orchester    30, 128
Sinfonische Dichtung    108
Singen    7
Sinnesorgane    7
Sitar    147, 168
Ska    58 f.
Slide    40
Soleá    172
Sonate    146, 150
Sound(-effekte)    12, 59, *62 f.*
Soundtrack    101 f.
Soweto    90
Spannung    7, 8, *88*, 91, 204
Spielmann    130 f., *138 f.*
Spiritual    201 f.
Sport    6, 20 ff., *24*
Stadtpfeifer    148
Stammton    82 f.
Standards    200
Star    10, 17, 20, 22, 24, 28, 30,
    *53 f., 56, 64*, 68, 73, 119, 147,
    152 f., 171, 205
Status    29
Steeldrums    26, *34 f.*
Steigerung    45
Stereo    62
Stimme    *73 ff.*
Stimmung (emotionale)    7,
    100, 113
Stimmwerk    140

Straßenmusik    7, 29, 33,
    *126–135*, 138 f.
Strophenform    158
    – variierte S.    158
Stummfilm    100
Subdominante    87–97
Subdominantparallele    92,
    94 f.
Surdo    174 f.
Susafon    27
Swing    199, 203, *204 f.*
    – craze    205
Syncopated music    202
Synthesizer    62 f., 203

Tabla    168
Tafelmusik    9
Takt(-arten)    7, *46 f.*, 184
Taktwechsel    47
Tamborim    174 f.
Tango    112, 128, 220
Tanz/Bewegung    6 ff., 22, 42,
    *112–125*, 130 f., 141, 174,
    180, 185, 220
Tanzmusik    8, 30, 32 f., 44,
    130 f., 138, 141, 170, 174,
    185, 203 ff., 206, 220
Tanztheater    114
Tapping    40
Taste    37
Techno    44
Telefon-Musik    12
Tempo    7, *44 f.*, 59, 184
Terkish    180
Terz    82
Tetrachord    85
Thema    14, 194, 20
Tonband    62
Tonfilm    100–107
Tonika    87–97
    – parallele    92, 94 f.
Tonleitern    84 ff.
    – Dur    84 f.
    – Moll    84
    – Parallele    84
Tonstudio    62 f.
Tonträger    7, 10
Triangel    174 f.
Triole    *50 f.*
Trompete    26, 33, 177, 202,
    205, 208 f.
Trotto    130, *138 f.*

Ud    40 f.
Ukulele    39
Unpassende Begleitung    105
Unterhaltungsmusik/U-Musik
    8, 32 ff., 126–135, 138,
    169–183, 185, 198–213,
    228 f.
USA    *64,* 182 f., *199,* 202,
    205 f., 229 f.

Variété   228
Vaudeville   229
Verkaufsförderung   11
Vietnam   64
Violine   26, 29, 56, 109, 126, 128, 146, 160, 176 f.
Virtuose(n)   29, 36, 38, 128, *152 f.*, 182
Volkslied   7, 24, *156 f.*, 178
– forschung   156 f.
Volksmusik   8, 24, 28, 34, 174, 182, 225
Vordersatz   189
Vorurteil   28
Vorzeichen   82

Wechselnote   190
Weltmusik/Worldmusic   75, 80
Werbeträger   10
Werbung   6, 8 f., *10–13*, 17, *26 ff.*, 33, 102
Wiener Besetzung   160
Wiener Kongress   158
Windkapsel   140
Wirkung   7, 14
Woodstock   20, 53, 56
Worksong   201, *210*, 226

Xylofon   126

Zampogna   29
Zeitschriften/Zeitung   9, 11, 17, 21, 24, 29, 33, 53 f., 56, 64, 68 f., 75, 76 f., 113, 127, 154, 203, 206
Zersingen   24 f.
Zigeuner   170
Zirkel-Kanon   196
Zunge   36
Zusammengesetzte Takte   46 f.

## Personen/Gruppen

Adler, Larry   36
Ärzte, die   71
Ager, Milton   235
Alexandrow, Alexander   25
Altmann, Marcus   51, 197
Andrew Sisters   88
Armstrong, Louis   182, 202
Arphegis, Georges   77
Attaignant, Pierre   141
Auber, Daniel   217
Aung San Suu Kyi   68
Aust, Gabriele   57
Auvray, Lydie   37

Bach, Anna Maria Magdalena   145
Bach, Elisabeth   143
Bach, Johann Ambrosius   143
Bach, Johann Sebastian   40, 93, 105, *142 ff.*, 148 f., 154, 245, *192–196*
Bach, Maria Barbara   143
Badarczewska, Thekla von   160 f.
Baker, Chet   203
Baldau, Bombo Dario   191
Band, Heinrich   37
BAP   68
Barrett, Carleton   60
Basie, Count   202, 205
Beatles, The   24, 53, 62, 64, 259
Beau Hunks, The   31
Bechet, Sydney   30
Beethoven, Ludwig van   14–17, 146 f., *148–151*, 152
Belolo, Henri   25
Berber, Anita   116
Berberian, Cathy   75
Berio, Luciano   74 f., 80
Berlioz, Hector   30, 32
Bizet, George   30, 218–223
Blake, Eubie   202
Bläck Fööss   249
Blask, Falko   44
Bley, Carla   81
Böhse Onkelz   70
Bolstadt, Gary   234
Bon Jovi   146
Bono   68
Boosey & Hawkes   33
Boulez, Pierre   81
Bowie, David   52
Brand, Dollar   90
Brandwein, Naftule   182
Brave Old World   183
Brecht, Bertolt   231
Brettschneider, Evi   175
Brubeck, Dave   48 f., 199, 203
Bruckner, Anton   107
Brueghel, Pieter d. Ä.   8

Burns, Robert   244
Byrne, David   81

Cage, John   81
Carawan, Guy   71
Cervantes, Miguel de   108
Chabrier, Emanuel   88
Chapman, Mark   64
Chopin, Frédéric   184
Clapton, Eric   69, 212
Cliff, Jimmy   20
Clinton, Bill   33, 69
Cobain, Kurt   53
Cocker, Joe   53
Cogill, Lecon   60
Coleman, Ornette   203
Colonia, Johannes de   130
Colpet, Max   238
Coltrane, John   30, 203
Conti, Gasparo   152
Copes, Juan Carlos   113
Corea, Chick   203
Cotton, Elizabeth   235
Cranberries   66 f.
Cray, Robert   212
Creatore, Luigi   96
Crow, Sheryl   69

Dantas, Rubén   172
Daumier, Honoré   155
Davis, Miles   200, 203, 208
Dawkins, Jimmy   212
Debussy, Claude   162 f.
Deinzer, Hans   81
Desmond, Paul   48
Dimucci, Dion   22
Disney, Walt   21
Dix, Otto   32
Doldinger, Klaus   105
Domingo, Placido   147
Duncan, Isidora   116

Eisel, Helmut   178, 180 f.
El barrio   172
Ellington, Duke   199, 200 f., 202, 205
Engel, Walther   16, 23, 45, 49, 97, 124, 164 f.
Ensemble Modern   81
Epstein Brothers   183
Epstein, Max   183
Evans, Herschel   199

Feidman, Giora   177, 181, 183
Foster, Fred   55
Friedrich der Große   142
Fritzsche, Gerhard   230
Fuchs-Gamsböck, M.   44

Galilei, Galileo   140
Garbarek, Jan   33, 203
Garvey, Marcus   58
Gelinek, Joseph   150

Gerhardt, Paul   245
Gernhardt, Robert   51
Gershwin, George   147, 236, 224–227
Gershwin, Ira   224, 236
Gillespie, Dizzy   202
Glass, Phil   78
Globokar, Vinko   81
Goethe, Johann Wolfgang von   151
Goldberg, Isaak   227
Goodman, Benny   202, 205
Goscinny, René   108
Graupner, Christoph   145
Grieg, Edvard   45
Gubaidulina, Sofia   38, 167
Gudenko, Slawa   128
Gutenberg, Johannes   140

Hadamowsky, Eugen   206
Händel, Georg Friedrich   124, 154
Haller, Hermann   115
Halley, Edmond   116
Hamilton, Frank   240
Hancock, Herbie   199
Haußmann, Elias   149
Hawkins, Coleman   30, 33
Haydn, Joseph   19, 128, 146, 149
Heyward, DuBose   224, 226, 236
Heinrich VIII.   67
Heitmann, Ernst   248
Hendrix, Jimi   52 f.
Henrici, Christian Friedrich   143
Henry, Sonny   57
Hermsdorff, Klaus-Dieter   200
Hermann, Bernard   102 f.
Hitchcock, Alfred   102 ff.
Hoddis, Jakob van   116
Hoffmann von Fallersleben, Heinrich   19
Hoffs, Susanne   232
Hohner, Matthias   36
Hollaender, Friedrich   247, 252
Holly, Buddy   53
Holm, Michael   191
Hopfer, Daniel   8
Horst, Michael   24

Ibrahim, Abdullah   90
IRA   67
Isaac, Heinrich   243

Jackson, Michael   52
Jagger, Mick   73
James, Paul   235
Jarrett, Keith   203
Jem   178
Jobim, Carlos Antonio   184 ff.

John, Elton   101
Johnson, Robert   53, 212
Jonen, Hans   119
Jones, LeRoi   210
Jones, Jo   199
Joplin, Janis   53 ff.
Joplin, Scott   202
Jost, Ekkehard   199

Kagel, Mauricio   81
Kannenberg, Lutz   60
Kant, Immanuel   149
Kappes, Hilde   73
Kelly, Tom   232
Kels, Oliver   10
Kennedy, Nigel   147
Kepler, Johannes   140
Ketama   172
Kevess, Arthur   250
King, B. B.   69
Klaus der Geiger   132
Klee, Paul   78
Klezmatics   183
Klezmer Conservatory Band   179
¡Klezperanto!   183
Klose, Kurt   90, 175
Kölner Saxofon-Mafia   81
Köttgen, Stefan   246
Kolumbus, Christoph   59, 140
Kompanejew, Victor   127
Kopernikus, Nikolaus   140
Kosma, Joseph   242
Kravitz, Lenny   69
Kristofferson, Kris   55
Krupa, Gene   205

La Guardia, Jorge   172
Lachenmann, Helmut   81
Laue, Claus Ludwig   244
Leadbelly   210
Lennon, John   52 f., 64 f., 259
Leopold von Anhalt-Köthen   143
Levine, James   147
Lewis, Sammy   211
LeWitt, Sol   78
Lichnowsky, Carl   151
Liedke, R.   42
Lind, Jenny   153
Lindenberg, Udo   71
Liszt, Franz   152
Lord Melody   258
Lotti, Helmut   147
Lowe, Chris   69
Lucas, George   106 f.
Lucia, Paco de   41, 171 f.
Lumière, Auguste   100
Lumière, Louis Jean   100

Maazel, Lorin   147
Mahler, Gustav   195
Mangelsdorff, Albert   199, 203, 207

Mann, Barry   246
Mann, Thomas   81
Marc, Franz   164 f.
Marley, Bob   20, 58 ff.
Marsalis, Branford   203
Marsalis, Wynton   203
Maske, Henri   22
Matson, Vera   94
Mattheson, Johann   192
Matisse, Henri   117
McCartney, Paul   75, 259
McFerrin, Bobby   200
McLaughlin, John   41, 203
Medici   118
Meidner, Ludwig   116 f.
Meilhac, Henri   218
Meine, Klaus   20, 241
Mentzel, Elisabeth   35, 39, 220
Menzel, Adolf von   111
Meola, Al Di   41
Mercer, Johnny   242
Mercury, Freddy   20, 52
Mérimée, Prosper   218
Metheny, Pat   203
Metternich, Clemens Wenzel Nepomuk Lothar, Fürst von   158
Miller, Glenn   205
Mitchell, Joni   20
Molvaer, Nils-Petter   203
Monet, Claude   162 f.
Moor, Margriet de   152
Morali, Jacques   25
Morricone, Ennio   105
Morrison, Jim   53
Moross, Philip   127
Morton, Jelly Roll   202
Moser, Elsbeth   38
Mossolow, Alexander   111
Mozart, Leopold   153
Mozart, Wolfgang Amadeus   12, 41, 146, 150, 152, 155
Müller-Blattau, W.   21
Müller, Wilhelm   237
Mulligan, Gerry   203
Munch, Edvard   116
Musique Vivante   81

Naidoo, Xavier   69
Napoleon Bonaparte   149, 151, 158
Neefe, Christian Gottlob   149
Nina   68
Nolde, Emil   117

Odenwald, Andreas   33
Oliver, King   202
Ono, Yoko   64
Orchestre National de Jazz   81
Orff, Carl   47, 146
Ortheil, Hanns-Josef   153
Ozawa, Seiji   17

Pachelbel, Johann   25, 197
Paganini, Niccolò   152
Panilot, Bruno   207
Parker, Charlie   30, 33, 199, 202
Peretti, Hugo   96
Pet Shop Boys, The   25
Petrowsky, Ernst-Ludwig   207
Picasso, Pablo   110, 164 f.
Pink Floyd   147
Polo, Marco   229
Plenzat, Karl   239
Presley, Elvis   52 f., 94, 96 f.

Ras Tafari   58
Rasumowsky, Andrej Kirillo-witsch   151
Ravel, Maurice   30
Reich, Steve   78, 81
Reutter, Otto   254
Rieffel, Amalie   152
Riessler, Michael   80 f.
Riley, Jimmy   20
Riley, Terry   78
Ritzsche, C. H.   124
Robert, Ludwig   155
Rogers, Jimmy   212
Rolling Stones, The   52 f., 212
Romantik   41
Rossi, Carlo   153
Rothenberg, Theophil   230

Santana, Carlos   52 f., 56
Sax, Adolphe   30, 32 f.
Schebest, Agnese   153
Schiller, Friedrich   14, 17
Schimon, Ferdinand   149
Schmitz, Jupp   119
Schnebel, Dieter   81
Schönberg, Arnold   164 f., 166
Schubart, Christian Friedrich Daniel   158 f.
Schubert, Franz   158 f., 237
Schumacher, Michael   22
Schumann, Clara   152
Schwartz, Teddi   250
Schwitters, Kurt   76
Scorpions, The   20
Secunda, Sheldon   250
Secunda, Sholom   250
Seeger, Pete   238, 240
Sevin, Pièrre   244
Shikamoo Jazz Band   133
Sinatra, Frank   73
Singelée, Jean Baptiste   32
Smith, Bessie   54
Soldan, Kurt   221
Sontag, Henriette   153
Sor, Fernando   41
Spears, Britney   10
Springsteen, Bruce   69
Spyra, Wolfgang   72

Steen, Jan   6
Steinberg, Billy   232
Sting   68 f., 146
Stockhausen, Karlheinz   81
Störkraft   70
Strauss, Richard   108 ff.
Strawinsky, Igor   47, 165
Strayhorn, Billy   200 f.
Studt, Heiner   133
Sulsbrück, Birger   175

Talking Heads   81
Tarras, Dave   182
Telemann, Georg Philipp   148, 154
Tennant   69
Tersch, Ludwig   32
Theodorakis, Mikis   20
Thomaner   6
Thompson, Carson Wayne   196
Tiller, John   114
Tormé, Mel   200
Tosh, Peter   58
Tote Hosen   24
Treacy, Pat   127
Treskow, Nikolai de   139
Trio Skerzo   128
Troupe Keinsé   133
Truffaut, François   106
Tsarik, Konstantin   128
Turchinsky, Vladimir   128
Turner, Tina   52, 73
Tuten & Blasen   132 f.

Urban, Ute   233
U2   66 ff.

Vangelis, Papathanassiu   22 f.
Vatro, Roman   35
Vaughn, Sarah   81
Veen, Herman van   255
Verdi, Giuseppe   22, 240
Viard, Martine   77
Victoria Rhythm 'n' Brass   209
Village People   25
Viruchanow, Valeri   128
Vogelweide, Walther von der   139
Vonaburg   242

Wader, Hannes   234
Wagner, Rainer   167
Wailer, Bunny   58
Wailers, The   58
Waldstein, Ernst Gabriel von   151
Waldteufel, Emil   37
Walker, T-Bone   213
Warhol, Andy   15
Warner Brothers   101
Waters, Roger   147

Webb, Chick   205
Webern, Anton von   166
Weidemann, Alfred   33
Weil, Cynthia   246
Weiland, Klaus   127
Weill, Kurt   231
Weiss, George David   96
Wells, Dicky   199
Werwolf   70
Whiteman, Paul   206
Wieck, Clara   152
Wigman, Mary   116
Wilhelm II.   164
Williams, Fred   235
Williams, John   106 f.
Williams, Robert Pete   211
Willis, Victor Edward   25
Wilson, Cassandra   212
Wolff, Willi   115
Wolferen, Karel van   21
Wolkenstein, Oswald von   138
Wurff, Erik van der   255

Yes   63
Young, LaMonte   78
Young, Lester   30

Zacar   191
Zawinul, Joe   203
Zeitlin, Aaron   250
Ziegenrücker, Wieland   210

## Copyrights Musik

M = Musik/ Melodie
T = Text
dT = deutscher Text
S = Satz
TR = Transkription

10 M: (LBS-Jingle): Mit freundlicher Genehmigung © 2001, R. Hänsch/R. Hänsch/Dr. Sauter Musikverlag

21 T (Posthymne): Arabella Musikverlag GmbH (BMG UFA Musikverlage), München

22 T: Sony Music Media; SMM 986417–2 (LC: 02604)

23 M: 1992 by Spheric B. V. – Für: D/A/CH/ Osteurop. Länder: EMI Music Publishing Germany GmbH, Hamburg

25 M (Go West): Scorpio Music (Black Scorpio); Edition Jupiter Ralph Siegel KG, München

25 M (Hymne UdSSR): Musikverlag Hans Sikorski, Hamburg

32 T (1935; Ich hab nur eine Leidenschaft): Klaus S. Richter; © Dreiklang-Dreimasken Bühnen- und Musikverlag GmbH, München

35 M + T: © 1951 by REDI-PONTI-DE LAURENTIIS Industrie Musicali S.p.a., Milano-Roma – Für D: Sidemton-Verlag GmbH, Bergisch-Gladbach

43 M (Bsp. d): 1935 by Clyton F. Summy & Co. Chicago/ Keith Prowse, Music Publ. Co. Ltd./ Warner Chappell L. A. USA – Für D: Musikverlag Intersong GmbH, Hamburg

43 M (Bsp. e): 1934 by Editions Choudens, Paris – Für D/A/CH/CZ/PL/H: Wiener Bohème Verlag GmbH (BMG UFA Musikverlage), München

47 M (Le Sacre): 1921 Ed. Russe de Musique; 1947 to Boosey & Hawkes Inc., for all countries

47 M (Uf dem anger): Schott Musik International, Mainz

48 f. M + T: 1959 by Derry Music Co., San Francisco – Für D/A: Paul C. R. Arends Verlag, Rimsting

50 M + T (Can't Help): 1961 by Cladays Music Inc. – Für D/A/CH/ ehem. Ostblock Länder: Edition Presley des Global Musikverlages, München

55 M + T: Combine Music Corp.; EMI Songs Musikverlag GmbH, Hamburg

57 M + T: Sonny Henry © 1967 Richcar Music Corp and EMI United Partnership Ltd, USA Worldwide print rights controlled by Warner Bros. Publications Inc/IMP Ltd Reproduced by permission of International Music Publishers Ltd All Rights Reserved

60 f. M + T: Universal Music Publ. Int. Ltd.: Tuff Gong Music; Rita Marley Music Division

65 M + T: © 1971 Lenono Music. Used by permission of Bosworth GmbH. All Rights Reserved. International Copyright Secured.

66 T: Polygram Int. Music Publ. B. V.; Universal Music Publ. GmbH, Hamburg

67 T: Island Music Ltd.; Universal Music Publ. GmbH, Hamburg

70 T (Mut): Nordbeat Music Edition (75 %), Hamburg Alex C Music Edition (EMI Music Publ. Germany GmbH, Hamburg) (25 %)

71 T: 1993 by Edition Brausebeat; Musik-Edition Discoton GmbH (BMG UFA), München

74 f. M: Universal Edition A.G., Wien

78f. M: BMI

90 M: © EKPA/ ENJA RECORDS M. Winckelmann GmbH/ Edition MAWI 1976

94 M + T (Love Me Tender): © 1956 Elvis Presley Music, USA. Used by permission of Bosworth GmbH. All Rights Reserved. International Copyright Secured

96 M + T (Can't Help): 1961 by Cladays Music Inc. – Für D/A/CH/ ehem. Ostblock Länder: Edition Presley des Global Musikverlages, München

97 S (Can't Help): © 1961 Gladys Music Inc., USA. Manor Music Company Ltd. Iron Bridge House, 3 Bridge Approach, London NW 1. Used by permission on Music Sales Ltd. All Rights Reserved. International Copyright Secured

100 M (Bsp. 2): J. S. Zameznik; Rechte beim Autor

100 M (Bsp. 3): Ricordi & Co./G. Ricordi/Otto Junne GmbH & Co., München

100 M (Bsp. 4): Ricordi & Co./G. Ricordi/Otto Junne GmbH & Co., München

107 M: MCA Music Inc. – Für D/A/CH/ Osteurop. Länder: Universal Music Publ. GmbH/ MCA Music GmbH, Hamburg

109 M: Abdruck mit Genehmigung von C. F. Peters Musikverlag, Frankfurt/ M.

115 M + T: Rondo Verlag GmbH, Hamburg

119 M + T: Musikverlag Jupp Schmitz, Bergisch Gladbach

132 M + T: Trikont ›unsere stimme‹ Schallplatten GmbH, München

166 M: Universal Edition A.G., Wien

167 M: Musikverlag Hans Sikorski, Hamburg

175 M + T: Kurt Klose, Evestorf

180 M: © Westpark publishing, Köln, www.westpark-music.com aus dem Heft Helmut Eisel: ›Durch Klezmermusik zur Improvisation‹

181 M: © Westpark publishing, Köln, www.westpark-music.com aus dem Heft Helmut Eisel: ›Durch Klezmermusik zur Improvisation‹

186 f. M + T: © 1961 by Antonio Carlos Jobim/Newton Mendonca – Für D und A: RALPH MARIA SIEGEL MUSIK-EDITION NACHFOLGER

188 M (Bsp. 1): by Spheric B. V. – Für: D/A/CH/Osteurop. Länder: EMI Music Publishing Germany GmbH, Hamburg

188 M (Bsp. 2): Apollo Verlag, Paul Lincke GmbH, Mainz

191 M + T: by Edizioni Musicali Belriver S.r.l, Mailand – Für D/A/CH: Edition Accord Musikverlag GmbH, Hamburg

196 M + T (Give Me a Ticket): 1967 by Budde Songs Inc. – Für D/A/CH: Rolf Budde Musikverlag GmbH (Ed. Nordton), Berlin

200 M + T: Edition Trumpf, Rimsting

208 M: Sony/ATV Music Publishing (Germany GmbH), Berlin

221 dT: Abdruck mit Genehmigung von C. F. Peters Musikverlag, Frankfurt/ M.

225ff. M + T: 1935 by Gershwin Music Publ. Corp./ Chappel & Co. Inc. Warner/ Chappell International Musik Ltd. – Für D/GUS/Osteurop. Länder: Chappell & Co GmbH, Hamburg

230 M + T: Möseler Verlag, Wolfenbüttel

231 M + T: Universal Edition, Wien

232 M + T: 1988 by D. Barry Music/ B. Steinberg Music/ Bangophile Music/ SBK Blackwood Music – Für D/A/CH: Sony/ ATV Music Publishing (Germany GmbH), Berlin/ EMI Songs Musikverlag GmbH, Hamburg

233 dT (Samiotissa): Möseler Verlag, Wolfenbüttel

233 M + T (Ain't She Sweet): 1927 by Warner Bros., Inc. – Für D/A/dt.spr.CH/Ostblock: Dreiklang-Dreimasken Bühnen- und Musikverlag GmbH (BMG UFA Musikverlage), München

234 M + T: Aktive Musik Verlagsgesellschaft mbH, Dortmund

235 M + T: 1957 by Pan Music Co., London – Für D/A/CH: EMI Music Publishing Germany GmbH, Hamburg

236 M + T: 1935 by Gershwin Music Publ. Corp./ Chappel & Co. Inc. Warner/ Chappell International Musik Ltd. – Für D/GUS/Osteurop. Länder: Chappell & Co GmbH, Hamburg

238 M + T: by Fall River Music, Inc. – Für D/A/CH: Essex Musikvertrieb GmbH, Hamburg

239 M + T: Musikverlag Friedrich Hofmeister, Hofheim-Leipzig

241 M + T: PRI Music Inc. Universal Music Publ. GmbH, Hamburg

242 M + T: 1947 by Editions Enoch & Cie., Paris 1950 by Editions Marbot GmbH, Hamburg

244 dT: Georgs-Verlag, Neuss

246 M + T: © 1965 by Screen Gems – BMI Music Inc., EMI Music Publishing (Germany), Hamburg

247 M + T: Brull Ltd. & Co., Charles

248 dT (Bonsoir): Fidula-Verlag, Boppard/Rhein und Salzburg

249 M + T: De Bläck Föös Musikverlag GmbH, Bergisch-Gladbach

250 M + T: © 1940 EMI Mills Music Inc and EMI Harmonies Ltd., USA; Worldwide print rights controlled by Warner Bros. Publications Inc/IMP Ltd.; Reproduced by permission of International Music Publications Ltd.; All Rights Reserved.

252 f. M + T (Raus mit den Männern): Rondo Verlag GmbH, Hamburg

255 M + T: by Harlekijn Holland B. V. – Für D/A/CH: Universal Music Publ. GmbH, Hamburg

258 M + T: Edition Primus Rolf Budde KG, Berlin

259 M + T: © 1967 Northern Songs. Used by permission of Bosworth GmbH. All Rights Reserved. International Copyright Secured

# Copyrights Abbildungen

*Kursiv* = Motiv

In Klammer = Fotograf (bzw. Künstler)

**ACT Musik & Vision** GmbH & Co. KG, Feldafing: 80 o., u., 81 (L. Voigtländer)

**action press**, Hamburg: 16 (A. Taubert), 19, 23 o.r. (M. Hangen), 25 m.l. *Holländerin*, 25 m.r. *Engländer*, 52 o. *Jackson* (Fakes), 52 m. *Stones* (All Action), 52 m. *Madonna*, 52 m.r. *Mercury* (Retna), 62 u. *16-Spur* (Raulfs), 68 o.l. (Zuma Press), 68 u.l., (Zuma Press), 69 o.r. (Zuma Press), 69 m.l. (Vista City), 71 o.l. (Vista City), m.r. (B. Heinrich), 114, 119 o.l. (H. Gaul), 119 o.r. (D. Rössler), 122 u.l. *Bali*, 168 o.r. (P. Horree), 171 u.r., 202 m.l. *Armstrong* (H. Doerk), 203 m.r. *Marsalis* (D. Dobiey), 223 m.l. (Taubert), 228 u. (Meyer)

**Agence Enguérand**, Paris: 112 *Nr. 2*, 219 o.m. *1993*, o.r. *1984*

**All Sports**/ AFP: 25 o.r. *Narrenkappe*

Tierbildarchiv **Angermayer**, Holzkirchen: 6 m.r. *Ohrwurm*

**Archiv für Kunst und Geschichte**, Berlin: 75, 112 *Nr. 8* (I. Wagner), 113 *Nr. 13* (National Photo Company), 117 u., 124 o., u.l., 136 *Nr. 11*, 148 o., 151 o.r., 162 o.r. *Debussy*

**Arthotek**, Peissenberg: 32 u.l., 78 © VG Bild-Kunst, Bonn 2001, 111, 116 u.l. *Munch* (K. Hansmann) © The Munch Museum/The Munch Ellingsen Group/VG Bild Kunst, Bonn 2001, 117 o.l. *Matisse*, © Succession H. Matisse/ VG Bild-Kunst, Bonn 2001, 117 o.r. *Nolde* (Blauel/ Gnamm), 136 *Nr. 2* (J. Blauel), *Nr. 16* (Chr. Sandig), 149 o.l. (Chr. Sandig), 155, 162 o.l. *Monet* (C. Hansmann), 163, 164 o. (E. Reinhold), 165 o. Artothek, 165 m. (J. Blauel)

**ASA** Fotoagentur, München: 22

Petra **Bähner**, Köln: 80 m.l.

**Bayerische Landesbank** Girozentrale, München: 26 *Nr. 7*

Helga **Bemmann**: 255 (aus: Helga Bemmann ›Otto Reutter. Ick wundre mir über jarnischt mehr‹, arani Verlag, Berlin 1985) – Mit freundlicher Genehmigung der Autorin

Joachim Ernst **Berendt**: 199, 201 o., (aus: ›Die Photo-Story des Jazz‹, Krüger Verlag 1978, S. 148); 204 (dito, Innenumschlag)

**BHKS**, Bonn: 28 m.r. *Klimaanlage* – mit freundlicher Genehmigung

**BHW**, Hameln: 27 *Nr. 10*

Irrek Design-Klassiker, **Birkhäuser Verlag, 2002**: 146 *Nr. 6*

**Block Musik**, Hannover: 11 o.l. *Happy Family*, 11 o.r. *Echt sauber*

**BMG** Ariola GmbH, München: 21 u., 56 m.r, 90 f. (aus: ›Sleeve from Tintinyana‹ by Abdullah Ibrahim; Camden CD 74321); used by permission of BMG Ariola München GmbH on behalf of BMG Entertainment International UK & Ireland Ltd.

Jean Marie **Bottequin**, München: 181

**Bravo** Bildredaktion, München: 52 o. *Bowie*, 52 u.l. *Hendrix* (Sunset Boulevard), 52 u.m. *Santana* (M. Heeg), 73 *Sinatra* (Sunset Boulevard)

**BRD-FA** GmbH: 27 *Nr. 13, 14*

Florian **Brunner**, Saarbrücken: 178

**Buda Musique**, Paris: 20 o.r. *Reggae Boyz*

**Calle Hesslefors**, Rödermark: 202 o.l. *Blake*

William **Claxton**, New York: 203 u.l. *Davis*

**Coca Cola** GmbH, Essen: 33 m.l.

Robert **Crumb** / Basta Music, © 1998: 31 r. *The Beau Hunks, Nr. 9, 15*

D. **Dalton**/ J. **Steinberg**, New York: 53 m. *Joplin*, 54

**Debitel** AG, Stuttgart : 13 o.r.

**Deutscher Fußball-Bund**, Frankfurt/ M.: 24 m. *Volksmusik 2006*

**dpa**, Frankfurt/ M.: Umschlag, 10 o.l. *Spears* (I. Zissel), 23 o.l. (R. Jensen), 24f. *Stadion*, 33 u.r. *Clinton* (AFP), 34 u.r. (Klar), 36 u.r. (W. Thieme), 37 m.r. *Riesen-Akkordeon*, 62 o. (UPI), 62 u. *32-Spur* (H. Ossinger), 62 u. *Moog* (triStar), 62 u. *Mischpult* (W. Baum), 63 o. (W. Grubitzsch), 64 (UPI), 66f. *Londonderry* (McCullough), 67 o. (O. Soulas), 67 u.r. (McCullough), 73 *Turner* (Th. Munche), *Jagger* (epa), 112 *Nr. 1*, 123 o. (Daniau), 146 *Nr. 2* (epa), 206, 214f. (Rauchwetter)

**Dorling Kindersley**, London: 41 m.r. *Dobro*, 211 o. *Dobro*

**EAB Records**: 212 o.l. (CD 067)

Dr. Rainer **Eckhardt**, Marburg: 126 *Nr. 8*, 133 u.r.

© 2002 **Les Éditions Albert René**/ Goscinny-Uderzo, Paris: 108

## Copyrights Texte

75 (Berio-Interview) Neue Musikzeitung 10/2000, S. 3: Gespräch Berio – Lorenzo Ferrero (Übersetzung: Annette Seimer)

103 (Das, was die Musik im Film ...) Heyne Verlag München; aus: Tony Thomas ›Filmmusik: Die großen Filmkomponisten – Ihre Kunst – ihre Technik‹, 1995, S. 191 f.

106 (Truffaut hat es ...) Heyne Verlag München; aus: Tony Thomas ›Filmmusik: Die großen Filmkomponisten – Ihre Kunst – ihre Technik‹, 1995, S. 365 ff.

113 (Der Tanz gehört/ Bei diesem Tanz) Heinrichshofen's Verlag, Wilhelmshaven; aus: Walter Sorell ›Der Tanz als Spiegel der Zeit‹, 1985, S. 149 bzw. 149

113 (Wer schwingt die Hüften/ Das Kofferradio) Rotbuch Verlag Berlin; aus: Astrid Eichstedt/Bernd Polster: ›Wie die Wilden – Tänze auf der Höhe ihrer Zeit‹ 1985, S. 104 bzw. 64)

113 (Dieser Tanz macht) Bertelsmann, Chronik Verlag, Dortmund; aus: Annette Kuhn (Hrg.) ›Die Chronik der Frauen‹, 1992, S. 455

116 (Weltende) Hollfeld; aus: W. Große ›Expressionistische Lyrik‹,1996, S. 83

147 (Texte 7–11, 15) Hannoversche Allgemeine Zeitung, Hannover

153 (Das Kind erreicht alles) Serie Piper, München; aus: Hanns-Josef Ortheil ›Mozart im Innern seiner Sprachen‹, 1991, S. 8

166 (Man bedenke) Universal Edition AG Wien, Nr. 7575, S. 2

167 (Zwei Wege) Hannoversche Allgemeine 2000

177 (Jeder Mensch) aus dem Aufsatz von Eckart Begemann ›Anmerkungen zur Geschichte der jüdischen Spielleute und der Klezmorim‹, Info-Heft zum Klezmer-Konzert des Mickey-Katz-Orchesters in der Apolstelkirche in Hamburg-Harburg am 20.10.94, S. 8

183 (Wenn du mich) Rita Ottens/ Joel Rubin ›Die Epstein Brothers – Ein Jahrhundert jiddisch amerikanischer Musik‹, im Booklet zur CD des Epstein Brothers Orchestra ›Kings of Freylekh Land‹, 1995, SM 1611-2, S. 2

199 (Was ist Jazz/ Jazz ist, wenn .../Der Rhythm-Club war .../Musik ist, was du selbst) Deutscher Taschenbuch Verlag München; aus: Nat Shapiro/ Nat Henthoff ›Jazz erzählt. Von New Orleans bis West Coast‹, 1962, S. 266 bzw. 263 bzw. 100 bzw. 262

199 (Die Expansion/ Sie können nicht die .../ Er las zwar langsam .../ Wenn man zu sauber) Fischer Taschenbuch Verlag, Frankfurt/ M.; aus: Ekkehard Jost ›Sozialgeschichte des Jazz in den USA‹, 1982, S. 56 bzw. 17 bzw. S. 81 bzw. S. 82

199 (Da ist in erster Linie) Der Spiegel 44/2000, S. 264 f.

200 (In der Stadt New York) Droemer/ Knaur Taschenbuch, München; aus: James L. Collier ›Duke Ellington‹, 1992 (Original: Oxford University Press)

205 (Webb war immer battle-mad) Fischer Taschenbuch Verlag, Frankfurt/ M.; aus: Joachim Ernst Berendt/ Günther Huesmann ›Das Jazzbuch. Von New Orleans bis in die achtziger Jahre‹, 1991, S. 508

210 (Zwar bedeutet) Atlantis-Musikverlag – Schott Musik International, aus: Peter Wicke/ Kai-Erik und Wieland Ziegenrücker ›Handbuch der populären Musik‹, S. 72

210 (Kein weißer Mann) Fischer Taschenbuch Verlag, Frankfurt/ M.; aus: Joachim Ernst Berendt/ Günther Huesmann ›Das Jazzbuch. Von New Orleans bis in die achtziger Jahre‹, 1991, S. 215

214 (Oper: Ein Schauspiel/ Wenn man eine Oper) Piper, München; aus: Michael Walsh ›Keine Angst vor Opern‹, 1997, S. 29 bzw. S. 73

218 (Carmen, Oper in 4 Akten) Reclam, Stuttgart; aus ›Opernführer‹ 1997

218 f. (1. Akt/ 2. Akt/ 3. Akt/ 4. Akt) EMI CMS; aus: Booklet zur CD ›Carmen‹ 25 2903-2

220 (Bei Carmens Auftritt) Marshall Cavendish; © 1996 AFR Textedition Hamburg; aus: ›Im Herzen der Klassik – Große Komponisten und ihre Musik‹, Heft 9, S. 211

223 (Der Misserfolg) Marshall Cavendish; © 1996 AFR Textedition Hamburg; aus: ›Im Herzen der Klassik – Große Komponisten und ihre Musik‹; Heft 9, S. 207

225 (Seit der ersten Aufführung), rororo, Reinbek bei Hamburg; aus: Merle Armitage ›George Gershwin – Wort und Erinnerung‹, Zürich 1959, S. 19, in: ›Musiktheater, Musik und Wirklichkeit in der Oper‹, S. 92

226 (Catfish Row) Ullstein Verlag Berlin; aus: Du Bose Heyward: ›Porgy and Bess‹, TB 290, S. 14

227 (Es ist wahr) Frederick Ungar Publishing Co. New York; aus: Isaac Goldberg: ›George Gershwin. A Study in American Music‹, 1958, S. 329

228 (Operette/ Variété) Atlantis/ Schott, Mainz, aus: Wicke/ Ziegenrücker ›Handbuch der populären Musik‹, 1997, S. 367 bzw. 567

228 (Revue) Die theatralische Revue in Berlin und Wien, Heinrichshofen Musikverlag Wilhelmshaven 1977, S. 12

229 (Musical) Marco Polo, Ostgildern: ›Die tollsten Musicals in Deutschland‹, 2000

229 (Kabarett) Atlantis/ Schott, Mainz, aus: Wicke/Ziegenrücker ›Handbuch der populären Musik‹, 1997, S. 262